Thomas Theis

Einstieg in Objective-C 2.0 und Cocoa

Programmieren für Mac, iPhone und iPad

Galileo Press

Liebe Leserin, lieber Leser,

dieses Buch will Ihnen einen leichten Einstieg in die Programmierung von GUIs und Apps für die Apple-Welt verschaffen. Fern von reinen Klick-Anleitungen erwerben Sie hier das notwendige Basiswissen, um selbstständig ansprechende Anwendungen zu erstellen. Vorkenntnisse müssen Sie nicht mitbringen, alle Grundlagen der Programmiersprache und der Entwicklungsumgebung werden ausführlich erklärt.

Systematisch bauen Sie mit Hilfe dieses Buches Ihr Wissen auf: Sie richten zunächst nach der Anleitung im Buch die Entwicklungsumgebung ein und legen das erste Projekt an. Dabei lernen Sie die Grundlagen von Objective-C kennen. Anschließend werden Sie ausführlich in die Konzepte der objektorientierten Programmierung eingeführt. Ausgestattet mit diesem Hintergrundwissen geht es dann an die eigentliche Oberflächenprogrammierung für den Mac. Das in diesem Teil vermittelte Wissen ist ebenfalls Voraussetzung für den letzten Teil des Buches: die Programmierung von Apps für iPhone und iPad.

Alle Themen werden kleinschrittig aufbereitet und an konkreten Fallbeispielen erläutert. Die Beispiele können Sie während des Lernens mit Hilfe der Buch-DVD nachvollziehen. So kommen Sie schnell und sicher an Ihr Ziel: eigene Mac-Anwendungen und Apps zu entwickeln und zu verbreiten.

Sollten Sie Fragen, Wünsche, Anregungen oder Kritik zu diesem Buch haben, freue ich mich auf Ihre Rückmeldung.

Ihre Anne Scheibe
Lektorat Galileo Computing

anne.scheibe@galileo-press.de
www.galileocomputing.de
Galileo Press · Rheinwerkallee 4 · 53227 Bonn

Auf einen Blick

Wir hoffen sehr, dass Ihnen dieses Buch gefallen hat. Bitte teilen Sie uns doch Ihre Meinung mit. Eine E-Mail mit Ihrem Lob oder Tadel senden Sie direkt an den Lektor des Buches: *anne.scheibe@galileo-press.de*. Im Falle einer Reklamation steht Ihnen gerne unser Leserservice zur Verfügung: *service@galileo-press.de*. Informationen über Rezensions- und Schulungsexemplare erhalten Sie von: *britta.behrens@galileo-press.de*.

Informationen zum Verlag und weitere Kontaktmöglichkeiten finden Sie auf unserer Verlagswebsite *www.galileo-press.de*. Dort können Sie sich auch umfassend und aus erster Hand über unser aktuelles Verlagsprogramm informieren und alle unsere Bücher versandkostenfrei bestellen.

An diesem Buch haben viele mitgewirkt, insbesondere:

Lektorat Anne Scheibe
Korrektorat Marlis Appel, Troisdorf
Herstellung Iris Warkus
Layout Vera Brauner
Einbandgestaltung Nils Schlösser, Siegburg
Satz III-satz, Husby
Druck Beltz Druckpartner, Hemsbach

Dieses Buch wurde gesetzt aus der TheAntiquaB (9,35/13,7 pt) in FrameMaker.
Gedruckt wurde es auf chlorfrei gebleichtem Offsetpapier (90 g/m²).

Der Name Galileo Press geht auf den italienischen Mathematiker und Philosophen Galileo Galilei (1564–1642) zurück. Er gilt als Gründungsfigur der neuzeitlichen Wissenschaft und wurde berühmt als Verfechter des modernen, heliozentrischen Weltbilds. Legendär ist sein Ausspruch Eppur si muove (Und sie bewegt sich doch). Das Emblem von Galileo Press ist der Jupiter, umkreist von den vier Galileischen Monden. Galilei entdeckte die nach ihm benannten Monde 1610.

Bibliografische Information der Deutschen Nationalbibliothek:
Die Deutsche Nationalbibliothek verzeichnet diese Publikation in der Deutschen Nationalbibliografie; detaillierte bibliografische Daten sind im Internet über *http://dnb.d-nb.de* abrufbar.

ISBN 978-3-8362-1933-4
1. Auflage 2013

Inhalt

Kapitel 1
Einführung

Was benötigen Sie zur Entwicklung Ihrer Programme? Wie sollten Sie mit diesem Buch arbeiten? Hier finden Sie die Antworten.

Sie werden mit Hilfe dieses Buches und den vielen Beispielprojekten lernen, wie Sie Programme mit grafischen Benutzeroberflächen für den Mac, das iPhone und das iPad entwickeln.

Für all diese Zwecke wird nur ein Programm auf dem Mac benötigt: die integrierte Entwicklungsumgebung Xcode. Sie wird im App Store kostenfrei zur Verfügung gestellt.

1.1 Xcode

Die Beispielprogramme wurden mit Xcode 4.5 unter dem Betriebssystem OS X 10.8 entwickelt. Xcode 4.5 gibt es seit dem Herbst 2012. Es setzt OS X 10.8 auf dem Mac voraus. In Abschnitt 1.3, »Installation von Xcode«, wird beschrieben, wie Sie Xcode herunterladen und installieren.

Die Beispielprogramme für iPhone und iPad wurden mit Xcode 4.5 für die Version 6.0 des Betriebssystems iOS entwickelt. Sie wurden mit dem iOS-Simulator für iOS 6.0 und auf einem iPhone 4 sowohl mit iOS 5.1.1 als auch mit iOS 6.0 getestet.

Für die Beispielprogramme dieses Einsteigerbuches gilt: Sie können meist auch unter älteren Versionen von Xcode und (Mac) OS X entwickelt werden und laufen im Allgemeinen auch unter älteren Versionen. Sollten Sie also noch nicht auf OS X 10.8 umgestiegen sein, so können Sie zum Beispiel auch Xcode 4.4 unter Mac OS X 10.7 nutzen.

1.2 Zu diesem Buch

Die in diesem Buch behandelten Elemente von Objective-C und den benutzten Frameworks werden in vielen übersichtlichen, lauffähigen Projekten erläutert. Der Programmcode dieser Projekte ist vollständig im Buch enthalten und beschrieben. Die einzelnen Projekte sind voneinander unabhängig, setzen aber häufig das Verständnis der vorherigen Abschnitte voraus.

Ich empfehle Ihnen, sich zu jedem Buchabschnitt auch den Aufbau des zugehörigen Projekts innerhalb der Entwicklungsumgebung anzusehen und die Programme auf Ihrem Mac beziehungsweise Ihrem iPhone laufen zu lassen. Parallel zum Lesen des Buches vertieft dies anschaulich das Verständnis für die Zusammenhänge.

Noch eine Anmerkung in eigener Sache:

Für die Hilfe bei der Erstellung dieses Buches bedanke ich mich beim Team von Galileo Press, besonders bei Anne Scheibe und Marlis Appel.

1.3 Installation von Xcode

Geben Sie im Suchfenster des App Store den Begriff »Xcode« ein. Anschließend gelangen Sie zur Seite von Xcode, siehe Abbildung 1.1.

Abbildung 1.1 Xcode im »App Store«

Dort stehen auch einige Daten zu Xcode, siehe Abbildung 1.2.

Über den Button Installieren können Sie die App direkt herunterladen und installieren, was bei mir natürlich bereits geschehen ist.

Abbildung 1.2 Xcode, Systemvoraussetzungen und andere Daten

Nach der Installation können Sie Xcode aus dem Verzeichnis *Programme* starten. Anschließend erscheint das Dialogfeld WELCOME TO XCODE, außerdem sehen Sie die Anwendung im *Dock*. Vom Dialogfeld aus können Sie unter anderem

- über CREATE A NEW XCODE PROJECT neue Projekte aller Art erzeugen und
- über OPEN OTHER ... alle bereits vorhandenen Projekte öffnen.

Eine Alternative: Auf dem Datenträger zum Buch finden Sie Xcode in der Version 4.5.1 von Oktober 2012 als dmg-Datei. Sie können gegebenenfalls eine aktuellere Version als dmg-Datei von *https://developer.apple.com/downloads* herunterladen. Führen Sie auf der dmg-Datei einen Doppelklick aus. Sie sehen im FINDER, dass dadurch ein weiteres Laufwerk gemountet wird. Anschließend finden Sie das Programm Xcode auf diesem Laufwerk.

1.4 Umstieg von Windows

Sollten Sie einer der vielen Umsteiger aus der Windows-Welt sein: Kein Problem, Sie können Ihren Mac auch mit einer Windows-Tastatur bedienen. Nachfolgend finden Sie die Erläuterung einiger häufig genutzter Tastenkombinationen beim Programmieren in Objective-C.

- Die geschweiften Klammern { und } geben Sie über `Alt` + `8` und `Alt` + `9` ein.
- Die eckigen Klammern [und] erreichen Sie über `Alt` + `5` und `Alt` + `6`.
- Das Pipe-Zeichen | für das logische »oder« und den Backslash \ geben Sie über `Alt` + `7` beziehungsweise `⇧` + `Alt` + `7` ein.
- Die Tastenkombination `Alt` + `L` ergibt das Zeichen @.

Kapitel 2
C und Objective-C – Grundlagen

Der Weg zum Ziel führt über die Grundlagen. Bereits auf dieser Seite entwickeln Sie Ihr erstes Programm für C und Objective-C.

Die Basis der Programmiersprache Objective-C ist die Programmiersprache C. Bei der Erstellung von Programmen mit Benutzeroberflächen für den Mac und von Apps für iPhone und iPad werden Sie immer wieder feststellen, dass sowohl die Inhalte als auch das Verständnis für viele Elemente der Sprache C vorausgesetzt werden.

Daher beginne ich in diesem und dem folgenden Kapitel mit den für Objective-C notwendigen Bestandteilen der Sprache C. Ein kleiner Nebeneffekt: Sie erlernen viele Elemente einer Sprache, die die Grundlage für eine ganze Reihe von bekannten Sprachen bildet. Dies sind unter anderem Java, C++, C#, JavaScript und PHP.

Sollten Sie bereits Kenntnisse in der Sprache C besitzen, so werden Sie zwei Dinge feststellen:

- Kapitel 2, »C und Objective-C – Grundlagen«, und Kapitel 3, »C und Objective-C – für Fortgeschrittene«, werden Ihnen leichtfallen, es handelt sich um pures C.
- Einige Elemente der Sprache C kommen nicht vor, da sie bei der Programmierung für den Mac und das iPhone nur sehr selten benötigt werden.

Alle Programme in den Kapiteln 2 und 3 könnten auch außerhalb von Xcode bearbeitet, übersetzt und ausgeführt werden. Sie könnten also auch einen beliebigen C-Compiler verwenden, nicht nur auf dem Mac, sondern auch unter Windows und Linux.

2.1 Ein erstes Projekt

In den ersten Kapiteln des Buches werden noch keine Benutzeroberflächen erzeugt, sondern sogenannte Konsolenprogramme mit einer einfachen Textausgabe. Damit lassen sich die Sprachelemente einfacher erklären – ohne die zusätzlich notwendigen Elemente für Benutzeroberflächen. Die Ausgaben der Konsolenprogramme sehen Sie direkt innerhalb der Entwicklungsumgebung Xcode. Sie können sie aber auch vom Terminal aufrufen.

2.1.1 Projekt erzeugen

Programme werden innerhalb von Xcode in Projekten organisiert. Die Namen aller Projekte in den Kapiteln 2 und 3 beginnen mit einem großen C. Das erste Projekt liefert die Ausgabe »Hallo Welt«. Daher wird als Projektname *CHallo* gewählt.

Sie erstellen in Xcode das Projekt für ein Konsolenprogramm in der Sprache C mit dem Namen *CHallo* so, wie es nachfolgend beschrieben wird. Die weiteren Projekte in den Kapiteln 2 und 3 werden auf die gleiche Art und Weise erzeugt.

Projekte basieren in vielen Entwicklungsumgebungen auf Templates, also auf Vorlagen. Diese Vorlagen erleichtern Ihnen die Arbeit. Sie bieten bereits eine Reihe von miteinander verbundenen Elementen, die teilweise schon ausgefüllt sind. So ist es auch in Xcode.

Ich empfehle Ihnen, vor dem ersten Projekt ein eigenes Verzeichnis mit dem Namen *Projekte* unterhalb des Standard-Verzeichnisses *Dokumente* (*Documents*) anzulegen.

Zur Projekterzeugung müssen Sie zunächst das Dialogfeld CHOOSE A TEMPLATE FOR YOUR NEW PROJECT aufrufen. Dies erreichen Sie entweder vom Xcode-Startbildschirm WELCOME TO XCODE aus über CREATE A NEW XCODE PROJECT oder über das Xcode-Menü FILE und den Menüpunkt NEW • PROJECT.

Im Dialogfeld CHOOSE A TEMPLATE FOR YOUR NEW PROJECT wählen Sie im Bereich OS X • APPLICATION das Template COMMAND LINE TOOL aus, siehe Abbildung 2.1.

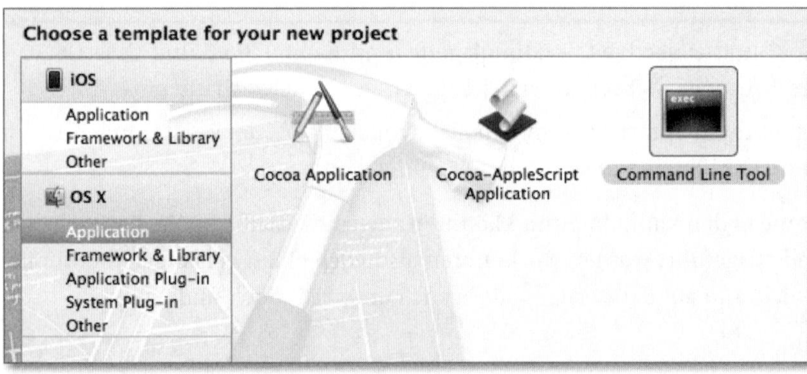

Abbildung 2.1 Template »Command Line Tool«

Nach Betätigung des Buttons NEXT geben Sie im Dialogfeld CHOOSE OPTIONS FOR YOUR NEW PROJECT als PRODUCT NAME »CHallo« ein, siehe Abbildung 2.2. Der COMPANY IDENTIFIER ist hier nicht wichtig. Ich habe »de.tt« gewählt, *de* für die Top-Level-Domain für Deutschland und *tt* für meine Initialen. Als TYPE wählen Sie C aus, da Sie ein Projekt in der Sprache C anlegen. Das Häkchen bei USE AUTOMATIC REFERENCE COUNTING wird nicht gesetzt, dieses Thema wird erst ab Kapitel 4, »Foundation-Framework – Grundlagen«, interessant.

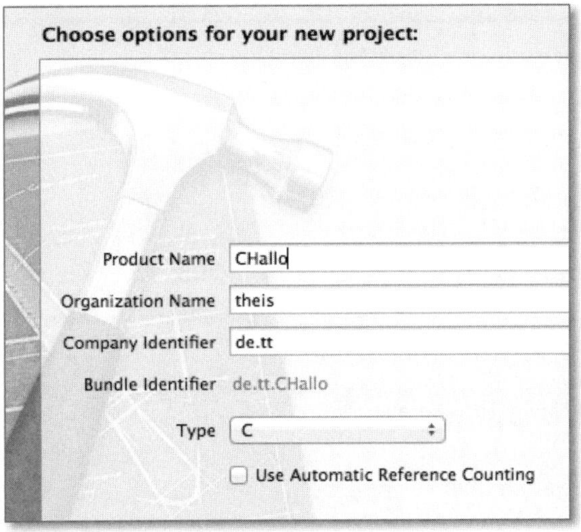

Abbildung 2.2 Optionen für C-Projekt

Nach Betätigung des Buttons NEXT wird als Nächstes der Speicherort für das Projekt ausgewählt. Dafür ist das zuvor angelegte Verzeichnis *Projekte* vorgesehen. Das Häkchen bei CREATE LOCAL GIT REPOSITORY FOR THIS PROJECT wird nicht gesetzt. Nach Anklicken des Buttons CREATE wird das Projekt erzeugt.

2.1.2 Xcode einrichten

Nun sollten Sie Xcode zunächst so einrichten, wie es nachfolgend beschrieben wird. Damit steht den zur Programmierung notwendigen Bestandteilen ausreichend Platz auf dem Bildschirm zur Verfügung.

In Abbildung 2.3 sehen Sie die Symbole für die Bereiche EDITOR, VIEW und ORGANIZER, oben rechts in Xcode. Wählen Sie die Symbole aus, wie es im Bild gezeigt wird, also das linke Symbol STANDARD EDITOR im Bereich EDITOR sowie die beiden linken Symbole NAVIGATOR und DEBUG AREA im Bereich VIEW.

Abbildung 2.3 Symbole für »Editor«, »View« und »Organizer«

In Abbildung 2.4 sehen Sie die Symbole oberhalb des Navigators, links in Xcode. Hier wählen Sie das Symbol ganz links für den PROJECT NAVIGATOR. Innerhalb des PROJECT NAVIGATORS können Sie die einzelnen Elemente in der Hierarchie auf- und zuklappen.

Abbildung 2.4 »Project Navigator« im »Navigator«-Bereich

Dieselben Einstellungen erreichen Sie auch über

- das Menü VIEW • STANDARD EDITOR • SHOW STANDARD EDITOR,
- das Menü VIEW • NAVIGATORS • SHOW PROJECT NAVIGATOR und
- das Menü VIEW • DEBUG AREA • SHOW DEBUG AREA.

In Abbildung 2.5 sehen Sie die Symbole, die sich rechts oben an der DEBUG AREA befinden. Die DEBUG AREA selbst sehen Sie unten in Xcode. Wählen Sie nur das rechte Symbol aus, wie im Bild gezeigt. Es hat den ToolTip-Text SHOW ONLY THE CONSOLE.

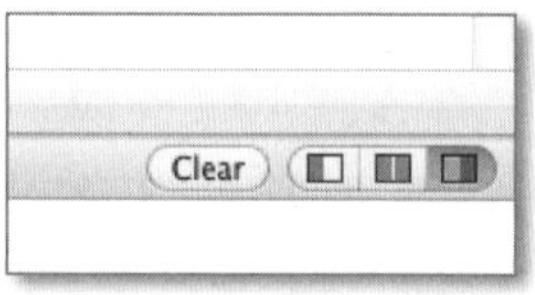

Abbildung 2.5 »Debug Area«, »Show only the console«

2.1.3 Das Musterprogramm

Nach Erzeugung des neuen Projekts *CHallo* steht Ihnen bereits das in Abbildung 2.6 dargestellte lauffähige Musterprogramm zur Verfügung. Dieses finden Sie im STANDARD-EDITOR von Xcode, in der Datei *main.c*. Sollte die Datei *main.c* nicht zu sehen sein, so können Sie sie durch einen einfachen Klick auf den Dateinamen im PROJECT NAVIGATOR einblenden.

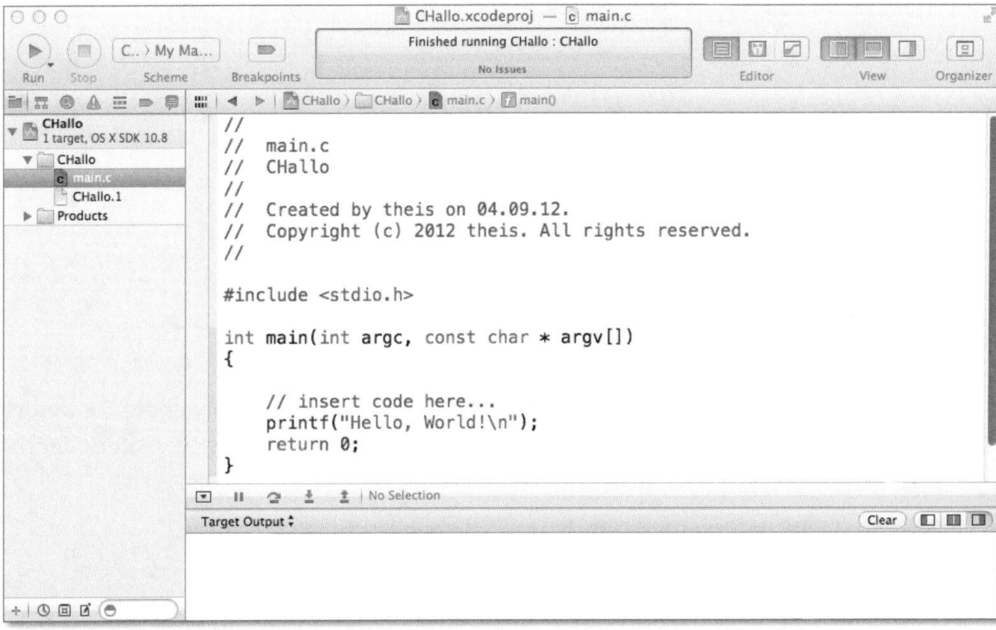

Abbildung 2.6 Gesamtansicht von Xcode mit Datei »main.c«

Dieses Musterprogramm können Sie über das Xcode-Menü PRODUCT • RUN oder mit Hilfe des Buttons RUN (siehe auch oben links in Abbildung 2.6) in einem Zug

- übersetzen,
- zu einem ausführbaren Programm zusammenstellen
- und starten.

Es erscheint die nachfolgende Ausgabe in der Konsole der DEBUG AREA von Xcode:

```
Hello, World!
```

2.1.4 Das eigene Programm, mit Kommentaren

Einige Elemente des Musterprogramms werden hier nicht benötigt, andere sollen an dieser Stelle eingeführt werden. Daher wird das Programm wie in Listing 2.1 geändert. Bei der Eingabe benötigen Sie einige der Tastenkombinationen, die in Abschnitt 1.4, »Umstieg von Windows«, erläutert wurden.

```
#include <stdio.h>
int main()
{
    /* Kommentar über
       mehrere Zeilen */
    printf("Hallo Welt\n");

    return 0;     // Kommentar bis zum Ende der Zeile
}
```

Listing 2.1 Projekt »CHallo«, Datei »main.c«, nach Veränderung

Für dieses erste Programm ist eine ganze Reihe von Erklärungen notwendig. Sie werden aber feststellen, dass vieles davon in allen C-Programmen und auch später benötigt wird.

Starten Sie das Programm. Es erscheint die folgende Ausgabe:

```
Hallo Welt
```

Zur Erläuterung des Programms:

- Mit Hilfe von `#include` werden für das vorliegende Programm bestimmte Funktionen aus Bibliotheken erreichbar gemacht. Über die Headerdatei *stdio.h* stehen zum Beispiel Funktionen für die Ein- und Ausgabe zur Verfügung. Die Abkürzung *stdio* steht für *Standard-Input-Output-Funktionen*. Der Name der Headerdatei wird in spitzen Klammern < und > angegeben.
- Jedes C-Programm besteht aus einer oder mehreren Funktionen. Es gibt immer genau eine Funktion mit dem Namen `main` (dt.: Haupt). Dies ist die Hauptfunktion, mit der jedes C-Programm startet. Jede Funktion steht innerhalb von Blockklammern: { und }. Die Elemente innerhalb eines solchen Blocks werden häufig eingerückt. Dies erhöht die Lesbarkeit und erleichtert die Fehlersuche innerhalb eines Programms.
- Der Zusatz `int` bedeutet, dass diese Funktion (und damit dieses C-Programm) einen Wert vom Datentyp `int` an das Betriebssystem zurückliefert. Der Datentyp `int` steht für *ganze Zahlen, ohne Nachkommastellen*. In vielen Fällen wird der Wert 0 zurückgeliefert – mit Hilfe der Anweisung `return` am Ende der Funktion `main()`. Damit können Sie ausdrücken, dass im Programm 0 Fehler aufgetreten sind.
- Sie sollten Ihre Programme zur Erklärung der einzelnen Programmteile immer ausreichend kommentieren. So erleichtern Sie sich und auch Ihren Nachfolgern die Arbeit, falls Ihre Programme später erweitert werden. Die Kommentare sind im Pro-

grammcode farblich erkennbar, werden nicht übersetzt und erscheinen somit auch nicht in der Ausgabe.

- Es gibt zwei Möglichkeiten, Ihr Programm mit erläuternden Kommentaren zu versehen:
  - Innerhalb der Zeichen /* am Anfang und */ am Ende. Ein solcher Kommentar kann sich auch über mehrere Zeilen erstrecken.
  - Nach den Zeichen //. Ein solcher Kommentar erstreckt sich bis zum Ende der Zeile.
- Die Funktion `printf()` dient zur Ausgabe in der Konsole. Hier wird der Text *Hallo Welt* ausgegeben. Texte, also Zeichenketten, müssen innerhalb von doppelten Anführungsstrichen notiert werden. Das Zeichen \ (Backslash) leitet Steuerzeichen ein. `\n` steht für einen Zeilenumbruch (*n* für *new line*).
- Die einzelnen Programmanweisungen innerhalb der Funktion `main()` müssen jeweils mit dem Zeichen ; (Semikolon) abgeschlossen werden.
- In C und somit auch in Objective-C wird auf Groß- und Kleinschreibung geachtet. Falls Sie also `Main()` statt `main()` oder `printF()` statt `printf()` schreiben, führt dies zu einem Fehler.

Sichern Sie Ihr Projekt mit Hilfe von File • Save, bei einer längeren Entwicklungszeit am besten mehrmals. Schließen Sie Ihr Projekt mit Hilfe von File • Close Project.

2.1.5 Vorhandenes Projekt öffnen

Sie haben Ihr erstes Projekt in Xcode erzeugt. Falls Sie eines Ihrer Projekte später noch einmal ansehen oder verändern möchten, haben Sie dazu verschiedene Möglichkeiten:

- Betätigen Sie den Button Open Other ... auf dem Startbildschirm Welcome to Xcode, oder rufen Sie im Xcode-Menü File den Menüpunkt Open ... auf. In beiden Fällen erscheint der Finder mit einer Liste Ihrer Projekte. Ein Doppelklick auf den Projektnamen öffnet das betreffende Projekt.
- Wählen Sie eines der letzten Projekte direkt aus der Liste Recents auf dem Startbildschirm Welcome to Xcode oder aus der Liste im Xcode-Menü File • Open Recent aus.

2.2 Variablen für Zahlen

Im nachfolgenden Projekt *CZahlen* geht es um die Speicherung und Ausgabe von Zahlen. Zahlen werden für sehr viele Programme benötigt. Die Ergebnisse von Berechnungen werden in sogenannten Variablen gespeichert, damit sie für spätere Teile des

Programms zur Verfügung stehen. Der Platz für diese Variablen muss vorher im Arbeitsspeicher des Rechners reserviert werden. Dieser Vorgang heißt *Deklaration*.

Es gibt verschiedene Datentypen. Variablen für *ganze Zahlen* werden mit dem Datentyp `int` deklariert. Variablen für *Zahlen mit Nachkommastellen* werden mit einem der beiden Datentypen `float` oder `double` deklariert. Variablen der beiden letztgenannten Datentypen werden auch Variablen für *Fließkommazahlen* genannt. Weitere Datentypen für Zahlen werden Sie später noch kennenlernen.

- `int`-Variablen sind absolut genau und haben einen Zahlenbereich von `-2 hoch 31` bis `+2 hoch 31 - 1`, also von `-2147483648` bis `2147483647`.
- `float`-Variablen sind auf sieben bis acht Stellen nach dem Komma genau und haben einen Zahlenbereich von `-3.4 mal 10 hoch 38` bis `+3.4 mal 10 hoch 38`. Falls ein `float`-Wert kleiner als `+-5.6 mal 10 hoch -45` ist, wird er als 0 erkannt.
- `double`-Variablen sind genauer, auf 15 bis 16 Stellen nach dem Komma. Ihr Zahlenbereich erstreckt sich von `-1.7 mal 10 hoch 308` bis `+1.7 mal 10 hoch 308`. Falls ein `double`-Wert kleiner als `+-4.94 mal 10 hoch -324` ist, wird er als 0 erkannt.

Das Projekt *CZahlen* (und die weiteren Programme der Kapitel 2, »C und Objective-C – Grundlagen«, und 3, »C und Objective-C – für Fortgeschrittene«) werden so angelegt wie das erste Projekt *CHallo*. In der Datei *main.c* des Projekts *CZahlen* soll Folgendes stehen:

```
#include <stdio.h>
int main()
{
    int a;                          // ❶
    a = 5;
    printf("int-Variable: %d\n", a);

    float x;                        // ❷
    x = 3.8;
    printf("float-Variable: %f\n", x);

    return 0;
}
```

Listing 2.2 Projekt »CZahlen«, Datei »main.c«

Das Programm hat die folgende Ausgabe:

```
int-Variable: 5
float-Variable: 3.800000
```

Die Teile des Programms werden mit Hilfe der Nummerierung erläutert, die als Kommentar am rechten Zeilenrand steht:

- Die einzelnen Schritte eines Programms werden von oben nach unten durchgeführt.
- In ❶ wird mit Hilfe von `int a` Speicherplatz für eine ganzzahlige Variable mit dem Namen `a` reserviert. Dies ist die Deklarartion von `a`. Der Inhalt einer soeben erst deklarierten Variablen ist zunächst völlig zufällig. Mit der Anweisung `a = 5` wird der Variablen `a` der Wert 5 zugewiesen.
- Anschließend wird dieser Wert ausgegeben, zusammen mit einem Text. Die Zeichenfolge `%d` ist ein Platzhalter für ganze Zahlen. An der Stelle des Platzhalters wird der Wert der Variablen `a` in den Text eingefügt.
- Bei `x` in ❷ handelt es sich um eine Fließkommavariable, also um eine Variable mit Nachkommastellen. Der Speicherplatz wird mit `float x` reserviert, und `x` erhält den Wert 3.8. Beachten Sie, dass ein Dezimalpunkt statt eines Dezimalkommas verwendet werden muss. Die Zeichenfolge `%f` dient als Platzhalter für `float`-Variablen.

2.2.1 Namen von Variablen

Es gibt Regeln und Konventionen für die Vergabe von Variablennamen. Sie dürfen aus Buchstaben ohne Umlaute, Ziffern und dem Unterstrich _ bestehen, aber nicht mit einer Ziffer beginnen. Groß- und Kleinschreibung werden unterschieden, wie bereits bekannt.

Erlaubt sind also zum Beispiel die Namen `x1`, `x2`, `luftTemperatur`, `wasser_stand`. Nicht erlaubt sind zum Beispiel die Namen `5Test` (Ziffer zu Beginn), `Größe` (Umlaut *ö*, scharfes *ß*) oder `zahl zum Quadrat` (Leerzeichen im Namen). Sie dürfen im gleichen Bereich die Namen `x1` und `X1` verwenden, allerdings bezeichnen diese zwei unterschiedliche Variablen, die leicht zu verwechseln sind.

Besonders zu Anfang dieses Buches verwende ich häufig kurze Variablennamen wie `a`, `b`, `x` oder `y`. Bei komplexeren Programmen mit vielen Variablen jedoch werde ich und sollten Sie längere Namen verwenden, die auch etwas über Inhalt und Aufgabe der Variablen aussagen. Es gibt für längere Namen die folgende Konvention: zu Beginn ein Kleinbuchstabe, jeder Namensteil danach beginnt mit einem Großbuchstaben: `luftDruckMorgens`, `luftDruckAbends`.

2.2.2 Fehler während der Entwicklung

Falls Sie ein fehlerhaftes Programm geschrieben haben, erscheint während der Übersetzung BUILD FAILED statt BUILD SUCCEEDED, und Xcode zeigt Ihnen Fehler mit roten

Symbolen und Warnungen mit gelben Symbolen an. Über einen Klick auf eines der Symbole erhalten Sie weitere Informationen, siehe Abbildung 2.7.

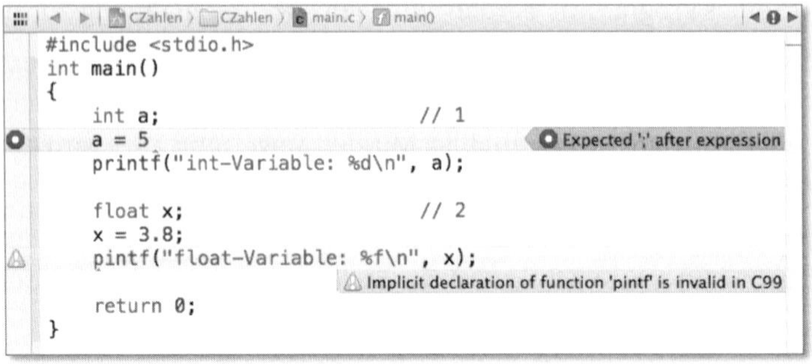

Abbildung 2.7 Fehler und Warnungen

Im vorliegenden Beispiel wurde das Semikolon hinter `a = 5` vergessen. Außerdem wurde der Name der Funktion `printf()` ohne *r* geschrieben. Ein weiterer Klick auf das rote Symbol liefert Ihnen gegebenenfalls einen Vorschlag zur Abhilfe. Wenn Sie auf der Zeile mit dem Vorschlag einen Doppelklick ausführen, wird die entsprechende Korrektur durchgeführt.

Zwei Hinweise: Sollten Sie versehentlich knapp neben eines der Symbole klicken, wird ein Symbol mit einem blauen Pfeil eingefügt, ein sogenannter *Breakpoint*. Zum Entfernen dieses Symbols rufen Sie mit Hilfe der rechten Maustaste das Kontextmenü auf. Darin wählen Sie den Menüpunkt DELETE BREAKPOINT aus.

2.2.3 Fehler zur Laufzeit

Sollte eines Ihrer Programme anhalten und Ihnen eine Reihe von Fehlermeldungen anzeigen, so müssen Sie den Programmablauf gegebenenfalls noch über das Menü PRODUCT • STOP oder über das Symbol STOP beenden, bevor Sie es verbessern können. Sie finden das Symbol STOP oben links in Xcode, rechts neben dem Symbol RUN.

2.2.4 Dokumentation, Hilfe

Die Dokumentation zu den Elementen der Sprache C erreichen Sie bei Bedarf wie folgt:

- Blenden Sie rechts die UTILITIES ein, über den Menüpunkt VIEW • UTILITIES • SHOW UTILITIES beziehungsweise über den rechten Button oben rechts im Bereich VIEW.
- Setzen Sie den Cursor in das gesuchte Wort, zum Beispiel in `include` oder in `main` oder in `printf`. Im Bereich QUICK HELP INSPECTOR erscheint dann eine kurze Erklärung

des Begriffs. Sollte der QUICK HELP INSPECTOR nicht angezeigt werden, rufen Sie den Menüpunkt VIEW • UTILITIES • SHOW QUICK HELP INSPECTOR auf. Ein einfacher Klick auf den Link am oberen Rand des QUICK HELP INSPECTORS blendet das ORGANIZER-Fenster mit der vollständigen Dokumentation ein.

2.3 Rechnen mit Zahlen

Zur Durchführung der Grundrechenarten stehen Rechenoperatoren zur Verfügung. Die Ergebnisse längerer Rechenausdrücke werden von links nach rechts ermittelt, und zwar mit Beachtung der Regel *Punkt vor Strich*. Die Multiplikation mit dem Operator * und die Division mit dem Operator / haben also Vorrang vor der Addition mit dem Operator + und der Subtraktion mit dem Operator -. Sie können die runden Klammern (und) verwenden, um bestimmte Teile einer Rechnung vorrangig ausführen zu lassen.

Eine Besonderheit ist bei der Division zu beachten: Falls nur mit ganzen Zahlen oder ganzzahligen Variablen gerechnet wird, wird nach dem Komma abgeschnitten. Die Ergebnisse sind in diesem Fall nicht mathematisch genau.

Im Projekt *CRechenoperatoren* folgt ein Programm mit einigen Rechnungen:

```
#include <stdio.h>
int main()
{
    int a = 7, b = 2, c;                // ❶
    c = (a + 8 - b * 3) / 2;
    printf("Ergebnis: %d\n", c);

    float x = 7.0, y = 2.0, z;          // ❷
    z = (x + 8 - y * 3) / 2;
    printf("Ergebnis: %f\n", z);

    a++;                                // ❸
    printf("Nach Inkrementierung: %d\n", a);
    a--;
    printf("Nach Dekrementierung: %d\n", a);

    return 0;
}
```

Listing 2.3 Projekt »CRechenoperatoren«, Datei »main.c«

Die Ausgabe des Programms sieht wie folgt aus:

```
Ergebnis: 4
Ergebnis: 4.500000
Nach Inkrementierung: 8
Nach Dekrementierung: 7
```

Zur Erläuterung des Programms:

- In ❶ werden die drei `int`-Variablen `a`, `b` und `c` auf einmal deklariert, und zwar mit einem Komma als Trennzeichen. Bei einer Deklaration kann bereits ein Wert zugewiesen werden, wie dies bei `a` und `b` der Fall ist.
- Der Wert von `c` wird durch Berechnung ermittelt. Zunächst wird `b` mal 3 gerechnet, dann der Rest des Klammerinhalts. Das Ergebnis 9 wird durch 2 geteilt. Da bisher nur ganze Zahlen aufgetreten sind, ergibt sich das Ergebnis 4, der Rest wird abgeschnitten.
- Im Gegensatz dazu wird der Wert von `z` in ❷ mit Hilfe von Fließkommazahlen ermittelt. Es ergibt sich, mathematisch korrekt, das Ergebnis 4.5.
- Häufig kommen auch die beiden Operatoren `++` und `--` zum Einsatz, wie in ❸. Sie erhöhen den Wert einer Variablen um 1, dies nennt man auch *Inkrementierung*, beziehungsweise erniedrigen ihn um 1, dies heißt *Dekrementierung*.

2.4 Verzweigungen

Die bisherigen Programme wurden vollständig ausgeführt. Jede Anweisung kam zum Einsatz. Häufig ist es allerdings notwendig, Teile eines Programms nur ausführen zu lassen, falls eine bestimmte Bedingung zutrifft oder auch nicht zutrifft. Dazu werden Verzweigungen mit Hilfe von `if` und `else` benötigt.

2.4.1 Einfache und mehrfache Verzweigung

Im nachfolgenden Projekt *CVerzweigungen* sehen Sie ein Beispiel für eine *einfache Verzweigung* und ein Beispiel für eine *mehrfache Verzweigung*. Zunächst das Programm:

```
#include <stdio.h>
int main ()
{
    int a = 5, b = 7;
```

```
    if(a>b)                          // ❶
    {
        printf("1: Erste Zahl ist größer\n");
    }
    else
    {
        printf("1: Erste Zahl ist nicht größer\n");
    }

    if(a>b)                          // ❷
        printf("2: Erste Zahl ist größer\n");
    else if(a==b)
        printf("2: Beide Zahlen sind gleich\n");
    else
        printf("2: Zweite Zahl ist größer\n");

    return 0;
}
```

Listing 2.4 Projekt »CVerzweigungen«, Datei »main.c«

Das Programm hat die folgende Ausgabe:

```
1: Erste Zahl ist nicht größer
2: Zweite Zahl ist größer
```

Zur Erläuterung des Programms:

- Zunächst werden zwei `int`-Variablen `a` und `b` deklariert. Es werden ihnen Werte zugewiesen. Diese Werte dienen zur Steuerung der nachfolgenden Verzweigungen.
- In ❶ geschieht Folgendes: Falls (engl.: if) `a` größer als `b` ist, dann wird ausgegeben `1: Erste Zahl ist größer`. Ansonsten (engl.: else) wird ausgegeben `1: Erste Zahl ist nicht größer`. Es wird also entweder der Inhalt des ersten Blocks innerhalb der geschweiften Klammern ausgeführt oder der Inhalt des zweiten Blocks.
- In ❷ wird noch genauer geprüft: Falls `a` größer als `b` ist, erscheint `2: Erste Zahl ist größer`. Ansonsten wird untersucht, ob `a` gleich `b` ist, dann erfolgt die Ausgabe `2: Beide Zahlen sind gleich`. Trifft dies auch nicht zu, durchläuft das Programm den dritten Zweig, und es erscheint `2: Zweite Zahl ist größer`. Logischerweise muss `b` größer als `a` sein, falls die beiden anderen Bedingungen vorher nicht zutrafen.

- Beachten Sie, dass in ❷ nach der Bedingung keine Blockklammern { und } folgen. Diese sind nur notwendig, falls aufgrund einer Bedingung mehr als eine Anweisung durchlaufen werden soll. In ❶ wären also eigentlich auch keine Blockklammern notwendig gewesen. Sollten Sie sich nicht sicher sein, ob nach einer Bedingung in einem Ihrer Programme eine oder mehrere Anweisungen folgen, dann setzen Sie die Blockklammern einfach. Damit sind Sie auf der sicheren Seite.
- Der Operator zum Vergleich zweier Zahlen ist das doppelte Gleichheitszeichen `==`. Verwechseln Sie es nicht mit dem einfachen Gleichheitszeichen `=` für die Zuweisung eines Wertes!
- Weisen Sie den Variablen andere Werte zu (zum Beispiel `a = 9` oder `a = 7`), und lassen Sie das Programm erneut laufen. Welche Ergebnisse sehen Sie?

Verzweigungen werden mit Hilfe von Bedingungen gebildet. Sie haben schon gesehen, dass für eine Bedingung ein *Vergleichsoperator* notwendig ist. Es gibt insgesamt sechs Vergleichsoperatoren: `>` für *größer als*, `<` für *kleiner als*, `==` für *gleich*, `!=` für *ungleich*, `>=` für *größer oder gleich* sowie `<=` für *kleiner oder gleich*.

2.4.2 Logische Operatoren

Eine Bedingung kann auch aus mehreren Bedingungen zusammengesetzt sein. Diese werden dann mit Hilfe eines *logischen Operators* miteinander verknüpft. Es gibt drei logische Operatoren: `&&` für das *logische Und*, `||` für das *logische Oder* und `!` für die *logische Verneinung*. Beachten Sie das doppelte `&&` beziehungsweise das doppelte `||`.

Ein Beispiel für eine *logische Und-Verknüpfung*: »Falls morgen Sonntag ist und (`&&`) das Wetter schön ist, dann gehe ich wandern«. Es müssen also beide Bedingungen zutreffen. Ein Beispiel für eine *logische Oder-Verknüpfung*: »Falls Heinz mitkommt oder (`||`) Bernd mitkommt, dann gehe ich zum Fußballspiel«. Es muss also nur eine der beiden Bedingungen zutreffen. Falls beide zutreffen: umso besser.

Im nachfolgenden Projekt *CBedingungsoperatoren* sehen Sie Beispiele für alle genannten Operatoren:

```
#include <stdio.h>
int main()
{
    int a = 5, b = 7;

    if(a > b)                                    // ❶
        printf("1: a ist größer als b\n");
```

```
    if(a < b)                                     // ❷
        printf("2: a ist kleiner als b\n");
    if(a == b)                                    // ❸
        printf("3: a und b sind gleich\n");
    if(a != b)                                    // ❹
        printf("4: a und b sind ungleich\n");
    if(a >= b)                                    // ❺
        printf("5: a ist größer als b oder gleich b\n");
    if(a <= b)                                    // ❻
        printf("6: a ist kleiner als b oder gleich b\n");

    if(a > 10 && a < 20)                          // ❼
        printf("7: a ist größer als 10 und"
           " kleiner als 20\n");
    if(a < 10 || a > 20)                          // ❽
        printf("8: a ist kleiner als 10 oder"
           " größer als 20\n");
    if(!(a > b))                                  // ❾
        printf("9: a ist nicht größer als b\n");

    return 0;
}
```

Listing 2.5 Projekt »CBedingungsoperatoren«, Datei »main.c«

Die Ausgabe des Programms:

```
2: a ist kleiner als b
4: a und b sind ungleich
6: a ist kleiner als b oder gleich b
8: a ist kleiner als 10 oder größer als 20
9: a ist nicht größer als b
```

Zur Erläuterung:

- In ❶ bis ❻ sehen Sie die verschiedenen Bedingungsoperatoren.
- Die Ausgabe in ❼ erfolgt nur, falls a größer als 10 und kleiner als 20 ist, also für die Zahlen von 11 bis 19. Beachten Sie, wie die längere Ausgabe in zwei Zeilen mit zusätzlichen doppelten Anführungszeichen dargestellt wird.
- Die Ausgabe in ❽ erfolgt nur, falls a kleiner als 10 oder größer als 20 ist, also für alle Zahlen außer für die Zahlen von 10 bis 20.

- Achten Sie darauf, keine »sinnlosen« Verknüpfungen zu bilden. Die Bedingung `a > 10 || a < 20` trifft immer zu. Die Bedingung `a < 10 && a > 20` trifft nie zu.
- In ❾ wird zunächst geprüft, ob `a` größer als `b` ist. Anschließend wird der Wahrheitswert dieser Aussage mit Hilfe des Operators `!` (*logische Verneinung*) umgedreht: Aus *wahr* wird *falsch*, aus *falsch* wird *wahr*.

Ein Hinweis für C-Kenner: Natürlich können Sie in Objective-C auch eine Mehrfachverzweigung mit `switch` und `case` durchführen. In der Praxis kommt diese Verzweigung zur Erstellung von Benutzeroberflächen für den Mac und Apps für das iPhone selten zum Einsatz. Außerdem kann sie jederzeit durch eine Mehrfachverzweigung mit `if` und `else` ersetzt werden.

2.5 Schleifen

Eine besondere Stärke des Rechners ist die schnelle, wiederholte Ausführung einer großen Anzahl von ähnlichen Programmschritten. Ein Beispiel: Eine bestimmte Berechnung soll für insgesamt 10.000 verschiedene Zahlen durchgeführt werden. Dazu werden häufig Schleifen eingesetzt.

Im nachfolgenden Projekt *CSchleifen* sehen Sie drei verschiedene Schleifenbeispiele, die mit dem Schlüsselwort `for` gebildet werden. Zunächst das Programm:

```
#include <stdio.h>
int main()
{
    printf("for-Schleife aufwärts, zehnmal: ");
    for(int i=1; i<=10; i++)                // ❶
    {
        printf("%d ", i);
    }
    printf("\n");

    printf("for-Schleife abwärts: ");
    for(int i=14; i>=-5; i=i-3)             // ❷
        printf("%d ", i);
    printf("\n");

    printf("for-Schleife mit float: ");
    for(float x=2.5; x<3.6; x=x+0.2)        // ❸
        printf("%.2f ", x);
```

```
    printf("\n");

    return 0;
}
```

Listing 2.6 Projekt »CSchleifen«, Datei »main.c«

Das Programm erzeugt folgende Ausgabe:

```
for-Schleife aufwärts, zehnmal: 1 2 3 4 5 6 7 8 9 10
for-Schleife abwärts: 14 11 8 5 2 -1 -4
for-Schleife mit float: 2.50 2.70 2.90 3.10 3.30 3.50
```

Zur Erläuterung von ❶:

- Der Kopf einer `for`-Schleife besteht aus drei Teilen, die jeweils durch Semikolon voneinander getrennt sind. Häufig kommt eine sogenannte *Schleifenvariable* zum Einsatz, deren Wert die Schleife steuert, hier ist dies `i`:
  - Im ersten Teil wird `i` deklariert und erhält einen Wert. Damit startet die Schleife, hier hat `i` zunächst den Wert 1.
  - Im zweiten Teil steht eine Laufbedingung für die Schleife, hier `i <= 10`. Die Anweisungen innerhalb der Schleife werden mehrmals ausgeführt, solange diese Bedingung zutrifft.
  - Im dritten Teil wird festgelegt, was nach einem einzelnen Durchlauf der Schleife passiert. Hier wird der Wert von `i` um 1 erhöht. Man sagt auch: Die Schleife hat die *Schrittweite* 1.
- Diese Schleife wird also für die Werte von 1 bis 10 durchlaufen. Bei jedem Durchlauf wird der aktuelle Wert von `i` ausgegeben. Es erscheinen die zehn Zahlen von 1 bis 10 auf dem Bildschirm. Nach dem zehnten Durchlauf bekommt `i` den Wert 11. Damit trifft die Bedingung `i <= 10` nicht mehr zu, und die Schleife wird beendet.

Hier folgen nun die Erläuterungen zu den weiteren Programmteilen:

- In ❷ läuft die Schleife abwärts. Sie startet mit dem Wert 14 für `i` und läuft, solange `i` größer oder gleich 5 ist. Der Wert von `i` wird nach jedem Durchlauf um 3 vermindert. Es erscheinen also die Zahlen 14, 11, 8 und 5.

  Achten Sie darauf, keine »sinnlosen« Schleifen zu bilden. Eine Schleife mit `(i=1; i>0; i++)` läuft endlos, weil `i` zu Beginn größer als 0 ist und immer größer wird. Eine Schleife mit `(i=10; i<1; i++)` läuft nie, weil `i` zu Beginn nicht kleiner als 1 ist.

  Beachten Sie, dass in ❷ nach dem Kopf der `for`-Schleife keine Blockklammern `{` und `}` folgen. Diese sind (wie bei `if else`) nur notwendig, falls innerhalb einer Schleife mehr als eine Anweisung durchlaufen werden soll. In ❶ wären also eigentlich auch keine Blockklammern notwendig gewesen. Hier gilt ebenso: Sollten Sie sich nicht sicher sein, ob innerhalb einer Schleife in einem Ihrer Programme eine oder mehrere Anweisungen folgen, dann setzen Sie die Blockklammern einfach. Damit sind Sie auf der sicheren Seite.

- In ❸ sehen Sie, dass Sie Schleifen auch mit Fließkommazahlen steuern können. Die Schleifenvariable `x` hat zunächst den Wert 2.5. Die Schleife läuft, solange `x` kleiner als 3.6 ist. Nach jedem Durchlauf wird `x` um 0.2 erhöht (also: Schrittweite 0.2). Es erscheinen die Werte 2.50, 2.70, 2.90, 3.10, 3.30 und 3.50.

  Normalerweise werden die Werte von `float`-Variablen mit sechs Nachkommastellen ausgegeben. Die Angabe `%.2f` statt `%f` führt dazu, dass die Werte auf zwei Nachkommastellen gerundet ausgegeben werden.

  Falls die Bedingung `x <= 3.5` statt `x < 3.6` lautet, kann es passieren, dass der Wert 3.5 in der Ausgabe nicht mehr erscheint. Wie kommt das? `float`-Variablen sind nur auf eine begrenzte Stellenzahl genau. Bei der mehrfachen Addition von 0.2 kann sich am Ende zum Beispiel ein Wert von 3.499999 ergeben, so dass der Grenzwert von 3.5 nicht erreicht wird. Es ist daher empfehlenswert, für eine Schleifenbedingung mit einer `float`-Variablen eine halbe Schrittweite auf den gewünschten Endwert aufzuaddieren. Hier ist die Schrittweite 0.2, der gewünschte Endwert ist 3.5, also wird für die Bedingung der Wert 3.6 genommen, wie im Programm zu sehen.

Sie können die Schleifenvariable (hier `i` bzw. `x`) auch außerhalb, vor der Schleife deklarieren. Die hier gewählte Deklaration innerhalb des Schleifenkopfs hat den Vorteil, dass Sie auf diese Variable nicht versehentlich außerhalb der Schleife zugreifen können.

Zum Ausgabeformat: Die Angabe `%10.3f` würde für eine rechtsbündige Ausgabe eines Wertes mit insgesamt zehn Stellen führen. Drei dieser zehn Stellen stehen nach dem Dezimalpunkt. Auf diese Weise können Sie eine übersichtliche tabellarische Ausgabe erzielen.

Ein Hinweis für C-Kenner: Natürlich können Sie in Objective-C auch Schleifen mit `while` oder `do` und `while` bilden. In der Praxis kommen diese Schleifen zur Erstellung von Benutzeroberflächen für den Mac und Apps für das iPhone selten zum Einsatz.

2.6 Funktionen

Ein wichtiges Prinzip innerhalb der Software-Entwicklung ist die *Modularisierung*, also die Zerlegung von größeren Programmen in kleine, übersichtliche Bestandteile. Die einzelnen Module eines Programms werden *Funktionen* genannt. Funktionen werden einmal definiert und können dann beliebig oft aufgerufen werden. Im Zusammenhang mit Funktionen gibt es zwei wichtige Begriffe:

- *Parameter*: Sie können einer Funktion bei ihrem Aufruf einen oder mehrere Parameter übergeben. Diese können bei jedem Aufruf unterschiedlich sein. Innerhalb der Funktion werden diese Parameter verarbeitet und führen dann auch zu unterschiedlichen Ergebnissen.
- *Rückgabewert*: Innerhalb einer Funktion kann das ermittelte Ergebnis entweder direkt ausgegeben oder als Rückgabewert an die aufrufende Stelle zurückgeliefert werden.

Im nachfolgenden Projekt *CFunktionen* werden alle genannten Begriffe an Beispielen erläutert.

Zunächst das Programm:

```
#include <stdio.h>

void linie(void);              // ❶
void gib_aus(int, float);      // ❷
float addiere(float, float);   // ❸

int main()
{
    int m = 5;
    float x = 2.5, y = 0.4, ergebnis;

    linie();                   // ❹

    gib_aus(4, x);             // ❺
    gib_aus(m, 3*x);           // ❻

    ergebnis = addiere(x, y);  // ❼
    printf("Summe: %.2f\n", ergebnis);

    printf("Summe: %.2f\n", addiere(7.0, 2*y));  // ❽

    linie();                                     // ❾

    return 0;
}
```

```
void linie(void)                                    // ❿
{
   printf("------------------------\n");            // ⓫
   return;
}

void gib_aus(int p, float z)                        // ⓬
{
   printf("Zahl 1: %d, Zahl 2: %.2f\n", p, z);      // ⓭
   return;
}

float addiere(float a, float b)                     // ⓮
{
   float c;
   c = a + b;
   return c;                                        // ⓯
}
```

Listing 2.7 Projekt »CFunktionen«, Datei »main.c«

Die Ausgabe des Programms:

```
------------------------
Zahl 1: 4, Zahl 2: 2.50
Zahl 1: 5, Zahl 2: 7.50
Summe: 2.90
Summe: 7.80
------------------------
```

Die Erläuterung zum Programm beginnt mit der Hauptfunktion `main()`. Dort startet nach wie vor der Ablauf jedes C- oder Objective-C-Programms.

- Zunächst werden eine `int`-Variable und mehrere `float`-Variablen deklariert, teilweise mit sofortiger Wertzuweisung.
- In ❹ wird die Funktion `linie()` aufgerufen. Diese Funktion wurde dem Programm in ❶ bekannt gemacht. Eine solche Bekanntmachung heißt auch *Funktionsdeklaration*. Vergessen Sie nicht das Semikolon am Ende. In dieser Deklaration stehen mehrere Informationen:

summe. Nach dem Durchlauf des ganzen Felds ergibt sich damit die Summe aller Werte.

- Wieso wurde in ❹ die Variable summe auf den Wert 0 gesetzt? Zur Erinnerung: Nach der Deklaration hat eine Variable einen zufälligen Wert, zum Beispiel 4711. Beim ersten Durchlauf würde dann der Wert des ersten Feldelements zu 4711 hinzuaddiert, was natürlich nicht zum richtigen Ergebnis führt.

Hinweis: Achten Sie darauf, immer nur einen erlaubten Index zu benutzen! Ein häufiger Fehler ist die Angabe einer zu großen Zahl für den Index. In einem Feld mit zehn Elementen gibt es die erlaubten Indizes 0 bis 9.

2.8 Zeichenketten

Bisher haben Sie nur mit Zahlen gearbeitet. Häufig werden aber auch Texte innerhalb von Programmen benutzt, gespeichert und ausgegeben. Ein Text wird auch als *Zeichenkette* oder (auf Englisch) als *String* bezeichnet. Zeichenketten werden in Feldern gespeichert. Jedes Element eines solchen Felds ist ein einzelnes Zeichen. Für ein einzelnes Zeichen gibt es in C den Datentyp char.

Im nachfolgenden Projekt *CZeichenketten* wird ein Feld von Zeichen deklariert. Darin wird eine Zeichenkette gespeichert; diese wird anschließend ausgegeben. Danach werden zwei einzelne Zeichen der Zeichenkette ausgegeben.

Zunächst das Programm:

```
#include <stdio.h>
#include <string.h>

int main ()
{
    char tx[50];                             // ❶
    strcpy(tx, "Das ist ein Text");
    printf("%s\n", tx);

    printf("Zeichen 0: %c\n", tx[0]);        // ❷
    printf("Zeichen 14: %c\n", tx[14]);

    return 0;
}
```

Listing 2.9 Projekt »CZeichenketten«, Datei »main.c«

Kapitel 3
C und Objective-C – für Fortgeschrittene

Die Arbeit mit Zeigern vermittelt Ihnen das Verständnis für Verweise auf Objekte. Strukturen sind die Vorstufen für Klassen als Baupläne für die Objekte.

Zu den fortgeschrittenen Themen in C und Objective-C gehören neben den Zeigern und den Strukturen die Headerdateien und die Enumerationen. Einige weitere Themen in diesem Kapitel können gegebenenfalls zunächst übersprungen und bei Bedarf später erforscht werden.

3.1 Zeiger

Zu den wichtigsten Konzepten in C und Objective-C gehören die *Zeiger*. Zeiger sind keine Variablen. Sie zeigen nur auf die Stelle im Arbeitsspeicher, an der sich eine Variable befindet. Zeiger enthalten also die Adresse der Speicherstelle einer Variablen. Ein Zeiger wird auch als *Verweis* oder *Referenz* bezeichnet.

Sie können den Wert einer Variablen ermitteln oder ändern, indem Sie *indirekt*, nämlich über den Zeiger, darauf zugreifen. Klingt zuerst einmal umständlich, aber mit ein wenig mehr Erfahrung im Programmieren werden Sie die Vorteile erkennen.

In C, aber besonders in Objective-C, werden Sie später nicht nur mit einfachen `int`- oder `float`-Variablen arbeiten, sondern auch mit komplexeren Gebilden wie *Strukturen* oder *Objekten*. Auch auf diese Gebilde können Sie mit Hilfe eines Zeigers zugreifen. Sie können diese Gebilde weitergeben, ohne sie vollständig, Element für Element, kopieren zu müssen. Es reicht, wenn Sie den Zeiger auf dieses Gebilde weiterreichen.

Nachfolgend werden im Projekt *CZeiger* eine Variable und zwei Zeiger deklariert. Es wird erläutert, wie Sie direkt oder indirekt auf die Variable zugreifen können.

```
    printf("Leistung %d KW, Farbe %s\n",
        dacia.leistung, dacia.farbe);     // ❹

    return 0;
}
```

Listing 3.2 Projekt »CStrukturen«, Datei »main.c«

Das Programm hat die folgende Ausgabe:

```
Leistung 50 KW, Farbe blau
```

Zur Erläuterung des Programms:

- Ab ❶ wird die Struktur `Fahrzeug` definiert, außerhalb der Funktion `main()`, so dass sie für das gesamte Programm gilt. Die Definition beginnt mit den Schlüsselwörtern `typedef` und `struct`. Anschließend folgen in den Blockklammern { und } die Eigenschaften, die allgemein ein Fahrzeug beschreiben sollen: hier die `int`-Variable `leistung` und die Zeichenkette `farbe`. Diese Eigenschaften heißen auch *Komponenten* der Struktur. Als Letztes wird der Name der Struktur festgelegt. Vergessen Sie nicht das Semikolon am Ende der Definition.
- In ❷ wird eine Strukturvariable des Typs `Fahrzeug` deklariert. Sieht eigentlich genauso aus wie die Deklaration einer `int`- oder `float`-Variablen, nicht wahr? Es steckt aber mehr darin, denn die Variable `dacia` besteht aus mehreren Komponenten.
- Ab ❸ werden diesen Komponenten Werte zugewiesen. Beachten Sie die Notation (= Schreibweise) mit dem Punkt zwischen dem Namen der Strukturvariablen und dem Namen der Komponente.
- In ❹ wird die Strukturvariable ausgegeben. Dies geht nur, indem Sie die Komponenten mit dem jeweils passenden Platzhalter einzeln ausgeben.

Noch ein Wort zur Namenskonvention: Die Namen der Strukturen (oder später der Klassen) sollten mit einem Großbuchstaben beginnen.

Strukturvariablen in Strukturen

Die Komponente einer Struktur kann eine Variable eines Basisdatentyps sein, wie Sie in Abschnitt 3.2, »Strukturen«, gesehen haben. Es kann sich aber auch um eine Variable einer anderen Struktur handeln. Auf diese Weise entstehen komplexere Strukturen, in denen andere, bereits definierte Strukturen weiter genutzt werden.

Im nachfolgenden Projekt *CStrukturenInStrukturen* werden insgesamt vier Strukturen definiert. Die Komponenten der dritten und vierten Struktur sind teilweise Strukturvariablen. Anschließend wird von jeder Struktur jeweils eine Variable deklariert, mit Werten gefüllt und ausgegeben.

Zunächst der erste Teil des Programms mit den Definitionen der Strukturen:

```
#include <stdio.h>
#include <string.h>

typedef struct
{
    float x;
    float y;
} Punkt;

typedef struct
{
    float breite;
    float hoehe;
} Groesse;

typedef struct
{
    Punkt ecke;
    Groesse ausdehnung;
    char farbe[20];
    int rahmen;
} Rechteck;

typedef struct
{
    Punkt zentrum;
    int radius;
    char farbe[20];
} Kreis;
```

Listing 3.3 Projekt »CStrukturenInStrukturen«, Teil 1

```
        printf("Das Fahrzeug ist blau lackiert\n");

    return 0;
}
```

Listing 3.7 Projekt »CEnum«, Datei »main.c«

Das Programm hat die folgende Ausgabe:

```
Das Fahrzeug ist gelb lackiert
Das Fahrzeug ist blau lackiert
```

Zur Erläuterung:

- Zunächst wird die Enumeration `Farbe` definiert, außerhalb der Funktion `main()`. Die Definition beginnt mit den Schlüsselwörtern `typedef` und `enum`. Anschließend folgen in geschweiften Klammern die erlaubten konstanten Werte. Wenn Sie keine eigenen Zahlenwerte wählen, dann entsprechen diese Konstanten der Reihe nach den Zahlen 0 (= `rot`), 1 (= `gelb`), 2 (= `gruen`) und 3 (= `blau`). Als Letztes wird der Name der Enumeration festgelegt. Vergessen Sie nicht das Semikolon am Ende der Definition.
- Zu Beginn von `main()` wird eine Variable des Enumerationstyps `Farbe` deklariert.
- Der Variablen `fahrzeugLackierung` wird anschließend eine der vier erlaubten Konstanten als Wert zugewiesen, hier ist dies die Konstante `gelb`. Dies wird mit Hilfe einer Verzweigung überprüft.
- Als Nächstes bekommt die Variable `fahrzeugLackierung` eine der vier erlaubten Zahlen als Wert zugewiesen, hier ist das 3. Die Zahl 3 entspricht der Konstanten `blau`. Dies wird ebenfalls mit Hilfe einer Verzweigung überprüft. Natürlich sollten Sie möglichst nur noch mit den leichter merkbaren Konstanten arbeiten statt mit den Zahlen. Dies ist hier nur zu Demonstrationszwecken geschehen.

3.5 Bit-Operatoren und Bit-Masken

Wenn Sie möchten, können Sie diesen und die nachfolgenden Abschnitte dieses Kapitels zunächst überspringen. Die Inhalte kommen bei der Erstellung von Programmen mit Benutzeroberflächen für den Mac und von Apps für iPhone und iPad etwas seltener zum Einsatz und können auch bei Bedarf einfach hier nachgeschlagen werden.

Zu den *Bit-Operatoren* und *Bit-Masken*: Bei verschiedenen Gelegenheiten werden in Objective-C mehrere Informationen in einer einzelnen `int`-Variablen gespeichert. Das klingt zunächst ungewöhnlich, funktioniert aber dank Bit-Operatoren und Bit-Masken problemlos. Zum Verständnis dieser Begriffe folgen zunächst einige Grundlagen.

Eine typische `int`-Variable benötigt auf vielen Rechnersystemen 4 Byte Speicherplatz. 1 Byte umfasst 8 Bit, eine `int`-Variable somit 32 Bit. Ein Bit hat entweder den Wert 0 oder den Wert 1, also den Wert einer der beiden möglichen Ziffern im dualen Zahlensystem. Zum Vergleich: Im dezimalen Zahlensystem gibt es bekanntlich die möglichen Ziffern 0 bis 9.

Ein Beispiel: Das letzte Byte der ganzen Zahl 13 wird als `int`-Variable wie folgt codiert: 0000 1101. Wie wird daraus die Zahl 13? Beginnen Sie mit der letzten Ziffer (dem Bit 0), und arbeiten Sie sich nach vorne:

1* 2 hoch 0 + 0 * 2 hoch 1 + 1 * 2 hoch 2 + 1 * 2 hoch 3 = 1 + 0 + 4 + 8 = 13

Es stecken also eigentlich mehrere Informationen in der Zahl 13: Bit 0 ist gesetzt (hat also den Wert 1), Bit 2 ist gesetzt, und Bit 3 ist gesetzt, wiederum von hinten gezählt. Eine `int`-Variable kann also bis zu 32 verschiedene, einfache Informationen beinhalten.

Mit Hilfe von Bit-Operatoren und Bit-Masken können diese einzelnen Informationen aus der `int`-Variablen herausgefiltert werden. Dies wird im nachfolgenden Projekt *CBit* gezeigt. Zunächst der Code:

```
#include <stdio.h>
int main()
{
    int geprueft = 13;  // ... 0000 1101
    int bit3 = 8;       // ... 0000 1000  Bit 3
    int bit1 = 2;       // ... 0000 0010  Bit 1

    int erg3 = geprueft & bit3;  // ... 0000 1000
    int erg1 = geprueft & bit1;  // ... 0000 0000

    if(erg3 != 0)
        printf("In %d ist Bit 3 gesetzt\n", geprueft);
    if(erg1 != 0)
        printf("In %d ist Bit 1 gesetzt\n", geprueft);

    return 0;
}
```

Listing 3.8 Projekt »CBit«, Datei »main.c«

Im Dialogfeld CHOOSE OPTIONS FOR YOUR NEW PROJECT, siehe Abbildung 4.1, wählen Sie FOUNDATION als TYPE aus und setzen ein Häkchen bei USE AUTOMATIC REFERENCE COUNTING.

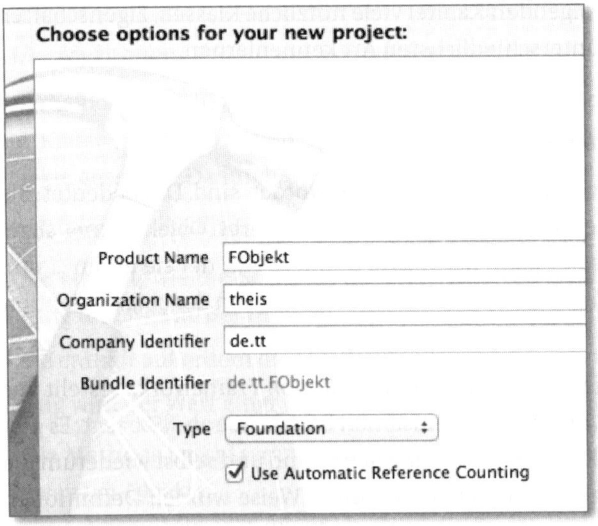

Abbildung 4.1 Optionen für Foundation-Projekt

Das Prinzip des *Automatic Reference Counting* (kurz: ARC, zu Deutsch: automatisches Zählen der Referenzen) sorgt für eine optimale Verwaltung des Arbeitsspeichers während der Ausführung des Projekts. Die Vorteile dieses Prinzips werden in fast allen nachfolgenden Projekten weiterhin genutzt, daher muss das Häkchen immer gesetzt werden, außer bei gesondert erwähnten Ausnahmen. Eine Erläuterung des Prinzips und seiner Vorteile finden Sie ab Abschnitt 7.7, »Verwaltung des Arbeitsspeichers«.

4.2.2 Das Musterprogramm

Anschließend steht Ihnen bereits das nachfolgend aufgeführte lauffähige Musterprogramm zur Verfügung. Dieses finden Sie in der Datei *main.m*. Beachten Sie die andere Dateiendung: *.m* statt *.c*.

```
//
//  main.m
//  FObjekt
//
//  Created by Theis on 12.09.12.
```

```
//  Copyright (c) 2012 __MyCompanyName__. All rights reserved.
//

#import <Foundation/Foundation.h>

int main(int argc, const char * argv[])
{

    @autoreleasepool {

        // insert code here...
        NSLog(@"Hello, World!");

    }
    return 0;
}
```

Listing 4.1 Projekt »FObjekt«, Datei »main.m«,Originalzustand

Dieses Musterprogramm können Sie wie gewohnt ausführen. Es erscheint die nachfolgende Ausgabe:

```
2012-09-12 13:11:18.631 FObjekt[314:403] Hello, World!
```

Vor dem Text `Hello, World!` wird ein aktueller Zeitstempel und der Name des Projekts angegeben.

4.2.3 Das eigene Foundation-Programm

Auch hier werden einige Elemente des Musterprogramms nicht benötigt, andere sollen an dieser Stelle eingeführt werden. Daher wird das Programm wie nachfolgend angegeben geändert.

Aufgabe des Programms ist es, zwei Objekte einer Klasse zu erzeugen und den Zugriff darauf zu ermöglichen. Als Beispielklasse wird die Klasse `NSNumber` benutzt.

```
#import <Foundation/Foundation.h>                    // ❶
int main()
{
    @autoreleasepool                                 // ❷
    {
```

```
        NSNumber *zahlA = [[NSNumber alloc] initWithInt:42];      // ❸
        NSLog(@"%@", zahlA);                                      // ❹

        NSNumber *zahlB = [[NSNumber alloc] initWithInt:7];       // ❺
        NSLog(@"%@", zahlB);

        zahlB = zahlA;                                            // ❻
        NSLog(@"%@", zahlB);
        }
        return 0;
}
```

Listing 4.2 Projekt »FObjekt«, Datei »main.m«, nach Veränderung

Für dieses erste Programm ist eine Reihe von genauen Erklärungen notwendig. Sie werden aber feststellen, dass sich vieles später wiederholt.

Zunächst die Ausgabe des Programms:

```
2012-09-12 13:14:43.498 FObjekt[344:707] 42
2012-09-12 13:14:43.499 FObjekt[344:707] 7
2012-09-12 13:14:43.500 FObjekt[344:707] 42
```

Es werden also die Zahlenwerte 42, 7 und 42 ausgegeben.

Zur Erläuterung des ersten Teils des Programms:

- Mit Hilfe der Anweisung `#import` (statt `#include`) werden in ❶ die Inhalte des *Foundation*-Frameworks erreichbar gemacht.
- Die Hauptfunktion heißt weiterhin `main()`.
- Die Anweisung `@autoreleasepool` in ❷ setzt das Prinzip eines *Autorelease-Pools* um. Dieses Prinzip sorgt, zusammen mit dem oben genannten ARC-Prinzip, für eine optimale Verwaltung des Arbeitsspeichers während der Ausführung des Projekts. Das Autorelease-Pool-Prinzip bezieht sich auf die Objekte, die innerhalb der Blockklammern { und } nach `@autoreleasepool` erzeugt werden. Die Vorteile beider Prinzipien werden in den nachfolgenden Projekten weiterhin genutzt. Eine Erläuterung beider Prinzipien und ihrer Vorteile finden Sie in Abschnitt 7.7, »Verwaltung des Arbeitsspeichers«.

In ❸ wird in mehreren aufeinander folgenden Schritten ein Zahlenobjekt mit dem Wert 42 angelegt. Da es sich um unser erstes Objekt handelt, müssen die einzelnen Schritte genauer betrachtet werden.

- Die Klasse `NSNumber` enthält viele Eigenschaften und Methoden für alle möglichen Arten von Zahlen.
- Mit `NSNumber *zahlA` wird zunächst ein Verweis auf ein Objekt der Klasse `NSNumber` angelegt. Ein Verweis zeigt auf die Stelle, an der sich ein Objekt im Arbeitsspeicher befindet, wie Sie dies bereits bei den Zeigern kennengelernt haben, siehe Abschnitt 3.1.
- Der Ausdruck `[NSNumber alloc]` ruft die Klassenmethode `alloc:` der Klasse `NSNumber` auf. Es wird Speicherplatz für ein Objekt der betreffenden Klasse im Speicher angelegt (allokiert). Rückgabewert der Methode `alloc:` ist ein Objekt. Beachten Sie den Doppelpunkt nach dem Namen einer Methode, er gehört zum Namen.
- In allen Klassen des *Foundation*-Frameworks gibt es die Methode `alloc:` zur Allokierung von Speicherplatz für ein Objekt der betreffenden Klasse.
- Anschließend wird die Methode `initWithInt:` mit dem Parameter 42 aufgerufen. Sie initialisiert das Objekt mit dem `int`-Wert 42. Rückgabewert der Methode `initWithInt:` ist ein Verweis auf die Speicherstelle, an der sich das Objekt befindet. Dieser Verweis wird dem Verweis `zahlA` zugewiesen. Über den Verweis `zahlA` können Sie ab jetzt auf das `NSNumber`-Objekt zugreifen.
- In den meisten Klassen des *Foundation*-Frameworks gibt es Methoden, deren Name mit `init` beginnt, zur Initialisierung eines Objekts der betreffenden Klasse mit einem Wert.

In ❹ wird der Wert des `NSNumber`-Objekts auf dem Bildschirm ausgegeben.

- Die Klasse `NSLog` hat eine ähnlich Aufgabe wie die Funktion `printf()` in C. Es können also Zeichenketten in der Konsole ausgegeben werden, die Variablen und Objekte beinhalten. Ausgaben mit `NSLog` werden sowohl in Konsolenprogrammen als auch später bei den Programmen für Benutzeroberflächen und Apps vorgenommen. Dort dienen sie meist als Kontrollausgaben.
- Bei `NSLog` können Sie für die Variablen der Basisdatentypen dieselben Platzhalter verwenden, die Sie bereits bei `printf()` kennengelernt haben: `%d`, `%f`, `%s` usw. Der Platzhalter für einen Objektverweis ist `%@`. Vor die auszugebende Zeichenkette gehört noch das Zeichen `@`. In der DEBUG AREA sehen Sie, dass `NSLog` vor dem Inhalt der Zeichenkette noch einen Zeitstempel mit Datum und Uhrzeit und den Projektnamen ausgibt.

In ❺ wird ein weiteres `NSNumber`-Objekt mit dem `int`-Wert 7 erzeugt und über den Verweis `zahlB` erreichbar gemacht. Anschließend wird es mit Hilfe von `NSLog` ausgegeben.

In ❻ wird dem Verweis `zahlB` der Verweis `zahlA` zugewiesen. Damit verweist `zahlB` nun auch auf das erste Objekt mit dem Wert 42, wie die nachfolgende Ausgabe zeigt. Auf das zweite Objekt wird überhaupt nicht mehr verwiesen. Es kann nicht mehr erreicht werden. Sie sollten bei Ihren Programmen darauf achten, eine solche Unerreichbarkeit nicht versehentlich herbeizuführen.

Zwei Hinweise:

- Auf Objekte der Klassen des *Foundation*-Frameworks wird generell indirekt zugegriffen, das heißt über Verweise.
- Die Namen der Strukturen und Klassen beginnen mit `NS`. Dies ist noch ein Relikt aus der Zeit, als das Betriebssystem *NeXTStep* auf den Rechnern des von Steve Jobs gegründeten Unternehmens *NeXT* eingesetzt wurde.

4.2.4 Methodenaufrufe

Allgemein werden Methoden in Objective-C mit Hilfe von eckigen Klammern aufgerufen:

- Der Aufruf einer Klassenmethode lautet `[Klasse Methode]`, siehe `[NSNumber alloc]`.
- Der Aufruf einer objektbezogenen Methode lautet `[Objekt Methode]`. Falls die Methode einen einzigen Parameter hat, so lautet der Aufruf `[Objekt Methode:Parameterwert]`. Der Wert für den (einzigen) Parameter steht also nach einem Doppelpunkt, siehe `initWithInt:`.
- Methodenaufrufe können ineinander geschachtelt werden, falls die innere, gestartete Methode wiederum ein Objekt liefert, für das eine Methode aufgerufen werden kann: `[[Objekt MethodeA] MethodeB]`.

4.3 Klasse »NSNumber«

Sie haben die Klasse `NSNumber` bereits in Abschnitt 4.2, »Ein erstes Foundation-Projekt«, kennengelernt. Die Möglichkeiten dieser Klasse gehen weit über die Möglichkeiten einer einfachen Variablen eines der Basisdatentypen für Zahlen (`int`, `float`, `double` usw.) hinaus. Allerdings werden auch bei komplexen Programmen für bestimmte Zwecke weiterhin Variablen der Basisdatentypen benötigt, unter anderem, weil sie weniger Speicherplatz benötigen und schneller zugreifbar sind.

In diesem Abschnitt sehen Sie einige weitere Möglichkeiten dieser Klasse. Das Projekt *FNumber* und die weiteren Programme der Kapitel 4, »Foundation-Framework –

Grundlagen«, und 5, »Foundation-Framework – für Fortgeschrittene«, werden so angelegt wie das erste Projekt *FObjekt*, also mit ARC.

Zunächst das Programm in der Datei *main.m* des Projekts:

```
#import <Foundation/Foundation.h>
int main ()
{
    @autoreleasepool
    {
    NSNumber *zahlA = [[NSNumber alloc] initWithInt:5];
    NSLog(@"%@", zahlA);                                  // ❶

    NSNumber *zahlB = [[NSNumber alloc] initWithFloat:7.8];
    NSLog(@"%@", zahlB);                                  // ❷

    NSNumber *zahlC = [NSNumber numberWithInt:12];
    NSLog(@"%@", zahlC);                                  // ❸

    if([zahlA isEqualToNumber:zahlB])                     // ❹
        NSLog(@"Zahlen sind gleich");
    else
        NSLog(@"Zahlen sind nicht gleich");

    NSComparisonResult ergebnis =                         // ❺
        [zahlA compare:zahlB];
    if(ergebnis == NSOrderedAscending)
        NSLog(@"Zahlen stehen aufsteigend");
    else if(ergebnis == NSOrderedDescending)
        NSLog(@"Zahlen stehen absteigend");
    else if(ergebnis == NSOrderedSame)
        NSLog(@"Zahlen sind gleich");
    }
    return 0;
}
```

Listing 4.3 Projekt »FNumber«, Datei »main.m«

Bei der Ausgabe dieses Programms und der weiteren Programme soll zur besseren Übersicht auf die Ausgabe des Zeitstempels und des Projektnamens, die von `NSLog` automatisch erzeugt werden, verzichtet werden.

```
5
7.8
12
Zahlen sind nicht gleich
Zahlen stehen aufsteigend
```

Zur Erläuterung des Programms:

- In ❶ wird mit Hilfe der bereits bekannten Methoden `alloc:` und `initWithInt:` ein `NSNumber`-Objekt mit dem `int`-Wert 5 erzeugt.
- In ❷ wird mit Hilfe von `alloc:` und der Methode `initWithFloat:` ein `NSNumber`-Objekt mit dem `float`-Wert 7.8 erzeugt. Es gibt in dieser Klasse noch weitere `initWith...`-Methoden.
- In ❸ wird mit Hilfe der Klassenmethode `numberWithInt:` ein `NSNumber`-Objekt mit dem `int`-Wert 12 erzeugt. Diese Methode fasst die Wirkungsweise der Methoden `alloc:` und `initWithInt:` zusammen. Es gibt in der Klasse `NSNumber` noch weitere `numberWith...`-Methoden.
- In den meisten Klassen des *Foundation*-Frameworks gibt es solche Methoden zur Erzeugung von Objekten mit Wert. Ihr Name beginnt mit dem Namen der Klasse (ohne `NS` und mit kleinem Anfangsbuchstaben), gefolgt von einem `With`.
- In ❹ dient die Methode `isEqualToNumber:` zur Feststellung, ob zwei verschiedene `NSNumber`-Objekte den gleichen Zahlenwert enthalten. Der Rückgabewert der Methode kann in einer Verzweigung ausgewertet werden. Der Parameter der Methode ist das `NSNumber`-Objekt, mit dem verglichen wird.
- Es ist zu beachten, dass die Inhalte, also die Zahlenwerte, zwei verschiedener `NSNumber`-Objekte verglichen werden. Im Unterschied dazu stellt eine Verzweigung mit `if(zahlA == zahlB)` fest, ob beide Verweise auf dasselbe Objekt verweisen, also auf dieselbe Stelle im Arbeitsspeicher.
- In anderen Klassen des *Foundation*-Frameworks gibt es auch Methoden zum Vergleich der Werte von Objekten. Ihr Name beginnt ebenso mit `isEqualTo`.
- Zu ❺: In der Klasse `NSNumber` kann mit Hilfe der Methode `compare:` festgestellt werden, in welcher Reihenfolge die Werte von zwei Objekten stehen. Hier handelt es sich um die Reihenfolge gemäß dem Zahlenwert.
- Der Rückgabewert der Methode `compare:`, ein Wert aus der Enumeration `NSComparisonResult`, wird hier anschließend in einer Verzweigung ausgewertet. Der Parameter der Methode ist das `NSNumber`-Objekt, mit dem verglichen wird. Das Ergebnis des Vergleichs wird mit einem der drei möglichen Werte der Enumeration verglichen:

NSOrderedAscending, NSOrderedDescending und NSOrderedSame. Enumerationen haben Sie bereits in Abschnitt 3.4 kennengelernt.

Hinweis: Nach dem letzten else hätte ich mir natürlich das Abfragen einer weiteren Bedingung mit Hilfe von if sparen können, da nur noch diese Möglichkeit verbleibt. Es ging mir nur darum, auch den Namen des dritten Elements der Enumeration zu erwähnen.

Dokumentation, Hilfe

Die Dokumentation zu den Elementen von Objective-C und den *Foundation*-Klassen erreichen Sie wie folgt:

- Blenden Sie rechts die UTILITIES ein, über den Menüpunkt VIEW • UTILITIES • SHOW UTILITIES beziehungsweise über den rechten Button oben rechts im Bereich VIEW.
- Setzen Sie den Cursor in das Wort, zum Beispiel in NSNumber oder in alloc: oder in initWithInt:. Im Bereich QUICK HELP INSPECTOR erscheint dann eine kurze Erklärung des Begriffs. Sollte der QUICK HELP INSPECTOR nicht angezeigt werden, rufen Sie den Menüpunkt VIEW • UTILITIES • SHOW QUICK HELP INSPECTOR auf. Ein einfacher Klick auf den Link am oberen Rand des QUICK HELP INSPECTORS blendet das ORGANIZER-Fenster mit der vollständigen Dokumentation zu dem Begriff ein.

4.4 Klasse »NSString«

Die Klasse NSString bietet zahlreiche Möglichkeiten zur Erzeugung und Verarbeitung von Zeichenketten. Zeichenketten haben Sie bereits in Abschnitt 2.8 kennengelernt.

Beachten Sie, dass NSString-Objekte unveränderlich sind. Für veränderliche Zeichenketten gibt es die Klasse NSMutableString, die im nachfolgenden Abschnitt beschrieben wird.

Im Projekt *FString* werden verschiedene NSString-Objekte erzeugt. Anschließend werden einige Beispielmethoden auf die Objekte angewandt. Zunächst das Programm in der Datei *main.m*:

```
#import <Foundation/Foundation.h>
int main()
{
    @autoreleasepool
    {
```

```
        NSString *textA = @"Spanien";          // ❶
        NSLog(@"%@", textA);

        NSString *textB = [[NSString alloc]
            initWithUTF8String:"Frankreich"]; // ❷
        NSLog(@"%@", textB);

        NSString *textC = [NSString
            stringWithUTF8String:"Italien"];  // ❸
        NSLog(@"%@", textC);

        int i = 5;                             // ❹
        float f = 7.8;
        NSString *textD = [[NSString alloc] initWithFormat:
            @"Text und Zahlen: %d und %.2f", i, f];
        NSLog(@"%@", textD);

        NSString *textE = [NSString stringWithFormat:       // ❺
            @"Text und Zahlen: %d und %.2f", i, f];
        NSLog(@"%@", textE);

        textE = [NSString stringWithFormat:                 // ❻
            @"%@ und %@", textE, @"noch mehr"];
        NSLog(@"%@", textE);

        if([textA isEqualToString:@"Spanien"])
            NSLog(@"Objekt beinhaltet Text: Spanien");      // ❼

        NSComparisonResult ergebnis = [textA compare:textB];
        if(ergebnis == NSOrderedAscending)                  // ❽
            NSLog(@"Texte stehen aufsteigend");
        else if(ergebnis == NSOrderedDescending)
            NSLog(@"Texte stehen absteigend");
        else if(ergebnis == NSOrderedSame)
            NSLog(@"Texte sind gleich");
    }

    return 0;
}
```

Listing 4.4 Projekt »FString«, Datei »main.m«

Die Ausgabe des Programms, weiterhin ohne Zeitstempel und Projektname, sieht so aus:

```
Spanien
Frankreich
Italien
Text und Zahlen: 5 und 7.80
Text und Zahlen: 5 und 7.80
Text und Zahlen: 5 und 7.80 und noch mehr
Objekt beinhaltet Text: Spanien
Texte stehen absteigend
```

Zur Erläuterung des Programms:

- In ❶ wird ein `NSString`-Objekt mit dem Wert `Spanien` in der Kurzform erzeugt. Eine solche Kurzform zur komfortablen Objekterzeugung gibt es nur in der Klasse `NSString`. Mit Hilfe von `NSLog` wird dieses Objekt mit dem Platzhalter `%@` für Objekte ausgegeben.
- In ❷ wird ein `NSString`-Objekt mit dem Zeichenketten-Wert »Frankreich« auf herkömmliche Art erzeugt, in der Langform. Es kommen die Methoden `alloc:` und `initWithUTF8String:` zum Einsatz. Die *UTF8-Codierung* ermöglicht auch die Benutzung spezieller Schriftzeichen, wie zum Beispiel der deutschen Umlaute. Es gibt in der Klasse `NSString` noch weitere `initWith...`-Methoden.
- In ❸ wird mit Hilfe der Klassenmethode `stringWithUTF8String:` ein `NSString`-Objekt mit dem Zeichenketten-Wert »Italien« erzeugt. Diese Methode fasst die Wirkungsweise der Methoden `alloc:` und `initWithUTF8String:` zusammen. Es gibt in der Klasse `NSString` noch weitere `stringWith...`-Methoden.
- Die Objektmethode `initWithFormat:` und die Klassenmethode `stringWithFormat:` dienen in ❹ und ❺ dazu, ein `NSString`-Objekt aus Text und Variablen zu erzeugen. Die Werte der Variablen werden mit Hilfe von Platzhaltern in den Text eingefügt, wie Sie dies von der Funktion `printf()` in C kennen. Die Methode `stringWithFormat:` fasst die Wirkungsweise der Methoden `alloc:` und `initWithFormat:` zusammen.
- Die bereits bekannte Methode `stringWithFormat:` wird in ❻ dazu verwendet, um einen vorhandenen Text um weiteren Text zu verlängern. Man nennt diesen Vorgang auch *Textverkettung*. Als Platzhalter wird sowohl für das bisherige `NSString`-Objekt als auch für das mit Hilfe der Kurzform erzeugte angehängte `NSString`-Objekt `%@` benutzt.
- In ❼ dient die Methode `isEqualToString:` zur Feststellung, ob zwei verschiedene `NSString`-Objekte die gleiche Zeichenkette enthalten. Die Auswertung geschieht auf gleiche Weise wie bei der Methode `isEqualToNumber:` aus der Klasse `NSNumber`.

```
        NSLog(@"3 %@", arrayA);

        [arrayA addObject:@"Schweiz"];                    // ❹
        NSLog(@"4 %@", arrayA);

        [arrayA replaceObjectAtIndex:0                    // ❺
            withObject:@"Portugal"];
        NSLog(@"5 %@", arrayA);

        [arrayA insertObject:@"Irland" atIndex:1];
        NSLog(@"6 %@", arrayA);                           // ❻

        [arrayA removeObjectAtIndex:2];                   // ❼
        NSLog(@"7 %@", arrayA);

        [arrayA exchangeObjectAtIndex:0                   // ❽
            withObjectAtIndex:2];
        NSLog(@"8 %@", arrayA);

        [arrayA sortUsingFunction:vergleich context:NULL];
        NSLog(@"9 %@", arrayA);                           // ❾
    }
    return 0;
}

NSInteger vergleich(id verweis1, id verweis2,
    void *kontext)                                        // ❿
{
    NSString *a = verweis1;
    NSString *b = verweis2;
    return [a compare:b];
}
```

Listing 4.8 Projekt »FMutableArray«, Datei »main.m«

In der Ausgabe des Programms stehen alle Feldelemente untereinander. Sie wurden hier zur besseren Übersicht nebeneinander geschrieben:

```
2 ( Spanien, Frankreich, Italien )
3 ( Spanien, Frankreich )
4 ( Spanien, Frankreich, Schweiz )
```

```
5 ( Portugal, Frankreich, Schweiz )
6 ( Portugal, Irland, Frankreich, Schweiz )
7 ( Portugal, Irland, Schweiz )
8 ( Schweiz, Irland, Portugal )
9 ( Irland, Portugal, Schweiz )
```


Zur Erläuterung des Programms:

- In ❶ sehen Sie die Deklaration einer Funktion, die in ❿ definiert wird. Sie wird zum Sortieren eines Arrays benötigt. Dies wird später erläutert.
- In ❷ wird ein `NSMutableArray`-Objekt mit Hilfe der aus `NSArray` bekannten Klassenmethode `arrayWithObjects:` erzeugt. Das Feld enthält Verweise zu drei `NSString`-Objekten. Dieses Feld wird nachfolgend mehrfach verändert.
- Die Methoden `removeLastObject:` und `addObject:` in ❸ und ❹ dienen dazu, das letzte Element zu entfernen beziehungsweise ein weiteres Element ans Ende des Felds anzuhängen.
- Die Methode `replaceObjectAtIndex:withObject:` in ❺ ersetzt ein Element durch ein anderes an der genannten Position. Hier wird `Spanien`, das erste Element (mit dem Index 0), durch `Portugal` ersetzt.
- Mit Hilfe der Methode `insertObject:atIndex:` in ❻ wird ein Element an der genannten Position in das Feld eingefügt. Der Index der nachfolgenden Elemente erhöht sich jeweils um 1.
- Die Methode `removeObjectAtIndex:` in ❼ entfernt das Element an der genannten Position. Hier ist dies Position 2, also das Element `Frankreich`.
- Die Methode `exchangeObjectAtIndex:withObjectAtIndex:` in ❽ dient zum Austausch der beiden Elemente an den genannten Positionen. Hier sind dies die Objekte an den Positionen 0 und 2.

Sortierung eines Felds

Die Methode `sortUsingFunction:context:` in ❾ dient zum Sortieren des Felds. Dies ist nur dann sinnvoll, wenn alle Elemente des Felds Objekte derselben Klasse sind. Die Methode benötigt intern eine Funktion zum Vergleichen von jeweils zwei Elementen während des Sortiervorgangs. Im vorliegenden Beispiel wird dazu der Name der Funktion `vergleich()` als erster Parameter übergeben, siehe auch Abschnitt 3.9, »Funktionen als Parameter«. Diese Funktion wurde in ❶ deklariert und ab ❿ definiert.

Zur Erläuterung der Arbeitsweise der Funktion `vergleich()` geht es ein wenig ans Eingemachte: Innerhalb der Methode `sortUsingFunction:context:`, also für uns nicht sichtbar, wird mehrmals die Funktion `vergleich()` aufgerufen.

Der Funktion werden unter anderem zwei id-Verweise übergeben. Diese sind in der Lage, auf beliebige Objekte zu zeigen, da ein NSArray-Objekt nun einmal beliebige Objekte enthalten kann. Unser spezielles NSArray-Objekt beinhaltet nur NSString-Objekte, daher werden die id-Verweise in NSString-Verweise umgewandelt.

Anschließend wird mit Hilfe der Methode compare: (siehe Abschnitt 4.2.4, »Methodenaufrufe«) für diese beiden NSString-Objekte untersucht, welches in der Reihenfolge zuerst kommt. Das Ergebnis von compare: ist ein ganzzahliger Wert vom Typ NSInteger. Dieser Wert wird an die Methode sortUsingFunction:context: zurückgeliefert und dort zum Sortieren genutzt. Mehr zum Typ NSInteger lesen Sie in Abschnitt 5.4, »Weitere Zahlentypen«. Der zweite Parameter der Methode sortUsingFunction:context: mit dem Namen context wird in der Funktion vergleich() nicht benötigt. Daher wird der Verweis NULL übergeben, ein Zeiger auf *nichts*.

Langer Rede, kurzer Sinn: Auf diese Weise können Sie Felder mit Objekten derselben Klassen sortieren lassen. Hauptsache, Sie definieren innerhalb der Funktion vergleich(), wie Sie die Reihenfolge von zwei Elementen der betreffenden Klasse festlegen.

4.9 Dictionaries

Ein *Dictionary* (dt.: Lexikon) ist dazu geeignet, mehrere Objekte zu speichern wie ein Feld. Für die Objekte innerhalb eines Dictionarys gelten dieselben Regeln wie für die Objekte innerhalb eines Felds, siehe Abschnitt 4.7, »Klasse ›NSArray‹«.

Sie greifen allerdings auf ein einzelnes Element eines Dictionarys über einen *Schlüssel* zu, nicht über einen Index. Dieser Schlüssel ist häufig eine Zeichenkette. Über diesen Schlüssel (engl. Key) kommen Sie an ein Objekt, das den *Wert* (engl.: Value) des Feldelements darstellt. Ein Dictionary besteht also aus *Key-Value*-Paaren.

Ein Hinweis: Bei der Programmierung von Benutzeroberflächen für den Mac und von Apps für iPhone und iPad werden Sie noch die wichtigen Begriffe *Key-Value-Coding* und *Key-Value-Observation* kennenlernen. Dictionaries bilden die Grundlage für das Verständnis dieser Begriffe.

Sie können sich zwischen zwei Klassen entscheiden: NSDictionary und NSMutableDictionary. Die beiden Klassen verhalten sich zueinander wie die Klassen NSArray und NSMutableArray. Schneller bei der Verarbeitung, aber unveränderlich sind NSDictionary-Objekte.

Im Projekt *FDictionary* werden Objekte beider Klassen erzeugt und verarbeitet. Zunächst das Programm in der Datei *main.m*:

```
#import <Foundation/Foundation.h>
int main()
{
    @autoreleasepool
    {
    NSDictionary *einwohnerDict =                          // ❶
        [[NSDictionary alloc] initWithObjectsAndKeys:
            [NSNumber numberWithInt:47],@"Spanien",
            [NSNumber numberWithInt:65],@"Frankreich",
            [NSNumber numberWithInt:61],@"Italien", nil];
    NSLog(@"%@", einwohnerDict);

    NSLog(@"Frankreich hat %@ Mio. Einwohner",             // ❷
        [einwohnerDict objectForKey:@"Frankreich"]);

    for(NSString *schluessel in einwohnerDict)             // ❸
        NSLog(@"%@ hat %@ Mio. Einwohner", schluessel,
            [einwohnerDict objectForKey:schluessel]);

    NSMutableDictionary *flaecheDict =                     // ❹
        [NSMutableDictionary dictionaryWithObjectsAndKeys:
            [NSNumber numberWithInt:503],@"Spanien",
            [NSNumber numberWithInt:675],@"Irland", nil];

    [flaecheDict setObject:
        [NSNumber numberWithInt:301] forKey:@"Italien"];
    [flaecheDict setObject:
        [NSNumber numberWithInt:505] forKey:@"Spanien"];
    NSLog(@"%@", flaecheDict);                             // ❺
    }
    return 0;
}
```

Listing 4.9 Projekt »FDictionary«, Datei »main.m«

Die Ausgabe des Programms:

```
{
    Frankreich = 65;
    Italien = 61;
    Spanien = 47;
}
Frankreich hat 65 Mio. Einwohner
```

```
Spanien hat 47 Mio. Einwohner
Frankreich hat 65 Mio. Einwohner
Italien hat 61 Mio. Einwohner
{
    Irland = 675;
    Italien = 301;
    Spanien = 505;
}
```

Zur Erläuterung des Programms:

- In ❶ wird ein `NSDictionary`-Objekt mit den Methoden `alloc:` und `initWithObjectsAndKeys:` erzeugt. Das Dictionary enthält drei Elemente. Es gibt die folgenden *Key-Value*-Paare:
  - Key `Spanien`, Value 47
  - Key `Frankreich`, Value 65
  - Key `Italien`, Value 61
- Bei der Methode `initWithObjectsAndKeys:` werden die Einträge durch Komma voneinander getrennt: `Value1, Key1, Value2, Key2` usw. Das Ende des Dictionarys wird durch `nil` gekennzeichnet, das heißt ein Verweis auf *nichts* wie beim Feld.
- `NSLog` dient zur Ausgabe des gesamten `NSDictionary`-Objekts. Beachten Sie die geschweiften Klammern { und } statt der runden Klammern (und) beim Feld. Die Elemente können natürlich auch einzeln ausgegeben werden.
- Mit Hilfe der Methode `objectForKey:` in ❷ können Sie auf ein Element des Dictionarys mit dem betreffenden Key zugreifen.
- Dictionaries können mit Hilfe einer `for in`-Schleife (= *Fast Enumeration*) vollständig durchlaufen werden wie in ❸. Die Zeichenkette `schluessel` steht hier nacheinander für alle Keys des Dictionarys. Mit Hilfe der Methode `objectForKey:` wird auf den zugehörigen Value zugegriffen.
- Die Klassenmethode `dictionaryWithObjectsAndKeys:` in ❹ dient hier zur Erzeugung eines `NSMutableDictionary`-Objekts und fasst die Wirkungsweise der Methoden `alloc:` und `initWithObjectsAndKeys:` zusammen.
- Die Methode `setObject:forKey:` in ❺ dient zum Setzen eines Key-Value-Paares. Falls der Key noch nicht existiert, wird dem Dictionary ein neues Element hinzugefügt. Dies sehen Sie am Beispiel des Keys `Italien`. Falls der Key bereits existiert, wird ihm ein neuer Value zugewiesen. Dies sehen Sie am Beispiel des Keys `Spanien`. Die Methode `setObject:` gibt es nur für die Klasse `NSMutableDictionary`, da `NSDictionary`-Objekte unveränderlich sind.

4.10 Übung

Verändern Sie das Kopfrechenprogramm für fünf Aufgaben aus dem Projekt *CKopfFeld*. Im Projekt *FKopfArray* sollen alle Zahlen in NSNumber-Objekten gespeichert werden. Ausnahmen bilden nur die Schleifenvariable und eine int-Variable, die für die Eingabe per scanf() benötigt wird, siehe unten. Statt der drei Felder sollen drei NSArray-Objekte oder NSMutableArray-Objekte eingesetzt werden. Die Ausgaben sollen mit NSLog ausgeführt werden und bleiben vom Aufbau ähnlich wie in *CKopfFeld*.

Es folgt zunächst das kleine Projekt *FZahleneingabe*, das Ihnen die Eingabe einer Zahl für ein NSNumber-Objekt näherbringt.

```
#import <Foundation/Foundation.h>
int main()
{
    @autoreleasepool
    {
    int eingabe;
    NSLog(@"Bitte geben Sie eine ganze Zahl ein: ");
    scanf("%d", &eingabe);
    NSNumber *eingabe_objekt = [NSNumber numberWithInt:eingabe];
    NSLog(@"Ihre Eingabe: %@", eingabe_objekt);
    }

    return 0;
}
```

Listing 4.10 Projekt »FZahleneingabe«, Datei »main.m«

Es wird eine ganze Zahl mit Hilfe von scanf() eingelesen. Mit dieser Zahl wird ein NSNumber-Objekt erzeugt.

Kapitel 5
Foundation-Framework – für Fortgeschrittene

Das dauerhafte Speichern und Laden von Daten, einige weitere Datentypen, ausgewählte Strukturen und Klassen sowie das Thema Blöcke runden die Arbeit mit dem Foundation-Framework ab.

Wenn Sie möchten, können Sie dieses Kapitel zunächst überspringen. Die Inhalte kommen bei der Erstellung von Programmen mit Benutzeroberflächen für den Mac und von Apps für iPhone und iPad etwas seltener zum Einsatz und können bei Bedarf einfach hier nachgeschlagen werden.

5.1 Textdateien schreiben und lesen

Die Klasse `NSString` bietet eine einfache Möglichkeit, eine Zeichenkette dauerhaft in einer Textdatei zu speichern. Umgekehrt kann eine Zeichenkette auf einfache Weise aus einer Textdatei in ein `NSString`-Objekt geladen werden.

Den Speicherort der Datei können Sie über einen absoluten Pfad, ausgehend vom Hauptverzeichnis Ihrer Festplatte, oder über einen relativen Pfad, ausgehend vom Projektverzeichnis, auswählen.

Ein Hinweis: In Abschnitt 5.2, »XML-Dateien schreiben und lesen«, sehen Sie, wie Sie `NSArray`- oder `NSDictionary`-Objekte in Dateien schreiben oder aus Dateien laden. In Abschnitt 6.7, »Objekte speichern und laden«, lesen Sie, wie Sie beliebige Objekte in Dateien schreiben oder aus Dateien laden.

Im Projekt *FTextDatei* wird eine Zeichenkette in eine Datei gespeichert. Anschließend wird sie aus der Datei geladen und zur Kontrolle auf dem Bildschirm ausgegeben. Zunächst das Programm in der Datei *main.m*:

```
#import <Foundation/Foundation.h>
int main()
{
```

Ein Hinweis: In Abschnitt 6.7, »Objekte speichern und laden«, sehen Sie, wie Sie beliebige Objekte in Dateien schreiben oder aus Dateien laden.

Im Projekt *FXmlDatei* wird jeweils ein Objekt der genannten Klassen gespeichert, anschließend wieder geladen und zur Kontrolle auf dem Bildschirm ausgegeben. Zunächst das Programm in der Datei *main.m*:

```
#import <Foundation/Foundation.h>
int main()
{
    @autoreleasepool
    {
    NSString *arrayDatei =                              // ❶
        @"/Users/theis/Documents/meinArray.xml";
    NSArray *arrayA = [NSArray arrayWithObjects:
        @"Spanien", @"Frankreich", @"Italien", nil];
    [arrayA writeToFile:arrayDatei atomically:YES];
    NSArray *arrayB =
        [NSArray arrayWithContentsOfFile:arrayDatei];
    NSLog(@"%@", arrayB);

    NSString *dictDatei =                               // ❷
        @"/Users/theis/Documents/meinDictionary.xml";
    NSDictionary *dictA =
        [[NSDictionary alloc] initWithObjectsAndKeys:
            [NSNumber numberWithInt:47],@"Spanien",
            [NSNumber numberWithInt:65],@"Frankreich",
            [NSNumber numberWithInt:61],@"Italien", nil];
    [dictA writeToFile:dictDatei atomically:YES];
    NSDictionary *dictB = [NSDictionary
        dictionaryWithContentsOfFile:dictDatei];
    NSLog(@"%@", dictB);
    }
    return 0;
}
```

Listing 5.2 Projekt »FXmlDatei«, Datei »main.m«

Die Ausgabe des Programms:

```
(
    Spanien,
```

```
    Frankreich,
    Italien
)
{
    Frankreich = 65;
    Italien = 61;
    Spanien = 47;
}
```

Zur Erläuterung des Programms:

- Zu ❶: Das `NSArray`-Objekt soll in der Datei *meinArray.xml* im Verzeichnis *Documents* gespeichert werden. Es enthält drei `NSString`-Objekte. Die Methode `writeToFile:atomically:` schreibt den Inhalt des `NSArray`-Objekts in die XML-Datei. Falls die Datei bereits existiert, wird sie ohne Rückfrage überschrieben. Die Parameter und ihre Wirkung sind bereits aus dem Abschnitt 5.1, »Textdateien schreiben und lesen«, bekannt. Mit Hilfe der Klassenmethode `arrayWithContentsOfFile:` wird aus den Inhalten der Datei ein neues `NSArray`-Objekt erzeugt.
- Ebenfalls mit der Methode `writeToFile:atomically:` wird in ❷ ein `NSDictionary`-Objekt in der Datei *meinDictionary.xml* im Verzeichnis *Documents* gespeichert. Zum Laden aus den Inhalten der Datei wird die Klassenmethode `dictionaryWithContentsOfFile:` genutzt.

XML-Dateien betrachten

Zum besseren Verständnis sollten Sie die beiden XML-Dateien und ihren Inhalt am gewünschten Speicherort kontrollieren. Ein Doppelklick auf eine der beiden Dateien öffnet sie in einem Xcode-Fenster. Die XML-Strukturen sind farblich und durch Einrückungen erkennbar.

XML-Dateien können auch mit vielen anderen Anwendungen geöffnet werden. Der Browser *Safari* erkennt zum Beispiel ebenfalls die XML-Strukturen.

Nachfolgend die XML-Datei mit dem `NSArray`-Objekt:

```
<?xml version="1.0" encoding="UTF-8"?>
<!DOCTYPE plist PUBLIC
    "-//Apple//DTD PLIST 1.0//EN"
    "http://www.apple.com/DTDs/PropertyList-1.0.dtd">
<plist version="1.0">
<array>
```

```
    NSArray *arrayA = [NSArray arrayWithObjects:
        @"Spanien",@"Frankreich",@"Italien",nil];            // ❸
    NSArray *arrayB = [arrayA subarrayWithRange:rangeA];
    NSLog(@"%@", arrayB);

    NSRange rangeB =                                          // ❹
        NSMakeRange(5, [textA length] - 5);
    NSString *textC =
        [textA substringWithRange:rangeB];
    NSLog(@"%@", textC);

    NSMutableString *textD = [NSMutableString                 // ❺
        stringWithString:@"Ein neuer Text"];
    NSLog(@"%@", textD);

    NSRange rangeD =                                          // ❻
        [textD rangeOfString:@"neuer "];
    if(rangeD.length > 0)                                     // ❼
    {
        [textD deleteCharactersInRange:rangeD];               // ❽
        NSLog(@"%@", textD);

        [textD insertString:@"geänderter "                    // ❾
            atIndex:rangeD.location];
        NSLog(@"%@", textD);
    }
    }
    return 0;
}
```

Listing 5.7 Projekt »FRange«, Datei »main.m«

Die Ausgabe des Programms:

```
Me
(
    Spanien,
    Frankreich
)
erster Text
```

```
Ein neuer Text
Ein Text
Ein geänderter Text
```

Zur Erläuterung des Programms:

- In ❶ wird mit Hilfe der Funktion (nicht Methode!) `NSMakeRange()` eine `NSRange`-Variable erzeugt. Die Funktion benötigt zwei Parameter. Der erste Parameter gibt den Index des Elements an, an dem der Bereich beginnt. Der zweite Parameter gibt die Länge des Bereichs an. Gleichzeitig sind dies auch die beiden ganzzahligen Komponenten der `NSRange`-Variablen: `location` und `length`.
- Die Methode `substringWithRange:` der Klasse `NSString` in ❷ erzeugt ein neues `NSString`-Objekt. Dabei handelt es sich um eine Teilzeichenkette, die einen Bereich einer anderen Zeichenkette enthält. Dieser Bereich wird mit Hilfe der vorher erzeugten `NSRange`-Variablen angegeben.
- Entsprechend erzeugt die Methode `subarrayWithRange:` der Klasse `NSArray` in ❸ ein neues `NSArray`-Objekt. Dabei handelt es sich um ein Teilarray, das einen Bereich eines anderen Arrays beinhaltet. Dieser Bereich wird mit Hilfe des vorher erzeugten `NSRange`-Objekts angegeben.
- Zu ❹: Sie sollten darauf achten, dass sich ein Bereich vollständig innerhalb des Objekts befindet, aus dem ein Teil ermittelt werden soll. Dies wurde hier durch Nutzung der Methode `length:` der Klasse `NSString` erreicht. Ein Bereich ab Element 5 kann nur noch maximal so viele Elemente enthalten, wie sich aus der Berechnung `Länge der Zeichenkette - 5` ergibt. Der hier benutzte Bereich erstreckt sich von Element 5 bis zum Ende.
- In ❺ wird ein neues `NSMutableString`-Objekt erzeugt.
- In ❻ wird ein Teilbereich des `NSMutableString`-Objekts gesucht, an dem sich eine bestimmte Zeichenkette befindet. Dabei wird ein `NSRange`-Objekt mit Hilfe der Methode `rangeOfString:` erzeugt.
- Falls die Länge (Komponente `length`) größer als 0 ist, wurde die Zeichenkette gefunden, siehe ❼. Nur dann ist es sinnvoll, sie in ❽ mit Hilfe der Methode `deleteCharactersInRange:` zu löschen.
- Die Methode `insertString:atIndex:` in ❾ kennen Sie bereits aus dem Abschnitt über die Klasse `NSMutableString`. Sie fügt eine neue Zeichenkette in ein `NSMutableString`-Objekt ein. Die Einfügestelle wird über `atIndex` und die Komponente `location` angegeben. Der neue Text wird also genau an der Stelle eingefügt, an der vorher der gesuchte Text gefunden und gelöscht wurde.

5.6 Geometrische Strukturen

Die Strukturen `NSPoint`, `NSSize` und `NSRect` werden zur Konstruktion von geometrischen Elementen auf Benutzeroberflächen benötigt. Vergleichbare Strukturen haben Sie bereits in Abschnitt 3.2, »Strukturen«, gesehen. Die Strukturen haben folgende Aufgaben und Komponenten:

- `NSPoint`: Dient zur Angabe eines Punktes auf einer Fläche über seine Koordinaten mit Hilfe der Komponenten `x` und `y` des Datentyps `CGFloat`, siehe Abschnitt 5.4, »Weitere Zahlentypen«.
- `NSSize`: Dient zur Angabe der Größe eines Rechtecks mit Hilfe der Komponenten `width` und `height` des Datentyps `CGFloat`.
- `NSRect`: Dient zur Angabe der Lage und Größe eines Rechtecks mit Hilfe der Komponenten `origin` und `size`. Es handelt sich um eine geschachtelte Struktur. Die Komponente `origin` besteht wiederum aus den Unterkomponenten `x` und `y`, die Komponente `size` aus den Unterkomponenten `width` und `height`. Mit Hilfe von `origin` wird der Ort angegeben, an dem sich die linke untere Ecke des Rechtecks befindet.

Im Projekt *FGeometrie* sehen Sie einige Beispiele. Zunächst das Programm in der Datei *main.m*:

```
#import <Foundation/Foundation.h>
int main()
{
    NSPoint punktA = NSMakePoint(10,80);              // ❶
    NSLog(@"Punkt, Lage: x %.1f, y %.1f",
        punktA.x, punktA.y);

    NSSize groesseA = NSMakeSize(400,150);            // ❷
    NSLog(@"Größe: Breite %.1f, Höhe %.1f",
        groesseA.width, groesseA.height);

    NSRect rechteckA = NSMakeRect(10, 80, 400, 150); // ❸
    NSLog(@"Rechteck, Lage: x %.1f, y %.1f",
        rechteckA.origin.x, rechteckA.origin.y);
    NSLog(@"Rechteck, Größe: Breite %.1f, Höhe %.1f",
        rechteckA.size.width, rechteckA.size.height);

    return 0;
}
```

Listing 5.8 Projekt »FGeometrie«, Datei »main.m«

Die Ausgabe des Programms:

```
Punkt, Lage: x 10.0, y 80.0
Größe: Breite 400.0, Höhe 150.0
Rechteck, Lage: x 10.0, y 80.0
Rechteck, Größe: Breite 400.0, Höhe 150.0
```


Zur Erläuterung des Programms:

- In ❶ wird eine `NSPoint`-Variable mit Hilfe der Funktion `NSMakePoint()` erzeugt. Der Punkt befindet sich an der Stelle `x = 10` und `y = 80`.
- Die Funktion `NSMakeSize()` in ❷ erzeugt eine Größenangabe für ein Rechteck, die in einer `NSSize`-Variablen gespeichert wird. Das Rechteck hat die Breite 400 und die Höhe 150.
- In ❸ wird eine `NSRect`-Variable mit Hilfe der Funktion `NSMakeRect()` erschaffen. Die linke untere Ecke des Rechtecks befindet sich bei `x = 10` und `y = 80`. Das Rechteck hat die Breite 400 und die Höhe 150.

Ein Hinweis zur Verdeutlichung: Variablen dieser Strukturen sind keine Verweise auf Objekte und können daher auch nicht mit dem Platzhalter `%@` ausgegeben werden.

5.7 Datum und Uhrzeit

In einem `NSDate`-Objekt können Sie eine Zeitangabe mit Datum und Uhrzeit speichern. Eine `NSTimeInterval`-Variable wird von verschiedenen Methoden erzeugt. Sie dient zur Angabe einer Zeitdifferenz in Sekunden und entspricht einer `double`-Variablen. Mit Hilfe eines `NSDateFormatter`-Objekts geben Sie Zeitangaben formatiert aus.

Im Projekt *FDate* sehen Sie einige Beispiele. Zunächst das Programm in der Datei *main.m*:

```
#import <Foundation/Foundation.h>
int main()
{
    @autoreleasepool
    {
    NSDate *startzeit = [NSDate date];              // ❶

    int a = 1;                                      // ❷
    for(int i=1; i<=2e8; i++)
        a = -a;
```

```
    NSTimeInterval dauer =                            // ❸
        -[startzeit timeIntervalSinceNow];
    NSLog(@"Dauer: %f Sekunden", dauer);

    NSDate *zeitpunktA = [NSDate dateWithString:     // ❹
        @"2013-01-28 15:30:00 +0100"];
    NSLog(@"Zeitpunkt: %@", zeitpunktA);

    NSDateFormatter *datumsformat =                   // ❺
        [[NSDateFormatter alloc] init];
    [datumsformat setDateFormat:@"dd.MM.yyyy HH:mm:ss"];
    NSLog(@"Zeitpunkt formatiert: %@",
        [datumsformat stringFromDate:zeitpunktA]);

    NSTimeInterval zehnTage = 10 * 24 * 60 * 60;     // ❻
    NSDate *zeitpunktB =
        [zeitpunktA dateByAddingTimeInterval:zehnTage];
    NSLog(@"Zeitpunkt 10 Tage später: %@", zeitpunktB);
    }

    return 0;
}
```

Listing 5.9 Projekt »FDate«, Datei »main.m«

Die Ausgabe des Programms:

```
Dauer: 0.529362 Sekunden
Zeitpunkt: 2013-01-28 14:30:00 +0000
Zeitpunkt formatiert: 28.01.2013 15:30:00
Zeitpunkt 10 Tage später: 2013-02-07 14:30:00 +0000
```

Zur Erläuterung des Programms:

- In ❶ wird ein `NSDate`-Objekt mit Hilfe der Klassenmethode `date:` erzeugt. Es enthält anschließend die aktuelle Systemzeit. In der unformatierten Ausgabe sehen Sie die Zeitangabe bezogen auf GMT (= *Greenwich Mean Time*), also mit der Abweichung +0000.
- Die Schleife in ❷, die 200 Millionen Mal durchlaufen wird, erzeugt eine kurze Pause des Programms. Zur Erinnerung: Die Zahl `2e8` entspricht `2 mal 10 hoch 8 = 200 Millionen`.
- Die Methode `timeIntervalSinceNow:` der Klasse `NSDate` in ❸ ermittelt einen `NSTimeInterval`-Wert, also einen `double`-Wert. Er entspricht der Zeit in Sekunden, die

zwischen dem aktuellen Zeitpunkt und dem Zeitpunkt der Erzeugung des `NSDate`-Objekts liegt. Dies entspricht der Zeit, die für die Schleifendurchläufe benötigt wurde. Es ergibt sich ein negativer Wert, daher wird das Minuszeichen davor gesetzt.

- Eine weitere Methode zur Erzeugung eines `NSDate`-Objekts sehen Sie in ❹. Die Klassenmethode `dateWithString:` benötigt eine Zeichenkette, in der die Angaben zu Datum und Uhrzeit im richtigen Format stehen: `JJJJ-MM-TT hh:mm:ss +-GMT-Differenz`. Die letzte Zahl gibt die Differenz des Ortes zu GMT an, an dem die Zeitangabe festgestellt wurde. In der unformatierten Ausgabe sehen Sie die Zeitangabe bezogen auf GMT.
- In ❺ wird ein `NSDateFormatter`-Objekt erzeugt. Die Methode `init:` sorgt für eine Initialisierung des Objekts ohne die Zuweisung eines Startwertes. Mit Hilfe der Methode `setDateFormat:` wird diesem Objekt ein bestimmtes Format zugewiesen. Es kann dann zur formatierten Ausgabe von `NSDate`-Objekten genutzt werden, und zwar mit Hilfe der Methode `stringFromDate:`.
- Zu ❻: Es wird ein `NSTimeInterval`-Wert erzeugt, also ein `double`-Wert. Dieser Wert entspricht der Anzahl der Sekunden von insgesamt zehn Tagen. Ein `NSTimeInterval`-Wert kann zu einem `NSDate`-Objekt hinzuaddiert werden – mit Hilfe der Methode `dateByAddingTimeInterval:`. Es ergibt sich eine Zeitangabe, die entsprechend später liegt. Natürlich können auch negative Werte addiert werden.

5.8 Blöcke

Blöcke ähneln in Aufbau und Arbeitsweise den Funktionen, wie Sie sie in Abschnitt 2.6, »Funktionen«, kennengelernt haben. Sie dienen der *Modularisierung*, also der Zerlegung von größeren Programmen in kleine, übersichtliche Bestandteile.

Blöcke werden einmal definiert. Dies kann inmitten des Ablaufs eines Programms sein. Sie können nach der Definition beliebig oft aufgerufen werden. Ein Block kann einen oder mehrere Parameter haben sowie einen Rückgabewert. Ein Beispiel für den Einsatz eines Blocks finden Sie in Abschnitt 11.8, »Animationen«.

Im Projekt *FBlock* werden drei verschiedene Blöcke definiert und genutzt:

- Ein Block ohne Parameter und ohne Rückgabewert; er führt bei jedem Aufruf genau dasselbe durch.
- Ein Block mit einem Parameter und ohne Rückgabewert; er führt bei jedem Aufruf eine Berechnung für den Parameter durch.
- Ein Block mit zwei Parametern und mit Rückgabewert; er berechnet bei jedem Aufruf ein Ergebnis aus den beiden Parametern und liefert dieses Ergebnis zurück.

Das Programm in der Datei *main.m*:

```
#import <Foundation/Foundation.h>
int main ()
{
    @autoreleasepool
    {
    void(^hallo)(void) = ^ {                        // ❶
        NSLog(@"hallo");
    };
    hallo();                                        // ❷

    void(^doppeltAusgeben)(int) = ^(int x) {        // ❸
        NSLog(@"%d", 2 * x);
    };
    doppeltAusgeben(6);                             // ❹
    doppeltAusgeben(17);

    int zahl = 0;                                   // ❺
    int(^summe)(int, int) = ^(int a, int b) {       // ❻
        return a + b + zahl;
    };
    NSLog(@"%d", summe(3,8));                       // ❼
    NSLog(@"%d", summe(7,12));

    zahl = 5;                                       // ❽
    NSLog(@"%d", summe(6,3));
    }
    return 0;
}
```

Listing 5.10 Projekt »FBlock«, Datei »main.m«

Die Ausgabe des Programms:

```
hallo
12
34
11
19
9
```

Zur Erläuterung des Programms:

- Für die Definitionen gilt allgemein: Wie bei einer Funktion wird bei einem Block der Datentyp des Rückgabewertes vor dem Namen des Blocks angegeben. Nach dem Namen des Blocks folgt `void` oder eine Liste der Parameter.
- In ❶ wird der Block `hallo()` definiert, ohne Parameter und ohne Rückgabewert. Vor dem Namen des Blocks steht das *Caret*-Zeichen ^, in der französischen Sprache auch als einer der Accents über dem `e` bekannt. Hinter den Parameterklammern steht ein Gleichheitszeichen. Anschließend folgt vor den geschweiften Klammern { und }, die die Definition des Blocks enthalten, wiederum das Caret-Zeichen.
- Zu ❷: Der Block `hallo()` wird aufgerufen.
- In ❸ wird der Block `doppeltAusgeben()` definiert – mit einem `int`-Parameter und ohne Rückgabewert. In den ersten Parameterklammern steht nur der Datentyp. In den zweiten Parameterklammern, nach dem Caret-Zeichen, stehen der Datentyp und der Name, den der Parameter innerhalb des Blocks hat. Innerhalb der Blockdefinition wird der Wert des Parameters verdoppelt und ausgegeben.
- Zu ❹: Der Block `doppeltAusgeben()` wird zweimal aufgerufen, jeweils mit einem anderen Wert für den Parameter.
- In ❺ wird in der Funktion `main()`, also in dem Gültigkeitsbereich, der die Definition der Blöcke umgibt, eine weitere Variable deklariert. Sie bekommt einen Wert zugewiesen.
- Zu ❻: Es wird der Block `summe()` definiert – mit zwei `int`-Parametern und mit einem `int`-Rückgabewert. Innerhalb des Blocks werden die beiden Parameter und die Variable aus dem umgebenden Gültigkeitsbereich addiert. Die Summe wird als Rückgabewert geliefert.
- In ❼ wird der Block `summe()` zweimal aufgerufen.
- Einen besonderen Effekt sollten Sie beachten, der ab ❽ gezeigt wird: Der Wert der Variablen aus dem umgebenden Gültigkeitsbereich wird geändert, anschließend erfolgt wiederum ein Aufruf des Blocks `summe()`. Innerhalb des Blocks wird nicht der neue Wert der Variablen genommen, sondern der Wert, der zum Zeitpunkt der Blockdefinition gegolten hat.

5.9 Übung

Verändern Sie das Kopfrechenprogramm aus dem Projekt *FKopfArray*. Messen Sie im Projekt *FKopfZeit* die Zeit, die der Benutzer für die Berechnung der fünf Ergebnisse benötigt, mit Hilfe der Klassen aus Abschnitt 5.7, »Datum und Uhrzeit«, und speichern Sie sie in einem `NSNumber`-Objekt. Fassen Sie alle vorkommenden Objekte in einem

NSDictionary-Objekt zusammen, und speichern Sie dieses in einer XML-Datei, siehe Abschnitt 5.2, »XML-Dateien schreiben und lesen«.

Anschließend soll, ebenfalls wie in Abschnitt 5.2, ein neues NSDictionary-Objekt aus der gespeicherten XML-Datei erzeugt und ausgegeben werden – als Kontrolle der Speicherung.

Nachfolgend ein Beispiel für eine gespeicherte XML-Datei:

```
<?xml version="1.0" encoding="UTF-8"?>
<!DOCTYPE plist PUBLIC "-//Apple//DTD PLIST 1.0//EN"
    "http://www.apple.com/DTDs/PropertyList-1.0.dtd">
<plist version="1.0">
<dict>
    <key>Eingabe</key>
    <array>
        <integer>12</integer>
        <integer>8</integer>
        <integer>21</integer>
        <integer>23</integer>
        <integer>18</integer>
    </array>
    <key>Zahl 1</key>
    <array>
        <integer>7</integer>
        <integer>7</integer>
        <integer>1</integer>
        <integer>15</integer>
        <integer>12</integer>
    </array>
    <key>Zahl 2</key>
    <array>
        <integer>5</integer>
        <integer>1</integer>
        <integer>20</integer>
        <integer>8</integer>
        <integer>6</integer>
    </array>
    <key>Zeit</key>
    <real>10.269559979438782</real>
</dict>
</plist>
```

Listing 5.11 Projekt »FKopfZeit«, Datei »kopfrechentest.xml«

Kapitel 6
Eigene Klassen – Grundlagen

Bisher haben Sie die Klassen des Foundation-Frameworks zur objektorientierten Programmierung eingesetzt. Nun erschaffen Sie eigene Klassen.

In den Kapiteln 4, »Foundation-Framework – Grundlagen«, und 5, »Foundation-Framework – für Fortgeschrittene«, haben Sie viele Begriffe der objektorientierten Programmierung in Objective-C kennengelernt, wie zum Beispiel *Klasse*, *Objekt*, *Eigenschaft*, *Methode* und *Klassenmethode*. Sie haben gelernt, wie Sie Klassen benutzen und mit ihnen arbeiten. In diesem und dem folgenden Kapitel werden Sie eigene Klassen erstellen, um die Objekte zu beschreiben, die Gegenstand Ihrer Programme werden.

Auch das Erschaffen eigener Klassen lässt sich einfacher mit Hilfe von Konsolenprogrammen erläutern – ohne die zusätzlich notwendigen Elemente für Benutzeroberflächen. Neue Projekte werden also noch genauso wie bisher erzeugt, inklusive des Häkchens bei ARC.

6.1 Eine erste eigene Klasse

Die Namen aller Projekte in diesem Kapitel und in Kapitel 7, »Eigene Klassen – für Fortgeschrittene«, beginnen mit einem großen K. Das erste Projekt enthält Ihre erste eigene Klasse. Daher wird als Projektname *KKlasse* gewählt.

Den Aufbau Ihrer Klassen könnten Sie direkt oberhalb der Funktion `main()` vornehmen, in der Datei *main.m*. Allerdings werden die Programme immer komplexer und der Code immer umfangreicher. Daher sollten Sie den Aufbau in eigenen Headerdateien vornehmen, ähnlich wie Sie dies in Abschnitt 3.3, »Headerdateien«, gesehen haben. Dies wird nachfolgend gemacht.

In diesem Projekt wird mit Objekten der Klasse `Fahrzeug` gearbeitet. Die Klasse `Fahrzeug` ähnelt der gleichnamigen Struktur aus Abschnitt 3.2, »Strukturen«.

6.1.1 Erzeugen der Klasse

Zunächst wird mit Hilfe von Xcode eine neue Klasse erzeugt. Dazu rufen Sie im Menü FILE den Menüpunkt NEW • FILE auf. Im Bereich OS X • COCOA wählen Sie das Template OBJECTIVE-C CLASS aus, siehe Abbildung 6.1.

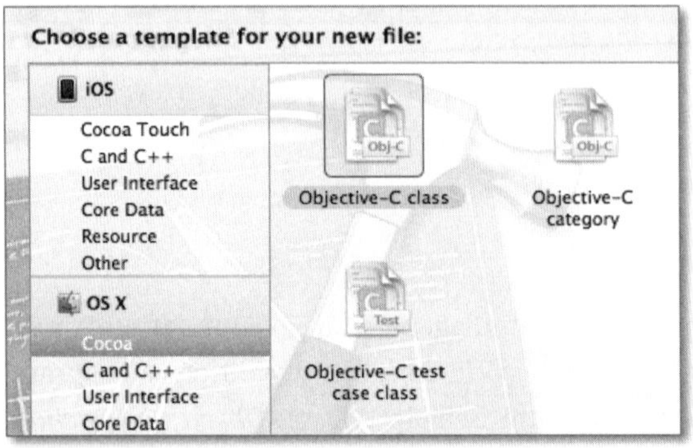

Abbildung 6.1 Template »Objective-C class«

Nach Anklicken des Buttons NEXT tragen Sie im Dialogfeld CHOOSE OPTIONS FOR YOUR NEW FILE den Namen »Fahrzeug« bei CLASS ein, siehe Abbildung 6.2. Diese Klasse soll von der Basisklasse des *Foundation*-Frameworks erben, also tragen Sie bei SUBCLASS OF die Klasse »NSObject« ein.

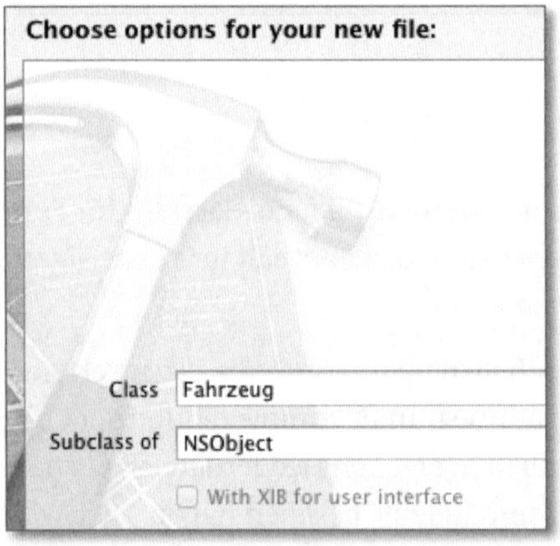

Abbildung 6.2 Optionen für neue Klasse

Nach erneutem Anklicken des Buttons NEXT wählen Sie das aktuelle Projekt *KKlasse* aus und klicken auf den Button `Create`. Anschließend stehen Ihnen zwei Dateien zur Verfügung, siehe Abbildung 6.3:

- Die Datei *Fahrzeug.h* enthält die *Deklaration* Ihrer Klasse `Fahrzeug`. Damit werden dem Programm die Namen der Klasse sowie die Namen und Datentypen der Eigenschaften und der Methoden bekannt gemacht.
- In der Datei *Fahrzeug.m* werden die Methoden Ihrer Klasse `Fahrzeug` definiert. Dies wird auch *Implementation* der Methoden beziehungsweise der Klasse genannt.

Abbildung 6.3 Neue Klasse, zwei Dateien

6.1.2 Deklaration der Klasse

In der Deklarationsdatei *Fahrzeug.h* soll folgender Code stehen:

```
#import <Foundation/Foundation.h>
@interface Fahrzeug : NSObject                  // ❶
{
    int leistung;                               // ❷
    NSString *farbe;
}

- (void) setLeistung:(int)neueLeistung;         // ❸
- (void) setFarbe:(NSString *)neueFarbe;
- (int) leistung;                               // ❹
- (NSString *) farbe;


@end                                            // ❺
```

Listing 6.1 Projekt »KKlasse«, Datei »Fahrzeug.h«

Zur Erläuterung:

- Die Deklaration einer Klasse steht zwischen den Schlüsselwörtern `@interface` und `@end`, zu sehen in ❶ und ❺. Nach dem Namen der Klasse `Fahrzeug` folgt nach einem Doppelpunkt der Name der Klasse, von der sie abgeleitet ist. Dies ist hier die Klasse `NSObject`. Diese Klasse bildet auch die Basis für die Klassen des *Foundation*-Frameworks. Ihre Klasse `Fahrzeug` erbt durch diese Ableitung bereits eine Reihe von nützlichen Eigenschaften und Methoden.
- Innerhalb der geschweiften Klammern { und } folgen in ❷ die Eigenschaften der Klasse `Fahrzeug`: eine `int`-Variable für die Leistung in KW und ein `NSString`-Objekt für die Farbe der Lackierung. Sie sehen, die Eigenschaften können sowohl Variablen der Basisdatentypen sein als auch Objekte einer Klasse.
- Anschließend werden in ❸ und ❹ die Methoden der Klasse `Fahrzeug` deklariert. Sie ähneln der Deklaration von Funktionen. Zu Beginn steht zunächst ein Minuszeichen, falls es sich um eine *Objektmethode* handelt, oder ein Pluszeichen für eine *Klassenmethode*.
- Vor dem Namen der Methode steht der Datentyp des Rückgabewertes der Methode in runden Klammern. Die beiden Methoden `setLeistung:` und `setFarbe:` (ab ❸) liefern keinen Rückgabewert. Die beiden Methoden `leistung:` und `farbe:` (ab ❹) liefern einen `int`-Wert beziehungsweise einen Verweis auf ein `NSString`-Objekt als Rückgabewert.
- Nach dem Namen der Methode stehen hinter einem Doppelpunkt die Datentypen und Namen der Parameter, falls vorhanden. Die Datentypen stehen in runden Klammern. Die beiden Methoden ab ❸ erwarten einen `int`-Wert beziehungsweise einen Verweis auf ein `NSString`-Objekt als Parameter. Die beiden Methoden ab ❹ erwarten keine Parameter.

6.1.3 Implementation der Klasse

In der Implementationsdatei *Fahrzeug.m* soll folgender Code stehen:

```
#import "Fahrzeug.h"                    // ❶
@implementation Fahrzeug                // ❷

- (void)setLeistung:(int)neueLeistung   // ❸
{
    if(leistung < 0)
        leistung = 0;
    else if(leistung > 100)
```

```
        leistung = 100;
    else
        leistung = neueLeistung;
}

- (void)setFarbe:(NSString *)neueFarbe      // ❹
{
    farbe = [neueFarbe copy];
}

- (int)leistung                             // ❺
{
    return leistung;
}

- (NSString *)farbe                         // ❻
{
    return farbe;
}
@end                                        // ❼
```

Listing 6.2 Projekt »KKlasse«, Datei »Fahrzeug.m«

Zur Erläuterung:

- Die `#import`-Anweisung in ❶ bindet die Deklaration der Klasse aus der Datei *Fahrzeug.h* ein. Der Name der Datei steht in Anführungsstrichen, damit sie im selben Verzeichnis gesucht (und gefunden) wird.
- Die Implementation der Methoden steht zwischen den Schlüsselwörtern `@implementation` und `@end`, zu sehen in ❷ und ❼. Der Kopf der vier Methoden wurde bereits in der Deklaration der Klasse erläutert.
- Die beiden Methoden in ❸ und ❹, deren Name mit `set` beginnt, heißen *Setter-Methoden*. Ihre Aufgabe ist es, den jeweiligen Eigenschaften einen Wert kontrolliert zuzuweisen, und zwar mit Hilfe des übergebenen Parameters. Mit Hilfe der Kontrolle können die übergebenen Werte auch begrenzt werden, wie dies hier bei der Eigenschaft `leistung` geschieht.
- Die Methode `copy:` hat die Klasse `Fahrzeug` von der Klasse `NSObject` geerbt. Sie dient zum Anlegen von Speicherplatz für ein weiteres `NSString`-Objekt und zum Kopieren des übermittelten Objekts auf diesen Speicherplatz. Jedes `Fahrzeug`-Objekt soll sein

eigenes NSString-Objekt für die Eigenschaft farbe besitzen, daher wird das übermittelte NSString-Objekt kopiert.

- Die Zuweisung farbe = neueFarbe würde nur einen zweiten Verweis auf das übermittelte Objekt erzeugen. Damit wäre das Fahrzeug-Objekt nicht der Besitzer des NSString-Objekts.
- Die beiden Methoden in ❺ und ❻ heißen *Getter-Methoden*. Ihre Aufgabe ist es, den Wert der jeweiligen Eigenschaft als Rückgabewert zu liefern.
- Die Setter- und Getter-Methoden zusammen bilden die *Accessoren*. Ihre Namen wurden nicht zufällig gewählt. Eine Getter-Methode heißt genauso wie die zugehörige Eigenschaft. Eine Setter-Methode beginnt mit set, dann folgt der Name der zugehörigen Eigenschaft mit großem Anfangsbuchstaben. Wenn Sie dieser Namenskonvention folgen, ergeben sich Vorteile bei den Properties, die in Abschnitt 6.2 vorgestellt werden.

6.1.4 Anwenden der Klasse

In der Hauptfunktion main() wird die Klasse Fahrzeug genutzt. Zunächst der Code:

```
#import "Fahrzeug.h"
int main()
{
    @autoreleasepool
    {
    Fahrzeug *dacia = [[Fahrzeug alloc] init];      // ❶

    [dacia setLeistung:50];                         // ❷
    [dacia setFarbe:@"blau"];

    NSLog(@"Leistung %d KW, Farbe %@",             // ❸
        [dacia leistung], [dacia farbe]);
    }
    return 0;
}
```

Listing 6.3 Projekt »KKlasse«, Datei »main.m«

Es folgt die Ausgabe des Programms mit Hilfe von NSLog. Auch in diesem und dem folgenden Kapitel werden der Zeitstempel und der Projektname bei der Ausgabe weggelassen.

```
Leistung 50 KW, Farbe blau
```

Zur Erläuterung:

- In ❶ wird ein Objekt der Klasse `Fahrzeug` erzeugt. Die Klassenmethode `alloc:` zur Allokierung von Speicherplatz für das Objekt und die Objektmethode `init:` zur Initialisierung des Objekts ohne besondere Startwerte wurden von der Basisklasse `NSObject` geerbt.
- Zu ❷: Dem Objekt werden Werte für die Eigenschaften zugewiesen. Dazu werden die Setter-Methoden genutzt.
- In ❸ werden die Getter-Methoden zur Ermittlung der Eigenschaftswerte eingesetzt. Diese Werte werden ausgegeben. Es handelt sich um einen `int`-Wert und ein `NSString`-Objekt. Die passenden Platzhalter dazu sind `%d` und `%@`.

Ein Hinweis: Die Klasse `Fahrzeug` wurde von der Klasse `NSObject` abgeleitet. Dabei wurden die Methoden `alloc:` und `init:` von der Klasse `NSObject` geerbt. Sie stehen also bereits zur Verfügung und erscheinen daher nicht in der Deklaration oder in der Implementation der Klasse `Fahrzeug`. Zum Thema Ableitung verweise ich auf Abschnitt 4.1.3, »Ableitung und Klassenhierarchie«.

6.2 Properties

Bei der Erzeugung von Klassen werden für jede Eigenschaft Accessoren eingerichtet. Falls eine Klasse über viele Eigenschaften verfügt, muss dazu eine ganze Reihe von Methoden deklariert und implementiert werden. Häufig werden daher *Properties* verwendet. Diese dienen zur automatisierten Erstellung der Setter- und Getter-Methoden.

Im nachfolgenden Projekt *KProperties* wurde das Programm aus dem Projekt *KKlasse* übernommen. Die Accessoren wurden durch Properties ersetzt, die Hauptfunktion `main()` und die Ausgabe sind gleich geblieben.

Zunächst die Deklaration der Klasse:

```
#import <Foundation/Foundation.h>
@interface Fahrzeug : NSObject
{
    int leistung;
    NSString *farbe;
}
@property int leistung;
@property (copy) NSString *farbe;
@end
```

Listing 6.4 Projekt »KProperties«, Datei »Fahrzeug.h«

Zur Erläuterung:

- Properties werden mit dem Schlüsselwort `@property` eingeleitet. Anschließend folgen in Klammern ein Attribut, dann Datentyp und Name der Eigenschaft.
- Bei Eigenschaften der Basisdatentypen ist das Attribut `assign` geeignet. Dies ist der Standard, daher kann es weggelassen werden. Das Attribut `assign` sorgt für eine Zuweisung des Parameters zur Eigenschaft, wie Sie es in der Methode `setLeistung:` im Projekt *KKlasse* in Abschnitt 6.1, »Eine erste eigene Klasse«, gesehen haben.
- Bei Objekt-Eigenschaften ist das Attribut `copy` geeignet. Dieses Attribut sorgt für die Kopie des Objekts, das als Parameter an die Setter-Methode übergeben wird, wie Sie es in der Methode `setFarbe:` im Projekt *KKlasse* gesehen haben.

Es folgt die Implementation:

```
#import "Fahrzeug.h"
@implementation Fahrzeug
@synthesize leistung;
@synthesize farbe;
@end
```

Listing 6.5 Projekt »KProperties«, Datei »Fahrzeug.m«

Zur Erläuterung:

- Das Schlüsselwort `@synthesize` sorgt für die automatisierte Erstellung der Setter-Methoden `setLeistung:` und `setFarbe:` sowie der Getter-Methoden `leistung:` und `farbe:`. Hinter `@synthesize` steht nur noch der Name der Eigenschaft. Die Implementation wird wesentlich kürzer und übersichtlicher.

Eine Einschränkung ist allerdings zu beachten: Eine Kontrolle beziehungsweise Begrenzung des übergebenen Wertes, wie Sie sie in der Methode `setLeistung:` gesehen haben, entfällt.

6.3 Initialisierung

Sie hatten in den Klassen des *Foundation*-Frameworks bereits zahlreiche Methoden zur Initialisierung von Objekten kennengelernt. Dies waren zum Beispiel die Methode `initWithInt:` für die Klasse `NSNumber` oder die Methode `initWithUTF8String:` für die Klasse `NSString`. Dabei wurden den Objekten Startwerte zugewiesen.

Solche `init`-Methoden können auch in den eigenen Klassen eingesetzt werden – unter Verwendung derselben Namenskonvention. Im nachfolgenden Projekt *KInitialisierung* werden mehrere Möglichkeiten zur Initialisierung eines `Fahrzeug`-Objekts erläutert.

Die Objekte der *Foundation*-Klassen wurden mit Hilfe von `NSLog` und des Platzhalters `%@` ausgegeben. Dafür sorgt die Methode `description:`, die von der Klasse `NSObject` geerbt wird. Sie können diese Methode für Ihre eigenen Klassen *überschreiben*. Dies bedeutet, dass Sie eine eigene Definition der Methode schreiben, die zu Ihrer Klasse passt. Bei der Ausgabe wird dann die Methode `description:` Ihrer Klasse verwendet.

6.3.1 Deklaration der Initialisierungen

Zunächst die Deklaration der Klasse `Fahrzeug` einschließlich ihrer Initialisierungsmethoden:

```
#import <Foundation/Foundation.h>
@interface Fahrzeug : NSObject
{
    int leistung;
    NSString *farbe;
}
@property int leistung;
@property (copy) NSString *farbe;

- (id)initMitLeistung:(int)lg;
- (id)initMitFarbe:(NSString *)fa;
- (id)initMitLeistung:(int)lg farbe:(NSString *)fa;
@end
```

Listing 6.6 Projekt »KInitialisierung«, Datei »Fahrzeug.h«

Zur Erläuterung:

- Nach den Properties folgen die Deklarationen von drei verschiedenen `init`-Methoden: `initMitLeistung:`, `initMitFarbe:` und `initMitLeistung:farbe:`.
- Diese erwarten als Parameter entweder einen `int`-Wert oder ein `NSString`-Objekt oder beides auf einmal.
- Der Datentyp des Rückgabewertes ist `id`, also ein Verweis auf ein beliebiges Objekt. Eine Alternative für `id` wäre gewesen: `Fahrzeug *`.

6.3.2 Implementation der Initialisierungen

Es folgt die Implementation der Klasse Fahrzeug einschließlich ihrer Initialisierungsmethoden:

```
#import "Fahrzeug.h"
@implementation Fahrzeug
@synthesize leistung;
@synthesize farbe;

- (id)init                                          // ❶
{
    self = [self initMitLeistung:0 farbe:@"unlackiert"];
    return self;
}

- (id)initMitLeistung:(int)neueLeistung;            // ❷
{
    self = [self initMitLeistung:neueLeistung
        farbe:@"unlackiert"];
    return self;
}

- (id)initMitFarbe:(NSString *)neueFarbe            // ❸
{
    self = [self initMitLeistung:0 farbe:neueFarbe];
    return self;
}

- (id)initMitLeistung:(int)neueLeistung             // ❹
    farbe:(NSString *)neueFarbe
{
    self = [super init];                            // ❺
    if(self)                                        // ❻
    {
        leistung = neueLeistung;                    // ❼
        farbe = [neueFarbe copy];
    }
    return self;                                    // ❽
}
```

```
- (NSString *)description                          // ❾
{
    return [NSString stringWithFormat:
        @"Fahrzeug-Objekt: Leistung %d KW, Farbe %@",
        [self leistung], [self farbe]];
}
@end
```

Listing 6.7 Projekt »KInitialisierung«, Datei »Fahrzeug.m«

Zur Erläuterung:

- Schauen Sie sich zum besseren Verständnis zunächst die Methode `initMitLeistung:farbe:` ab ❹ an. Diese erwartet zur Initialisierung eines `Fahrzeug`-Objekts einen `int`-Wert und ein `NSString`-Objekt als Parameter. Sie wird für das soeben allokierte `Fahrzeug`-Objekt aufgerufen und liefert einen Verweis auf dieses aktuelle `Fahrzeug`-Objekt zurück. Dieser Verweis hat in Objective-C den Namen `self`.
- Als Erstes wird in ❺ die Initialisierungsmethode `init` der übergeordneten Klasse, hier also der Klasse `NSObject`, aufgerufen. Das Schlüsselwort `super` sorgt für einen solchen Verweis auf eine Methode der übergeordneten Klasse. Diese Methode der übergeordneten Klasse liefert einen Objektverweis zurück, der in `self` gespeichert wird.
- In ❻ wird geprüft, ob die Initialisierung in der übergeordneten Klasse erfolgreich war.
  - Falls ja, wird das `Fahrzeug`-Objekt in ❼ initialisiert.
  - Falls zum Beispiel kein Speicherplatz für das Objekt erzeugt werden konnte, gibt es kein Objekt, das in der übergeordneten Klasse initialisiert werden konnte. `self` verweist dann auf *nichts*, und die Bedingung nach dem `if` hat den Wahrheitswert *falsch*. Die Initialisierung in ❼ würde zu einem Fehler führen und findet daher nicht statt.
- Als Rückgabewert liefert die Methode in ❽ mit `return self` einen Verweis auf das `Fahrzeug`-Objekt zurück.
- Die anderen drei `init`-Methoden in ❶ bis ❸ benutzen intern die soeben erläuterte Methode `initMitLeistung:farbe:` und liefern jeweils einen Verweis auf das initialisierte `Fahrzeug`-Objekt zurück.
- Die Methode `init:` in ❶ wurde von der Klasse `NSObject` geerbt, daher steht sie nicht in der Deklaration. Sie wird in der Klasse `Fahrzeug` überschrieben. Sie ruft über den Verweis `self` die Methode `initMitLeistung:farbe:` mit den Werten 0 und `unlackiert` auf, also sozusagen mit leeren Startwerten. Die Methode `initMitLeistung:farbe:` lie-

fert einen Verweis zurück, der wiederum in `self` gespeichert wird und als Rückgabewert von `init:` zurückgeliefert wird.

- Die Methode `initMitLeistung:` in ❷ erwartet einen `int`-Wert als Parameter. Dieser Wert wird zusammen mit dem leeren Startwert `unlackiert` an die Methode `initMitLeistung:farbe:` übergeben. Ansonsten sieht es aus wie in der Methode `init:`.
- Die Methode `initMitFarbe:` in ❸ erwartet ein `NSString`-Objekt als Parameter. Dieser Wert wird zusammen mit dem leeren Startwert 0 an die Methode `initMitLeistung:farbe:` übergeben. Ansonsten sieht es ebenso aus wie in der Methode `init:`.
- Die Methode `description:` in ❾ wurde wie die Methode `init:` von der Klasse `NSObject` geerbt, daher steht sie auch nicht in der Deklaration. Sie wird in der Klasse `Fahrzeug` überschrieben. Falls die Methode `description:` aufgerufen wird, liefert sie ein `NSString`-Objekt zur Ausgabe zurück. Dieses wird mit Hilfe der Methode `stringWithFormat:` erstellt und enthält erläuternden Text sowie die formatierten Werte der Eigenschaften.

6.3.3 Anwenden der Initialisierungen

In der Hauptfunktion `main()` werden vier `Fahrzeug`-Objekte erzeugt und ausgegeben. Diese Objekte werden auf unterschiedliche Art und Weise initialisiert. Der Code:

```
#import "Fahrzeug.h"
int main()
{
    @autoreleasepool
    {
    Fahrzeug *dacia = [[Fahrzeug alloc] init];      // ❶
    NSLog(@"%@", dacia);
    [dacia setLeistung:50];
    [dacia setFarbe:@"blau"];
    NSLog(@"%@", dacia);

    Fahrzeug *skoda = [[Fahrzeug alloc]             // ❷
        initMitLeistung:60];
    NSLog(@"%@", skoda);

    Fahrzeug *lada = [[Fahrzeug alloc]              // ❸
        initMitFarbe:@"rot"];
    NSLog(@"%@", lada);
```

```
    Fahrzeug *renault = [[Fahrzeug alloc]          // ❹
        initMitLeistung:80 farbe:@"gelb"];
    NSLog(@"%@", renault);
    }
    return 0;
}
```

Listing 6.8 Projekt »KInitialisierung«, Datei »main.m«

Die Ausgabe des Programms:

```
Fahrzeug-Objekt: Leistung 0 KW, Farbe unlackiert
Fahrzeug-Objekt: Leistung 50 KW, Farbe blau
Fahrzeug-Objekt: Leistung 60 KW, Farbe unlackiert
Fahrzeug-Objekt: Leistung 0 KW, Farbe rot
Fahrzeug-Objekt: Leistung 80 KW, Farbe gelb
```

Zur Erläuterung des Programms:

- In ❶ wird das `Fahrzeug`-Objekt `dacia` ohne Startwerte erzeugt, und zwar mit Hilfe der überschriebenen Methode `init:`. Es wird anschließend ausgegeben. Dies gelingt einfach mit `NSLog` und dem Platzhalter `%@` – dank der überschriebenen Methode `description:`. Nach der Zuweisung von Werten über die Setter-Methoden wird es noch einmal ausgegeben.
- Das `Fahrzeug`-Objekt `skoda` wird in ❷ mit Hilfe der Methode `initMitLeistung:` erzeugt, das `Fahrzeug`-Objekt `lada` in ❸ mit Hilfe der Methode `initMitFarbe:`.
- Als Letztes wird in ❹ das `Fahrzeug`-Objekt `renault` über die Methode `initMitLeistung:farbe:` erzeugt.

6.4 Punkt-Notation

Falls Ihre eigenen Klassen über Accessoren verfügen, können Sie auf die Eigenschaften und Methoden auch über die *Punkt-Notation* zugreifen. Dies gilt unabhängig davon, ob Sie die Accessoren selbst codiert haben oder sie per Property automatisiert erzeugt haben. Diese Punkt-Notation haben Sie bereits bei Strukturen kennengelernt – in Abschnitt 3.2.

In der Literatur zu Objective-C finden sich Beispiele, in denen mit dieser Notation gearbeitet wird. In den Beispielen außerhalb dieses Abschnitts bevorzuge ich allerdings die

Notation mit den eckigen Klammern, auch zur deutlichen Unterscheidung zwischen Objekten und Strukturvariablen.

Im Projekt *KPunkt* wird ein `Fahrzeug`-Objekt erzeugt. Es werden Eigenschaftswerte zugewiesen und ausgegeben, jeweils mit Hilfe der Punkt-Notation.

6.4.1 Erzeugen der Klasse

Zunächst folgt die Deklaration der Klasse `Fahrzeug`, wie sie bereits aus dem Abschnitt 6.2 über Properties bekannt ist:

```
#import <Foundation/Foundation.h>
@interface Fahrzeug : NSObject
{
    int leistung;
    NSString *farbe;
}
@property int leistung;
@property (copy) NSString *farbe;
@end
```

Listing 6.9 Projekt »KPunkt«, Datei »Fahrzeug.h«

Es folgt die Implementation:

```
#import "Fahrzeug.h"
@implementation Fahrzeug
@synthesize leistung;
@synthesize farbe;
@end
```

Listing 6.10 Projekt »KPunkt«, Datei »Fahrzeug.h«

6.4.2 Anwenden der Punkt-Notation

In der Hauptfunktion `main()`wird mit der Punkt-Notation gearbeitet:

```
#import <Foundation/Foundation.h>
#import "Fahrzeug.h"
int main()
{
    @autoreleasepool
```

```
    {
    Fahrzeug *fz = [[Fahrzeug alloc] init];
    fz.leistung = 50;                    // ❶
    fz.farbe = @"blau";
    NSLog(@"Leistung %d KW, Farbe %@",   // ❷
        fz.leistung, fz.farbe);
    }
    return 0;
}
```

Listing 6.11 Projekt »KPunkt«, Datei »main.m«

Die Ausgabe des Programms:

```
Leistung 50 KW, Farbe blau
```

Zur Erläuterung des Programms:

- Es wird das `Fahrzeug`-Objekt `fz` erzeugt, ohne Startwerte. In ❶ wird mit `fz.leistung = 50` der Eigenschaft `leistung` der Wert 50 zugewiesen. Beachten Sie, dass dabei nicht der Name der Setter-Methode `setLeistung` benutzt wird. Das Gleiche geschieht für die Eigenschaft `farbe`.
- In ❷ werden die Eigenschaftswerte abgerufen, ebenfalls per Punkt-Notation.

6.5 Kategorien

Falls eine Klasse um Eigenschaften und Methoden erweitert werden soll, so können Sie sie ableiten. Falls eine Klasse nur um vereinzelte Methoden erweitert werden soll, können Sie in Objective-C auch die sogenannten *Kategorien* verwenden. Eine Kategorie ist an eine Klasse gebunden. Sie kann sowohl zu einer eigenen Klasse als auch zu einer Klasse des *Foundation*-Frameworks hinzugefügt werden.

6.5.1 Erzeugen der Kategorie

Im nachfolgenden Projekt *KKategorien* wird die Klasse `NSNumber` innerhalb einer Kategorie um zwei Methoden erweitert. Zur Erstellung einer Kategorie rufen Sie im Menü FILE den Menüpunkt NEW • FILE auf und wählen im Bereich OS X • COCOA das Template OBJECTIVE-C CATEGORY, siehe Abbildung 6.4.

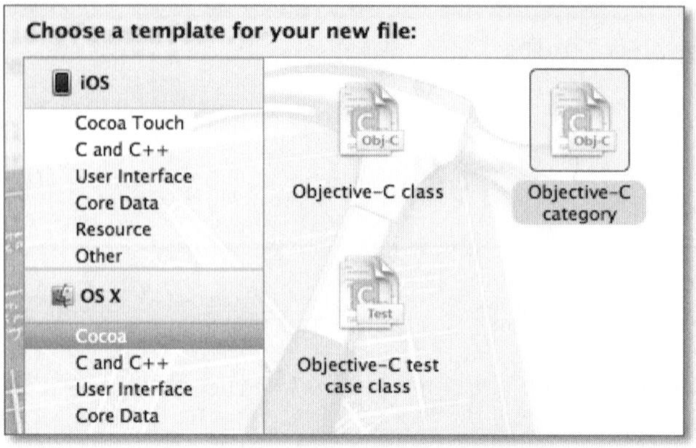

Abbildung 6.4 Template »Objective-C category«

Nach Anklicken des Buttons NEXT tragen Sie im Dialogfeld CHOOSE OPTIONS FOR YOUR NEW FILE bei CATEGORY den Namen der Kategorie ein, hier »Zusatzmethoden«, siehe Abbildung 6.5. Außerdem tragen Sie bei CATEGORY ON den Namen der Klasse ein, die durch diese Kategorie erweitert wird, hier »NSNumber«.

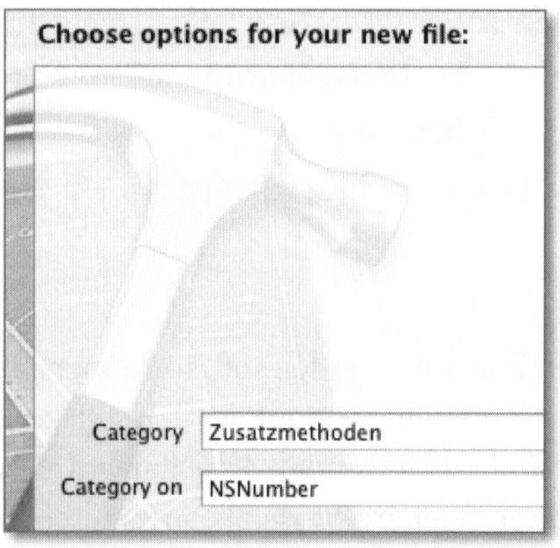

Abbildung 6.5 Optionen für Kategorie

Nach erneutem Anklicken des Buttons NEXT wählen Sie das aktuelle Projekt *KKategorien* aus und betätigen den Button CREATE. Durch diesen Vorgang werden zwei Dateien erzeugt, siehe Abbildung 6.6:

- zur Deklaration die Datei *NSNumber+Zusatzmethoden.h*
- zur Implementation die Datei *NSNumber+Zusatzmethoden.m*

Abbildung 6.6 Neue Kategorie, zwei Dateien

6.5.2 Deklaration und Implementation der Kategorie

Zunächst die Deklaration der neuen Kategorie:

```
#import <Foundation/Foundation.h>
@interface NSNumber (Zusatzmethoden)
-(BOOL)istZweistellig;
-(BOOL)istNegativ;
@end
```

Listing 6.12 Projekt »KKategorien«, Datei »NSNumber+Zusatzmethoden.h«

Zur Erläuterung:

- Den Kopf der Kategorie sehen Sie hinter dem Schlüsselwort `@interface`. Zunächst steht dort der Name der Klasse, die erweitert wird, anschließend der Name der Kategorie in runden Klammern.
- Diese Kategorie enthält zwei einfache Methoden, jeweils ohne Parameter und mit einem Rückgabewert vom Typ `BOOL`.

Diese beiden Methoden der Kategorie werden wie folgt implementiert:

```
#import "NSNumber+Zusatzmethoden.h"
@implementation NSNumber (Zusatzmethoden)
-(BOOL)istZweistellig
{
    if([self intValue] >= 10 && [self intValue] <= 100)
```

```
        return YES;
    return NO;
}

-(BOOL)istNegativ
{
    if([self intValue] < 0)
        return YES;
    return NO;
}
@end
```

Listing 6.13 Projekt »KKategorien«, Datei »NSNumber+Zusatzmethoden.m«

Zur Erläuterung:

- In der Methode `istZweistellig:` wird mit Hilfe der Methode `intValue:` geprüft, ob die Zahl im `NSNumber`-Objekt zwischen 10 und 100 liegt.
- In der Methode `istNegativ:` wird geprüft, ob die Zahl im `NSNumber`-Objekt kleiner als 0 ist.

Ein Hinweis: Die Anweisung `return NO` wird nur erreicht, falls die Methode nicht vorher mit `return YES` verlassen wurde. Daher wird hier kein `else` zum `if` benötigt.

6.5.3 Anwenden der Kategorie

In der Hauptfunktion `main()` werden die Klasse `NSNumber` und die Kategorie wie folgt genutzt:

```
#import <Foundation/Foundation.h>
#import "NSNumber+Zusatzmethoden.h"
int main()
{
    @autoreleasepool
    {
    NSNumber *zahl = [[NSNumber alloc] initWithInt:13];
    if([zahl istZweistellig])
        NSLog(@"Die Zahl ist zweistellig");
    if([zahl istNegativ])
        NSLog(@"Die Zahl ist negativ");
```

```
    }
    return 0;
}
```

Listing 6.14 Projekt »KKategorien«, Datei »main.m«

Die Ausgabe des Programms:

```
Die Zahl ist zweistellig
```


Zur Erläuterung:

- Das `NSNumber`-Objekt `zahl` wird mit Hilfe der beiden Methoden aus der Kategorie geprüft. Der Rückgabewert vom Typ `BOOL` kann direkt in der `if`-Verzweigung eingesetzt werden.
- Somit wurde die Klasse `NSNumber` um zwei – wenn auch sehr einfache – Methoden erweitert.

6.6 Protokolle und Delegates

Protokolle sind, im Gegensatz zu Kategorien, nicht an bestimmte Klassen gebunden. Sie enthalten die Deklaration von Methoden, aber nicht deren Implementation. Diese Methoden heißen *Delegates* oder *Delegate-Methoden*. Protokolle stellen ein Bindeglied zwischen verschiedenen Klassen her.

Alle Klassen, die ein bestimmtes Protokoll umsetzen, müssen die darin genannten Methoden auf ihre eigene Art und Weise implementieren. Dadurch entwickelt sich zwischen diesen Klassen eine Verwandtschaft. Sie können es auch so sehen: Alle Klassen, die ein bestimmtes Protokoll umsetzen, müssen sich daran halten (wie im richtigen Leben ...).

Im nachfolgenden Projekt *KProtokolle* wird ein Protokoll mit dem Namen `Verbesserungen` eingeführt. Es enthält die beiden Delegate-Methoden `lackieren:` und `tunen:`. Alle Klassen, die das Protokoll `Verbesserungen` umsetzen, müssen diese beiden Methoden implementieren. Im Projekt *KProtokolle* soll dies die Klasse `Fahrzeug` sein.

6.6.1 Erzeugen des Protokolls

Zur Erstellung eines Protokolls rufen Sie im Menü FILE den Menüpunkt NEW • FILE auf und wählen im Bereich OS X • COCOA das Template OBJECTIVE-C PROTOCOL, siehe Abbildung 6.7.

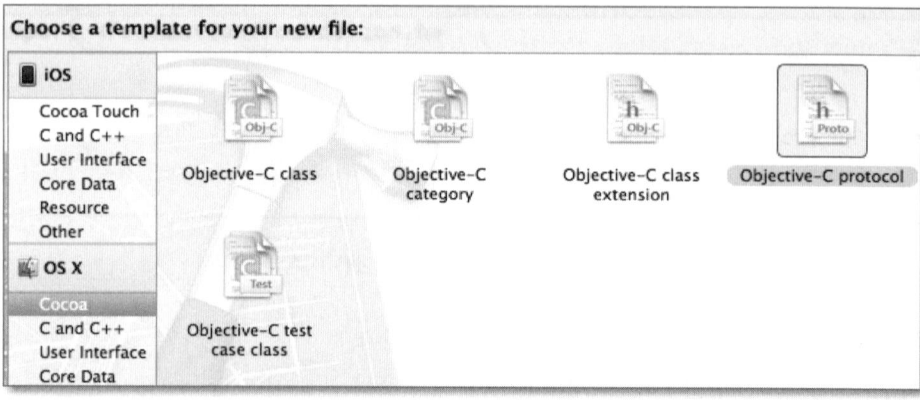

Abbildung 6.7 Template »Objective-C protocol«

Nach Anklicken des Buttons NEXT tragen Sie im Dialogfeld CHOOSE OPTIONS FOR YOUR NEW FILE bei PROTOCOL den Namen des Protokolls ein, hier »Verbesserungen«, siehe Abbildung 6.8.

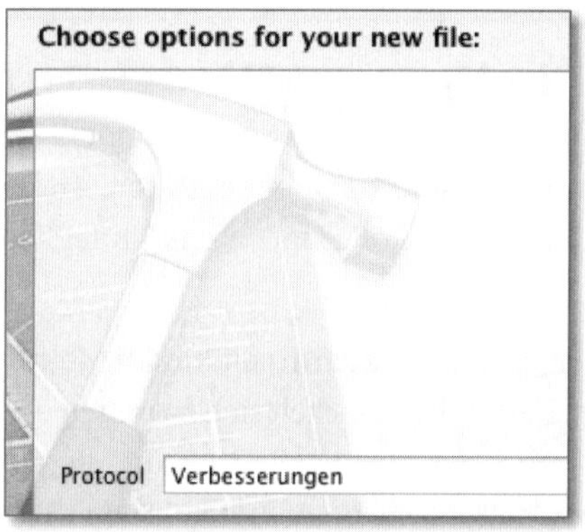

Abbildung 6.8 Optionen für Protokoll

Nach erneutem Anklicken des Buttons NEXT wählen Sie das aktuelle Projekt *KProtokolle* aus und betätigen den Button CREATE. Durch diesen Vorgang wird die Datei *Verbesserungen.h* erzeugt, siehe Abbildung 6.9. Es gibt keine Datei *Verbesserungen.m*, da die Implementation ja erst in den Klassen vorgenommen wird, die das Protokoll umsetzen.

Abbildung 6.9 Neues Protokoll, eine Datei

6.6.2 Deklaration von Protokoll und Delegates

Zunächst die Delegate-Methoden im Protokoll:

```
#import <Foundation/Foundation.h>
@protocol Verbesserungen
-(void)lackieren:(NSString *)neueFarbe;
-(void)tunen:(int)zusatzLeistung;
@end
```

Listing 6.15 Projekt »KProtokolle«, Datei »Verbesserungen.h«

Zur Erläuterung:

- Die Deklaration der Delegate-Methoden erfolgt zwischen den Schlüsselwörtern `@protocol` und `@end`.
- Die beiden Delegate-Methoden heißen `lackieren:` und `tunen:`. Sie erwarten ein `NSString`-Objekt beziehungsweise einen `int`-Wert als Parameter und liefern beide keinen Rückgabewert zurück. Dies sind die Festlegungen, an die sich die umsetzende Klasse halten muss:
  - Name
  - ein oder mehrere Parameter mit Datentyp(en)
  - Datentyp des Rückgabewertes

6.6.3 Deklaration der Klasse

Es folgt die Deklaration der Klasse Fahrzeug:

```
#import <Foundation/Foundation.h>
#import "Verbesserungen.h"                     // ❶
@interface Fahrzeug : NSObject <Verbesserungen>    // ❷
{
    int leistung;
    NSString *farbe;
}
@property int leistung;
@property (copy) NSString *farbe;
@end
```

Listing 6.16 Projekt »KProtokolle«, Datei »Fahrzeug.h«

Zur Erläuterung:

Es sind zwei Erweiterungen zu sehen:

- Die Datei *Verbesserungen.h* wird eingebunden (❶), damit das Protokoll bekannt ist.
- In ❷ steht der Name des Protokolls Verbesserungen in den spitzen Klammern < und > am Ende der Zeile. Das bedeutet, dass die Klasse Fahrzeug verpflichtet ist, sich an dieses Protokoll zu halten.

Ein Hinweis: Eine Klasse kann sich auch an mehrere Protokolle halten. Diese werden dann gemeinsam in spitzen Klammern aufgeführt, durch Komma voneinander getrennt: @interface Klasse : Basisklasse <Protokoll1, Protokoll2, Protokoll3, ...>

6.6.4 Implementation von Klasse und Delegates

Die Implementation der Klasse Fahrzeug, inklusive der Delegate-Methoden:

```
#import "Fahrzeug.h"
@implementation Fahrzeug
@synthesize leistung;
@synthesize farbe;

-(void)lackieren:(NSString *)neueFarbe        // ❶
{
    farbe = [neueFarbe copy];
}
```

```
-(void)tunen:(int)zusatzLeistung                    // ❷
{
    leistung = leistung + zusatzLeistung;
}

- (NSString *)description                           // ❸
{
    return [NSString stringWithFormat:
        @"Fahrzeug-Objekt: Leistung %d KW, Farbe %@",
        [self leistung], [self farbe]];
}
@end
```

Listing 6.17 Projekt »KProtokolle, Datei »Fahrzeug.m«

Zur Erläuterung:

- In ❶ und ❷ steht der Code der beiden Delegate-Methoden, zugeschnitten auf die Klasse `Fahrzeug`. In einer anderen Klasse, die dasselbe Protokoll umsetzt, könnte die Implementation anders aussehen. Nur der Kopf der Methode wäre derselbe.
- Es wird außerdem in ❸ die geerbte Methode `description:` zur Ausgabe eines `Fahrzeug`-Objekts überschrieben.

6.6.5 Anwenden von Klasse und Protokoll

Die Hauptfunktion `main()`:

```
#import "Fahrzeug.h"
int main()
{
    @autoreleasepool
    {
    Fahrzeug *dacia = [[Fahrzeug alloc] init];          // ❶
    [dacia setLeistung:50];
    [dacia setFarbe:@"blau"];
    NSLog(@"%@", dacia);

    [dacia tunen:10];                                   // ❷
    [dacia lackieren:@"silber"];
```

```
        NSLog(@"%@", dacia);
    }
    return 0;
}
```

Listing 6.18 Projekt »KProtokolle«, Datei »main.m«

Die Ausgabe des Programms:

```
Fahrzeug-Objekt: Leistung 50 KW, Farbe blau
Fahrzeug-Objekt: Leistung 60 KW, Farbe silber
```

Ab ❶ wird ein `Fahrzeug`-Objekt erzeugt, mit Daten gefüllt und ausgegeben. Ab ❷ werden die Methoden des Protokolls auf das Objekt angewandt.

6.6.6 Protokolle und Verweise

In diesem Abschnitt wird das Thema Protokolle noch ein wenig vertieft. Die Hauptfunktion `main()` im Projekt *KProtokolle* wurde wie folgt erweitert:

```
#import "Fahrzeug.h"
int main()
{
    @autoreleasepool
    {
    ...
    NSString *einText = @"Das ist ein Text";                // ❸
    id verweisA = einText;                                  // ❹
    NSLog(@"%@", verweisA);

    id <Verbesserungen> verweisB = einText;                 // ❺
    NSLog(@"%@", verweisB);

    NSArray *array = [[NSArray alloc]                       // ❻
        initWithObjects:dacia, einText, nil];
    for(int i=0; i<[array count]; i++)                      // ❼
        if([[array objectAtIndex:i]                         // ❽
             conformsToProtocol:@protocol(Verbesserungen)])
        {                                                   // ❾
            [[array objectAtIndex:i] tunen:15];
            NSLog(@"%@", [array objectAtIndex:i]);
```

```
        }
    }
    return 0;
}
```

Listing 6.19 Projekt »KProtokolle«, Datei »main.m«, Erweiterung

Die Ausgabe dieser Erweiterung sieht wie folgt aus:

```
Das ist ein Text
Das ist ein Text
Fahrzeug-Objekt: Leistung 75 KW, Farbe silber
```

Zur Erläuterung des Programms:

- In ❸ wird ein einfaches `NSString`-Objekt erzeugt, das im gesamten restlichen Programm benötigt wird.
- Zu ❹: `verweisA` ist ein Verweis auf ein Objekt einer beliebigen Klasse. Er kann zum Beispiel auf das `NSString`-Objekt verweisen.
- Zu ❺: `verweisB` ist ein Verweis auf ein Objekt einer beliebigen Klasse, die das Protokoll `Verbesserungen` umsetzt. Dies wird durch den Namen des Protokolls in den spitzen Klammern nach `id` deutlich gemacht. Der Verweis kann also eigentlich nicht auf das `NSString`-Objekt verweisen. Dies kann zu Fehlern führen und wird hier durch eine Warnung in Gelb kenntlich gemacht. Solche Verweise werden zum Beispiel für Methoden eingesetzt, die:
  - als Parameter ein Objekt einer Klasse erwarten, die das betreffende Protokoll umsetzt,
  - aber nicht genau vorschreiben, welche Klasse dies sein muss.
- Dieser Parameter darf also nicht ganz beliebig sein, muss aber nicht von einer bestimmten Klasse sein.
- In ❻ wird ein `NSArray`-Objekt aus Objekten unterschiedlicher Klassen aufgebaut. Anschließend wird in ❼ das Array mit Hilfe einer `for`-Schleife durchlaufen.
- In ❽ wird mit Hilfe der Methode `conformsToProtocol:` geprüft, ob ein Element des Felds das Protokoll `Verbesserungen` umsetzt. Falls ja, wird ab ❾ eine Methode dieses Protokolls ausgeführt und außerdem das Objekt selbst ausgegeben. Dies trifft nur für das `Fahrzeug`-Objekt `dacia` zu, da die Klasse `Fahrzeug` das Protokoll `Verbesserungen` umsetzt. Auf diese Weise können Objekte bezüglich ihrer Konformität zu einem Protokoll geprüft werden, bevor es zu einem Fehler kommt.

6.7 Objekte speichern und laden

In Abschnitt 5.1, »Textdateien schreiben und lesen«, haben Sie gesehen, wie Sie NSString-Objekte in Dateien speichern oder aus Dateien laden. Anschließend haben Sie in Abschnitt 5.2, »XML-Dateien schreiben und lesen«, erfahren, wie Sie NSArray- oder NSDictionary-Objekte in Dateien schreiben oder aus Dateien laden. Nun lesen Sie, wie Sie beliebige Objekte in Dateien schreiben oder aus Dateien laden.

Dazu werden aus dem *Foundation*-Framework die Klassen NSData, NSKeyedArchiver und NSKeyedUnarchiver sowie das Protokoll NSCoding benötigt. Eine Klasse, deren Objekte gespeichert und geladen werden sollen, muss das Protokoll NSCoding umsetzen.

Das Speichern und Laden wird im nachfolgenden Projekt *KCoding* an zwei Beispielen gezeigt, einem Fahrzeug-Objekt und einem NSArray-Objekt. Das NSArray-Objekt besteht intern aus einem NSDictionary-Objekt und zwei NSString-Objekten. Diese Klassen des *Foundation*-Frameworks setzen das Protokoll NSCoding um. Die eigene Klasse Fahrzeug muss zunächst erweitert werden, bevor sie dies auch kann.

6.7.1 Einbinden des NSCoding-Protokolls

Zunächst die Deklaration der erweiterten Klasse Fahrzeug einschließich der Einbindung des NSCoding-Protokolls:

```
#import <Foundation/Foundation.h>
@interface Fahrzeug : NSObject <NSCoding>
{
    int leistung;
    NSString *farbe;
}
@property int leistung;
@property (copy) NSString *farbe;
@end
```

Listing 6.20 Projekt »KCoding«, Datei »Fahrzeug.h«

Die einzige Änderung: Nach dem Namen der Basisklasse steht in spitzen Klammern der Name des Protokolls, das in der Klasse Fahrzeug umgesetzt werden soll: NSCoding.

6.7.2 Implementation der NSCoding-Methoden

Es folgt die Implementation der Klasse Fahrzeug einschließlich der Einbindung der Pflichtmethoden des NSCoding-Protokolls:

```
#import "Fahrzeug.h"
@implementation Fahrzeug
@synthesize leistung;
@synthesize farbe;

-(void)encodeWithCoder:(NSCoder *)aCoder                    // ❶
{
    [aCoder encodeInt:leistung forKey:@"leistung"];         // ❷
    [aCoder encodeObject:farbe forKey:@"farbe"];
}

-(id)initWithCoder:(NSCoder *)aDecoder                      // ❸
{
    self = [super init];
    if(self)
    {                                                       // ❹
        leistung = [aDecoder decodeIntForKey:@"leistung"];
        farbe = [aDecoder decodeObjectForKey:@"farbe"];
    }
    return self;
}

- (NSString *)description
{
    return [NSString stringWithFormat:
        @"Fahrzeug-Objekt: Leistung %d KW, Farbe %@",
        [self leistung], [self farbe]];
}
@end
```

Listing 6.21 Projekt »KCoding«, Datei »Fahrzeug.m«

Zur Erläuterung:

- Eine Klasse, die das `NSCoding`-Protokoll umsetzt, muss die beiden Methoden `encodeWithCoder:` (in ❶) und `initWithCoder:` (in ❸) implementieren.
- Die Methode `encodeWithCoder:` in ❶ wird beim Speichern eines Objekts der Klasse `Fahrzeug` aufgerufen. Dieser Aufruf ist für uns nicht sichtbar, er wird intern vorgenommen. Innerhalb der Methode muss das übermittelte Objekt der Klasse `NSCoder` eine `encode`-Methode für jede Eigenschaft der `Fahrzeug`-Klasse aufrufen.

- Zu ❷: Es gibt jeweils eine passende encode-Methode für die Basisdatentypen und für Objekte einer Klasse des *Foundation*-Frameworks. Hier sind dies die Methoden encodeInt:forKey: für die Eigenschaft leistung vom Basisdatentyp int und encodeObject:forKey: für die Eigenschaft farbe der Klasse NSString aus dem *Foundation*-Framework. Der Parameter forKey enthält einen Key. Als Value für diesen Key wird der Name der Eigenschaft übermittelt, damit der dazu passende Eigenschaftswert gefunden werden kann.
- Die Methode initWithCoder: in ❸ wird beim Laden eines Objekts der Klasse Fahrzeug aufgerufen. Aus den geladenen Daten wird ein Fahrzeug-Objekt erzeugt. Auch dieser Aufruf ist für uns nicht sichtbar. Innerhalb der Methode muss das übermittelte Objekt der Klasse NSCoder eine decode-Methode für jede Eigenschaft der Fahrzeug-Klasse aufrufen.
- Zu ❹: Auch hier gibt es jeweils passende decode-Methoden. Dies sind die Methoden decodeIntForKey: und decodeObjectForKey:. Der Value des Keys ist auch hier der Name der Eigenschaft.

6.7.3 Speichern und Laden mit Property Lists

In der nachfolgenden Hauptfunktion main() werden ein Fahrzeug-Objekt und ein NSArray-Objekt gespeichert und zur Kontrolle wieder geladen und ausgegeben, jeweils mit Hilfe von sogenannten *Property Lists*:

```
#import <Foundation/Foundation.h>
#import "Fahrzeug.h"
int main()
{
    @autoreleasepool
    {
    NSString *fahrzeugDatei =                          // ❶
        @"/Users/theis/Documents/meinFahrzeug.plist";
    NSString *arrayDatei =
        @"/Users/theis/Documents/meinArray.plist";

    Fahrzeug *dacia = [[Fahrzeug alloc] init];         // ❷
    [dacia setLeistung:50];
    [dacia setFarbe:@"blau"];

    NSData *fahrzeugDaten = [NSKeyedArchiver           // ❸
        archivedDataWithRootObject:dacia];
    [fahrzeugDaten writeToFile:fahrzeugDatei atomically:YES];
```

```
    NSData *neueFahrzeugDaten = [[NSData alloc]         // ❹
        initWithContentsOfFile:fahrzeugDatei];
    Fahrzeug *neuerDacia = [NSKeyedUnarchiver
        unarchiveObjectWithData:neueFahrzeugDaten];
    NSLog(@"%@", neuerDacia);

    NSDictionary *dictionaryA =                         // ❺
    [[NSDictionary alloc] initWithObjectsAndKeys:
        [NSNumber numberWithInt:47],@"Spanien",
        [NSNumber numberWithInt:65],@"Frankreich",
        [NSNumber numberWithInt:61],@"Italien", nil];
    NSArray *arrayA = [NSArray arrayWithObjects:
        @"Afrika", dictionaryA, @"Australien", nil];

    NSData *arrayDaten = [NSKeyedArchiver               // ❻
        archivedDataWithRootObject:arrayA];
    [arrayDaten writeToFile:arrayDatei atomically:YES];

    NSData *neueArrayDaten = [[NSData alloc]            // ❼
        initWithContentsOfFile:arrayDatei];
    NSArray *arrayB = [NSKeyedUnarchiver
        unarchiveObjectWithData:neueArrayDaten];
    NSLog(@"%@", arrayB);
    }
    return 0;
}
```

Listing 6.22 Projekt »KCoding«, Datei »main.m«

Die Ausgabe des Programms zeigt zuerst das `Fahrzeug`-Objekt und anschließend das `NSArray`-Objekt, jeweils mit ihren unterschiedlichen Elementen:

```
Fahrzeug-Objekt: Leistung 50 KW, Farbe blau
(
    Afrika,
        {
        Frankreich = 65;
        Italien = 61;
        Spanien = 47;
        },
    Australien
)
```

Zur Erläuterung:

- In ❶ werden die Namen der beiden Dateien im Verzeichnis *Documents* festgelegt, in denen gespeichert werden soll und aus denen geladen werden soll. Sie haben den Typ *Property List* mit der Endung *.plist*. In der Dateivorschau des FINDER ist die XML-Struktur dieser Dateien erkennbar. Nach einem Doppelklick öffnen sich die Dateien in einem kleinen Entwicklertool von Xcode, in dem Sie sich die XML-Hierarchie der einzelnen Elemente ansehen können.
- Zu ❷: Ein `Fahrzeug`-Objekt wird erzeugt und mit Daten gefüllt.
- Es folgt ab ❸ der Speicherungsvorgang: Zunächst wird ein Objekt der Hilfsklasse `NSData` benötigt. Dieses wird aus dem `Fahrzeug`-Objekt erzeugt, und zwar mit Hilfe der Klassenmethode `archivedDataWithRootObject:` der Hilfsklasse `NSKeyedArchiver`. Für das `NSData`-Objekt kann anschließend zum Speichern die Methode `writeToFile:atomically:` aufgerufen werden.
- Zur Erinnerung: Der Wert `YES` für den Parameter `atomically` sorgt dafür, dass vor dem Überschreiben der alten Datei zunächst eine zusätzliche temporäre Datei angelegt wird. Dies ist sicherer, falls beim Überschreiben etwas schiefgehen sollte, dann ist zumindest noch die alte Datei vorhanden.
- Ab ❹ findet der Ladevorgang statt, in umgekehrter Reihenfolge. Aus den Inhalten der Datei wird zunächst mit Hilfe der Methode `initWithContentsOfFile:` ein `NSData`-Objekt erzeugt. Mit Hilfe der Klassenmethode `unarchiveObjectWithData:` der Hilfsklasse `NSKeyedUnarchiver` wird dann aus diesem `NSData`-Objekt ein `Fahrzeug`-Objekt erschaffen.
- In ❺ wird zunächst ein `NSDictionary`-Objekt erzeugt, das zusammen mit zwei `NSString`-Objekten zum Bestandteil eines `NSArray`-Objekts wird.
- Das `NSArray`-Objekt wird in ❻ gespeichert – mit Hilfe der bereits erläuterten Methoden der Klassen `NSData` und `NSKeyedArchiver`.
- Auch zum Laden in ❼ kommen die bereits bekannten Methoden der Klassen `NSData` und `NSKeyedUnarchiver` zum Einsatz.

6.8 Objekt besitzt Objekt

In Abschnitt 3.2, »Strukturen«, haben Sie geschachtelte Strukturen kennengelernt: Eine Komponente einer Strukturvariablen kann wiederum die Variable einer anderen Struktur sein.

Dies gibt es auch bei Klassen. Neben den Eigenschaften `leistung` und `farbe` soll ein `Fahrzeug`-Objekt eine Eigenschaft `motorInFahrzeug` haben, die ein Objekt der Klasse `Motor` ist. Mit anderen Worten: Jedes Fahrzeug besitzt einen Motor.

Beim Erzeugen solcher Objekte und bei der Arbeit mit solchen Objekten sind einige Besonderheiten zu beachten. Diese sollen im nachfolgenden Projekt *KBesitzer* erläutert werden.

6.8.1 Deklaration der inneren Klasse

Es folgt der Code der inneren Klasse `Motor`. Dies ist die Klasse für das Objekt, das besessen wird.


```
#import <Foundation/Foundation.h>
@interface Motor : NSObject
{
    int hubraum;                                   // ❶
    NSString *motorNummer;
}
@property int hubraum;
@property (copy) NSString *motorNummer;

-(id)initMitHubraum:(int)neuerHubraum              // ❷
    motorNummer:(NSString *)neueMotorNummer;
@end
```

Listing 6.23 Projekt »KBesitzer«, Datei »Motor.h«

Zur Erläuterung:

- Ein `Motor`-Objekt hat die Eigenschaften `hubraum` vom Typ `int` und `motorNummer` der Klasse `NSString`, siehe ❶.
- Zu ❷: Es gibt eine Methode `initMitHubraum:motorNummer:` zum Initialisieren eines neuen `Motor`-Objekts.

6.8.2 Implementation der inneren Klasse

Zunächst der Code:

```
#import "Motor.h"
@implementation Motor
@synthesize hubraum;
@synthesize motorNummer;

-(id)initMitHubraum:(int)neuerHubraum              // ❶
```

```
    motorNummer:(NSString *)neueMotorNummer
{
    self = [super init];
    if(self)
    {
        hubraum = neuerHubraum;
        motorNummer = [neueMotorNummer copy];
    }
    return self;
}

-(id)copy                                          // ❷
{
    Motor *neuerMotor = [[Motor alloc]
        initMitHubraum:[self hubraum]
        motorNummer:[self motorNummer]];
    return neuerMotor;
}

-(NSString *)description                           // ❸
{
    return [NSString stringWithFormat:
        @"Hubraum %d ccm, Motornummer: %@",
        [self hubraum], [self motorNummer]];
}

@end
```

Listing 6.24 Projekt »KBesitzer«, Datei »Motor.m«

Zur Erläuterung:

- In der Initialisierungsmethode in ❶ werden die beiden Parameter an die Eigenschaften übergeben. Dabei wird die Eigenschaft `motorNummer` der Klasse `NSString` kopiert, damit ein neues `NSString`-Objekt angelegt wird, das zum `Motor`-Objekt gehört. Die Vorschrift, wie ein `NSString`-Objekt kopiert werden kann, steht innerhalb der Klasse `NSString`.
- Für die Klasse `Motor` wird in ❷ eine eigene Methode `copy:` definiert. Falls ein `Motor`-Objekt Eigenschaft eines anderen Objekts ist, muss es eine Vorschrift geben, wie ein solches `Motor`-Objekt kopiert werden kann. In diesem Fall werden die beiden Eigen-

schaften des aufrufenden Motor-Objekts einem neu erzeugten Motor-Objekt übergeben. Ein Verweis auf das neu erzeugte Objekt wird per id zurückgeliefert.

- Die Methode description: in ❸ dient wie immer zur Ausgabe eines Motor-Objekts.

6.8.3 Deklaration der äußeren Klasse

Es folgt der Code der äußeren Klasse Fahrzeug. Dies ist die Klasse für das Objekt, das besitzt.


```
#import <Foundation/Foundation.h>
#import "Motor.h"
@interface Fahrzeug : NSObject
{
    int leistung;
    NSString *farbe;
    Motor *motorInFahrzeug;                     // ❶
}
@property int leistung;                         // ❷
@property (copy) NSString *farbe;

-(id)initMitLeistung:(int)neueLeistung          // ❸
    farbe:(NSString *)neueFarbe
    motorInFahrzeug:(Motor *)neuerMotorInFahrzeug;

-(void)setMotorInFahrzeug:(Motor *)neuerMotor;  // ❹
-(Motor *)motorInFahrzeug;
@end
```

Listing 6.25 Projekt »KBesitzer«, Datei »Fahrzeug.h«

Zur Erläuterung:

Die Datei *Motor.h* muss importiert werden, damit die Klasse Motor hier bekannt ist.

- Zu ❶: Ein Fahrzeug-Objekt hat unter anderem die Eigenschaft motorInFahrzeug von der Klasse Motor.
- In ❷ werden Properties für die beiden Eigenschaften leistung und farbe eingeführt, aber nicht für die Eigenschaft motorInFahrzeug. Die Accessoren für die Eigenschaft lassen sich nicht automatisieren, sie müssen stattdessen individuell erzeugt werden.
- Die Initialisierungsmethode in ❸ erwartet unter anderem ein Motor-Objekt als Parameter, das vorher erzeugt worden sein sollte.
- In ❹ sehen Sie die Deklarationen der beiden Accessoren.

6.8.4 Implementation der äußeren Klasse

Zunächst der Code:

```
#import "Fahrzeug.h"
@implementation Fahrzeug
@synthesize leistung;
@synthesize farbe;

-(id)initMitLeistung:(int)neueLeistung              // ❶
    farbe:(NSString *)neueFarbe
    motorInFahrzeug:(Motor *)neuerMotorInFahrzeug;
{
    self = [super init];
    if(self)
    {
        leistung = neueLeistung;                    // ❷
        farbe = [neueFarbe copy];
        motorInFahrzeug = [neuerMotorInFahrzeug copy];
    }
    return self;
}

-(void)setMotorInFahrzeug:                          // ❸
    (Motor *)neuerMotorInFahrzeug
{
    motorInFahrzeug = [neuerMotorInFahrzeug copy];
}

-(Motor *)motorInFahrzeug                           // ❹
{
    return motorInFahrzeug;
}

-(NSString *)description                            // ❺
{
    return [NSString stringWithFormat:
        @"Leistung %d KW, Farbe %@, Motor: %@",
        [self leistung], [self farbe],
        [self motorInFahrzeug]];
}
@end
```

Listing 6.26 Projekt »KBesitzer«, Datei »Fahrzeug.m«

Zur Erläuterung:

- Ab ❶ folgt die Definition der Initialisierungsmethode.
- Zu ❷: Hier werden die übergebenen Werte den Eigenschaften zugewiesen. Unter anderem kommt die selbst definierte Methode `copy` der Klasse `Motor` zum Einsatz. Die Eigenschaftswerte des `Motor`-Objekts `neuerMotorInFahrzeug` werden darin einzeln an ein neues `Motor`-Objekt übergeben.
- Dasselbe geschieht in der Setter-Methode in ❸.
- Die Getter-Methode in ❹ liefert einen Verweis auf die Eigenschaft `motorInFahrzeug` zurück. Diese ist vom Typ `Motor`, daher wird die Methode `description:` der Klasse `Motor` aufgerufen. Diese liefert die Ausgabe-Zeichenkette für die Eigenschaft `motorInFahrzeug`.
- Diese Ausgabe-Zeichenkette wird (in ❺) in die Ausgabe-Zeichenkette für ein `Fahrzeug`-Objekt eingebettet.

6.8.5 Anwenden der beiden Klassen

Die Hauptfunktion `main()`:

```
#import <Foundation/Foundation.h>
#import "Fahrzeug.h"
int main()
{
    @autoreleasepool
    {
    Motor *motorA = [[Motor alloc]                    // ❶
        initMitHubraum:1600 motorNummer:@"PA23X"];

    Fahrzeug *dacia = [[Fahrzeug alloc]               // ❷
        initMitLeistung:50 farbe:@"blau"
        motorInFahrzeug:motorA];
    NSLog(@"%@", dacia);

    Motor *motorB = [[Motor alloc]                    // ❸
        initMitHubraum:2200 motorNummer:@"GL54Z"];

    [dacia setMotorInFahrzeug:motorB];                // ❹
    NSLog(@"%@", dacia);
    }
    return 0;
}
```

Listing 6.27 Projekt »KBesitzer«, Datei »main.m«

Die Ausgabe des Programms:

```
Leistung 50 KW, Farbe blau, Motor: Hubraum 1600 ccm, Motornummer: PA23X
Leistung 50 KW, Farbe blau, Motor: Hubraum 2200 ccm, Motornummer: GL54Z
```

Zur Erläuterung:

- In ❶ wird ein `Motor`-Objekt mit Werten erzeugt.
- Dieses `Motor`-Objekt wird – zusammen mit anderen Eigenschaften – zur Erzeugung eines `Fahrzeug`-Objekts in ❷ genutzt. Das `Motor`-Objekt wird innerhalb der Initialisierungsmethode der `Fahrzeug`-Klasse kopiert und anschließend in `main()` nicht mehr benötigt.
- In ❸ wird ein weiteres `Motor`-Objekt erzeugt – mit anderen Werten.
- Es wird in ❹ die Setter-Methode der `Fahrzeug`-Klasse aufgerufen, unter anderem mit dem in ❸ erzeugten `Motor`-Objekt. Auch dieses `Motor`-Objekt wird, diesmal innerhalb der Setter-Methode, kopiert und anschließend in `main()` nicht mehr benötigt.

6.9 Übung

Verändern Sie das Kopfrechenprogramm aus dem Projekt *FKopfZeit*. Erzeugen Sie im Projekt *KKopfKlasse* eine Klasse mit dem Namen `Kopfrechentest` mit Eigenschaften und Methoden. Als Eigenschaften dienen `NSArray`-Objekte oder `NSMutableArray`-Objekte mit den Aufgabenstellungen und den Eingaben und ein `NSNumber`-Objekt mit der gemessenen Zeit. Es soll folgende vier Methoden geben:

- `starten:`, zum Stellen der Aufgaben und zum Messen der Zeit
- `auswerten:`, zum Auswerten der Eingaben und zur Ausgabe der Ergebnisse und der Zeit
- `speichern:`, zum Speichern des gesamten Objekts in einer Datei mit Hilfe des `NSCoding`-Protokolls, siehe Abschnitt 6.7, »Objekte speichern und laden«
- `laden:`, zum Erzeugen eines neuen Objekts der Klasse `Kopfrechentest` aus der gespeicherten Datei, als Kontrolle der Speicherung, ebenfalls mit Hilfe des `NSCoding`-Protokolls

Im Hauptprogramm soll ein Objekt der Klasse `Kopfrechentest` erschaffen werden. Für dieses Objekt werden nacheinander die vier genannten Methoden aufgerufen.

Kapitel 7
Eigene Klassen – für Fortgeschrittene

In diesem Kapitel folgen einige Themen, die das Verständnis für die objektorientierte Programmierung und für die Verwaltung des Arbeitsspeichers vertiefen.

Anhand anschaulicher Beispiele werden die Begriffe *Key-Value-Coding*, *Key-Value-Observation* und *Selektoren* geklärt. Des Weiteren erzeugen Sie Klassenmethoden, die nicht nur für ein Objekt gelten.

Jede Hierarchie von Klassen, so auch das *Foundation*-Framework, basiert auf Vererbung und Polymorphie. Dies schauen wir uns genauer an. Zu guter Letzt wird das Verständnis für die Verwaltung des Arbeitsspeichers mit und ohne ARC (= *Automatic Release Counting*) vertieft.

7.1 Key-Value-Coding

Eine weitere Möglichkeit, auf die Eigenschaften eines Objekts zuzugreifen, bietet das *Key-Value-Coding* (KVC). Diese Technik können Sie unabhängig davon nutzen, ob Sie Properties oder Accessoren definiert haben oder nicht. Sie müssen sich beim Key-Value-Coding den Aufbau der Klasse genauso vorstellen wie den Aufbau eines Dictionarys. Die Keys sind die Eigenschaften, die Values die Werte der Eigenschaften.

Es gibt die Methoden `setValue:forKey:` zum Setzen des Wertes einer Eigenschaft und die Methode `valueForKey:` zum Abrufen des Wertes einer Eigenschaft. Sie können dies sowohl für Eigenschaften der Basisdatentypen nutzen als auch für Eigenschaften, die Objekte einer Klasse sind. Im nachfolgenden Projekt *KKeyValueCoding* sehen Sie einige Zugriffsmöglichkeiten.

7.1.1 Deklaration der Keys

Zunächst die Deklaration der Klasse `Fahrzeug` einschließlich der Eigenschaften. Die Namen der Eigenschaften stellen die Keys dar:

```
#import <Foundation/Foundation.h>
@interface Fahrzeug : NSObject
{
    int leistung;
    int sitzplaetze;
    NSString *farbe;
}
@end
```

Listing 7.1 Projekt »KKeyValueCoding«, Datei »Fahrzeug.h«

Es werden weder Properties noch Accessoren benötigt. Der Zugriff auf die Eigenschaften wird per Key-Value-Coding realisiert.

7.1.2 Abrufen der Values

Es folgt die Implementation der Klasse `Fahrzeug` einschließlich der ersten Abrufe per Key-Value-Coding:

```
#import "Fahrzeug.h"
@implementation Fahrzeug

-(id)init
{
    self = [super init];
    if(self)
    {
        leistung = 0;
        sitzplaetze = 1;
        farbe = @"unlackiert";
    }
    return self;
}

-(NSString *)description
{
    return [NSString
        stringWithFormat:@"Leistung %@ KW,"
        " Sitzplätze %@, Farbe %@",
        [self valueForKey:@"leistung"],
```

```
        [self valueForKey:@"sitzplaetze"],
        [self valueForKey:@"farbe"]];
}
@end
```

Listing 7.2 Projekt »KKeyValueCoding«, Datei »Fahrzeug.m«

In der Implementation gibt es nur die überschriebenen Methoden `init:` und `description:`. Die Methode `init:` sorgt für einfache Startwerte. In der Methode `description:` wird die Methode `valueForKey:` angewendet, um an die Werte der Eigenschaften zu gelangen. Sie benötigt als Parameter den Namen der Eigenschaft in einem `NSString`-Objekt. Die Methode liefert immer ein Objekt, auch für die Eigenschaften der Basisdatentypen.

7

7.1.3 Setzen und Abrufen der Values

In der Hauptfunktion `main()` wird per Key-Value-Coding auf die Eigenschaften zugegriffen, sowohl schreibend als auch lesend:

```
#import "Fahrzeug.h"
int main()
{
    @autoreleasepool
    {
    Fahrzeug *dacia = [[Fahrzeug alloc] init];

    [dacia setValue:[NSNumber numberWithInt:50]       // ❶
        forKey:@"leistung"];
    [dacia setValue:[NSNumber numberWithInt:5]
        forKey:@"sitzplaetze"];
    [dacia setValue:@"blau" forKey:@"farbe"];

    NSLog(@"Leistung %@ KW",                           // ❷
        [dacia valueForKey:@"leistung"]);
    NSLog(@"Sitzplätze %@",
        [dacia valueForKey:@"sitzplaetze"]);
    NSLog(@"Farbe %@", [dacia valueForKey:@"farbe"]);

    [dacia setValuesForKeysWithDictionary:             // ❸
        [NSDictionary dictionaryWithObjectsAndKeys:
        [NSNumber numberWithInt:60], @"leistung",
        [NSNumber numberWithInt:4], @"sitzplaetze",
```

```
        @"rot", @"farbe", nil]];
    NSLog(@"%@", dacia);                        // ❹

    NSDictionary *dict =                        // ❺
        [dacia dictionaryWithValuesForKeys:
        [NSArray arrayWithObjects:
        @"leistung", @"sitzplaetze", @"farbe", nil]];
    NSLog(@"%@", dict);
    }

    return 0;
}
```

Listing 7.3 Projekt »KKeyValueCoding«, Datei »main.m«

Die Ausgabe des Programms:

```
Leistung 50 KW
Sitzplätze 5
Farbe blau
Leistung 60 KW, Sitzplätze 4, Farbe rot
{
    farbe = rot;
    leistung = 60;
    sitzplaetze = 4;
}
```

Zur Erläuterung des Programms:

- Nach der Erzeugung eines leeren Objekts werden die Werte in ❶ mit Hilfe der Methode `setValue:forKey:` zugewiesen. Die Werte für den Parameter `forKey` sind die Namen der Eigenschaften. Falls es sich bei einer Eigenschaft um die Variable eines Basisdatentyps handelt, wie bei `leistung` oder `sitzplaetze`, müssen die Werte zunächst in Objekte einer geeigneten Klasse umgewandelt werden, hier in `NSNumber`-Objekte.
- In ❷ werden die Werte der Eigenschaften mit Hilfe der Methode `valueForKey:` abgerufen und ausgegeben.
- Sie können auch mehrere Werte auf einmal zuweisen, falls diese Ihnen in einem geeigneten `NSDictionary`-Objekt zur Verfügung stehen. In ❸ wird zunächst ein entsprechendes `NSDictionary`-Objekt mit Hilfe der Methode `dictionaryWithObjectsAndKeys:` erzeugt. Anschließend werden die Werte dieses `NSDictionary`-Objekts allen

Eigenschaften des Fahrzeug-Objekts auf einen Schlag zugewiesen – mit Hilfe der Methode setValuesForKeysWithDictionary:.

- Zur Kontrolle wird das Objekt in ❹ ausgegeben.
- Umgekehrt können Sie ein NSDictionary-Objekt mit den Eigenschaften und Werten eines Objekts füllen, wie in ❺ zu sehen. Dazu wird für das Fahrzeug-Objekt die geerbte Methode dictionaryWithValuesForKeys: aufgerufen. Diese benötigt als Parameter ein NSArray-Objekt, das aus den Namen der Eigenschaften besteht, also aus den Keys. Die Methode liefert als Rückgabewert ein NSDictionary-Objekt. Dieses Objekt wird im vorliegenden Programm gespeichert und ausgegeben.

7.2 Key-Value-Coding mit Key Path

Sie können mit Hilfe des Key-Value-Codings auch auf Objekte zugreifen, die Eigenschaften anderer Objekte sind. Dazu benötigen Sie einen *Key Path*, also einen Pfad zu der Eigenschaft, ähnlich dem Pfad innerhalb eines Verzeichnisbaums.

Eine Klasse, bei der dies eingesetzt werden kann, haben Sie in Abschnitt 6.8, »Objekt besitzt Objekt«, bereits kennengelernt. Dort hat ein Fahrzeug-Objekt unter anderem als Eigenschaft ein Motor-Objekt. Im nachfolgenden Projekt *KKeyPath* wird auf die Objekte dieser beiden Klassen per Key-Value-Coding mit Key Path zugegriffen.

Es gibt die Methoden setValue:forKeyPath: zum Setzen des Wertes einer Eigenschaft und die Methode valueForKeyPath: zum Abrufen des Wertes einer Eigenschaft. Diese Methoden werden hier auf die eingebetteten Eigenschaften des Motor-Objekts angewandt, Sie können sie aber auf alle Eigenschaften anwenden, also auch auf die des Fahrzeug-Objekts.

7.2.1 Die innere Klasse

Zunächst der Code zur Deklaration der inneren Klasse Motor. Dies ist die Klasse des Objekts, das besessen wird:

```
#import <Foundation/Foundation.h>
@interface Motor : NSObject
{
    int hubraum;
    NSString *motorNummer;
}
@end
```

Listing 7.4 Projekt »KKeyPath«, Datei »Motor.h«

Es werden keine Properties oder Accessoren benötigt.

Es folgt die Implementation der Klasse Motor:

```
#import "Motor.h"
@implementation Motor

-(id)init
{
    self = [super init];
    if(self)
    {
        hubraum = 0;
        motorNummer = @"keine";
    }
    return self;
}

-(NSString *)description
{
    return [NSString stringWithFormat:
        @"Hubraum %@ ccm, Motornummer: %@",
        [self valueForKey:@"hubraum"],
        [self valueForKey:@"motorNummer"]];
}
@end
```

Listing 7.5 Projekt »KKeyPath«, Datei »Motor.m«

In der Implementation gibt es nur die überschriebenen Methoden `init:` und `description:`. Die Methode `init:` sorgt für einfache Startwerte. In der Methode `description:` wird die Methode `valueForKey:` angewendet, um an die Werte der `Motor`-Eigenschaften zu kommen.

7.2.2 Die äußere Klasse

Es folgt die Deklaration der äußeren Klasse `Fahrzeug`. Dies ist die Klasse des Objekts, das besitzt:

```
#import <Foundation/Foundation.h>
#import "Motor.h"
@interface Fahrzeug : NSObject
```

```
{
    int leistung;
    NSString *farbe;
    Motor *motorInFahrzeug;
}
@end
```

Listing 7.6 Projekt »KKeyPath«, Datei »Fahrzeug.h«

Die Eigenschaft `motorInFahrzeug` ist ein Verweis auf ein Objekt der Klasse `Motor`. Es folgt die Implementation der Klasse `Fahrzeug`:

```
#import "Fahrzeug.h"
@implementation Fahrzeug

-(id)init
{
    self = [super init];
    if(self)
    {
        leistung = 0;
        farbe = @"unlackiert";
        motorInFahrzeug = [[Motor alloc] init];
    }
    return self;
}

-(NSString *)description
{
    return [NSString stringWithFormat:
        @"Leistung %@ KW, Farbe %@, Motor: %@",
        [self valueForKey:@"leistung"],
        [self valueForKey:@"farbe"],
        [self valueForKey:@"motorInFahrzeug"]];
}
@end
```

Listing 7.7 Projekt »KKeyPath«, Datei »Fahrzeug.m«

In der Implementation gibt es nur die überschriebenen Methoden `init:` und `description:`. Das `Motor`-Objekt bekommt die einfachen Startwerte aus der Methode `init:` der

Klasse Motor. In der Methode description: wird die Methode valueForKey: auch auf das Motor-Objekt angewendet. Dies führt wiederum zum Aufruf der Methode description: der Klasse Motor.

7.2.3 Zugriff per Key Path

In der Hauptfunktion main() wird per Key Path auf die Eigenschaften beider Klassen zugegriffen:

```
#import "Fahrzeug.h"
int main()
{
    @autoreleasepool
    {
    Fahrzeug *dacia = [[Fahrzeug alloc] init];      // ❶

    [dacia setValue:[NSNumber numberWithInt:50]     // ❷
        forKey:@"leistung"];
    [dacia setValue:@"blau" forKey:@"farbe"];

    [dacia setValue:[NSNumber numberWithInt:1600]  // ❸
        forKeyPath:@"motorInFahrzeug.hubraum"];
    [dacia setValue:@"PA23X"
        forKeyPath:@"motorInFahrzeug.motorNummer"];

    NSLog(@"%@", [dacia valueForKeyPath:            // ❹
        @"motorInFahrzeug.hubraum"]);
    NSLog(@"%@", [dacia valueForKeyPath:
        @"motorInFahrzeug.motorNummer"]);

    NSLog(@"%@", dacia);                            // ❺
    }
    return 0;
}
```

Listing 7.8 Projekt »KKeyPath«, Datei »main.m«

Die Ausgabe des Programms:

```
1600
PA23X
Leistung 50 KW, Farbe blau,
    Motor: Hubraum 1600 ccm, Motornummer: PA23X
```

Zur Erläuterung des Programms:

- In ❶ wird ein neues Fahrzeug-Objekt erschaffen. Es werden die init-Methoden beider Klassen durchlaufen. Die Methode init: der Klasse Fahrzeug ruft die Methode init: der Klasse Motor auf.
- Zu ❷: Die Werte für die Eigenschaften leistung und farbe werden mit Hilfe der Methode setValue:forKey: zugewiesen.
- In ❸ werden die Eigenschaften hubraum und motorNummer für das Motor-Objekt zugewiesen – mit Hilfe der Methode setValue:forKeyPath:. Der Key enthält dann jeweils den »Pfad« zur Eigenschaft, also motorInFahrzeug.hubraum und motorInFahrzeug.motorNummer. Der Pfad kann nur in Punkt-Notation angegeben werden.
- Die Werte der Motor-Eigenschaften werden in ❹ mit Hilfe der Methode valueForKeyPath: abgerufen und ausgegeben. Auch hier muss der Pfad zur Eigenschaft angegeben werden: motorInFahrzeug.hubraum und motorInFahrzeug.motorNummer. Wie die Methode valueForKey: liefert die Methode valueForKeyPath: immer ein Objekt, auch für die Eigenschaften der Basisdatentypen.
- In ❺ erfolgt die Ausgabe des Fahrzeug-Objekts. Die description:-Methode der Klasse Fahrzeug ruft dabei die description:-Methode der Klasse Motor auf.

7

7.3 Key-Value-Observation

Dank der Zugriffsmöglichkeiten, die das Key-Value-Coding bietet, haben Sie auch die Möglichkeit, Eigenschaftswerte zu überwachen. Dieser Mechanismus heißt *Key-Value-Observation* (KVO). Er wird häufig bei der Erstellung von Benutzeroberflächen für den Mac und Apps für das iPhone genutzt.

Key-Value-Observation bedeutet, dass die Änderung des Wertes einer Eigenschaft eines Objekts von einem anderen Objekt bemerkt wird und zu einer Reaktion führt. Das andere Objekt führt also eine Überwachung – eine Observation – durch und reagiert auf die Änderung.

Im nachfolgenden Projekt *KKeyValueObservation* gibt es die bekannte Klasse Fahrzeug. Es wird eine Klasse mit dem Namen Polizist eingeführt. Aufgabe eines Polizist-Objekts soll es sein, die Änderung der Eigenschaft leistung oder die Änderung der Eigenschaft farbe eines Fahrzeug-Objekts zu bemerken und zu reagieren.

7.3.1 Die Klasse des überwachten Objekts

Zunächst die Deklaration der Klasse Fahrzeug. Dies ist die Klasse des überwachten Objekts.

```
#import <Foundation/Foundation.h>
@interface Fahrzeug : NSObject
{
    int leistung;
    NSString *farbe;
}
@property int leistung;
@property (copy) NSString *farbe;
@end
```

Listing 7.9 Projekt »KKeyValueObservation«, Datei »Fahrzeug.h«

Es folgt die Implementation der Klasse Fahrzeug:

```
#import "Fahrzeug.h"
@implementation Fahrzeug
@synthesize leistung;
@synthesize farbe;
@end
```

Listing 7.10 Projekt »KKeyValueObservation«, Datei »Fahrzeug.m«

Es sind keine Besonderheiten festzustellen. Die Klasse Fahrzeug wird zur Observation nicht verändert.

7.3.2 Die Klasse des überwachenden Objekts

Es folgt die Deklaration der Klasse Polizist. Dies ist die Klasse des Objekts, das andere Objekte überwacht.

```
#import <Foundation/Foundation.h>
@interface Polizist : NSObject
{
    NSString *nachname;
    NSString *rang;
}
```

```
@property (copy) NSString *nachname;
@property (copy) NSString *rang;
@end
```

Listing 7.11 Projekt »KKeyValueObservation«, Datei »Polizist.h«

Ein `Polizist`-Objekt hat die Eigenschaften `name` und `rang`.

Es folgt die Implementation der Klasse `Polizist`. Darin muss eine bestimmte Methode implementiert werden, damit ein `Polizist`-Objekt *Observer* werden kann.


```
#import "Polizist.h"
@implementation Polizist
@synthesize nachname;
@synthesize rang;

-(void)observeValueForKeyPath:                          // ❶
    (NSString *)keyPath ofObject:(id)object
    change:(NSDictionary *)change
    context:(void *)context
{
    NSLog(@"%@ %@ hat Folgendes bemerkt",               // ❷
        [self rang], [self nachname]);
    NSLog(@"Wert der Eigenschaft %@ wurde geändert",    // ❸
        keyPath);
    NSLog(@"Aktueller Wert ist %@",                     // ❹
        [object valueForKeyPath:keyPath]);
    NSLog(@"Alter Wert war %@",                         // ❺
        [change objectForKey:NSKeyValueChangeOldKey]);
    NSLog(@"Neuer Wert ist %@",                         // ❻
        [change objectForKey:NSKeyValueChangeNewKey]);
}
@end
```

Listing 7.12 Projekt »KKeyValueObservation«, Datei »Polizist.m«

Zur Erläuterung:

- Zu ❶: Es wird die von der Klasse `NSObject` geerbte Methode `observeValueForKeyPath:ofObject:change:context:` überschrieben. Jede Klasse, die von `NSObject` erbt, kann Observer-Klasse werden. Der erste Parameter der Methode enthält den *Key Path* zu der Eigenschaft, deren Wert überwacht wird. Der zweite Parameter (`ofObject`) liefert einen Verweis auf das überwachte Objekt. Beim dritten Parameter (change) handelt es sich um ein NSDictionary-Objekt, das Informationen über die bemerkte Änderung beinhaltet. Der vierte Parameter (context) wird hier nicht benötigt.

- Mit ❷ sehen Sie, welches Polizist-Objekt die Änderung bemerkt hat.
- Zu ❸: Der Name der geänderten Eigenschaft wird ausgegeben.
- In ❹ wird der aktuelle Wert dieser Eigenschaft, also der Wert nach der Änderung, ausgegeben.
- In ❺ und ❻ werden ein oder mehrere Elemente des change-Dictionarys ausgegeben. Es gibt darin zum Beispiel ein Element, das den alten Wert enthält, und ein Element, das den neuen Wert beinhaltet.

7.3.3 Einrichten der Überwachung

In der Hauptfunktion main() werden ein Fahrzeug-Objekt und zwei Polizist-Objekte erzeugt. Jedes der beiden Polizist-Objekte wird als Observer für eine der beiden Fahrzeug-Eigenschaften eingerichtet und später wieder abgemeldet.

```
#import <Foundation/Foundation.h>
#import "Fahrzeug.h"
#import "Polizist.h"
int main()
{
    @autoreleasepool
    {
    Fahrzeug *dacia = [[Fahrzeug alloc] init];
    [dacia setLeistung:50];
    [dacia setFarbe:@"blau"];

    Polizist *pz1 = [[Polizist alloc] init];
    [pz1 setNachname:@"Maier"];
    [pz1 setRang:@"Polizeiobermeister"];

    Polizist *pz2 = [[Polizist alloc] init];
    [pz2 setNachname:@"Schulze"];
    [pz2 setRang:@"Polizeihauptmeister"];

    [dacia addObserver:pz1 forKeyPath:@"leistung"
        options:NSKeyValueObservingOptionNew
        context:NULL];                          // ❶
```

```
    [dacia addObserver:pz2 forKeyPath:@"farbe"
        options:(NSKeyValueObservingOptionOld +
        NSKeyValueObservingOptionNew)
        context:NULL];                          // ❷

    [dacia setLeistung:60];                     // ❸
    [dacia setFarbe:@"rot"];

    [dacia removeObserver:pz1                   // ❹
        forKeyPath:@"leistung"];
    [dacia removeObserver:pz2                   // ❺
        forKeyPath:@"farbe"];
    }
    return 0;
}
```

Listing 7.13 Projekt »KKeyValueObservation«, Datei »main.m«

Das Programm hat die folgende Ausgabe:

```
Polizeiobermeister Maier hat Folgendes bemerkt
Wert der Eigenschaft leistung wurde geändert
Aktueller Wert ist 60
Alter Wert war (null)
Neuer Wert ist 60
Polizeihauptmeister Schulze hat Folgendes bemerkt
Wert der Eigenschaft farbe wurde geändert
Aktueller Wert ist rot
Alter Wert war blau
Neuer Wert ist rot
```

Zur Erläuterung des Programms:

- Zunächst werden ein `Fahrzeug`-Objekt und zwei `Polizist`-Objekte erzeugt und mit Werten gefüllt.
- In ❶ wird das erste `Polizist`-Objekt vom `Fahrzeug`-Objekt mit Hilfe der Methode `addObserver:forKeyPath:options:context:` als Observer für die Eigenschaft `leistung` eingerichtet. Über Konstanten aus der Enumeration `NSKeyValueObservingOptions` können Sie für den Parameter `options` angeben, welche Eigenschaftswerte zur Verfügung stehen sollen. Dies können zum Beispiel der alte Wert und beziehungsweise oder der neue Wert sein.

- In ❷ wird das zweite `Polizist`-Objekt als Observer für die Eigenschaft `farbe` eingerichtet. Beim Parameter `options` wurden zwei Konstanten über die Addition miteinander verknüpft. Die Zahlenwerte der Konstanten innerhalb der Enumeration wurden so vereinbart, dass die Informationen einzeln, unabhängig voneinander, zur Verfügung stehen. Ähnlich haben Sie dies bereits in Abschnitt 3.5, »Bit-Operatoren und Bit-Masken«, gesehen.
- In ❸ werden die beiden Eigenschaften des `Fahrzeug`-Objekts geändert. Dies führt jeweils zum Aufruf der Methode `observeValueForKeyPath:ofObject:change:context:` der Klasse `Polizist` und zur Ausgabe auf dem Bildschirm.
- Falls der Überwachungsmechanismus nicht mehr benötigt wird, sollten Sie die jeweiligen Verbindungen zwischen `Polizist`-Objekt und `Fahrzeug`-Objekt wieder lösen, und zwar mit Hilfe der Methode `removeObserver:forKeyPath:`, siehe ❹ und ❺.

Ein Hinweis: Ein Objekt kann mehrere Eigenschaften von unterschiedlichen Objekten überwachen. Umgekehrt kann eine Eigenschaft eines Objekts auch von mehreren anderen Objekten überwacht werden.

7.4 Selektoren

Ein *Selektor* enthält den Namen einer Methode. Selektoren schaffen beim Aufruf von Methoden zusätzliche Möglichkeiten:

- Sie können den Namen einer Methode als Zeichenkette zusammensetzen.
- Sie können prüfen, ob eine Methode für ein bestimmtes Objekt aufgerufen werden kann.
- Sie können eine Methode, deren Name als Zeichenkette zusammengesetzt wurde, aufrufen.

Der Datentyp `SEL` dient zur Speicherung von Selektoren, also von Methodennamen. Es gibt zwei Möglichkeiten, einen Selektor mit einem Wert zu füllen: entweder mit der Funktion `sel_registerName()` oder mit der Compileranweisung `@selector`.

Ein allgemeiner Objektverweis vom Typ `id` kann auf Objekte unterschiedlicher Klassen verweisen. Sie wissen dann noch nicht, ob das betreffende Objekt eine bestimmte Methode ausführen kann. `respondsToSelector:` gibt Ihnen mit Hilfe eines Selektors die Möglichkeit, dies festzustellen. `performSelector:withObject:` führt eine Methode mit Hilfe eines Selektors aus.

Erzeugen und anwenden

Im nachfolgenden Projekt *KSelektor* sehen Sie einige Möglichkeiten zur Erzeugung und Anwendung von Selektoren. Es wird keine Klasse benötigt, daher folgt die Funktion `main()`:

```
#import <Foundation/Foundation.h>
int main()
{
    @autoreleasepool
    {
    NSMutableArray *arrayA =                        // ❶
        [NSMutableArray arrayWithObjects:
        @"Spanien", @"Italien", nil];

    [arrayA addObject:@"Frankreich"];              // ❷

    char methode[20] = "add";                      // ❸
    char zusatz[20] = "Object:";
    strcat(methode, zusatz);

    SEL selektorA = sel_registerName(methode);     // ❹

    id verweisA = arrayA;                          // ❺

    if([verweisA respondsToSelector:selektorA])    // ❻
        [verweisA performSelector:selektorA
            withObject:@"Belgien"];

    SEL selektorB = @selector(ObjektHinzu:);       // ❼

    if([verweisA respondsToSelector:selektorB])    // ❽
        [verweisA performSelector:selektorB
            withObject:@"Schweiz"];

    NSLog(@"%@", arrayA);                          // ❾
    }
    return 0;
}
```

Listing 7.14 Projekt »KSelektor«, Datei »main.m«

Die Ausgabe des Programms:

```
(
    Spanien,
    Italien,
    Frankreich,
    Belgien
)
```

Zur Erläuterung des Programms:

- In ❶ wird ein `NSMutableArray`-Objekt mit zwei Elementen erzeugt.
- Zur Erinnerung: Die Methode `addObject:` in ❷ fügt ein Element am Ende des Arrays hinzu.
- In ❸ wird der Name der Methode zu Demonstrationszwecken in einer Zeichenkette zusammengesetzt. Zunächst werden zwei einzelne Zeichenketten erzeugt, also Felder von Zeichen, wie Sie sie in Abschnitt 2.8, »Zeichenketten«, kennengelernt haben. Die Funktion `strcat()` hängt die zweite Zeichenkette an die erste Zeichenkette an. Beachten Sie auch den Doppelpunkt am Ende, der zum Namen der Methode gehört.
- Diese zusammengesetzte Zeichenkette wird nun in ❹ mit Hilfe der Funktion `sel_registerName()` zu einem Selektor.
- In ❺ wird ein allgemeiner Objektverweis vom Typ `id` erzeugt. Er verweist anschließend auf das `NSArray`-Objekt. Diesem Verweis können Sie jetzt nicht mehr ansehen, aus welcher Klasse das Objekt stammt, auf das er verweist.
- In ❻ prüfen Sie mit Hilfe von `respondsToSelector:`, ob Sie die angegebene Methode für das Objekt aufrufen können. Als Parameter erwartet `respondsToSelector:` einen Selektor. Falls die Methode aufgerufen werden kann, geschieht dies mit Hilfe von `performSelector:withObject:`. Es wird ein weiteres Element zum `NSArray`-Objekt hinzugefügt.
- Eine andere Möglichkeit, einen Selektor zu erzeugen, sehen Sie in ❼: mit Hilfe der Compileranweisung `@selector`. In den Klammern wird der Name einer Methode angegeben, allerdings ohne Anführungsstriche. Der Name könnte also nicht aus Zeichenketten zusammengesetzt werden, wie dies in ❸ und ❹ geschehen ist.
- In ❽ prüfen Sie wiederum, ob Sie die angegebene Methode für das Objekt aufrufen können. In diesem Fall enthält der Selektor den Namen einer Methode, der nicht für die Klasse `NSArray` gilt. Daher wird `performSelector:withObject:` nicht aufgerufen.
- Zur Kontrolle wird in ❾ das geänderte `NSArray`-Objekt ausgegeben.

Lassen Sie sich nicht von den Warnungen zu ❻ und ❽ irritieren. Es wird erst zur Laufzeit festgestellt, ob die beiden Selektoren gültig sind. Die Verzweigung mit Hilfe der Methode `respondsToSelector:` sorgt dafür, dass es keinen Aufruf der Methode `performSelector:` mit einem ungültigen Selektor gibt. Das Programm wird ohne Fehler ausgeführt.

7.5 Klassenmethoden

Klassenmethoden haben Sie bereits häufig benutzt. So haben Sie zum Beispiel die Klassenmethode `alloc:` aufgerufen, um Speicherplatz für ein Objekt zu reservieren. Erst anschließend existiert ein Objekt, für das dann Objektmethoden aufgerufen werden können.

Andere Klassenmethoden sind zum Beispiel `numberWithInt:`, um ein `NSNumber`-Objekt mit Wert zu erzeugen, oder `stringWithUTF8String:`, um ein `NSString`-Objekt mit Wert zu erzeugen.

Im nachfolgenden Projekt *KKlassenmethoden* wird gezeigt, wie Sie eine Klassenmethode für eine eigene Klasse erzeugen und aufrufen. Sie soll uns die Anzahl der bisher erzeugten Objekte der Klasse liefern.

7.5.1 Erzeugen der Klassenmethode

Zunächst die Deklaration der Klasse `Fahrzeug` einschließlich ihrer Klassenmethode:

```
#import <Foundation/Foundation.h>
@interface Fahrzeug : NSObject
{
    int leistung;
    NSString *farbe;
}
@property int leistung;
@property NSString *farbe;

+(int)zaehlerAusgabe;
@end
```

Listing 7.15 Projekt »KKlassenmethoden«, Datei »Fahrzeug.h«

Es wird die Klassenmethode `zaehlerAusgabe:` deklariert. Das Zeichen + kennzeichnet sie als Klassenmethode. Sie erwartet keinen Parameter und liefert einen `int`-Wert zurück.

Es folgt die Implementation der Klasse `Fahrzeug` einschließlich einer Klassenvariablen und der Klassenmethode:

```
#import "Fahrzeug.h"
@implementation Fahrzeug
@synthesize leistung;
@synthesize farbe;

int zaehler = 0;                              // ❶

-(id)init
{
    self = [super init];
    if(self)
    {
        leistung = 0;
        farbe = @"unlackiert";
        zaehler++;                            // ❷
    }
    return self;
}

- (NSString *)description
{
    return [NSString stringWithFormat:
        @"Leistung %d KW, Farbe %@",
        [self leistung], [self farbe]];
}

+(int)zaehlerAusgabe                          // ❸
{
    return zaehler;
}
@end
```

Listing 7.16 Projekt »KKlassenmethoden«, Datei »Fahrzeug.m«

Zur Erläuterung:

- In dieser Implementation wird in ❶ eine Klassenvariable eingeführt. Eine solche Variable kennzeichnet keine Eigenschaft eines einzelnen Objekts, sondern eine Eigenschaft der ganzen Klasse. Diese Eigenschaft kann, wie die Klassenmethode, nicht für ein einzelnes Objekt aufgerufen werden, sondern nur für die Klasse.
- Die Klassenvariable `zaehler` hat die Aufgabe eines Zählers. Sie enthält zu jedem Zeitpunkt des Programmablaufs die Anzahl der erzeugten Objekte. Dieser Stand wird zu Beginn auf 0 gesetzt.
- Innerhalb der Initialisierung eines einzelnen Objekts wird in ❷ der Stand des Zählers erhöht.
- In ❸ wird die Klassenmethode `zaehlerAusgabe:` implementiert. Sie liefert den aktuellen Stand des Zählers zurück.

7.5.2 Anwenden der Klassenmethode

Die Hauptfunktion `main()`:

```
#import "Fahrzeug.h"
int main()
{
    @autoreleasepool
    {
    Fahrzeug *dacia = [[Fahrzeug alloc] init];
    NSLog(@"%@", dacia);
    NSLog(@"%d", [Fahrzeug zaehlerAusgabe]);

    Fahrzeug *skoda = [[Fahrzeug alloc] init];
    NSLog(@"%@", skoda);
    NSLog(@"%d", [Fahrzeug zaehlerAusgabe]);
    }

    return 0;
}
```

Listing 7.17 Projekt »KKlassenmethoden«, Datei »main.m«

Die Klassenmethode wird zweimal von der Klasse `Fahrzeug` aufgerufen, jeweils nach Erzeugung eines Objekts. Es erscheint folgende Ausgabe:

```
Leistung 0 KW, Farbe unlackiert
1
Leistung 0 KW, Farbe unlackiert
2
```

7.6 Vererbung und Polymorphie

Vererbung und *Polymorphie* sind zwei wichtige Prinzipien der objektorientierten Programmierung:

- Die Klassen des *Foundation*-Frameworks stehen in einer Vererbungshierarchie, das heißt, viele Klassen sind jeweils von anderen Klassen abgeleitet. In den eigenen Objective-C-Programmen wird zwar meist mit Protokollen und Delegates statt mit der Ableitung gearbeitet, dennoch ist das Verständnis für die Vererbung wichtig für die eigene Programmierung.
- Der Begriff der Polymorphie beinhaltet, dass eine Methode vielgestaltig (polymorph) sein kann. Eine Methode mit demselben Namen kann von Objekten verschiedener Klassen aufgerufen werden, und es kann jeweils die richtige Methode reagieren. Sie haben dieses Verhalten unter anderem bei den geerbten Methoden `alloc:`, `init:` und `description:` kennengelernt.

Im nachfolgenden Projekt *KVererbung* werden die beiden Begriffe anhand eigener Klassen erläutert. Es wird eine Klasse `Lastwagen` erschaffen, die von der Klasse `Fahrzeug` erbt. `Lastwagen`-Objekte sind spezialisiert. Sie haben zusätzlich zu den Eigenschaften von `Fahrzeug`-Objekten noch weitere, eigene Eigenschaften.

7.6.1 Die Basisklasse

Zunächst die Deklaration der Klasse `Fahrzeug`, die als Basisklasse dient:

```
#import <Foundation/Foundation.h>
@interface Fahrzeug : NSObject
{
    int leistung;
    NSString *farbe;
}
@property int leistung;
@property (copy) NSString *farbe;

-(id)initMitLeistung:(int)neueLeistung
```

```
    farbe:(NSString *)neueFarbe;
-(void)verbessern:(float)faktor;
@end
```

Listing 7.18 Projekt »KVererbung«, Datei »Fahrzeug.h«

Die Klasse `Fahrzeug` ist von der Klasse `NSObject` abgeleitet. Es werden zwei Methoden deklariert, die im Zusammenhang mit der Implementation der Klasse `Fahrzeug` erläutert werden:


```
#import "Fahrzeug.h"
@implementation Fahrzeug
@synthesize leistung;
@synthesize farbe;

- (id)initMitLeistung:(int)neueLeistung         // ❶
    farbe:(NSString *)neueFarbe
{
    self = [super init];
    if(self)
    {
        leistung = neueLeistung;
        farbe = [neueFarbe copy];
    }
    return self;
}

-(void)verbessern:(float)faktor                 // ❷
{
    leistung = leistung * faktor;
}

-(NSString *)description                        // ❸
{
    return [NSString stringWithFormat:
        @"Leistung %d KW, Farbe %@",
        [self leistung], [self farbe]];
}
@end
```

Listing 7.19 Projekt »KVererbung«, Datei »Fahrzeug.m«

Zur Erläuterung:

- In ❶ wird die Methode `initMitLeistung:farbe:` zur Initialisierung eines `Fahrzeug`-Objekts deklariert. Als Parameter werden Werte für die beiden Eigenschaften erwartet. Mit `[super init]` wird die Methode `init:` der übergeordneten Klasse aufgerufen, also der Klasse `NSObject`.
- In ❷ wird die Methode `verbessern:` zum Verbessern eines `Fahrzeug`-Objekts deklariert. Als Parameter wird ein Faktor erwartet, mit dem die Leistung des `Fahrzeug`-Objekts verbessert wird.
- Zu ❸: Die geerbte Methode `description:` wird hier überschrieben, um die Daten eines `Fahrzeug`-Objekts ausgeben zu können.

7.6.2 Die abgeleitete Klasse

Es folgt die Deklaration der Klasse `Lastwagen`, die von der Basisklasse `Fahrzeug` abgeleitet wird:

```
#import "Fahrzeug.h"                        // ❶
@interface Lastwagen : Fahrzeug             // ❷
{
    float nutzlast;                         // ❸
    NSString *aufschrift;
}
@property float nutzlast;
@property (copy) NSString *aufschrift;

-(id)initMitLeistung:(int)neueLeistung      // ❹
    farbe:(NSString *)neueFarbe
    nutzlast:(float)neueNutzlast
    aufschrift:(NSString *)neueAufschrift;
@end
```

Listing 7.20 Projekt »KVererbung«, Datei »Lastwagen.h«

Zur Erläuterung:

- Die Klasse `Lastwagen` ist von der Klasse `Fahrzeug` abgeleitet, wie Sie in ❷ sehen können. Daher muss die Klasse `Fahrzeug` bekannt sein, siehe `#import`-Anweisung in ❶.
- Sie hat zwei eigene Eigenschaften: für die LKW-Nutzlast und die Firmenaufschrift, siehe ❸.

- Bei der Initialisierung in ❹ mit Hilfe der Methode `initMitLeistung:farbe:nutzlast:aufschrift:` werden Werte für alle vier Eigenschaften benötigt, für die beiden eigenen Eigenschaften und für die beiden geerbten Eigenschaften der Klasse `Fahrzeug`.

Es folgt die Implementation der Klasse `Lastwagen`:

```
#import "Lastwagen.h"
@implementation Lastwagen
@synthesize nutzlast;
@synthesize aufschrift;

-(id)initMitLeistung:(int)neueLeistung
    farbe:(NSString *)neueFarbe
    nutzlast:(float)neueNutzlast
    aufschrift:(NSString *)neueAufschrift
{
    self = [super initMitLeistung:neueLeistung        // ❶
        farbe:neueFarbe];
    if(self)
    {
        nutzlast = neueNutzlast;                      // ❷
        aufschrift = [neueAufschrift copy];
    }
    return self;
}

-(void)verbessern:(float)faktor                       // ❸
{
    [super verbessern:faktor];                        // ❹
    nutzlast = nutzlast * faktor;
}

-(NSString *)description                              // ❺
{
    return [NSString stringWithFormat:
        @"%@, Nutzlast %.2f To., Aufschrift: %@",
        [super description], [self nutzlast],
        [self aufschrift]];
}
@end
```

Listing 7.21 Projekt »KVererbung«, Datei »Lastwagen.m«

Zur Erläuterung:

- Zu Beginn der Initialisierung eines Lastwagen-Objekts wird in ❶ zunächst die Methode zur Initialisierung der übergeordneten Klasse Fahrzeug aufgerufen. Die beiden Eigenschaften, die von der Klasse Fahrzeug geerbt wurden, werden dorthin übermittelt, und zwar mit [super initMitLeistung:farbe:]. Dort, in der Klasse Fahrzeug, wird wiederum zunächst die Methode zur Initialisierung der übergeordneten Klasse (NSObject) aufgerufen – mit [super init]. Anschließend werden die Eigenschaften der Klasse Fahrzeug mit den übermittelten Werten initialisiert, und es wird mit return self ein Verweis auf das initialisierte Objekt zur Klasse Lastwagen zurückgeliefert. Nur wenn dieser Verweis auf ein tatsächlich erfolgreich initialisiertes Objekt zeigt, können in der Klasse Lastwagen die beiden Eigenschaften der Lastwagen-Klasse initialisiert werden, siehe ❷.
- Ab ❸ sehen Sie die Implementation der Methode verbessern: für die Klasse Lastwagen. Sie wurde von der Klasse Fahrzeug geerbt und musste daher nicht vorher deklariert werden.
- In der Klasse Lastwagen hat die Methode verbessern: andere Inhalte als in der Klasse Fahrzeug, denn es werden sowohl die Leistung als auch die Nutzlast verändert. Sie sehen in ❹ daher zunächst den Aufruf der Methode verbessern: der übergeordneten Klasse Fahrzeug mit [super verbessern:], inklusive des Faktors.
- Zu ❺: Die geerbte Methode description: wird hier überschrieben, um die Daten eines Lastwagen-Objekts ausgeben zu können. Intern wird zunächst die Methode zur Ausgabe der Fahrzeug-Daten aufgerufen – mit [super description:].

7.6.3 Anwenden der beiden Klassen

In der Hauptfunktion main() wird jeweils ein Objekt von jeder Klasse erzeugt und ausgegeben. Nach einer Verbesserung wird es jeweils erneut ausgegeben.

```
#import "Fahrzeug.h"
#import "Lastwagen.h"
int main()
{
    @autoreleasepool
    {
    Fahrzeug *dacia = [[Fahrzeug alloc]
        initMitLeistung:50 farbe:@"blau"];
    NSLog(@"%@", dacia);
```

```
        [dacia verbessern:1.1];                    // ❶
        NSLog(@"%@", dacia);

        Lastwagen *scania = [[Lastwagen alloc]
            initMitLeistung:140 farbe:@"orange"
            nutzlast:7.5 aufschrift:@"Weber Bau"];
        NSLog(@"%@", scania);

        [scania verbessern:1.2];                   // ❷
        NSLog(@"%@", scania);
        }
        return 0;
}
```

Listing 7.22 Projekt »KVererbung«, Datei »main.m«

In ❶ und ❷ wird jeweils die (polymorphe = vielgestaltige) Methode `verbessern:` aufgerufen. Da dies für Objekte unterschiedlicher Klassen stattfindet, werden dadurch unterschiedliche Abläufe gestartet. Ebenso wird mit `NSLog` mehrmals die polymorphe Methode `description:` aufgerufen.

Die Ausgabe des Programms:

```
Leistung 50 KW, Farbe blau
Leistung 55 KW, Farbe blau
Leistung 140 KW, Farbe orange,
    Nutzlast 7.50 To., Aufschrift: Weber Bau
Leistung 168 KW, Farbe orange,
    Nutzlast 9.00 To., Aufschrift: Weber Bau
```

Die Leistung des `Fahrzeug`-Objekts wurde um 10 % verbessert, die Leistung des `Lastwagen`-Objekts um 20 %.

7.7 Verwaltung des Arbeitsspeichers

Die Verwaltung des Arbeitsspeichers ist ein Thema, das ein Entwickler beachten muss. Der Arbeitsspeicher eines iPhones ist nicht so groß wie der Arbeitsspeicher eines Mac, daher kann eine schlechte Verwaltung besonders beim iPhone zu Verzögerungen und im schlimmsten Fall zu Fehlern im Ablauf führen.

Sie haben seit Kapitel 4, »Foundation-Framework – Grundlagen«, bei der Erzeugung eines Projekts im Dialogfeld CHOOSE OPTIONS FOR YOUR NEW PROJECT das Häkchen bei USE AUTOMATIC REFERENCE COUNTING (abgekürzt ARC) gesetzt. Dies führt zu einer optimalen Verwaltung des Arbeitsspeichers während der Ausführung des Projekts.

In solchen Projekten – sie werden auch *ARC-Projekte* genannt – werden alle Verweise (= Referenzen) auf ein bestimmtes Objekt gezählt. Erst wenn es keinen Verweis auf das Objekt mehr gibt, wird es nicht mehr benötigt und kann gelöscht werden.

Wenn Sie das Häkchen bei ARC nicht setzen, müssen Sie zur optimalen Verwaltung des Arbeitsspeichers die Referenzen manuell zählen. Dies musste in früheren Versionen von Xcode, in denen es kein ARC gab, gemacht werden.

7.7.1 Ein Non-ARC-Projekt

Zum besseren Verständnis der Verwaltung des Arbeitsspeichers soll in diesem Abschnitt ein Projekt ohne ARC erzeugt werden, also ein *Non-ARC-Projekt*. Dies wird Ihnen auch das Verständnis für die Konvertierung eines Non-ARC-Projekts in ein ARC-Projekt erleichtern.

Bei der Erzeugung des nachfolgenden Projekts *KRetainRelease* wird also das oben genannte Häkchen nicht gesetzt. Sie können diese Einstellung auch für ein bereits existierendes Projekt im Nachhinein ändern. Dazu erfahren Sie mehr in Abschnitt 7.9, »Umwandlung von Non-ARC in ARC«.

In dem Projekt soll wiederum mit einer Version der Klasse `Fahrzeug` gearbeitet werden. Zunächst die Deklaration der Klasse:

```
#import <Foundation/Foundation.h>
@interface Fahrzeug : NSObject
{
    int leistung;
    NSString *farbe;
}
@end
```

Listing 7.23 Projekt »KRetainRelease«, Datei »Fahrzeug.h«

Es folgt die Implementation der Klasse:

```
#import "Fahrzeug.h"
@implementation Fahrzeug
-(NSString *)description
```

```
{
    return @"Fahrzeug-Objekt";
}

-(void)dealloc
{
    NSLog(@"Fahrzeug-Objekt wird gelöscht");
    [super dealloc];
}
@end
```

Listing 7.24 Projekt »KRetainRelease«, Datei »Fahrzeug.m«

Zur Erläuterung:

- Die geerbte Methode `description:` gibt hier nur aus, um welche Klasse es sich handelt.
- Die geerbte Methode `dealloc:` wird automatisch, also ohne expliziten Aufruf, aufgerufen. Dies geschieht immer dann, wenn es keinen Verweis auf ein bestimmtes Objekt mehr gibt, es also aus dem Arbeitsspeicher gelöscht werden soll.
- Der Name `dealloc:` steht für De-Allokation. Die Methode bildet also das Gegenstück zur Allokation mit Hilfe von `alloc:`. Sie wird nur bei Non-ARC-Projekten benötigt. Innerhalb der Methode muss die gleichnamige Methode der übergeordneten Klasse aufgerufen werden, und zwar mit `[super dealloc:]`, damit das Objekt vollständig gelöscht wird. Der Aufruf dieser Methode ist nur bei Non-ARC-Projekten erlaubt.

Es folgt die Hauptfunktion `main()`:

```
#import <Foundation/Foundation.h>
#import "Fahrzeug.h"
int main()
{
    @autoreleasepool
    {
    Fahrzeug *dacia = [[Fahrzeug alloc] init];
    NSLog(@"Dacia: %@", dacia);
    NSLog(@"1: retainCount: %lu", [dacia retainCount]);  // ❶
    [dacia retain];
    NSLog(@"2: retainCount: %lu", [dacia retainCount]);  // ❷
    [dacia release];
    NSLog(@"3: retainCount: %lu", [dacia retainCount]);  // ❸
```

```
        [dacia release];
        }

        return 0;
    }
```

Listing 7.25 Projekt »KRetainRelease«, Datei »main.m«

Die Ausgabe des Programms:

```
Dacia: Fahrzeug-Objekt
1: retainCount: 1
2: retainCount: 2
3: retainCount: 1
Fahrzeug-Objekt wird gelöscht
```

Zur Erläuterung:

- Es wird zunächst ein `Fahrzeug`-Objekt erzeugt. Anschließend wird die geerbte Methode `retainCount:` aufgerufen. Sie liefert den Stand des Verweiszählers für das betreffende Objekt. Der Stand ist nach Erzeugung eines Objekts auf 1.
- Die geerbte Methode `retain:` erhöht den Zählerstand um 1. Sie wird benötigt, um gegebenenfalls ein Objekt »nicht zu verlieren«. Der Zählerstand wächst also auf 2.
- Die ebenfalls geerbte Methode `release:` setzt den Zählerstand um 1 herunter. Sie wird benötigt, um ein Objekt »loszulassen«. Nach zweimaligem Aufruf der Methode `release:` ist der Zählerstand auf 0 gesunken. Dies verursacht den internen Aufruf der Methode `dealloc:` zur Speicherfreigabe für dieses Objekt.

Ein Hinweis: Die Methoden `retainCount:`, `retain:` und `release:` dürfen nur für Non-ARC-Projekte aufgerufen werden.

7.7.2 Der Autorelease-Pool

Seit Kapitel 4, »Foundation-Framework – Grundlagen«, haben Sie bei Ihren Projekten auch mit der Anweisung `@autoreleasepool` zur optimalen Verwaltung des Arbeitsspeichers während der Ausführung des Projekts beigetragen.

Objekte, die innerhalb der geschweiften Klammern nach der Anweisung `@autoreleasepool` erzeugt werden, können sich im *Autorelease-Pool* befinden. Solche Objekte werden automatisch gelöscht, falls sie nicht mehr benötigt werden. Ob sich ein Objekt im Autorelease-Pool befindet, wird bei Erzeugung des Objekts entschieden.

Die Vorteile und Nachteile:

- Objekte im Autorelease-Pool müssen nicht vom Entwickler freigegeben werden. Es ist allerdings der Nachteil zu beachten, dass der Pool sehr groß werden kann. Dies kann wiederum ein Speicherproblem für ein mobiles Gerät werden, zum Beispiel für ein iPhone.
- Objekte, die nicht im Autorelease-Pool sind, müssen vom Entwickler freigegeben werden. Dies kann bei sorgfältiger Verwaltung den Vorteil haben, dass der Pool nicht zu groß wird.

Zur Verdeutlichung wird hier die Hauptfunktion `main()` des Projekts *KRetainRelease* fortgesetzt:

```
#import <Foundation/Foundation.h>
#import "Fahrzeug.h"
int main()
{
    @autoreleasepool
    {
    ...
    NSNumber *zahlA = [[NSNumber alloc] initWithInt:42];            // ❹
    NSLog(@"zahlA: %@", zahlA);
    [zahlA release];

    NSNumber *zahlB = [NSNumber numberWithInt:65];                  // ❺
    NSLog(@"zahlB: %@", zahlB);

    NSNumber *zahlC = [[[NSNumber alloc]                            // ❻
        initWithInt:27] autorelease];
    NSLog(@"zahlC: %@", zahlC);

    Fahrzeug *skoda = [[[Fahrzeug alloc]                            // ❼
        init] autorelease];
    NSLog(@"Skoda: %@", skoda);
    }

    return 0;
}
```

Listing 7.26 Projekt »KRetainRelease«, Datei »main.m«, Fortsetzung

Die Ausgabe der Erweiterung des Programms:

```
zahlA: 42
zahlB: 65
zahlC: 27
Skoda: Fahrzeug-Objekt
Fahrzeug-Objekt wird gelöscht
```

Zur Erläuterung:

- Das `NSNumber`-Objekt `zahlA` wird in ❹ mit Hilfe der Methoden `alloc:` und `initWithInt:` erzeugt. Wenn Sie diese `init`-Methoden nutzen, befindet sich das Objekt nicht im Autorelease-Pool, wird also von Ihnen als Entwickler selbst verwaltet. Die Methode `release:` gibt es zur Löschung frei.
- Das `NSNumber`-Objekt `zahlB` wird in ❺ mit Hilfe der Methode `numberWithInt` erzeugt. Falls Sie diese `number`-Methoden (oder `string`-Methoden für `NSString`-Objekte usw.) nutzen, befindet sich das Objekt im Autorelease-Pool und wird nicht von Ihnen als Entwickler verwaltet und automatisch zur Löschung freigegeben, wenn es nicht mehr benötigt wird.
- Das `NSNumber`-Objekt `zahlC` wird in ❻ mit Hilfe der Methoden `alloc:` und `initWithInt:` erzeugt. Anschließend wird es mit dem Aufruf der Methode `autorelease:` dem Autorelease-Pool hinzugefügt, wie `zahlB`.
- Dasselbe geschieht mit dem `Fahrzeug`-Objekt `skoda` in ❼. Somit kommt es zum automatischen Aufruf der Methode `dealloc:`.

Sie müssen also bei der Erzeugung des Objekts entscheiden: Verwenden Sie die Methode `alloc:` und eine der `init`-Methoden, oder verwenden Sie stattdessen eine der Methoden, die mit dem kleingeschriebenen Klassennamen (ohne NS) beginnen, wie zum Beispiel `numberWithInt:` oder `stringWithUTF8String:`?

7.8 Analyse und Beseitigung von Speicherlecks

Zur weiteren Verdeutlichung der Vorteile des *Automatic Reference Counting* wird das Projekt *KBesitzer* aus Abschnitt 6.8, »Objekt besitzt Objekt«, verändert. Der Schalter für das OBJECTIVE-C AUTOMATIC REFERENCE COUNTING wird dazu auf NO gestellt. Die Beschreibung zur Umstellung des Schalters folgt im nächsten Abschnitt. Somit findet kein automatisches Zählen der Referenzen mehr statt, und es können Speicherlecks auftreten, das heißt, der Speicher wird nicht mehr optimal genutzt. Später wird das Projekt wieder in den Originalzustand versetzt.

7.8.1 ARC-Schalter umstellen

Zur Umstellung des Schalters lassen Sie sich die Projekteigenschaften im STANDARD-EDITOR anzeigen. Dazu führen Sie einen einfachen Klick auf dem obersten Eintrag im PROJECT NAVIGATOR aus, siehe Abbildung 7.1.

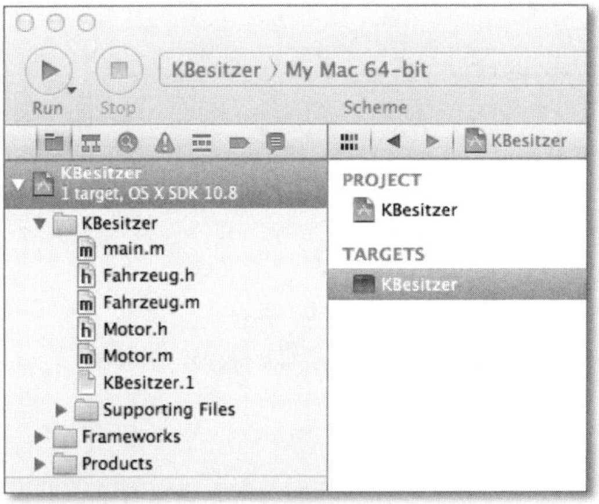

Abbildung 7.1 »Project Navigator«, Projekteigenschaften

Wählen Sie den Bereich TARGETS aus. Außerdem wird die Auswahl auf ALL und COMBINED gesetzt und im Suchfenster das Kürzel AUTO eingegeben. Somit werden von den zahlreichen Eigenschaften nur noch diejenigen angezeigt, in denen dieses Kürzel vorkommt, siehe Abbildung 7.2. Stellen Sie die Eigenschaft OBJECTIVE-C AUTOMATIC REFERENCE COUNTING von YES auf NO, und lassen Sie sich anschließend wieder die Hauptfunktion `main()` anzeigen.

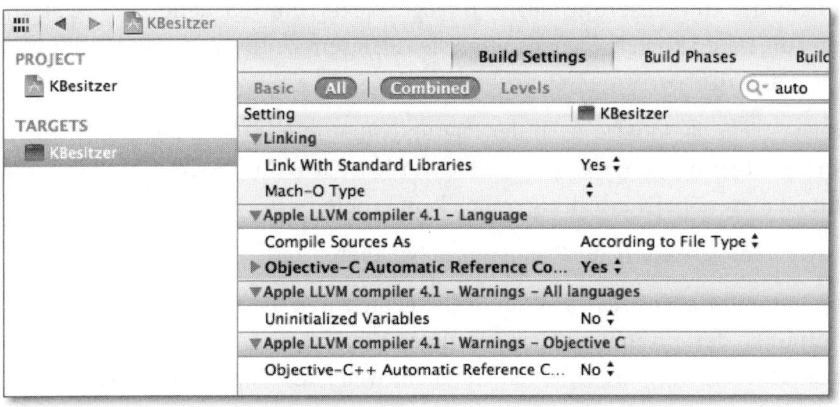

Abbildung 7.2 Nur Projekteigenschaften im Bereich »TARGETS« mit »auto«

7.8.2 Projekt analysieren

Sie können das Programm nach wie vor erfolgreich laufen lassen. Allerdings wird der Speicher nicht mehr optimal genutzt. Dies können Sie sich anzeigen lassen, indem Sie im Menü PRODUCT den Menüpunkt ANALYZE aufrufen. In `main()` werden dann potenzielle Speicherlecks angezeigt, siehe Abbildung 7.3.

Abbildung 7.3 Potenzielle Speicherlecks

Zunächst zu den beiden unteren Meldungen: Die beiden `Motor`-Objekte `motorA` und `motorB` werden in `main()` nach der Übernahme in das `Fahrzeug`-Objekt nicht mehr benötigt. Innerhalb der Initialisierung des `Fahrzeug`-Objekts wurden neue `Motor`-Objekte angelegt und die Daten kopiert. Daher sollten sie zu diesem Zeitpunkt in `main()` released werden, das heißt, zur Löschung freigegeben werden.

Das `Fahrzeug`-Objekt `dacia` wird nach der letzten Nutzung mit `NSLog` auch nicht mehr benötigt und sollte freigegeben werden. Gleichzeitig ist aber das Programm sowieso zu Ende, somit ist dieses Speicherleck eigentlich kein Problem.

Sie haben zwei Möglichkeiten, die Probleme zu beheben:

- Mit dem *automatischen Freigeben* der Objekte: Sie rufen die Methode `autorelease:` zum Zeitpunkt der Erzeugung des jeweiligen Objekts auf, siehe Abschnitt 7.8.3, »Automatisches Freigeben«. Dies ist möglich, weil das Programm innerhalb des Bereichs des Autorelease-Pools steht.

- Mit einem *manuellen Freigeben* der Objekte: Sie rufen die Methode `release:` für jedes Objekt auf, und zwar zum jeweils frühestmöglichen Zeitpunkt, siehe Abschnitt 7.8.4, »Manuelles Freigeben«.

7.8.3 Automatisches Freigeben

Nach der Durchführung der ersten Maßnahme mit Hilfe der Methode `autorelease:` sieht der Code in `main()` wie folgt aus:

7

```
#import <Foundation/Foundation.h>
#import "Fahrzeug.h"
int main()
{
    @autoreleasepool
    {
    Motor *motorA = [[[Motor alloc]                 // ❶
        initMitHubraum:1600 motorNummer:@"PA23X"]
        autorelease];

    Fahrzeug *dacia = [[[Fahrzeug alloc]            // ❷
        initMitLeistung:50 farbe:@"blau"
        motorInFahrzeug:motorA] autorelease];
    NSLog(@"%@", dacia);

    Motor *motorB = [[[Motor alloc]                 // ❸
        initMitHubraum:2200 motorNummer:@"GL54Z"]
        autorelease];

    [dacia setMotorInFahrzeug:motorB];              // ❹
    NSLog(@"%@", dacia);
    }
    return 0;
}
```

Listing 7.27 Projekt »KBesitzer«, Datei »main.m« mit der Methode »autorelease:«

In ❶, ❷ und ❸ wurde der notwendige Aufruf der Methode `autorelease:` bei Erzeugung des jeweiligen Objekts eingefügt. Ein Aufruf des Menüpunkts PRODUCT • ANALYZE zeigt keine Speicherlecks mehr an. Sie sollten in beiden Klassen zusätzlich eine `dealloc:`-Methode hinzufügen, damit die Objekte vollständig gelöscht werden.

Zunächst die Methode `dealloc:` in der Implementation der Klasse `Motor`:

```
-(void)dealloc
{
    NSLog(@"Motor-Objekt wird gelöscht");
    [super dealloc];
}
```

Listing 7.28 Projekt »KBesitzer«, Datei »Motor.m«, Methode »dealloc:«

Es wird die Methode `dealloc:` der übergeordneten Klasse `NSObject` aufgerufen. Nachfolgend die Methode `dealloc:` in der Implementation der Klasse `Fahrzeug`:

```
-(void)dealloc
{
    [motorInFahrzeug dealloc];
    NSLog(@"Fahrzeug-Objekt wird gelöscht");
    [super dealloc];
}
```

Listing 7.29 Projekt »KBesitzer«, Datei »Fahrzeug.m«, Methode »dealloc:«

Zusätzlich wird die Methode `dealloc:` für das Objekt der `Motor`-Klasse aufgerufen, das Bestandteil des `Fahrzeug`-Objekts ist. Ansonsten würde nur der Verweis auf das Objekt gelöscht werden, nicht aber das Objekt selbst. Außerdem wird wieder die Methode `dealloc:` der übergeordneten Klasse `NSObject` aufgerufen.

Die Ausgabe sieht nun aus wie folgt:

```
Leistung 50 KW, Farbe blau,
    Motor: Hubraum 1600 ccm, Motornummer: PA23X
Leistung 50 KW, Farbe blau,
    Motor: Hubraum 2200 ccm, Motornummer: GL54Z
Motor-Objekt wird gelöscht
Motor-Objekt wird gelöscht
Fahrzeug-Objekt wird gelöscht
Motor-Objekt wird gelöscht
```

Die Ausgabe zeigt, dass die Objekte nicht zum frühestmöglichen Zeitpunkt gelöscht werden, denn das `Motor`-Objekt `motorA` wird ja schon nach Erzeugung des `Fahrzeug`-Objekts nicht mehr benötigt.

7.8.4 Manuelles Freigeben

Nach der Durchführung der zweiten, alternativen Maßnahme mit der Methode `release:` sieht der Code in `main()` wie folgt aus:

```
#import <Foundation/Foundation.h>
#import "Fahrzeug.h"
int main()
{
    @autoreleasepool
    {
    Motor *motorA = [[Motor alloc]                          // ❶
        initMitHubraum:1600 motorNummer:@"PA23X"];

    Fahrzeug *dacia = [[Fahrzeug alloc]                     // ❷
        initMitLeistung:50 farbe:@"blau"
        motorInFahrzeug:motorA];
    [motorA release];
    NSLog(@"%@", dacia);

    Motor *motorB = [[Motor alloc]                          // ❸
        initMitHubraum:2200 motorNummer:@"GL54Z"];

    [dacia setMotorInFahrzeug:motorB];                      // ❹
    [motorB release];
    NSLog(@"%@", dacia);
    [dacia release];
    }
    return 0;
}
```

Listing 7.30 Projekt »KBesitzer«, Datei »main.m« mit der Methode »release:«

In den Programmbereichen ❷ und ❹ wurden die Aufrufe der Methode `release:` eingefügt. Damit werden die Objekte, die in ❶ und ❸ erzeugt wurden, zum frühestmöglichen Zeitpunkt wieder freigegeben. Ein Aufruf des Menüpunkts PRODUCT • ANALYZE zeigt ebenfalls keine Speicherlecks mehr an.

Die Ausgabe sieht nun aus wie folgt:

```
Motor-Objekt wird gelöscht
Leistung 50 KW, Farbe blau,
    Motor: Hubraum 1600 ccm, Motornummer: PA23X
```

```
Motor-Objekt wird gelöscht
Leistung 50 KW, Farbe blau,
    Motor: Hubraum 2200 ccm, Motornummer: GL54Z
Motor-Objekt wird gelöscht
Fahrzeug-Objekt wird gelöscht
```

Als Erstes wird das `Motor`-Objekt `motorA` gelöscht, weil es bei der Initialisierung des `Fahrzeug`-Objekts kopiert wurde und in `main()` nicht mehr benötigt wird.

Vor Löschung des `Fahrzeug`-Objekts am Ende des Programms wird das `Motor`-Objekt `motorB` gelöscht.

7.9 Umwandlung von Non-ARC in ARC

In diesem Abschnitt soll die Umwandlung (= Konvertierung) eines »alten« Non-ARC-Projekts in ein ARC-Projekt durchgeführt werden. Ausgangspunkt ist wiederum das Projekt *KBesitzer* – nach Durchführung des manuellen Releasens, wie in Abschnitt 7.8.4, »Manuelles Freigeben«, beschrieben. Es handelt sich also um ein Non-ARC-Projekt, in dem die Aufrufe der Methoden `release:` und `dealloc:` stehen.

Sie haben zwei Möglichkeiten, das Projekt in ein ARC-Projekt umzuwandeln:

- *Manuelle Umwandlung*: Sie stellen den Schalter OBJECTIVE-C AUTOMATIC REFERENCE COUNTING in den Projekteigenschaften auf YES und löschen manuell die nicht mehr erlaubten Programmteile, siehe Abschnitt 7.9.1.
- *Automatische Umwandlung*: Sie benutzen ein Konvertierungstool aus Xcode. Dieses Tool zeigt Ihnen die nicht mehr erlaubten Programmteile an und löscht sie nach einer Bestätigung, siehe Abschnitt 7.9.2.

7.9.1 Manuelle Umwandlung

Zunächst stellen Sie den Schalter OBJECTIVE-C AUTOMATIC REFERENCE COUNTING in den Projekteigenschaften von NO auf YES, siehe Abschnitt 7.8.1, »ARC-Schalter umstellen«. Anschließend wird in der Hauptfunktion `main()` eine Reihe von Fehlern angezeigt. Diese Fehler sind nach dem Versuch einer Übersetzung des Programms mit PRODUCT • RUN noch deutlicher zu sehen, siehe Abbildung 7.4.

```
KBesitzer > KBesitzer > main.m > main()
#import <Foundation/Foundation.h>
#import "Fahrzeug.h"

int main()
{
    @autoreleasepool
    {
        Motor *motorA = [[Motor alloc]              // 1
            initMitHubraum:1600 motorNummer:@"PA23X"];

        Fahrzeug *dacia = [[Fahrzeug alloc]         // 2
            initMitLeistung:50 farbe:@"blau"
            motorInFahrzeug:motorA];
        [motorA release];  ARC forbids explicit message send of 'release'
        NSLog(@"%@", dacia  'release' is unavailable: not available in automatic reference counting mode

        Motor *motorB = [[Motor alloc]              // 3
            initMitHubraum:2200 motorNummer:@"GL54Z"];

        [dacia setMotorInFahrzeug:motorB];          // 4
        [motorB release];  ARC forbids explicit message send of 'release'
        NSLog(@"%@", dacia  'release' is unavailable: not available in automatic reference counting mode
        [dacia release];
    }                      ARC forbids explicit message send of 'release'
                           'release' is unavailable: not available in automatic reference counting mode
    return 0;
}
```

Abbildung 7.4 Fehler in »main()« nach Umstellung auf ARC

Es gibt auch Fehler in der Implementation der Klasse `Motor`, siehe Abbildung 7.5, und in der Implementation der Klasse `Fahrzeug`, siehe Abbildung 7.6.

```
-(void)dealloc
{
    NSLog(@"Motor-Objekt wird gelöscht");
    [super dealloc];   ARC forbids explicit message send of 'dealloc'
}
```

Abbildung 7.5 Fehler in der Klasse »Motor«

```
-(void)dealloc
{
    [motorInFahrzeug dealloc];   ARC forbids explicit message send of 'dealloc'
    NSLog(@"Fahrzeug-Objekt wird gelöscht");
    [super dealloc];             ARC forbids explicit message send of 'dealloc'
}
```

Abbildung 7.6 Fehler in der Klasse »Fahrzeug«

Sie können diese Fehler durch das Löschen der entsprechenden Zeilen beseitigen. Anschließend wird Ihr Programm einwandfrei laufen, nunmehr als ARC-Projekt. Je nach Größe des Projekts kann dies jedoch eine ganze Menge Arbeit bedeuten.

7.9.2 Automatische Umwandlung

Die automatische Umwandlung wird ausgehend vom Non-ARC-Zustand durchgeführt. Der Schalter OBJECTIVE-C AUTOMATIC REFERENCE COUNTING in den Projekteigenschaften muss also auf NO stehen.

Sie rufen den Menüpunkt EDIT • REFACTOR • CONVERT TO OBJECTIVE-C ARC auf. Im nächsten Schritt markieren Sie das Projekt, das konvertiert werden soll, also hier *KBesitzer*. Es erscheint ein einleitender Text, dann können Sie sich im Dialogfeld REVIEW CHANGES zur Kontrolle die einzelnen Dateien ansehen, in denen etwas automatisch geändert wird. Links sehen Sie für jede Datei die neue Version, rechts die alte Version, siehe Abbildung 7.7 für die Datei *main.m*.

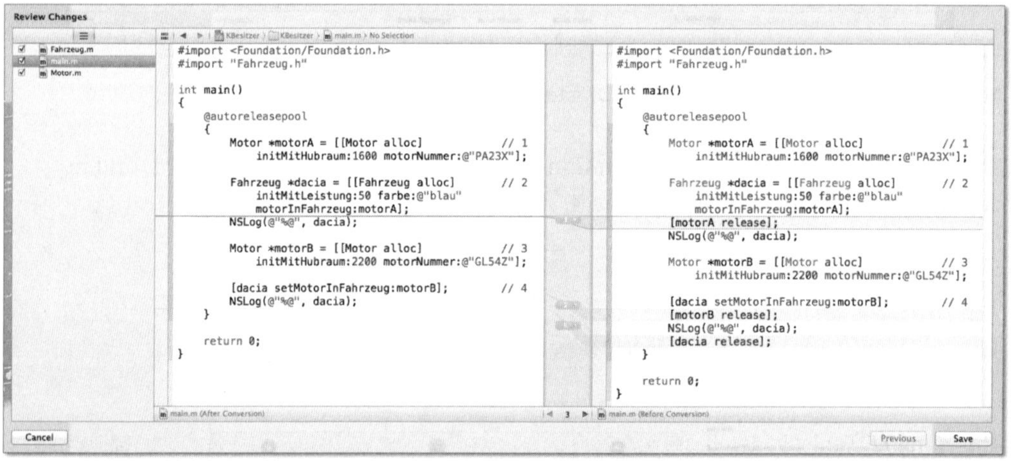

Abbildung 7.7 Automatische Umwandlung, Kontrollanzeige

Nach Anklicken des Buttons SAVE wird die Konvertierung durchgeführt. Anschließend wird Ihr Programm ebenfalls einwandfrei laufen, nunmehr als ARC-Projekt.

Kapitel 8
Benutzeroberflächen – Grundlagen

In diesem Kapitel erlernen Sie Schritt für Schritt, wie man grafische Benutzeroberflächen mit Hilfe des MVC-Prinzips entwickelt.

In diesem und in den folgenden Kapiteln 9, »Benutzeroberflächen – für Fortgeschrittene«, und 10, »Benutzeroberflächen – weitere Themen«, entwickeln Sie Benutzeroberflächen (= *Graphical User Interfaces* = GUIs) für den Mac. Sie erstellen diese mit Hilfe von Objective-C und Cocoa, einer Programmierschnittstelle, die mehrere Frameworks umfasst.

GUIs arbeiten in Cocoa gemäß dem *Model-View-Controller*-Prinzip (MVC). Die drei Elemente Model, View und Controller teilen sich die verschiedenen Aufgaben und steuern sich gegenseitig. Die View stellt die Benutzeroberfläche dar, der Controller umfasst den Programmiercode, und das Model enthält die Daten, die angezeigt und verarbeitet werden sollen. In unseren ersten Projekten gibt es noch nicht viele Daten, daher stehen die View und der Controller im Vordergrund.

Bei der Erstellung eines GUI mit Hilfe von Xcode wird eine ganze Reihe von Schritten durchlaufen. Daher ist die Beschreibung besonders für das erste GUI-Projekt recht umfangreich und detailliert. Allerdings werden Sie feststellen, dass sich viele dieser Schritte bei den weiteren GUIs wiederholen.

Ich empfehle Ihnen, die Projekte in jedem Abschnitt parallel zum Lesen der Beschreibung selbst zu erstellen und Schritt für Schritt nachzubauen. Dies hilft erheblich beim Verständnis des Zusammenspiels der verschiedenen Elemente.

8.1 Eine erste Benutzeroberfläche

Es soll ein kleines GUI-Projekt mit drei Steuerelementen entwickelt werden, siehe Abbildung 8.1. Nach Anklicken des Buttons SAG HALLO erscheint der Text HALLO in dem gerahmten Label oben. Bei Betätigung des Buttons LÖSCHE wird das Label wieder geleert.

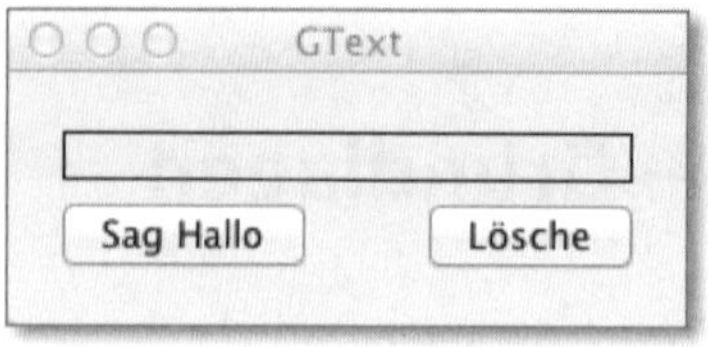

Abbildung 8.1 Erstes GUI-Projekt

Die Namen aller Projekte in diesem Kapitel und in den Kapiteln 9, »Benutzeroberflächen – für Fortgeschrittene«, und 10, »Benutzeroberflächen – weitere Themen«, beginnen mit einem großen G. Da das erste Projekt nur einen einfachen Text anzeigt, wird als Projektname *GText* gewählt. Sie erstellen in Xcode das Projekt für ein GUI-Programm mit dem Namen *GText* wie nachfolgend beschrieben.

8.1.1 Projekt erzeugen

Zunächst rufen Sie wie bisher über den Menüpunkt FILE • NEW • PROJECT das Dialogfeld CHOOSE A TEMPLATE FOR YOUR NEW PROJECT auf. Dort wählen Sie im Bereich OS X • APPLICATION das Template COCOA APPLICATION aus, siehe Abbildung 8.2.

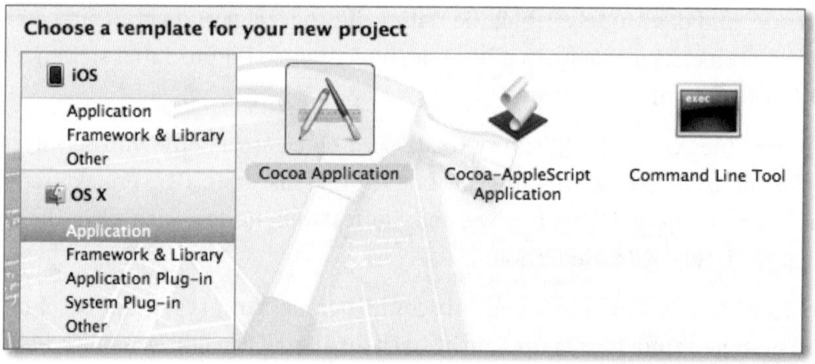

Abbildung 8.2 Template »Cocoa Application«

Nach dem Anklicken des Buttons NEXT geben Sie im Dialogfeld CHOOSE OPTIONS FOR YOUR NEW PROJECT als PRODUCT NAME »GText« ein, siehe Abbildung 8.3. Das Häkchen bei USE AUTOMATIC REFERENCE COUNTING wird weiterhin gesetzt. Der Eintrag bei CLASS PREFIX bleibt leer.

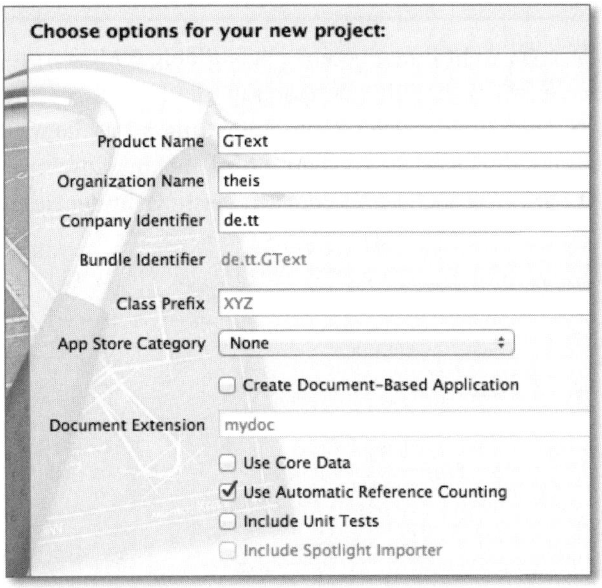

Abbildung 8.3 Optionen für Cocoa-Projekt

Nach dem Anklicken des Buttons NEXT wird als Nächstes der Speicherort für das Projekt ausgewählt. Nach Betätigung des Buttons CREATE wird das Projekt mit einigen Dateien erzeugt, siehe Abbildung 8.4.

Abbildung 8.4 Dateien der Cocoa-Anwendung

8.1.2 Das Musterprogramm

Nach dem Erzeugen des neuen Projekts steht Ihnen bereits ein lauffähiges Musterprogramm zur Verfügung. Sie können es wie bisher über den Menüpunkt PRODUCT • RUN beziehungsweise das Symbol RUN oben links starten, siehe Abbildung 8.5. Es handelt sich um eine vollständige Anwendung mit eigenem Anwendungsmenü am Bildschirmrand. Das Anwendungsfenster ist natürlich noch leer. In der Titelleiste steht der Name des Projekts: GTEXT.

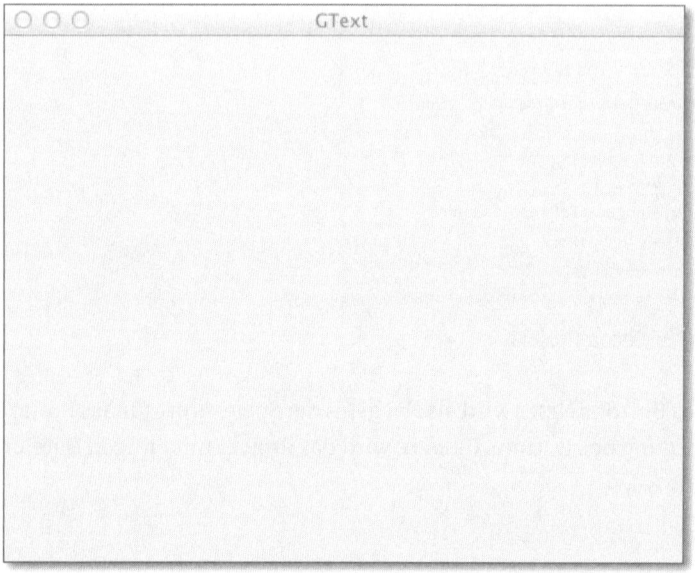

Abbildung 8.5 Projekt »GText«, Anwendungsfenster zu Beginn

Sie können die Anwendung beenden, indem Sie im Anwendungsmenü den Menüpunkt GTEXT • QUIT GTEXT auswählen. Eine andere Möglichkeit bietet Xcode wie bisher über den Menüpunkt PRODUCT • STOP beziehungsweise das Symbol STOP oben links. Das Schließen des Anwendungsfensters über das Symbol in der Titelleiste würde nicht reichen, denn es repräsentiert nur einen Teil der Anwendung.

8.1.3 Xcode einrichten

Zunächst geht es darum, die Benutzeroberfläche mit den drei Steuerelementen aus Abbildung 8.1 zu füllen, dem Label und den beiden Buttons.

Am besten richten Sie dazu Xcode wie bisher mit NAVIGATOR und STANDARD-EDITOR ein, zusätzlich sollten rechts die UTILITIES angezeigt werden. Dies geht über den Menüpunkt View • Utilities • Show Utilities oder das entsprechende Symbol oben rechts. Anschließend wählen Sie im Project Navigator die Datei *MainMenu.xib* aus. In dieser Datei werden Inhalt und Aussehen des Anwendungsfensters der Benutzeroberfläche beschrieben.

Rechts neben dem Project Navigator erscheint nach der Auswahl der Datei *MainMenu.xib* der Bereich Document Outline, mit den Unterbereichen Placeholders und Objects, siehe Abbildung 8.6. Sollten im Document Outline nur Symbole zu sehen sein, dann blenden Sie die ausführliche Ansicht ein – mit Hilfe des Pfeils am unteren Rand des Document Outline. Der Pfeil hat den ToolTip-Text Show/Hide Document Outline. Sie sehen den Pfeil unten rechts in Abbildung 8.6.

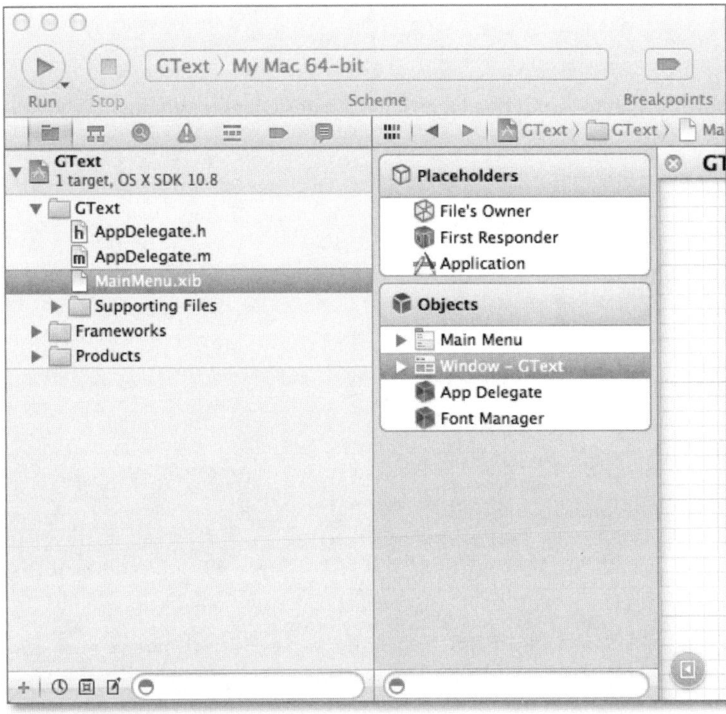

Abbildung 8.6 Datei »MainMenu.xib«, Bereich »Document Outline«

Wählen Sie im Bereich Document Outline das Element Window - GText aus. Damit machen Sie das rechts daneben stehende, leere Anwendungsfenster zum aktiven Element. Verkleinern Sie es anschließend ungefähr auf die Größe, die Sie in Abbildung 8.1 gesehen haben, mit Hilfe der punktierten Elemente außerhalb des Anwendungsfensters.

Die UTILITIES auf der rechten Seite sind in einen oberen und einen unteren Bereich unterteilt. In beiden können Sie zwischen verschiedenen Ansichten wählen, entweder über das Menü VIEW • UTILITIES oder die Symbole oberhalb der Bereiche. Im oberen Bereich soll der ATTRIBUTES INSPECTOR angezeigt werden, im unteren Bereich die OBJECT LIBRARY, siehe Abbildung 8.7 und Abbildung 8.8. Das gesamte Fenster von Xcode sollte nun so aussehen wie in Abbildung 8.9.

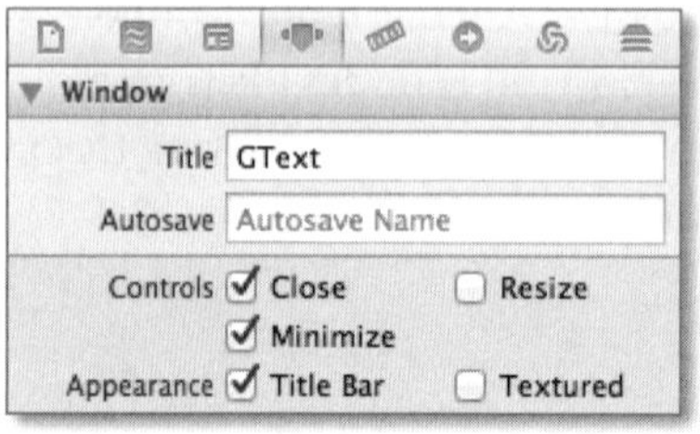

Abbildung 8.7 »Attributes Inspector«, mit den Eigenschaften des Objekts Window

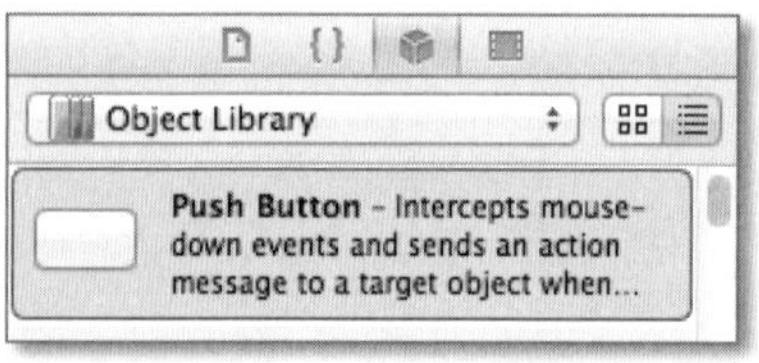

Abbildung 8.8 »Object Library« mit einem Element

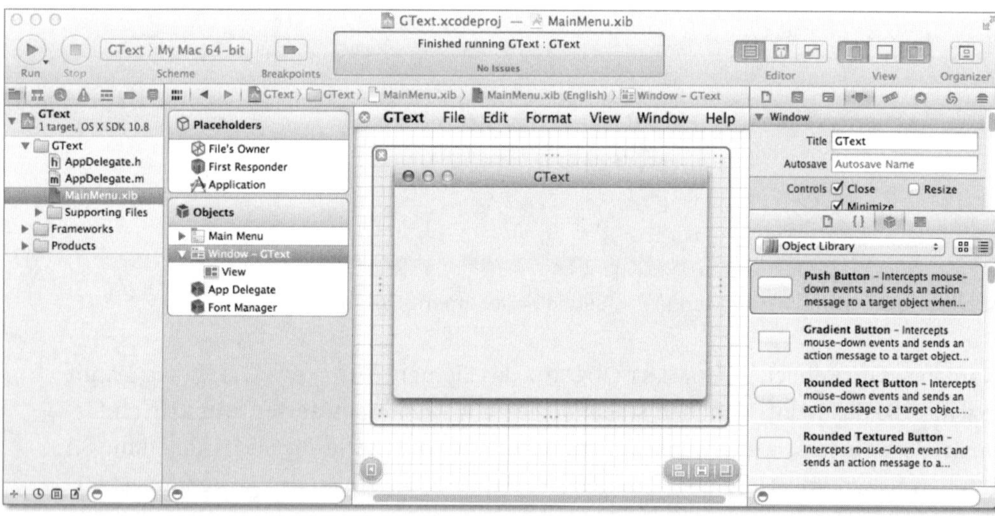

Abbildung 8.9 Gesamtansicht von Xcode

8.1.4 Steuerelemente platzieren

In der OBJECT LIBRARY finden Sie eine große Menge an Steuerelementen für Ihre Anwendungen. Als Erstes benötigen Sie ein *Label*, also ein Feld zur einfachen Ausgabe von Text. Geben Sie in dem Eingabefeld am unteren Rand der OBJECT LIBRARY das Kürzel »Label« ein, dann werden nur noch die Elemente angezeigt, in denen dieses Kürzel vorkommt, siehe Abbildung 8.10.

Abbildung 8.10 »Object Library«, nur noch Elemente mit »Label«

Ziehen Sie ein einfaches LABEL aus der OBJECT LIBRARY per Drag & Drop in die obere linke Ecke des Anwendungsfensters – mit etwas Abstand zum oberen und linken Rand. Sobald Sie sich der Ecke nähern, erscheinen Hilfslinien, die Ihnen die Platzierung erleichtern, siehe Abbildung 8.11.

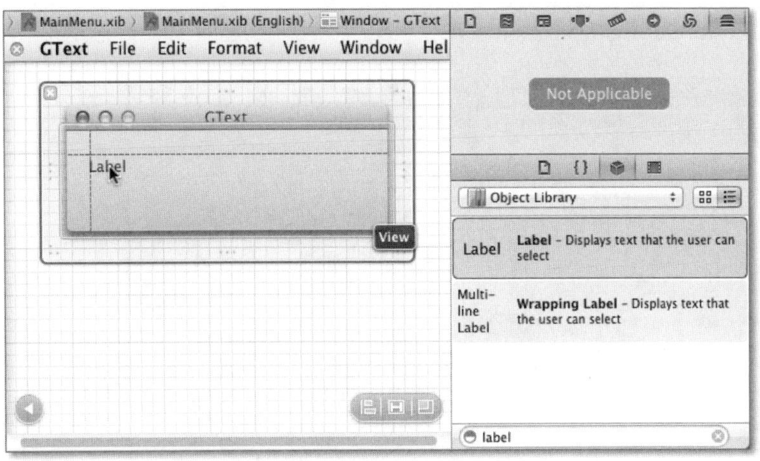

Abbildung 8.11 Label während Platzierung

Nach dem Platzieren des Labels ist es das aktive Element. Vergrößern Sie es mit Hilfe des Punkts rechts am Label bis zu der Hilfslinie am rechten Rand, siehe Abbildung 8.12.

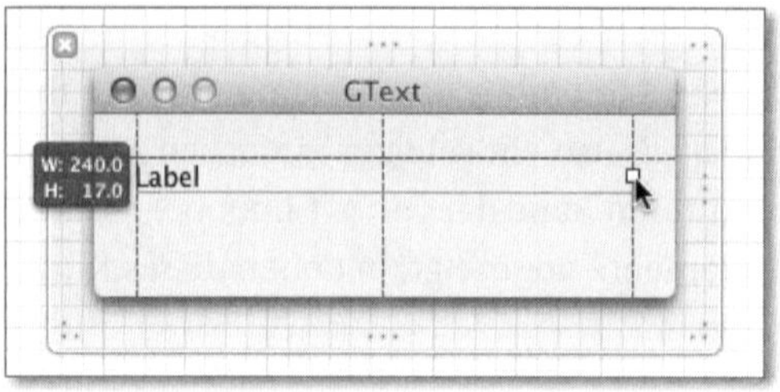

Abbildung 8.12 Label während Vergrößerung

Das Anwendungsfenster sollte dann so aussehen wie in Abbildung 8.13.

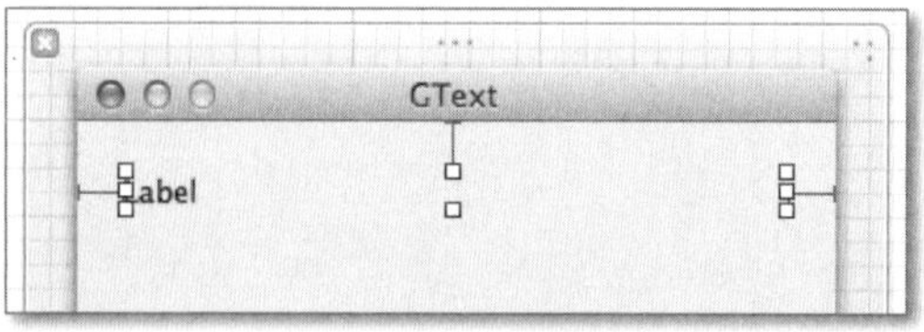

Abbildung 8.13 Anwendungsfenster mit platziertem und vergrößertem Label

Jetzt folgen die beiden Buttons. Geben Sie in der OBJECT LIBRARY das Kürzel »Button« ein, und wählen Sie beide Male das Steuerelement mit dem Namen PUSH BUTTON. Ziehen Sie die beiden Buttons nacheinander auf das Anwendungsfenster, und platzieren Sie sie mit Unterstützung der Hilfslinien links und rechts unterhalb des Labels, siehe Abbildung 8.14 und Abbildung 8.15.

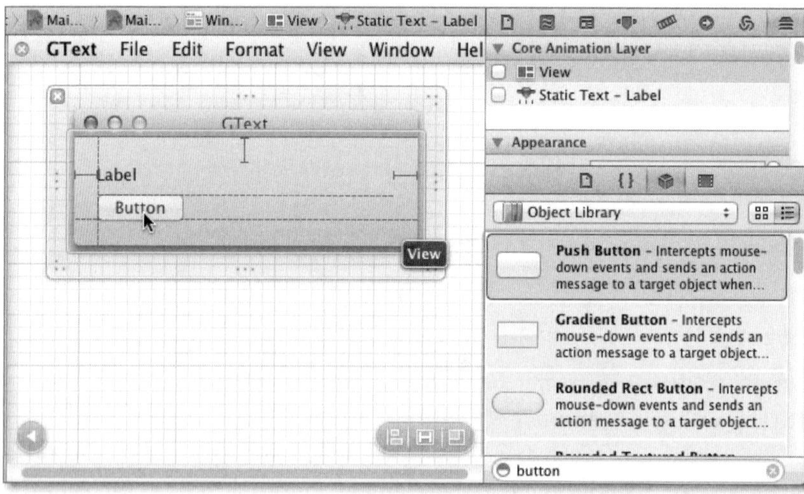

Abbildung 8.14 Erster Button während Platzierung

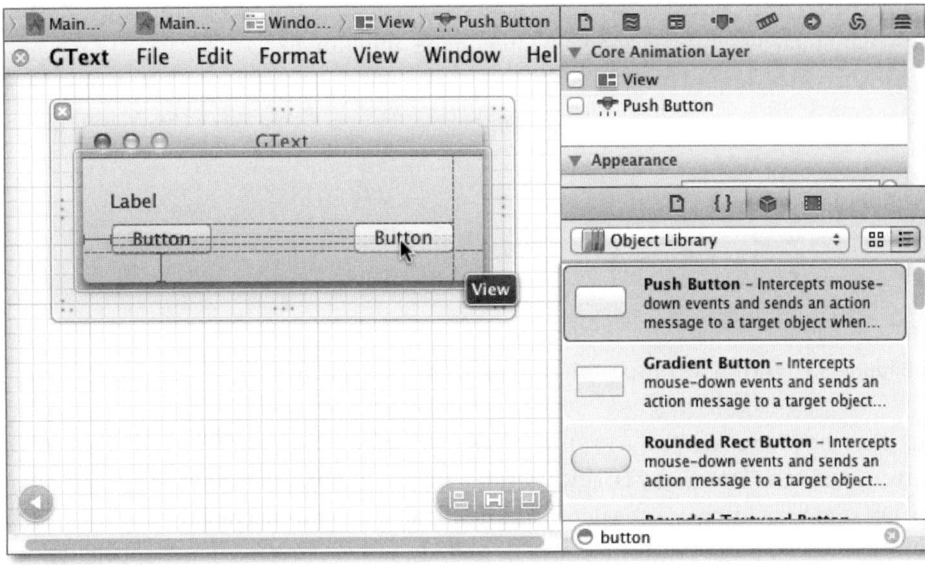

Abbildung 8.15 Zweiter Button während Platzierung

Das Anwendungsfenster sollte dann so aussehen wie in Abbildung 8.16.

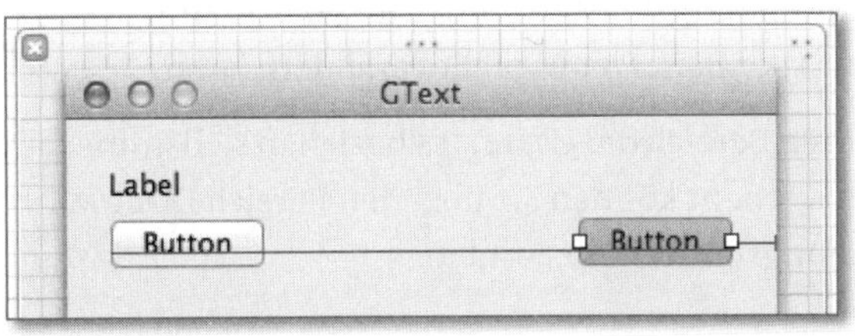

Abbildung 8.16 Anwendungsfenster mit zwei platzierten Buttons

Ein einfaches *Label* ist ein Objekt der Klasse `NSTextField`. Ein *Push Button* ist ein Objekt der Klasse `NSButton`. Die Bezeichnungen der Klassen werden uns noch teilweise im Code begegnen.

8.1.5 Steuerelemente einstellen

Als Nächstes werden einige Eigenschaften der Steuerelemente geändert. Wählen Sie das Label durch einen einfachen Klick aus. Im ATTRIBUTES INSPECTOR wird die Eigenschaft `title` des Labels geleert, und die Eigenschaft `alignment` wird auf *zentriert* gesetzt. Bei der

Eigenschaft `border` wird das zweite Symbol von rechts gewählt, ein rechteckiger Kasten mit einer einfachen durchgezogenen Linie, siehe Abbildung 8.17.

Abbildung 8.17 »Attributes Inspector«, Eigenschaften des Labels

Auf dieselbe Weise wird im ATTRIBUTES INSPECTOR die Eigenschaft `title` der beiden Buttons auf SAG HALLO und LÖSCHE gesetzt. Nach einer Änderung der Aufschrift müssen Ort und beziehungsweise oder Größe der beiden Buttons nachjustiert werden. Jetzt sieht das Anwendungsfenster aus wie in Abbildung 8.1. Übrigens: Ein Doppelklick auf einen der Buttons gibt Ihnen ebenfalls die Möglichkeit, die Aufschrift zu ändern.

Auch das Anwendungsfenster ist ein Steuerelement. Wählen Sie es aus, zum Beispiel mit einem Klick auf die Titelleiste, und entfernen Sie das Häkchen bei der Eigenschaft `resize`. Dies sorgt dafür, dass das Anwendungsfenster immer in der von Ihnen eingestellten Größe angezeigt wird und dass der Benutzer es nicht verändern kann.

Zur Erinnerung: Die Anzeigen im oberen Bereich der UTILITIES beziehen sich immer auf das aktuell ausgewählte Element. Ein Element können Sie über den Bereich DOCUMENT OUTLINE oder innerhalb des Anwendungsfensters auswählen.

8.1.6 Die Klasse »Controller«

Noch passiert nichts, wenn Sie das Projekt starten und einen der Buttons betätigen. Sie benötigen den Code, der bei den verschiedenen Ereignissen ausgeführt werden soll. Dazu fügen Sie dem Projekt eine eigene Klasse mit dem Namen `Controller` hinzu, die wie Ihre bisherigen Klassen auf `NSObject` basiert.

Der Name der Klasse ist natürlich frei wählbar, aber da diese Klasse als Controller für die View dient, soll sie zur Verdeutlichung auch diesen Namen tragen. Der PROJECT NAVIGATOR sieht anschließend aus wie in Abbildung 8.18.

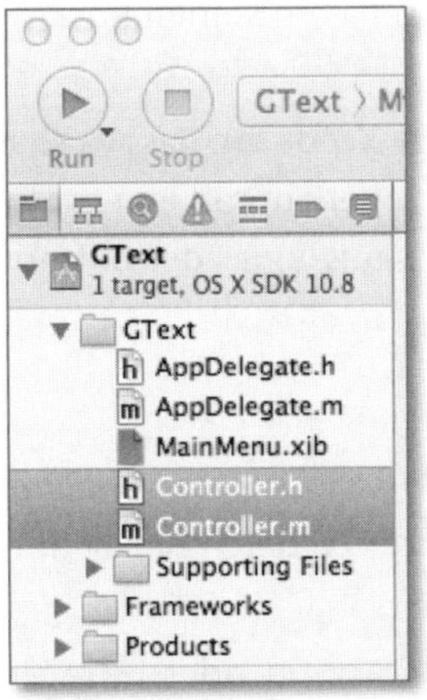

Abbildung 8.18 Neue Klasse »Controller«

Es folgt die Deklaration der Klasse `Controller`:

```
#import <Foundation/Foundation.h>
@interface Controller : NSObject
{
    IBOutlet NSTextField *textHallo;
}

- (IBAction)sagHallo:(id)sender;
- (IBAction)loesche:(id)sender;
@end
```

Listing 8.1 Projekt »GText«, Datei »Controller.h«

Zur Erläuterung:

- Die Klasse hat eine Eigenschaft mit dem Namen `textHallo`. Diese Eigenschaft ist ein `NSTextField`-Objekt. Das Label auf der Benutzeroberfläche ist ebenfalls ein `NSTextField`-Objekt. Sie werden im weiteren Verlauf eine Verbindung zwischen diesen beiden Objekten erschaffen, so dass eine Änderung bei einem Objekt zu einer Änderung beim anderen Objekt führt.
- Der Begriff *IBOutlet* zeigt Xcode an, dass dieses Objekt eine solche Verbindung erhalten wird.
- Die Klasse hat zwei Methoden mit den Namen `sagHallo` und `loesche`. Als Parameter erwarten diese Methoden einen Verweis auf das Sender-Objekt, also den Aufrufer der

Methode. Dies ist der jeweils betätigte Button. Die Methoden haben keinen Rückgabewert, der Begriff `IBAction` steht lediglich für `void`.

- Der Begriff *IBAction* hat aber dennoch eine Aufgabe: Er zeigt Xcode an, dass es sich um Aktions- oder Ereignismethoden handelt, die im weiteren Verlauf mit einem Element der Benutzeroberfläche verbunden werden. Die Betätigung eines der Buttons wird dazu führen, dass die Methoden durchlaufen werden.

Zwei Hinweise:

- Das Kürzel `IB` bei `IBOutlet` und `IBAction` steht für *Interface Builder*. Dies war in früheren Versionen von Xcode ein eigenständiges Programm zum Erstellen der Benutzeroberfläche. Mittlerweile ist es in Xcode integriert.
- Links neben den Eigenschaften und Methoden, vor denen `IBOutlet` oder `IBAction` steht, sehen Sie jeweils einen leeren Kreis, siehe Abbildung 8.19. Leer bedeutet: Dieses Element hat noch keine Verbindung mit einem Element der Benutzeroberfläche. Der Kreis wird erst nach dem erfolgreichen Erstellen einer Verbindung gefüllt.

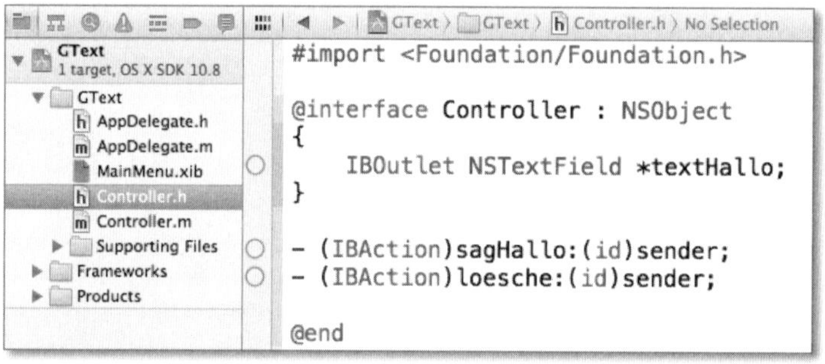

Abbildung 8.19 »IBOutlet« und »IBAction«, noch ohne Verbindung

Es folgt die Implementation der Klasse `Controller`:

```
#import "Controller.h"
@implementation Controller

- (IBAction)sagHallo:(id)sender
{
    [textHallo setStringValue:@"Hallo"];
}

- (IBAction)loesche:(id)sender
{
```

```
    [textHallo setStringValue:@""];
}
@end
```

Listing 8.2 Projekt »GText«, Datei »Controller.m«

Die Methode `setStringValue:` setzt den Inhalt des `NSTextField`-Objekts mit Hilfe eines `NSString`-Objekts auf einen neuen Wert. Nachdem Sie im weiteren Verlauf eine Verbindung zur Benutzeroberfläche hergestellt haben, wird sich dadurch der Inhalt des Labels ändern.

8.1.7 Das »Controller«-Objekt

Nachdem Sie nun die `Controller`-Klasse definiert haben, benötigen Sie noch ein Objekt dieser Klasse mit Bezug zu der Benutzeroberfläche. Geben Sie in der OBJECT LIBRARY das Kürzel »Object« ein, wählen Sie das Steuerelement mit dem Namen OBJECT, und ziehen Sie es in den Bereich DOCUMENT OUTLINE. Das Element OBJECT sollte anschließend das markierte Element sein, siehe Abbildung 8.20.

Abbildung 8.20 »Document Outline«, ausgewähltes Element: »Object«

Dieses Objekt der Klasse `NSObject` muss unserer Klasse `Controller` zugeordnet werden, damit es ein Objekt dieser Klasse wird. Dazu rufen Sie im oberen Bereich der UTILITIES den IDENTITY INSPECTOR auf, und wählen im Feld CLASS die Klasse CONTROLLER aus, siehe Abbildung 8.21. Achten Sie dabei auf die Groß- und Kleinschreibung. Im Bereich DOCUMENT OUTLINE steht nun CONTROLLER statt OBJECT.

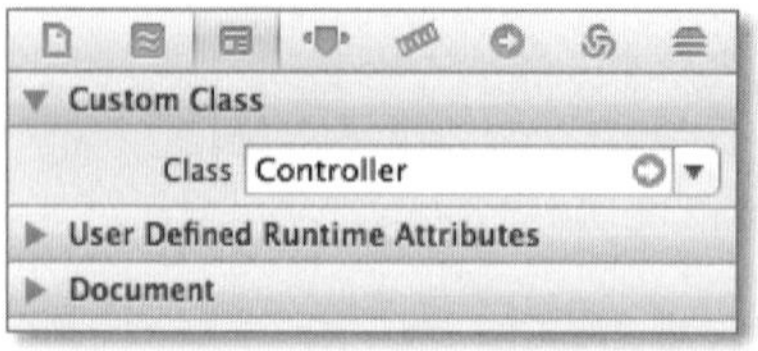

Abbildung 8.21 »Identity Inspector«, Klasse »Controller«

8.1.8 Verbindungen erzeugen

Im DOCUMENT OUTLINE ist noch immer der Eintrag CONTROLLER ausgewählt. Rufen Sie im oberen Bereich der UTILITIES den CONNECTIONS INSPECTOR auf. Dieser dient zur Herstellung der Verbindung der Eigenschaften und Methoden der Klasse `Controller` mit den Elementen der Benutzeroberfläche. Dazu sollten Sie sich genau an die folgende Anleitung halten, siehe auch Abbildung 8.22:

- Drücken Sie im CONNECTIONS INSPECTOR innerhalb des Kreises rechts neben dem Eigenschaftsnamen TEXTHALLO die linke Maustaste.
- Ziehen Sie die Maus bei gedrückter Maustaste zum Label auf der Benutzeroberfläche.
- Sobald Sie sich über dem Label befinden, wird dieses hervorgehoben. Damit haben Sie Ihr Ziel erreicht und können die Maustaste loslassen.

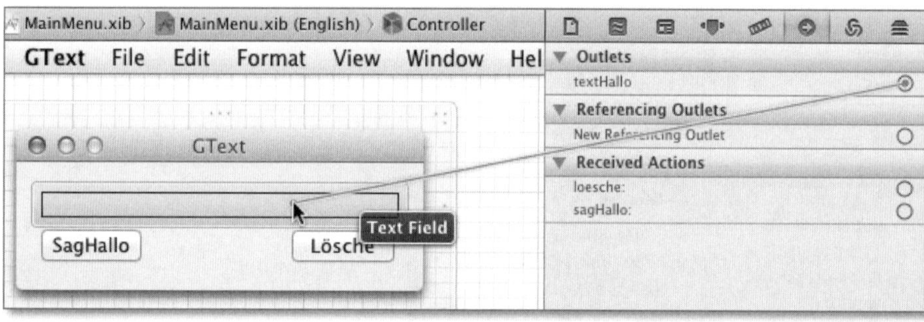

Abbildung 8.22 Verbindung für Label herstellen

Die Verbindung wurde für das Label hergestellt. Dasselbe führen Sie nacheinander für die beiden Methoden `sagHallo:` und `loesche:` und die beiden Buttons durch, siehe Abbildung 8.23 und Abbildung 8.24.

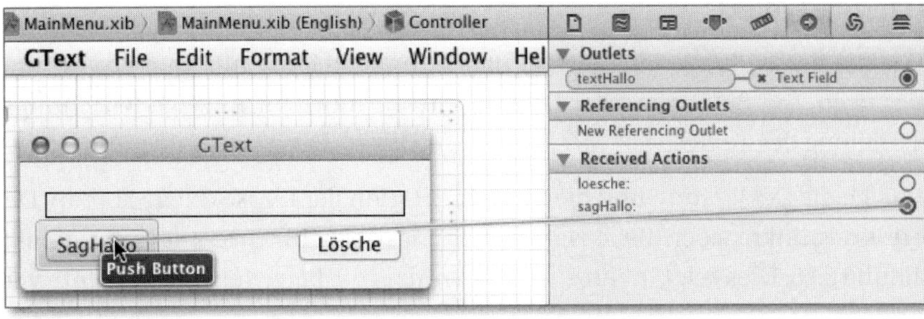

Abbildung 8.23 Verbindung für ersten Button herstellen

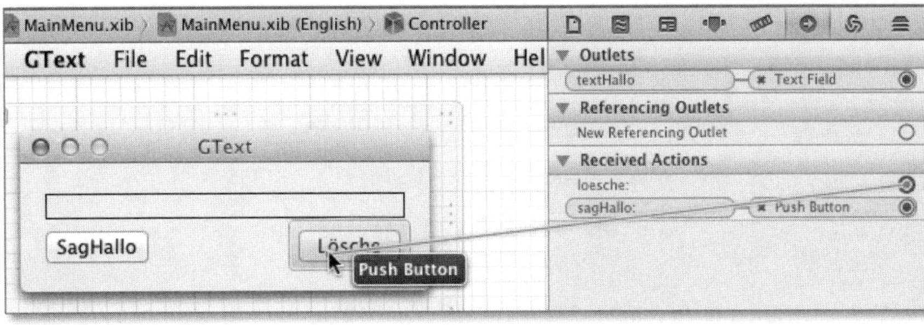

Abbildung 8.24 Verbindung für zweiten Button herstellen

Anschließend zeigt der CONNECTIONS INSPECTOR die Verbindungen an, wie in Abbildung 8.25 zu sehen. Zur Erklärung des Begriffs RECEIVED ACTIONS in dieser Abbildung: Die beiden Buttons auf der Benutzeroberfläche sind die Sender der Aktionen des Benutzers. Die beiden Methoden `sagHallo:` und `loesche:` der Klasse `Controller`, die im Bild zu sehen sind, sind die Empfänger (engl.: Receiver) der Aktionen des Benutzers.

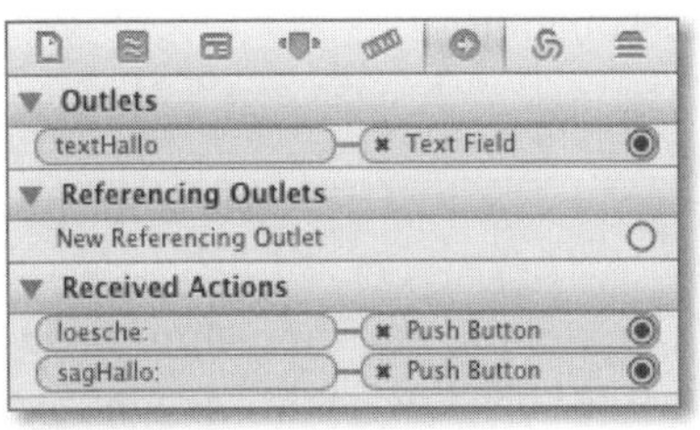

Abbildung 8.25 »Controller«, »Connections Inspector«

Ein Hinweis: Manchmal »hakt es« bei der Auswahl eines Elements im DOCUMENT OUTLINE. Klicken Sie dann einfach auf ein anderes Objekt und dann erneut auf das gewünschte Objekt.

8.1.9 Das fertige Projekt

Nachdem Sie die Verbindungen hergestellt haben, sind Sie fertig mit dem Projekt und können es starten. Die Betätigung der beiden Buttons führt zur Anzeige beziehungsweise zur Löschung des Textes.

Schauen Sie sich die Deklaration und die Implementation der Klasse `Controller` an. Der vorher leere Kreis links neben IBOUTLET beziehungsweise IBACTION ist jetzt gefüllt, siehe Abbildung 8.26. Dies zeigt Ihnen ebenfalls an, dass die betreffenden Elemente verbunden wurden.

Lassen Sie sich nicht davon irritieren, wenn der Kreis trotz erstellter Verbindung einmal nicht sofort gefüllt sein sollte. Xcode benötigt manchmal ein wenig Zeit zur Aktualisierung dieser Anzeige.

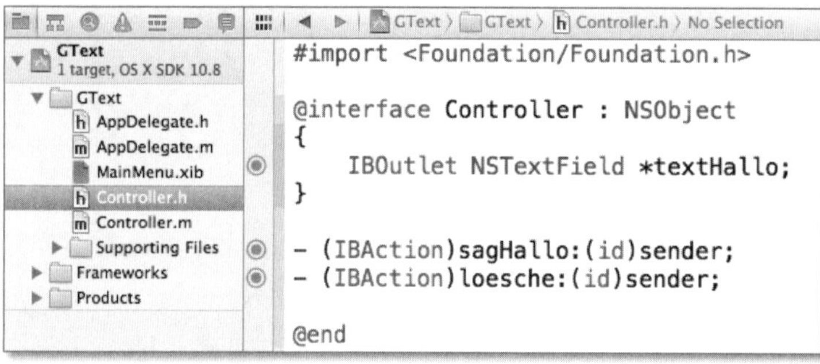

Abbildung 8.26 »IBOutlet« und »IBAction« mit Verbindung

Wie bei den Konsolenanwendungen finden Sie die ausführbare Datei zum Projekt im PROJECT NAVIGATOR, Bereich PRODUCTS – rechte Maustaste auf die Datei, Menüpunkt SHOW IN FINDER. Dann können Sie auch die ausführbare Datei dieses GUI-Programms aufrufen beziehungsweise in ein anderes Verzeichnis kopieren.

8.2 Ein Rechenprogramm

In diesem Abschnitt wird im Projekt *GRechnen* ein Programm zur Umrechnung von Temperaturwerten entwickelt. Innerhalb eines GUI werden dazu zwei Buttons, ein Textfeld zur Eingabe und ein Label zur Ausgabe benötigt.

Der Benutzer kann einen Temperaturwert eingeben und einen der beiden Buttons betätigen. Anschließend erscheint das Ergebnis der gewählten Umrechnung im Ausgabelabel, siehe Abbildung 8.27. Der Wert wird entweder von Celsius in Fahrenheit umgerechnet oder umgekehrt.

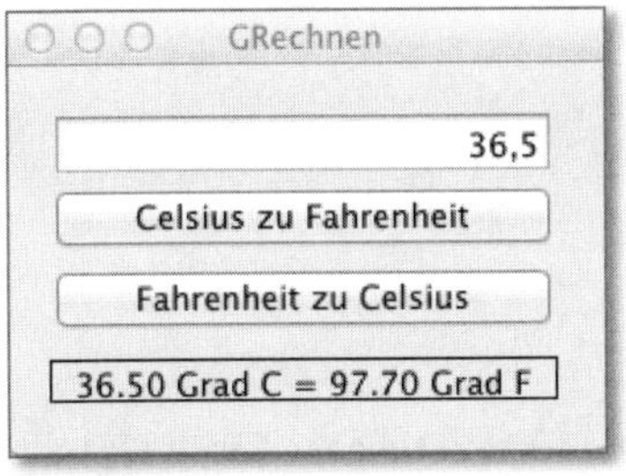

Abbildung 8.27 Projekt »GRechnen«, Anwendungsfenster

8.2.1 Projekt erzeugen

Wie beim vorherigen Projekt *GText* aus Abschnitt 8.1, »Eine erste Benutzeroberfläche«, wird eine Cocoa-Anwendung entworfen – mit Hilfe des Templates COCOA APPLICATION. Die Benutzeroberfläche wird gemäß Abbildung 8.27 verkleinert und unter Einsatz der Hilfslinien mit den vier genannten Steuerelementen aus der OBJECT LIBRARY gefüllt. Sie haben dort die Bezeichnungen LABEL, TEXT FIELD und PUSH BUTTON.

Die Einstellung der Steuerelemente wird einzeln über den ATTRIBUTES INSPECTOR vorgenommen. Vorher muss das jeweilige Element ausgewählt werden, entweder in der DOCUMENT OUTLINE oder im Anwendungsfenster. Beim Element WINDOW selbst wird das Häkchen bei RESIZE entfernt. Dies sorgt wiederum dafür, dass das Anwendungsfenster immer in der von Ihnen eingestellten Größe angezeigt wird.

Der Inhalt des Textfelds wird über die Eigenschaft `alignment` rechtsbündig gesetzt. Außerdem wird der Text `Temperatur` für die Eigenschaft `placeholder` eingetragen, um die Eingabe zu erleichtern. Die Buttons erhalten passende Aufschriften. Das Label wird mit einem Rahmen versehen, außerdem wird der Inhalt geleert und zentriert.

8.2.2 Die Klasse »Controller«

Fügen Sie dem Projekt eine eigene Klasse mit dem Namen `Controller` hinzu, die auf `NSObject` basiert. Es folgt die Deklaration der Klasse `Controller`:

```
#import <Foundation/Foundation.h>
@interface Controller : NSObject
{
    IBOutlet NSTextField *textEingabe;
    IBOutlet NSTextField *textAusgabe;
}
```

```
- (IBAction)CzuF:(id)sender;
- (IBAction)FzuC:(id)sender;
@end
```

Listing 8.3 Projekt »GRechnen«, »Datei Controller.h«

Zur Erläuterung:

- Die Klasse hat die beiden Eigenschaften `textEingabe` und `textAusgabe` für die Inhalte des Textfelds und des Labels. Außerdem gibt es die beiden Methoden `CzuF:` und `FzuC:` für die Durchführung der Umrechnungen.

Es folgt die Implementation der Klasse `Controller`:

```
#import "Controller.h"
@implementation Controller

- (IBAction)CzuF:(id)sender
{
    float ce = [textEingabe floatValue];
    float fa = (ce * 9.0 / 5.0) + 32;
    // [textAusgabe setFloatValue:fa];
    [textAusgabe setStringValue:[NSString stringWithFormat:
        @"%.2f Grad C = %.2f Grad F", ce, fa]];
}

- (IBAction)FzuC:(id)sender
{
    float fa = [textEingabe floatValue];
    float ce = (fa - 32) * 5.0 / 9.0;
    // [textAusgabe setFloatValue:ce];
    [textAusgabe setStringValue:[NSString stringWithFormat:
        @"%.2f Grad F = %.2f Grad C", fa, ce]];
}
@end
```

Listing 8.4 Projekt »GRechnen«, Datei »Controller.m«

Zur Erläuterung:

- Die Methode `floatValue:` des `NSTextField`-Objekts ermittelt den Zahlenwert des eingegebenen Textes. Anschließend wird dieser Zahlenwert in die jeweils andere Einheit umgerechnet. Beachten Sie, dass die beiden Zahlen bei der Division mit `.0` angegeben werden. Auf diese Weise vermeiden Sie in jedem Fall eine Ganzzahldivision, bei der die Nachkommastellen abgeschnitten würden.
- Es sind zwei Varianten zur Ausgabe vorhanden, die erste davon auskommentiert.
- Die Methode `setFloatValue:` besetzt den Inhalt des `NSTextField`-Objekts mit einem reinen Zahlenwert, inklusive einer ganzen Reihe von Nachkommastellen.
- Die Methode `setStringValue:` setzt bekanntlich einen Text in das `NSTextField`-Objekt. Hier handelt es sich um ein `NSString`-Objekt, das vorher mit Hilfe der Methode `stringWithFormat:` (siehe Abschnitt 4.4, »Klasse ›NSString‹«) erzeugt wurde. In dieser formatierten Zeichenkette stehen erläuternder Text und Zahlen, die auf zwei Nachkommastellen gerundet sind.
- Sie können die erste Ausgabevariante einfach testen, indem Sie die Zeichen zur Auskommentierung entsprechend umsetzen.

8.2.3 Das »Controller«-Objekt

Ziehen Sie nun ein Steuerelement vom Typ `Object` in den Bereich DOCUMENT OUTLINE, und markieren Sie es. Wählen Sie dann im IDENTITY INSPECTOR im Feld CLASS die Klasse `Controller` für dieses Objekt aus. Das Projekt sieht mittlerweile aus wie in Abbildung 8.28.

Abbildung 8.28 Objekt der Klasse »Controller« im »Document Outline«

8.2.4 Verbindungen erzeugen

Im DOCUMENT OUTLINE ist der Eintrag CONTROLLER ausgewählt. Rufen Sie im oberen Bereich der UTILITIES den CONNECTIONS INSPECTOR zur Herstellung der Verbindungen auf: von `textAusgabe` zum Ausgabelabel, von `textEingabe` zum Textfeld sowie von `CzuF:` und `FzuC:` zu den beiden Buttons. Anschließend zeigt der CONNECTIONS INSPECTOR die Verbindungen an wie in Abbildung 8.29.

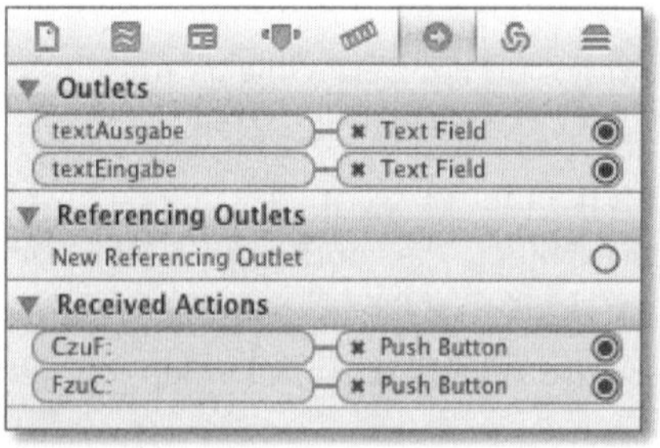

Abbildung 8.29 »Controller«, »Connections Inspector«

Nachdem Sie die Verbindungen hergestellt haben, sind Sie fertig mit der Entwicklung des Projekts und können es nun starten und benutzen.

8.3 Der »Size Inspector«

Der SIZE INSPECTOR im oberen Teil der UTILITIES bietet eine Reihe von Möglichkeiten, Größe und Position des Anwendungsfensters und der Steuerelemente einzustellen. Zur Erinnerung: Die UTILITIES finden Sie rechts im Xcode-Fenster.

Zur Verdeutlichung dieser Möglichkeiten wird eine neue Cocoa-Anwendung mit dem Namen *GSizeInspector* erstellt. Im Anwendungsfenster werden drei Buttons eingefügt, siehe Abbildung 8.30.

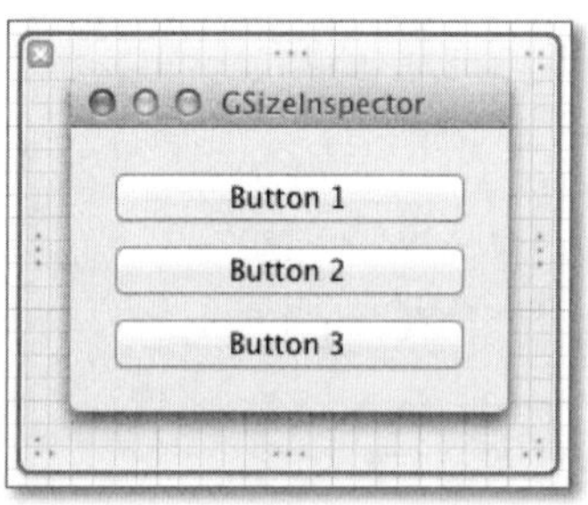

Abbildung 8.30 Erste Anordnung der drei Buttons

8.3.1 Größe und Position einstellen

Wählen Sie im Document Outline das Element Window, und stellen Sie die Eigenschaften ein wie in Abbildung 8.31.

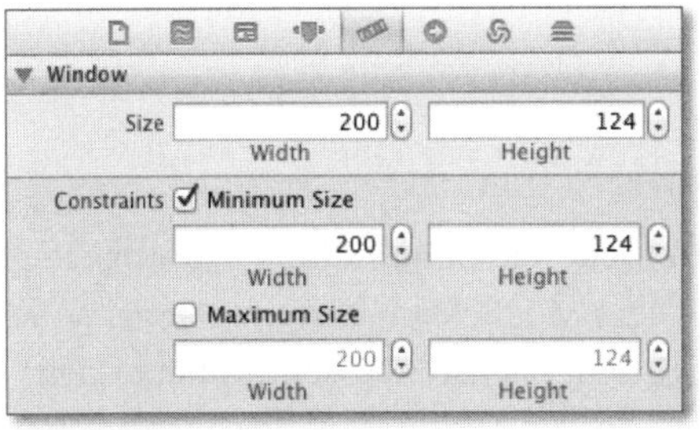

Abbildung 8.31 »Size Inspector«, Element »Window«

Die Größe, also die Breite und die Höhe eines Elements, kann auf drei Arten verändert werden – entweder

- über die Eingabe von Zahlen
- oder über die sogenannten *Stepper* rechts daneben
- oder im Anwendungsfenster mit Hilfe der Maus und der gepunkteten Elemente.

»Spielen« Sie ein wenig, und beachten Sie die unmittelbaren Auswirkungen auf die jeweils anderen Änderungsmöglichkeiten. Im Beispiel wurde außerdem im Bereich Constraints ein Häkchen bei Minimum Size gesetzt. Der Benutzer kann das Anwendungsfenster anschließend nicht mehr unter das angegebene Maß verkleinern.

Wählen Sie Button 1 aus, und stellen Sie die Eigenschaften ein wie in Abbildung 8.32.

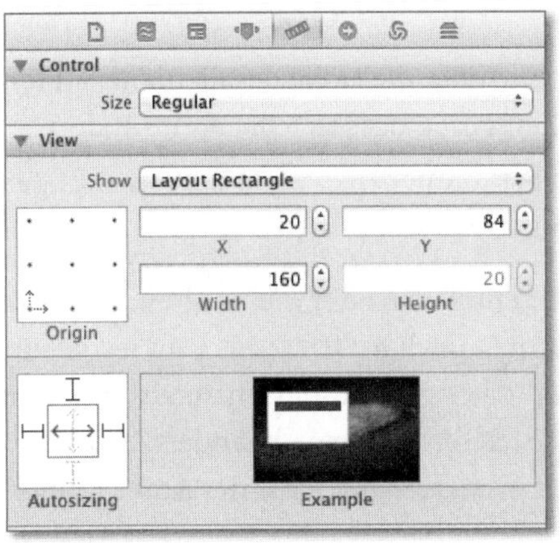

Abbildung 8.32 »Size Inspector«, »Button 1«

Die Werte für X und Y bestimmen die Position der linken unteren Ecke des Buttons, bezogen auf den Ursprung. Den Ursprung sehen Sie im Bereich ORIGIN. Er liegt standardmäßig in der linken unteren Ecke des umgebenden Elements. Das umgebende Element ist hier das Anwendungsfenster. Die Werte für WIDTH und HEIGHT bestimmen die Größe des Buttons.

8.3.2 Ein- und Ausschalten des »Auto Layouts«

Sollte in Ihrem Projekt der Bereich AUTOSIZING nicht wie in Abbildung 8.32 angezeigt werden, so ist das AUTO LAYOUT eingeschaltet. Diese Möglichkeit besteht erst bei neueren Xcode-Versionen. Das Thema *Auto Layout* wird im nächsten Abschnitt behandelt.

Zum Ausschalten des AUTO LAYOUTS wechseln Sie in den UTILITIES zum FILE INSPECTOR. Im Bereich INTERFACE BUILDER DOCUMENT entfernen Sie das Häkchen bei USE AUTO LAYOUT. Nachfolgend gehe ich davon aus, dass das AUTO LAYOUT ausgeschaltet ist.

8.3.3 Reaktion auf Größenänderung

Im Bereich AUTOSIZING können Sie durch das Klicken auf die angezeigten *Streben* und *Federn* einstellen, wie sich Größe und Position des Buttons verändern, wenn sich die Größe des Anwendungsfensters ändert:

- Die äußeren Federn legen fest, ob sich der Abstand zum jeweiligen Nachbarn ändert oder nicht. Der jeweilige Nachbar kann das übergeordnete Anwendungsfenster sein oder das nächste Steuerelement. Für BUTTON 1 in Abbildung 8.32 heißt dies: Der Abstand zum oberen, zum linken und zum rechten Rand des Anwendungsfensters bleibt gleich.
- Die inneren Streben legen fest, ob sich die Breite oder die Höhe des Elements ändert oder nicht. Für BUTTON 1 in Abbildung 8.32 heißt dies, dass sich die Breite ändert.
- Schieben Sie die Maus in den Bereich EXAMPLE, dann sehen Sie die Auswirkungen der aktuellen Einstellungen in einer Vorschau.

Wählen Sie BUTTON 2 aus, und stellen Sie die Eigenschaften ein wie in Abbildung 8.33. BUTTON 2 hat natürlich eine andere Y-Position. Im Bereich AUTOSIZING wird festgelegt, dass der Abstand zum linken und rechten Rand des Anwendungsfensters sowie zum unteren Nachbarn (BUTTON 3) gleich bleibt und sich die Größe nicht ändert. BUTTON 3 wird ebenso eingestellt. Sein unterer Nachbar ist wiederum der Rand des Anwendungsfensters.

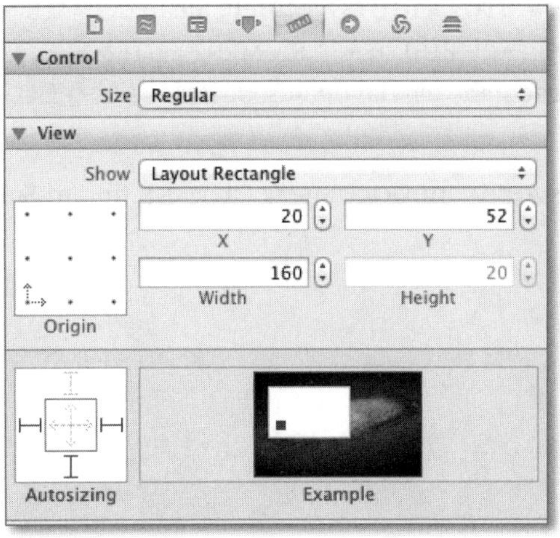

Abbildung 8.33 »Size Inspector«, »Button 2«

In Abbildung 8.34 sehen Sie die Auswirkungen, die sich ergeben, wenn der Benutzer das Anwendungsfenster vergrößert. BUTTON 1 bleibt oben und wird breiter. BUTTON 2 und BUTTON 3 orientieren sich jeweils nach unten und ändern ihre Größe nicht.

Abbildung 8.34 Buttons nach Vergrößerung des Anwendungsfensters

Zum besseren Kennenlernen empfehle ich, ein wenig mit den Eigenschaften zu experimentieren und die jeweiligen Auswirkungen zu beachten.

8.3.4 »Constraints« im »Auto Layout«

Das AUTO LAYOUT bietet ebenfalls einige Möglichkeiten, Größe und Position des Anwendungsfensters und der Steuerelemente einzustellen. Es existiert erst in den neueren Xcode-Versionen. Zum Einschalten des Auto Layouts wechseln Sie in den Utilities zum File Inspector. Im Bereich Interface Builder Document setzen Sie das Häkchen bei Use Auto Layout. Nachfolgend gehe ich davon aus, dass das Auto Layout eingeschaltet ist.

Wir arbeiten weiterhin im Projekt *GSizeInspector*. Im Document Outline finden Sie die Constraints, siehe Abbildung 8.35.

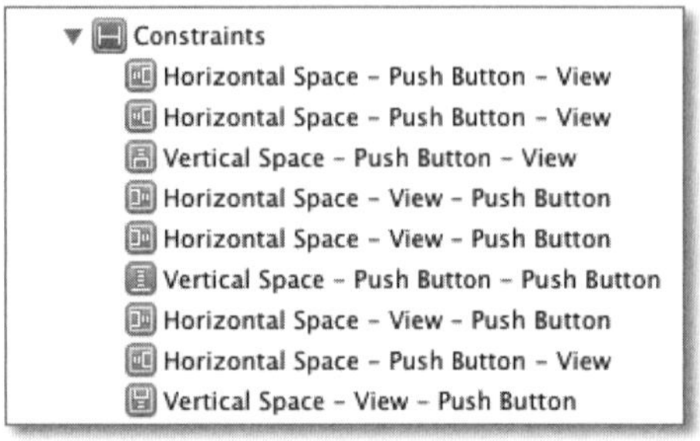

Abbildung 8.35 »Document Outline«, »Constraints«

Bei den Constraints handelt es sich um die Festlegungen für die horizontalen und vertikalen Abstände zwischen benachbarten Elementen, also zwischen Steuerelementen untereinander beziehungsweise zwischen einem Steuerelement und dem Rand des Anwendungsfensters.

Markieren Sie einen der Abstände, zum Beispiel einen horizontalen Abstand, so können Sie die Werte von Eigenschaften dieses Abstands im Attributes Inspector festlegen. In Abbildung 8.36 wurde dies für den horizontalen Abstand von Button 1 zum linken Rand des Anwendungsfensters durchgeführt. Er soll mindestens den Wert 40 haben.

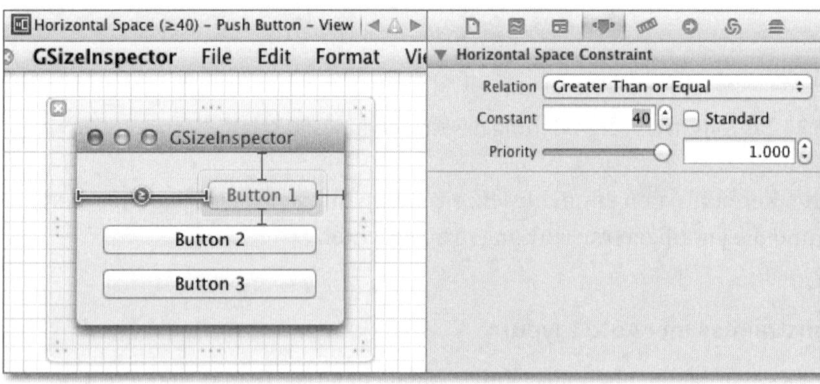

Abbildung 8.36 »Size Inspector«, horizontaler Abstand links vom Button

Fehlt ein Abstand zwischen zwei Steuerelementen, zum Beispiel der vertikale Abstand zwischen Button 2 und Button 3, so kann er hinzugefügt werden. Markieren Sie dazu die beiden Buttons, und wählen Sie den Menüpunkt Editor • Pin • Vertical Spacing aus. Anschließend erscheint auch dieser vertikale Abstand, siehe Abbildung 8.37, und kann eingestellt werden.

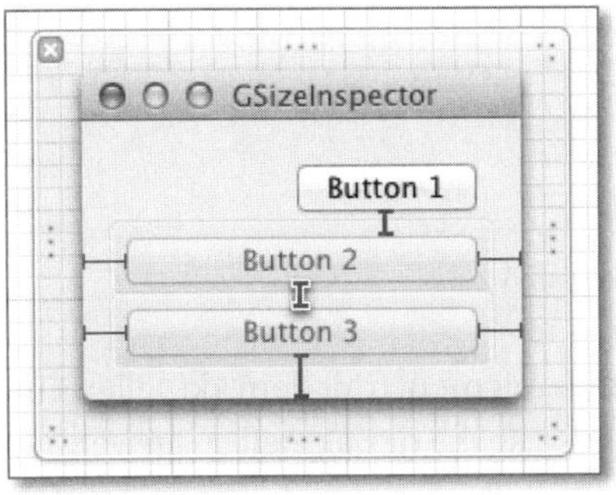

Abbildung 8.37 Vertikaler Abstand zwischen »Button 2« und »Button 3«

Fehlt der Abstand eines Steuerelements zum Rand des Anwendungsfensters, so kann er ebenfalls hinzugefügt werden. Markieren Sie dazu den betreffenden Button, und wählen Sie den Menüpunkt Editor • Pin • Top Space to Superview für den oberen Abstand. Statt Top ... könnte auch Bottom ..., Leading ... oder Trailing ... für die drei anderen Abstände gewählt werden.

Widersprechen sich zwei Angaben, wird die Angabe mit der höheren Priorität bevorzugt, siehe Eigenschaft Priority in Abbildung 8.36. Standardmäßig haben zunächst alle Elemente den Maximalwert 1.000.

8.4 Steuerelement »PopUp«

Das Steuerelement `PopUp` stellt dem Benutzer eine platzsparende Liste von Einträgen zur Verfügung, aus denen er auswählen kann. Nachfolgend sollen im Projekt *GPopUp* einige Möglichkeiten erläutert werden, und zwar mit Hilfe einer Liste von Ländernamen.

Gleichzeitig wird in diesem Projekt die Methode `awakeFromNib:` vorgestellt, die häufig zum Füllen beziehungsweise Einstellen eines Anwendungsfensters zum Ladezeitpunkt genutzt wird.

Zunächst sehen Sie die fertige Projektansicht in Abbildung 8.38.

Abbildung 8.38 Projekt »GPopUp«, Anwendungsfenster

Ganz oben in Abbildung 8.38 sehen Sie ein `Popup`-Steuerelement, mit dem aktuellen Eintrag »Frankreich«, darunter ein gerahmtes Label zur Ausgabe des aktuell ausgewählten Elements. Über den Button EINTRAG HINZUFÜGEN und das darunter liegende Textfeld haben Sie die Möglichkeit, ein Element zum Popup hinzuzufügen. Über den Button AUSWAHL LÖSCHEN können Sie das ausgewählte Element des Popups löschen. Im unteren, gerahmten Ausgabelabel wird angezeigt, welches Element des Popups Sie soeben hinzugefügt oder gelöscht haben.

8.4.1 Projekt erzeugen

Erstellen Sie eine neue Cocoa-Anwendung. Nehmen Sie die Gestaltung des Anwendungsfensters nach der Abbildung und der Beschreibung vor. Fügen Sie eine `Controller`-Klasse hinzu. Es folgt die Deklaration dieser Klasse:

```
#import <Foundation/Foundation.h>
@interface Controller : NSObject
{
    IBOutlet NSPopUpButton *popupLand;  // ❶
    IBOutlet NSTextField *textAusgabe;  // ❷
    IBOutlet NSTextField *textEingabe;
    IBOutlet NSTextField *textInfo;
}

- (IBAction)zeigeAuswahl:(id)sender;    // ❸
- (IBAction)hinzuEintrag:(id)sender;    // ❹
- (IBAction)loescheAuswahl:(id)sender;
@end
```

Listing 8.5 Projekt »GPopUp«, Datei »Controller.h«

Zur Erläuterung:

- Das NSPopUpButton-Objekt in ❶ repräsentiert das PopUp-Steuerelement.
- Die drei NSTextField-Objekte ab ❷ stehen nacheinander für das obere Ausgabelabel, das Textfeld zur Eingabe und das untere Ausgabelabel.
- Die Methode zeigeAuswahl: in ❸ wird mit dem PopUp-Steuerelement verbunden, reagiert auf seine Betätigung und zeigt die aktuelle Auswahl an.
- Die beiden Methoden hinzuEintrag: und loescheAuswahl: ab ❹ werden mit den beiden entsprechenden Buttons verbunden.

8.4.2 Methode »awakeFromNib«

Es folgt die Implementation der Klasse Controller inklusive der Methode awakeFromNib::

```
#import "Controller.h"
@implementation Controller

-(void)awakeFromNib                     // ❶
{
    NSArray *feld =
        [NSArray arrayWithObjects:
        @"Spanien", @"Italien", @"Frankreich", nil];
    [popupLand removeAllItems];
    [popupLand addItemsWithTitles:feld];
    [popupLand selectItemAtIndex:2];
}

- (IBAction)zeigeAuswahl:(id)sender     // ❷
{
    [textAusgabe setStringValue:
        [NSString stringWithFormat:@"%d : %@",
            [popupLand indexOfSelectedItem],
            [popupLand titleOfSelectedItem]]];
}

- (IBAction)hinzuEintrag:(id)sender     // ❸
{
    if([[textEingabe stringValue] compare:@""]
        == NSOrderedSame)
            return;
    [popupLand addItemWithTitle:
        [textEingabe stringValue]];
```

```
    [textInfo setStringValue:[NSString
        stringWithFormat:@"Hinzugefügt: %@",
        [textEingabe stringValue]]];
    [textEingabe setStringValue:@""];
    [popupLand selectItemAtIndex:
        [popupLand numberOfItems] - 1];
}

- (IBAction)loescheAuswahl:(id)sender      // ❹
{
    NSInteger x = [popupLand indexOfSelectedItem];
    if(x != -1)
    {
        [textInfo setStringValue:[NSString
            stringWithFormat:@"Gelöscht: %@",
            [popupLand titleOfSelectedItem]]];
        [popupLand removeItemAtIndex:x];
    }
}
@end
```

Listing 8.6 Projekt »GPopUp«, Datei »Controller.m«

Zur Erläuterung:

- Zu ❶: Das Ereignis »GUI komplett geladen und alle Verbindungen zwischen dem Controller und der View hergestellt« stößt die Methode `awakeFromNib` des Controllers an. Diese Methode stammt aus dem Protokoll `NSNibAwaking`. Die Datei für das Anwendungsfenster (*MainMenu.xib*) hatte früher die Endung *.nib* statt *.xib*, daher der Name der Methode. Der Zeitpunkt dieses Ereignisses ist geeignet, um das `PopUp`-Steuerelement mit Daten zu füllen. Zu einem früheren Zeitpunkt ist dies nicht möglich, da es noch nicht existiert.
- Es wird ein `NSArray`-Objekt (siehe Abschnitt 4.7, »Klasse ›NSArray‹«) mit einigen Ländernamen gefüllt. Anschließend werden für das `NSPopUpButton`-Objekt nacheinander drei Methoden aufgerufen: `removeAllItems:` zum Löschen aller eventuell vorhandenen Einträge, `addItemsWithTitles:` zum Füllen mit den Inhalten des `NSArray`-Objekts und `selectItemAtIndex:` zur Auswahl eines bestimmten Elements.
- Die Einträge eines `NSPopUpButton`-Objekts werden als *Items* bezeichnet und sind durchnummeriert. Die Nummerierung beginnt wie bei `NSArray`-Objekten bei 0.
- Zu ❷: Die Methode `zeigeAuswahl:` wird durch die Betätigung des `PopUp`-Steuerelements aufgerufen. Innerhalb der Methode werden für das `NSPopUpButton`-Objekt die

beiden Methoden `indexOfSelectedItem:` und `titleOfSelectedItem:` aufgerufen. Sie liefern eine ganze Zahl als Nummer des ausgewählten Eintrags beziehungsweise ein `NSString`-Objekt als Text des ausgewählten Eintrags.

- Zu ❸: Die Methode `hinzuEintrag:` soll einen weiteren Eintrag hinzufügen. Zunächst wird geprüft, ob im Eingabetextfeld etwas steht. Falls die `NSString`-Methode `compare:` ergibt, dass der aktuelle Inhalt einer leeren Zeichenkette entspricht, wird die Methode unmittelbar wieder verlassen.
- Falls die Methode nicht verlassen wurde, wird der Inhalt des Eingabetextfelds dem `PopUp`-Steuerelement mit Hilfe der Methode `addItemWithTitle:` hinzugefügt. Zusätzlich wird im unteren Ausgabelabel ein Infotext ausgegeben. Das Eingabetextfeld wird geleert, damit der Eintrag nicht versehentlich zweimal hinzugefügt werden kann. Der neu hinzugefügte Eintrag wird mit Hilfe der Methode `selectItemAtIndex:` zum aktuellen Eintrag. Die Methode `numberOfItems:` liefert dazu als Hilfsmittel die aktuelle Anzahl der Einträge. Diese Anzahl minus 1 ist die Nummer des letzten, soeben hinzugefügten Eintrags.
- Zu ❹: Die Methode `loescheAuswahl:` löscht den ausgewählten Eintrag. Zunächst wird geprüft, ob ein Eintrag ausgewählt wurde. Falls dies nicht der Fall ist, liefert die Methode `indexOfSelectedItem:` den Wert –1.
- Falls ein Eintrag ausgewählt wurde, wird im unteren Ausgabelabel ein Infotext ausgegeben. Anschließend wird der Eintrag mit Hilfe der Methode `removeItemAtIndex:` gelöscht.

8.4.3 Verbindungen erzeugen

Fügen Sie dem Bereich DOCUMENT OUTLINE auf dem bekannten Weg eine Instanz der Klasse `Controller` hinzu. Im CONNECTIONS INSPECTOR stellen Sie dann die Verbindungen zu den beschriebenen Elementen her, wie in Abbildung 8.39 zu sehen. Anschließend steht Ihnen das fertige Projekt zur Verfügung.

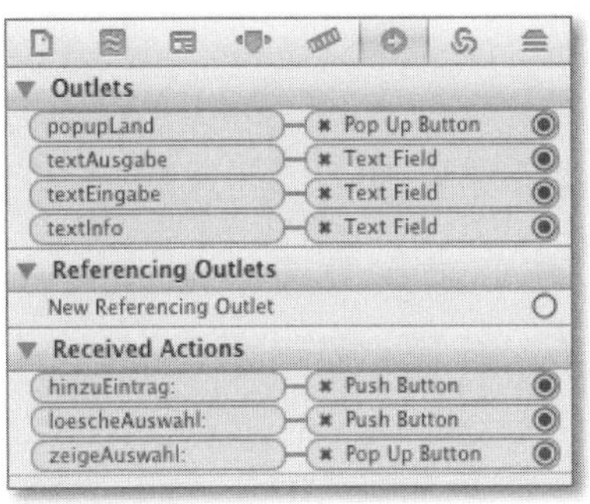

Abbildung 8.39 »Controller«, »Connections Inspector«

8.5 Steuerelement »ComboBox«

Das Steuerelement `ComboBox` (dt.: Kombinationsfeld) kombiniert die Möglichkeit eines `PopUp`-Steuerelements mit einem Textfeld. Dem Benutzer steht neben einer Liste von Einträgen noch ein freies Eingabefeld zur Verfügung. Nachfolgend wird im Projekt *GCombo* das Gleiche wie im Projekt *GPopUp* durchgeführt. In der Beschreibung wird nur auf die Unterschiede eingegangen. Zunächst die fertige Ansicht in Abbildung 8.40.

Abbildung 8.40 Projekt »GCombo«, Anwendungsfenster

Das zusätzliche Textfeld unter dem Button EINTRAG HINZUFÜGEN fehlt, da ein neues Element direkt im Textfeld der ComboBox eingetragen werden kann.

Erstellen Sie eine neue Cocoa-Anwendung. Nehmen Sie die Gestaltung des Anwendungsfensters nach der Abbildung und der Beschreibung vor. Fügen Sie eine `Controller`-Klasse hinzu. Es folgt die Deklaration dieser Klasse:

```
#import <Foundation/Foundation.h>
@interface Controller : NSObject
{
    IBOutlet NSComboBox *comboLand;
    IBOutlet NSTextField *textAusgabe;
    IBOutlet NSTextField *textInfo;
}

- (IBAction)zeigeAuswahl:(id)sender;
- (IBAction)hinzuEintrag:(id)sender;
- (IBAction)loescheAuswahl:(id)sender;
@end
```

Listing 8.7 Projekt »GCombo«, Datei »Controller.h«

Zur Erläuterung:

- Das `NSComboBox`-Objekt repräsentiert das `ComboBox`-Steuerelement. Für die Eingabe wird kein eigenes `NSTextField`-Objekt benötigt.

Es folgt die Implementation der Klasse `Controller`:

```
#import "Controller.h"
@implementation Controller

-(void)awakeFromNib                          // ❶
{
    NSArray *feld =
        [NSArray arrayWithObjects:
        @"Spanien", @"Italien", @"Frankreich", nil];
    [comboLand removeAllItems];
    [comboLand addItemsWithObjectValues:feld];
    [comboLand selectItemAtIndex:2];
}

- (IBAction)zeigeAuswahl:(id)sender          // ❷
{
    [textAusgabe setStringValue:
        [NSString stringWithFormat:@"%d : %@",
        [comboLand indexOfSelectedItem],
        [comboLand objectValueOfSelectedItem]]];
}

- (IBAction)hinzuEintrag:(id)sender          // ❸
{
    if([[comboLand stringValue] compare:@""]
        == NSOrderedSame)
            return;
    [comboLand addItemWithObjectValue:
        [comboLand stringValue]];
    [textInfo setStringValue:[NSString
        stringWithFormat:@"Hinzugefügt: %@",
        [comboLand stringValue]]];
    [comboLand selectItemAtIndex:
        [comboLand numberOfItems] - 1];
}
```

```
- (IBAction)loescheAuswahl:(id)sender           // ❹
{
    NSInteger x = [comboLand indexOfSelectedItem];
    if(x != -1)
    {
        [textInfo setStringValue:[NSString
            stringWithFormat:@"Gelöscht: %@",
            [comboLand objectValueOfSelectedItem]]];
        [comboLand removeItemAtIndex:x];
        [comboLand setStringValue:@""];
    }
}
@end
```

Listing 8.8 Projekt »GCombo«, Datei »Controller.m«

Zur Erläuterung:

- Zu ❶: Die Methode zum Füllen der ComboBox heißt `addItemsWithObjectValues:`.
- Zu ❷: Die Methode `objectValueOfSelectedItem:` liefert ein Objekt mit dem Text des ausgewählten Eintrags.
- Zu ❸: Statt des Eingabetextfelds wird das Textfeld der ComboBox geprüft. Falls es nicht leer ist, wird zum Hinzufügen des Eintrags die Methode `addItemWithObjectValue:` verwendet.
- Zu ❹: Auch hier liefert die Methode `objectValueOfSelectedItem:` den gewünschten Inhalt, also den Text des gelöschten Eintrags.

Die Verbindungen im Connections Inspector zeigt Abbildung 8.41.

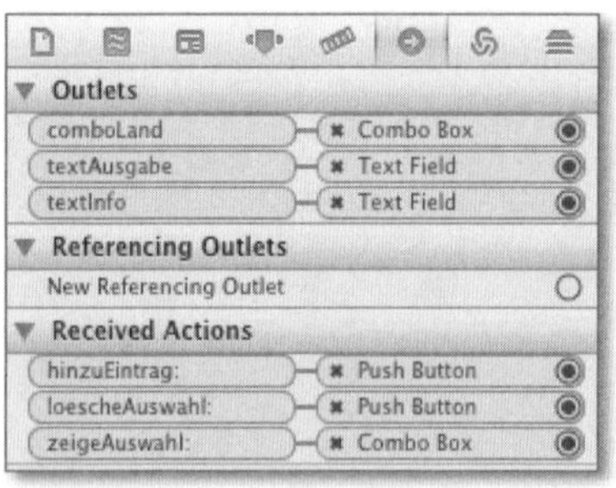

Abbildung 8.41 »Controller«, »Connections Inspector«

8.6 Steuerelement »CheckBox«

Eine CheckBox (dt.: Kontrollkästchen) wird zum Ein- und Ausschalten eines Zustands oder einer Option genutzt. Im Unterschied zu den Einträgen in einem PopUp-Steuerelement oder in einer ComboBox beeinflussen sich die Zustände mehrerer CheckBox-Elemente nicht. Sie sind unabhängig voneinander.

Im nachfolgenden Projekt *GCheck* werden drei CheckBox-Elemente genutzt, um den Preis für ein Hotelzimmer zu ermitteln, siehe Abbildung 8.42. Gleichzeitig sehen Sie, wie Sie eine Methode mit mehreren Steuerelementen verbinden können. Dies ist sinnvoll, falls nach dem Auslösen der Ereignisse bei diesen Steuerelementen ähnliche Abläufe starten sollen.

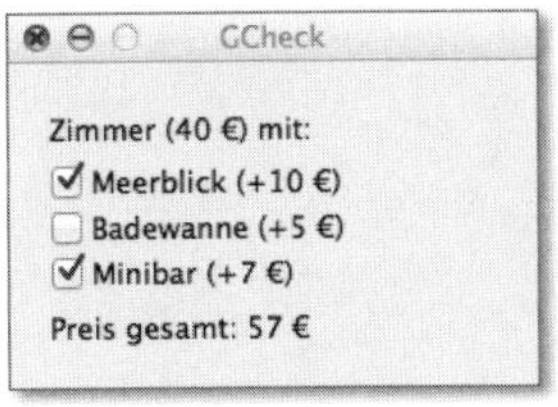

Abbildung 8.42 Projekt »GCheck«, Anwendungsfenster

8.6.1 Projekt erzeugen

Erstellen Sie eine neue Cocoa-Anwendung. Nehmen Sie die Gestaltung des Anwendungsfensters mit drei CheckBox-Elementen und zwei Label-Elementen entsprechend der Abbildung 8.42 vor.

Sie können den Wert einer CheckBox im ATTRIBUTES INSPECTOR voreinstellen, und zwar mit Hilfe der Werte ON oder OFF für die Eigenschaft `state`, siehe Abbildung 8.43 für die CheckBox MEERBLICK.

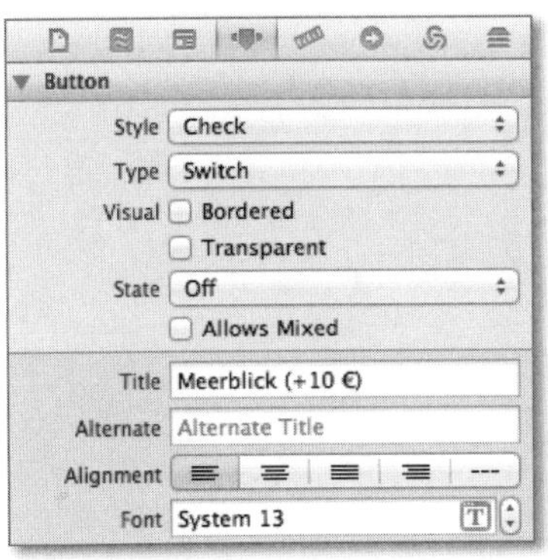

Abbildung 8.43 Projekt »GCheck«,»Attributes Inspector« für »CheckBox«

8.6.2 Deklaration der Klasse »Controller«

Fügen Sie eine Controller-Klasse hinzu. Es folgt die Deklaration dieser Klasse:

```
#import <Foundation/Foundation.h>
@interface Controller : NSObject
{
    IBOutlet NSButton *checkMeerblick;
    IBOutlet NSButton *checkBadewanne;
    IBOutlet NSButton *checkMinibar;
    IBOutlet NSTextField *textAusgabe;
}

- (IBAction)zeigeAuswahl:(id)sender;
@end
```

Listing 8.9 Projekt »GCheck«, Datei »Controller.h«

Zur Erläuterung:

- Die drei CheckBox-Elemente werden (wie Push Buttons) über NSButton-Objekte repräsentiert.
- Das obere Label verändert sich nicht, daher wird hier kein zugehöriges Objekt benötigt. Das untere Label wird über das NSTextField-Objekt textAusgabe repräsentiert.
- Die Methode zeigeAuswahl: soll reagieren, sobald bei einem der drei CheckBox-Elemente die Markierung gesetzt oder entfernt wurde.

8.6.3 Implementation der Klasse »Controller«

Zunächst der Code:

```
#import "Controller.h"
@implementation Controller

-(void)awakeFromNib
{
    [checkMeerblick setState:NSOnState];
    [checkBadewanne setState:NSOffState];
    [checkMinibar setState:NSOnState];
}

- (IBAction)zeigeAuswahl:(id)sender
```

```
{
    int preis = 40;
    if([checkMeerblick state] == NSOnState)
        preis += 10;
    if([checkBadewanne state] == NSOnState)
        preis += 5;
    if([checkMinibar state] == NSOnState)
        preis += 7;
    [textAusgabe setStringValue:[NSString
        stringWithFormat:@"Preis gesamt: %d €", preis]];
}
@end
```


Listing 8.10 Projekt »GCheck«, Datei »Controller.m«

Zur Erläuterung:

- Unabhängig von der Voreinstellung im ATTRIBUTES INSPECTOR können die CheckBox-Elemente auch per Code voreingestellt werden. Dies wird in der bereits bekannten Methode `awakeFromNib:` vorgenommen. In der Enumeration `NSCellStateValue` gibt es unter anderem die Werte `NSOnState` (= 1) und `NSOffState` (= 0) als Parameter für die Methode `setState:`. Die per Code vorgenommene Einstellung hat natürlich Vorrang vor der Einstellung aus dem ATTRIBUTES INSPECTOR, da sie erst in dem Moment vorgenommen wird, in dem das Projekt startet.
- Der Preis des Zimmers hängt vom Zustand der drei CheckBox-Elemente ab. Sie sind voneinander unabhängig, daher müssen ihre jeweiligen Zustände einzeln mit `if` (siehe Abschnitt 2.4, »Verzweigungen«) abgefragt werden – mit Hilfe der Methode `state:`. Anschließend wird der Preis formatiert ausgegeben. Bei jeder Änderung des Zustands eines der drei CheckBox-Elemente wird die Methode `zeigeAuswahl:` durchlaufen und der Preis unmittelbar aktualisiert.

8.6.4 Verbindungen erzeugen

Fügen Sie dem Bereich DOCUMENT OUTLINE auf dem bekannten Weg eine Instanz der Klasse `Controller` hinzu. Im CONNECTIONS INSPECTOR stellen Sie dann die Verbindungen zu den beschriebenen Elementen her, wie in Abbildung 8.44 zu sehen.

Beachten Sie, dass die Methode `zeigeAuswahl:` nacheinander mit allen drei CheckBox-Elementen verbunden wurde, da sie auf die Betätigung jedes der drei Elemente reagieren soll. Anschließend steht Ihnen das fertige Projekt zur Verfügung.

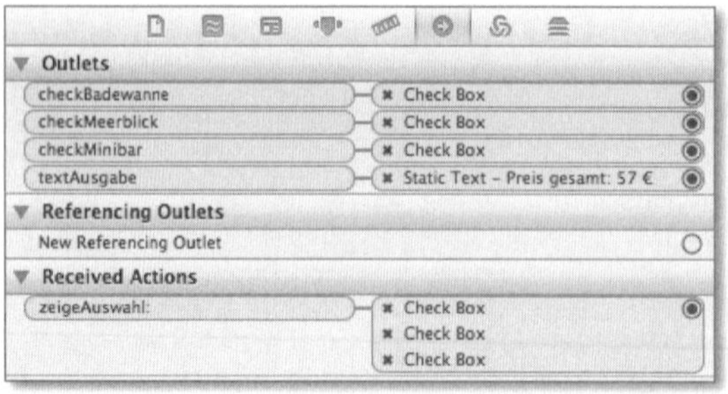

Abbildung 8.44 »Controller«, »Connections Inspector«

8.7 Steuerelement »RadioButton«

Gruppen von Radio-Buttons (dt.: Optionsschaltflächen) dienen wie Popups und Combo-Boxen zur Auswahl zwischen verschiedenen Möglichkeiten. Die Auswahl eines bestimmten Radio-Buttons löscht die Auswahl aller Radio-Buttons in derselben Gruppe.

8.7.1 Projekt erzeugen

Erstellen Sie eine neue Cocoa-Anwendung mit dem Namen *GRadio*. Fügen Sie zunächst eine einfache Box ein. Dieses `NSBox`-Objekt ist dazu geeignet, Elemente optisch zusammenzufassen und zu betiteln. Der Titel wird im ATTRIBUTES INSPECTOR über die Eigenschaft TITLE vergeben. Eine Gruppe von Radio-Buttons finden Sie in der OBJECT LIBRARY als RADIO GROUP. Es handelt sich dabei um ein `NSMatrix`-Objekt. Es wird in diesem Projekt innerhalb der Box eingefügt.

Zur Bedienung des Projekts: Der Benutzer hat die Möglichkeit, ein Hotelzimmer auszuwählen. Der Preis des Zimmers wird unmittelbar nach der Auswahl im ersten Ausgabelabel angezeigt, siehe Abbildung 8.45. Das zweite, eingerahmte Ausgabelabel zeigt als Zusatzinfo den Text des ausgewählten Radio-Buttons an.

Abbildung 8.45 Projekt »GRadio«, Anwendungsfenster

Ein NSMatrix-Objekt ist wie eine Tabelle aus Zeilen (ROWS) und Spalten (COLUMNS) aufgebaut. Die Radio-Buttons stehen in den Zellen der Tabelle. Im ATTRIBUTES INSPECTOR können Sie die Anzahl der ROWS und COLUMNS einstellen, siehe Abbildung 8.46.

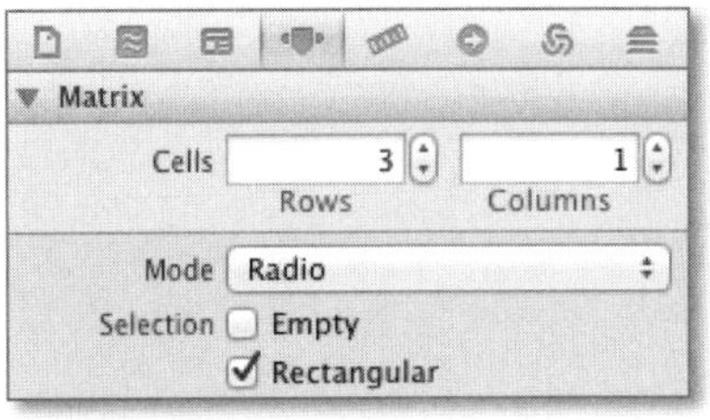

Abbildung 8.46 »Attributes Inspector«, Matrix mit Radio-Buttons

Gestalten Sie das Anwendungsfenster entsprechend Abbildung 8.45.

8.7.2 Deklaration der Klasse »Controller«

Fügen Sie eine Controller-Klasse hinzu. Es folgt die Deklaration:

```
#import <Foundation/Foundation.h>
@interface Controller : NSObject
{
    IBOutlet NSMatrix *matrixPersonen;
    IBOutlet NSTextField *textAusgabe;
    IBOutlet NSTextField *textInfo;
}

- (IBAction)zeigeAuswahl:(id)sender;
@end
```

Listing 8.11 Projekt »GRadio«, Datei »Controller.h«

Zur Erläuterung:

- Die RADIO GROUP wird über das NSMatrix-Objekt repräsentiert. Die beiden NSTextField-Objekte stehen für die beiden Ausgabelabels.
- Die Methode zeigeAuswahl: ist mit der gesamten Matrix verbunden. Sie soll reagieren, sobald auf einen der drei Radio-Buttons geklickt wurde.

8.7.3 Implementation der Klasse »Controller«

Es folgt der Code:

```
#import "Controller.h"
@implementation Controller

-(void)awakeFromNib
{
    [[matrixPersonen cellAtRow:0 column:0]
        setState:NSOffState];
    [[matrixPersonen cellAtRow:2 column:0]
        setState:NSOnState];
}

- (IBAction)zeigeAuswahl:(id)sender
{
    int preis;
    NSButtonCell *auswahl =
        [matrixPersonen selectedCell];
    [textInfo setStringValue:[auswahl title]];

    NSArray *zellenArray = [matrixPersonen cells];

    if(auswahl == [zellenArray objectAtIndex:0])
        preis = 60;
    else if(auswahl == [zellenArray objectAtIndex:1])
        preis = 70;
    else
        preis = 80;

    [textAusgabe setStringValue:[NSString
        stringWithFormat:@"Preis %d €", preis]];
}
@end
```

Listing 8.12 Projekt »GRadio«, Datei »Controller.m«

Zur Erläuterung:

- Standardmäßig ist der erste Radio-Button eingeschaltet. Zur Vorauswahl des dritten Radio-Buttons muss der erste Radio-Button ausgeschaltet und der dritte Radio-Button eingeschaltet werden. Dies wird in der Methode `awakeFromNib:` vorgenommen.

- Zunächst wird mit Hilfe der Methode `cellAtRow:column:` eine bestimmte Zelle (mit Zeile und Spalte) ermittelt, in der sich ein Radio-Button befindet. Dabei handelt es sich um ein `NSButtonCell`-Objekt. Die Nummerierung startet wie üblich bei 0. Die Methode `setState:` zum Einstellen des ermittelten Radio-Buttons und die erlaubten Werte kennen Sie bereits vom `CheckBox`-Steuerelement.
- Die Methode `zeigeAuswahl:` reagiert, falls auf einen der drei Radio-Buttons geklickt wird. Zunächst muss ermittelt werden, um welchen Radio-Button es sich handelt. Dies wird mit Hilfe der Methode `selectedCell:` des `NSMatrix`-Objekts durchgeführt, die einen Verweis auf die geklickte Zelle mit dem Radio-Button liefert. Dieser Verweis wird einem `NSButtonCell`-Objekt zugewiesen. Dessen Titel kann nun bereits im unteren Label ausgegeben werden.
- Die Methode `cells:` des `NSMatrix`-Objekts liefert ein `NSArray`-Objekt (siehe Abscnitt 4.7, »Klasse ›NSArray‹«) mit Verweisen auf die Zellen der Matrix. Anschließend können Sie diese Verweise nacheinander mit dem Verweis auf die aktuell geklickte Zelle vergleichen – mit Hilfe einer mehrfachen Verzweigung mit `if else` (siehe Abschnitt 2.4, »Verzweigungen«). Bei Übereinstimmung wird der betreffende Preis zugewiesen und anschließend unmittelbar formatiert ausgegeben.

8.7.4 Verbindungen erzeugen

Fügen Sie dem Bereich Document Outline eine Instanz der Klasse `Controller` hinzu. Im Connections Inspector stellen Sie dann die Verbindungen zu den beschriebenen Elementen her, wie in Abbildung 8.47 zu sehen. Beachten Sie dabei, dass die Eigenschaft `matrixPersonen:` und die Methode `zeigeAuswahl:` mit der gesamten Matrix und nicht einem einzelnen Radio-Button verbunden werden.

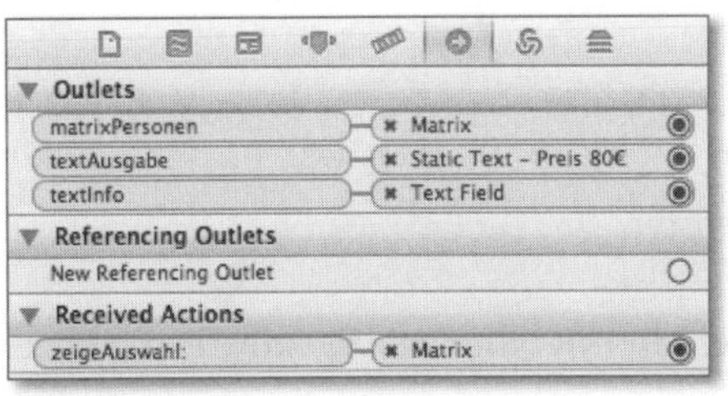

Abbildung 8.47 »Controller«, »Connections Inspector«

8.8 Steuerelemente »Slider« und »Stepper«

Slider und Stepper dienen zur Auswahl eines Wertes aus einem bestimmten Zahlenbereich mit einer bestimmbaren Genauigkeit. Der Einsatz eines Sliders oder eines Steppers ist weniger fehleranfällig als die Eingabe eines Zahlenwertes in einem Textfeld. In der OBJECT LIBRARY werden ein Stepper und drei Typen von Slidern angeboten: ein VERTICAL SLIDER, ein HORIZONTAL SLIDER und ein CIRCULAR SLIDER. Es handelt sich um Objekte der Klassen `NSStepper` beziehungsweise `NSSlider`.

8.8.1 Projekt erzeugen

Erstellen Sie eine neue Cocoa-Anwendung mit dem Namen *GSlider*. Im Anwendungsfenster sehen Sie einen Stepper und jeweils einen Slider der drei oben genannten Typen. Nahe bei den Steuerelementen stehen in einem gerahmten Ausgabelabel jeweils drei Werte für den Zahlenbereich (Minimum und Maximum) sowie die Schrittweite. In Abbildung 8.48 sehen Sie zum Beispiel für den vertikalen Slider einen Zahlenbereich von –3 bis +3 und eine Schrittweite von 0,5.

Der Wert des aktuell benutzten Steuerelements wird unmittelbar im eingerahmten Ausgabelabel auf der rechten Seite genannt. In Abbildung 8.48 sehen Sie zum Beispiel den Wert 2 für den vertikalen Slider. Gestalten Sie die Anordnung der Elemente entsprechend dieser Abbildung.

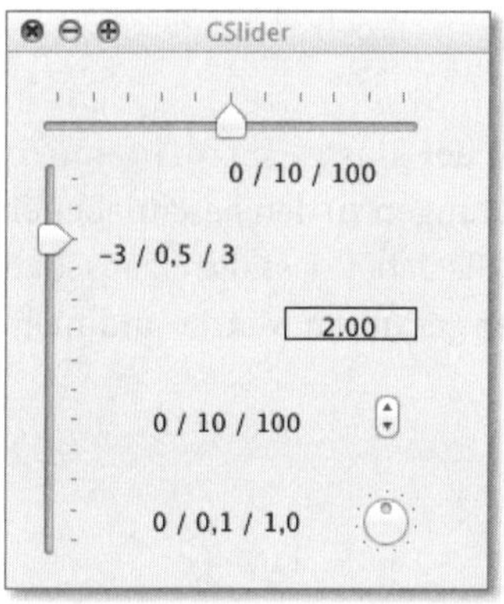

Abbildung 8.48 Projekt »GSlider«, Anwendungsfenster

Die Eigenschaften des horizontalen Sliders werden mit Hilfe des ATTRIBUTES INSPECTORS eingestellt, siehe Abbildung 8.49. Zur Erleichterung der Bedienung werden elf kleine Striche, sogenannte *Tick Marks*, oberhalb des Sliders angezeigt für die Werte 0, 10, 20, 30, ... bis 100. Der Startwert ist 50. Wenn Sie die Eigenschaft ONLY STOP ON TICK MARKS markieren, kann der Benutzer mit dem Slider keinen Zwischenwert erreichen.

Wenn Sie die Eigenschaft CONTINUOUS markieren, findet eine Änderung des Wertes kontinuierlich während der Verschiebung statt und nicht erst nach dem Loslassen des Sliders.

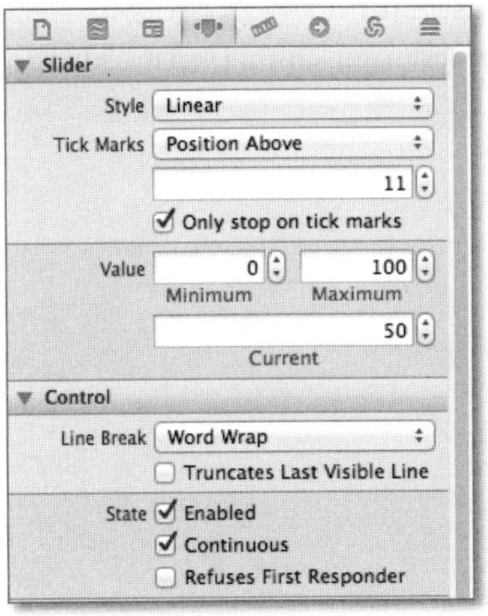

Abbildung 8.49 »Attributes Inspector«, horizontaler Slider

Die Eigenschaften des zirkularen Sliders sehen Sie in Abbildung 8.50. Das Maximum wird auf 1,1 festgelegt. Nur so ist es möglich, den Wert 1,0 zu erreichen. Beim weiteren Drehen des Sliders im Uhrzeigersinn wird wieder das Minimum von 0,0 erreicht.

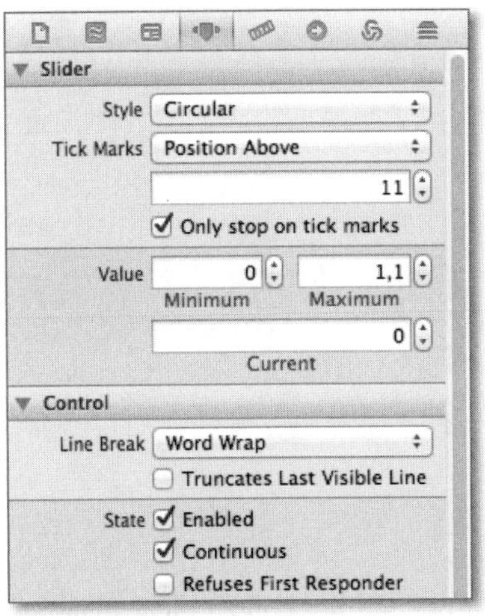

Abbildung 8.50 »Attributes Inspector«, zirkularer Slider

Die Eigenschaften des vertikalen Sliders werden zu Demonstrationszwecken per Code festgelegt.

Wenn Sie beim Stepper die Eigenschaft AUTO REPEATS auswählen, kann der Benutzer die Maustaste auf einem der Pfeile gedrückt halten und damit für eine kontinuierliche Änderung des angezeigten Wertes um den Wert der Eigenschaft INCREMENT sorgen, siehe auch Abbildung 8.51. Ansonsten müsste er für jede Wertänderung einmal separat klicken.

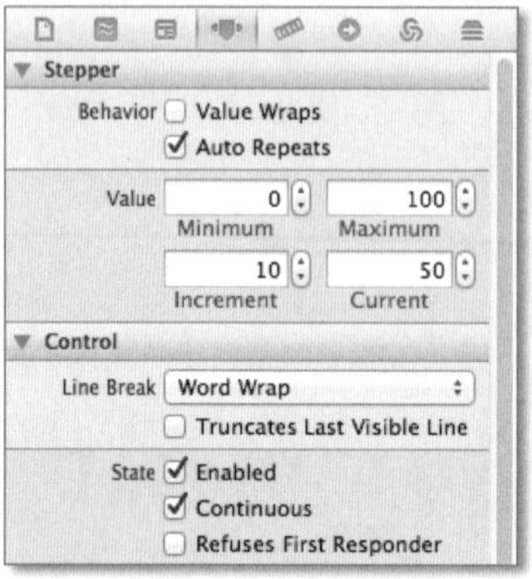

Abbildung 8.51 »Attributes Inspector«, Stepper

8.8.2 Deklaration der Klasse »Controller«

Fügen Sie eine `Controller`-Klasse hinzu. Es folgt die Deklaration:

```
#import <Foundation/Foundation.h>
@interface Controller : NSObject
{
    IBOutlet NSSlider *sliderVertikal;
    IBOutlet NSTextField *textAusgabe;
}

- (IBAction)zeigeWert:(id)sender;
@end
```

Listing 8.13 Projekt »GSlider«, Datei »Controller.h«

Zur Erläuterung:

- Nur der vertikale Slider wird hier repräsentiert – über ein `NSSlider`-Objekt. Dessen Eigenschaften sollen per Code eingestellt werden. Die Eigenschaften der anderen Slider und des Steppers werden im ATTRIBUTES INSPECTOR festgelegt.
- Die Methode `zeigeWert:` ist mit allen drei Slidern und dem Stepper verbunden und reagiert auf eine Wertänderung. Dank des Setzens der Eigenschaft CONTINUOUS, siehe auch Abbildung 8.49 und Abbildung 8.50, geschieht dies auch bei den Slidern sofort und nicht erst nach Ende der Verschiebung.

8.8.3 Implementation der Klasse »Controller«

Es folgt der Code:

```
#import "Controller.h"
@implementation Controller

-(void)awakeFromNib
{
    [sliderVertikal setTickMarkPosition:NSTickMarkRight];
    [sliderVertikal setNumberOfTickMarks:13];
    [sliderVertikal setAllowsTickMarkValuesOnly:YES];

    [sliderVertikal setMinValue:-3];
    [sliderVertikal setMaxValue:3];
    [sliderVertikal setDoubleValue:0];

    [sliderVertikal setContinuous:YES];
}

- (IBAction)zeigeWert:(id)sender
{
    [textAusgabe setStringValue:
        [NSString stringWithFormat:@"%.2f",
        [sender doubleValue]]];
}
@end
```

Listing 8.14 Projekt »GSlider«, Datei »Controller.m«

Zur Erläuterung:

- In der Methode `awakeFromNib:` werden die Eigenschaften des vertikalen Sliders über die entsprechenden Setter-Methoden eingestellt. Die Parameter für die Methode `setTickMarkPosition:` stammen aus der Enumeration `NSTickMarkPosition`. Neben `...Right` gibt es noch `...Left`, `...Above` und `...Below`.
- Die Methode `setNumberOfTickMarks:` erwartet einen `int`-Wert. Die Parameter der Methoden `setAllowsTickMarkValuesOnly:` und `setContinuous:` sind vom Typ `BOOL`. Die Methoden `setMinValue:`, `setMaxValue:` und `setDoubleValue:` erwarten einen `double`-Wert und setzen das Minimum, das Maximum und den Startwert des Sliders.
- Die Methode `zeigeWert:` ist mit allen drei Slidern und dem Stepper verbunden. Eine Wertänderung führt zur Ausführung der Methode. Das Objekt `sender` verweist auf

das aktuell betätigte Steuerelement. Dessen Methode `doubleValue:` liefert den aktuellen Wert.

8.8.4 Verbindungen erzeugen

Fügen Sie dem Bereich DOCUMENT OUTLINE eine Instanz der Klasse `Controller` hinzu. Im CONNECTIONS INSPECTOR stellen Sie dann die Verbindungen zu den beschriebenen Elementen her, wie in Abbildung 8.52 zu sehen. Beachten Sie dabei, dass die Methode `zeigeWert:` mit allen drei Slidern und dem Stepper verbunden wird.

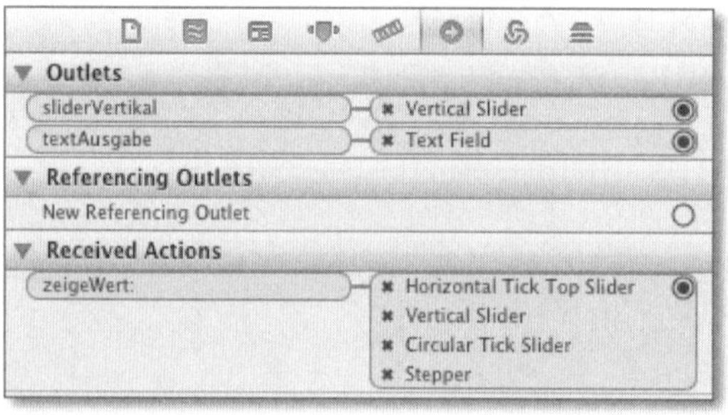

Abbildung 8.52 »Controller«, »Connections Inspector«

8.9 Icon für Anwendung

Bisher hatten Ihre Anwendungen ein Standard-Icon. Dieses wird zum Beispiel nach dem Start im Dock angezeigt. Falls Sie Ihre Anwendungen jeweils mit einem individuellen Icon ausstatten möchten, benötigen Sie zunächst ein Programm wie Icon Composer. Sie finden dieses Programm außerhalb von Xcode über MACINTOSH HD • DEVELOPER • APPLICATIONS • UTILITIES.

8.9.1 Icondatei erzeugen

Nach dem Öffnen können Sie eine Bilddatei mit der Endung *icns* auf die Vorlagen für die verschiedenen Größen ziehen, von 512 mal 512 bis 16 mal 16. Die unterschiedlich großen Bilder kommen an verschiedenen Stellen innerhalb der Anwendung zum Einsatz. Speichern Sie die Datei anschließend mit der Endung *icns* ab.

Bilddateien von anderen Typen, zum Beispiel *jpg* oder *gif*, können mit externen Programmen in *icns*-Dateien umgewandelt werden. Erst dann könnten Sie sie hier als Bildquelle verwenden.

8.9.2 Icondatei in Projekt einfügen

Erstellen Sie eine neue Cocoa-Anwendung mit dem Namen *GIcon*. Lassen Sie sich im PROJECT NAVIGATOR die Projekteigenschaften anzeigen – Bereich TARGETS • SUMMARY • OS X APPLICATION TARGET. Ziehen Sie die soeben erstellte *icns*-Bilddatei auf das Feld APP ICON, siehe Abbildung 8.53.

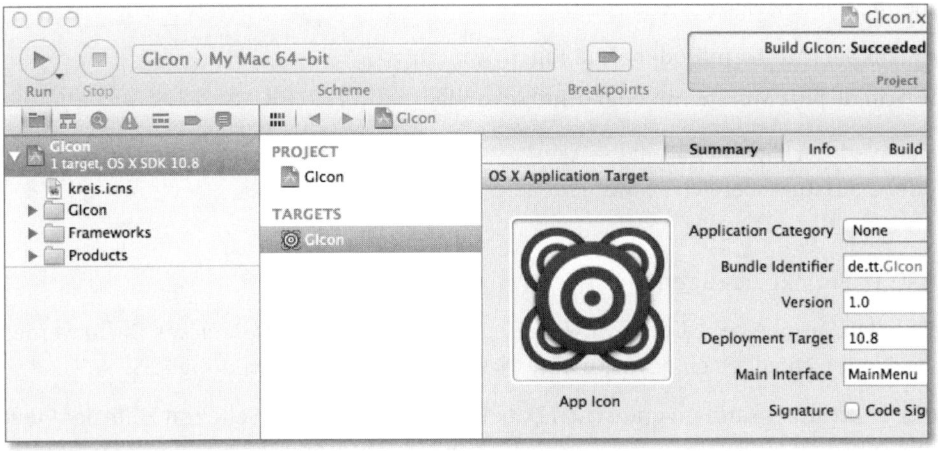

Abbildung 8.53 »Project Navigator«, Feld »App Icon«

Nach dem Start der Anwendung sehen Sie das Icon im Dock und zum Beispiel im ABOUT-Dialog, siehe Abbildung 8.54. Diesen Dialog können Sie über das Anwendungsmenü aufrufen: Menü GICON, Menüpunkt ABOUT GICON.

Abbildung 8.54 »About«-Dialog

8.10 Steuerelement »DatePicker«

Ein *Date Picker* dient zur Auswahl von Datum und Uhrzeit. Ein solches Steuerelement ist ein Objekt der Klasse `NSDatePicker`. Es kann im ATTRIBUTES INSPECTOR mit Hilfe der Eigenschaft STYLE auf drei Arten dargestellt werden: grafisch, textuell oder textuell mit Stepper. Mit Hilfe der Eigenschaft ELEMENTS können Sie entscheiden, aus welchen Elementen die Anzeige bestehen soll:

- Jahr plus Monat mit oder ohne Tag
- Stunde plus Minute mit oder ohne Sekunde

Der Wert der Eigenschaft `datePickerMode` bestimmt darüber, ob ein einzelnes Datum oder ein Datumsbereich auswählbar ist.

8.10.1 Projekt erzeugen

Erstellen Sie eine neue Cocoa-Anwendung mit dem Namen *GDatePicker*. Darin werden zwei unterschiedlich eingestellte Date Picker genutzt, siehe Abbildung 8.55:

- Der Benutzer kann im grafischen Date Picker auf der linken Seite mit Hilfe der Pfeile den Monat wechseln und im ausgewählten Monat einen Tag bestimmen. Außerdem kann er eine Uhrzeit einstellen, indem er die Zeiger der analogen Uhr mit der Maus anfasst.
- Im textuellen Date Picker auf der rechten Seite kann er eines der Elemente auswählen, zum Beispiel den Monat, und dieses Element mit Hilfe des Steppers einstellen.

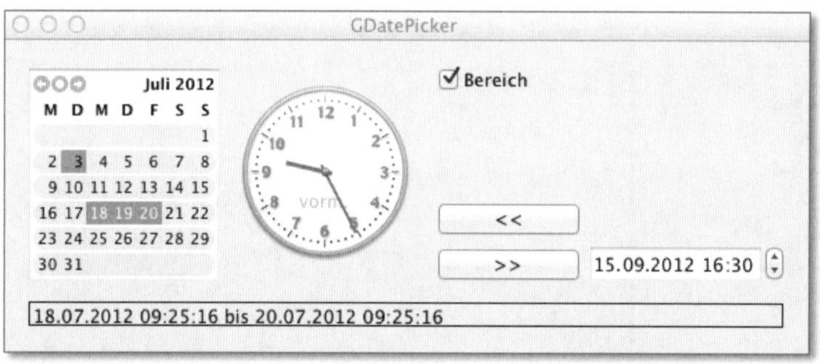

Abbildung 8.55 Projekt »GDatePicker«, Anwendungsfenster

Über zwei Buttons kann er den Wert von Datum und Uhrzeit dem jeweils anderen Date Picker zuweisen. Zusätzlich kann er zwischen den Modi Zeitpunkt und Zeitbereich mit Hilfe einer CheckBox wechseln. Im eingerahmten Label unten werden Zeitpunkt beziehungsweise Zeitbereich des aktuell veränderten Date Pickers formatiert ausgegeben.

Es kommen Objekte der Klassen `NSDate` und `NSDateFormatter` zum Einsatz, die Sie bereits in Abschnitt 5.7, »Datum und Uhrzeit«, kennengelernt haben. Die Einstellungen im ATTRIBUTES INSPECTOR für den grafischen Date Picker auf der linken Seite sehen Sie in Abbildung 8.56, für den textuellen Date Picker in Abbildung 8.57. Über die CONSTRAINTS könnte außerdem der erlaubte Datumsbereich eingeschränkt werden.

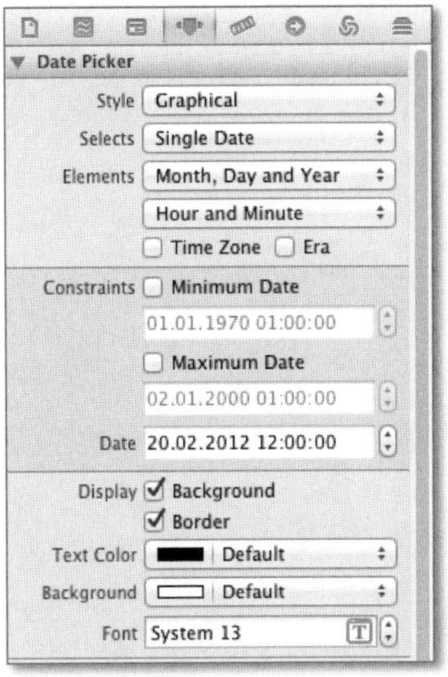

Abbildung 8.56 »Attributes Inspector«, grafischer Date Picker

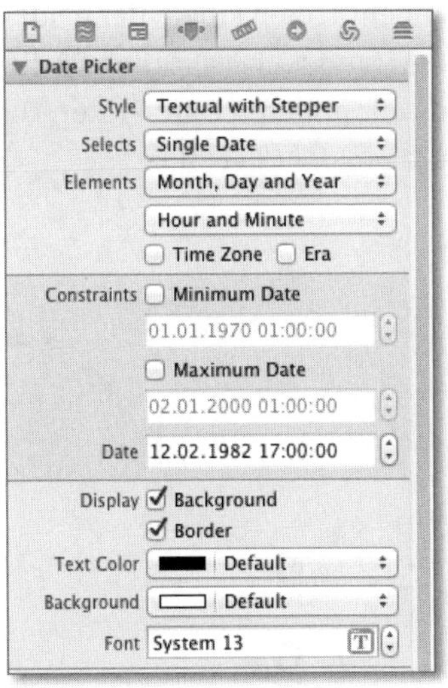

Abbildung 8.57 »Attributes Inspector«, textueller Date Picker

8

8.10.2 Deklaration der Klasse »Controller«

Fügen Sie eine `Controller`-Klasse hinzu. Es folgt die Deklaration:

```
#import <Foundation/Foundation.h>
@interface Controller : NSObject
{
    IBOutlet NSDatePicker *pickerLinks;       // ❶
    IBOutlet NSDatePicker *pickerRechts;
    IBOutlet NSButton *checkBereich;          // ❷
    IBOutlet NSTextField *textAusgabe;
}

- (IBAction)zeigeWert:(id)sender;             // ❸
- (IBAction)nachLinks:(id)sender;             // ❹
- (IBAction)nachRechts:(id)sender;
- (IBAction)pickerModusAendern:(id)sender;    // ❺
@end
```

Listing 8.15 Projekt »GDatePicker«, Datei »Controller.h«

Zur Erläuterung:

- Die beiden Date Picker werden über die `NSDatePicker`-Objekte ab ❶ repräsentiert. Den Wert der CheckBox gibt das `NSButton`-Objekt in ❷ wieder.
- Die Methode `zeigeWert:` in ❸ wird aufgerufen, falls der Benutzer in einem der beiden Date Picker einen Wert ändert. Die Methoden `nachLinks:` und `nachRechts:` ab ❹ dienen zur Zuweisung von Datum und Uhrzeit an den jeweils anderen Date Picker. Die Methode `pickerModusAendern:` in ❺ reagiert beim Betätigen der CheckBox.

8.10.3 Implementation der Klasse »Controller«

Es folgt der Code:

```
#import "Controller.h"
@implementation Controller

-(void)awakeFromNib                                         // ❶
{
    [pickerLinks setDateValue:[NSDate date]];               // ❷
    [pickerRechts setDateValue:[NSDate                      // ❸
        dateWithString:@"2012-09-15 15:30:00 +0100"]];
```

```
}

- (IBAction)pickerModusAendern:(id)sender                // ❹
{
    if([checkBereich state] == NSOnState)
        [pickerLinks setDatePickerMode:NSRangeDateMode];
    else
        [pickerLinks setDatePickerMode:NSSingleDateMode];
}

- (IBAction)zeigeWert:(id)sender                         // ❺
{
    NSDate *datum = [sender dateValue];                  // ❻

    NSDateFormatter *datumsformat =                      // ❼
        [[NSDateFormatter alloc] init];
    [datumsformat setDateFormat:
        @"dd.MM.yyyy HH:mm:ss"];

    NSString *ausgabe =                                  // ❽
        [datumsformat stringFromDate:datum];

    if(sender == pickerLinks &&                          // ❾
       [pickerLinks datePickerMode] == NSRangeDateMode)
    {
        NSTimeInterval bereichLaenge =                   // ❿
            [pickerLinks timeInterval];
        NSDate *bereichEnde = [datum                     // ⓫
            dateByAddingTimeInterval:bereichLaenge];
        NSString *bereichString = [datumsformat          // ⓬
            stringFromDate:bereichEnde];
        ausgabe = [NSString stringWithFormat:            // ⓭
            @"%@ bis %@", ausgabe, bereichString];
    }

    [textAusgabe setStringValue:[NSString                // ⓮
        stringWithFormat:@"%@", ausgabe]];
}

- (IBAction)nachLinks:(id)sender                         // ⓯
{
```

```
    NSDate *datum = [pickerRechts dateValue];
    [pickerLinks setDateValue:datum];
}

- (IBAction)nachRechts:(id)sender
{
    NSDate *datum = [pickerLinks dateValue];
    [pickerRechts setDateValue:datum];
}
@end
```

Listing 8.16 Projekt »GDatePicker«, Datei »Controller.m«

Zur Erläuterung:

- In der Methode `awakeFromNib`: in ❶ werden bestimmte Werte für Datum und Uhrzeit der beiden Date Picker eingestellt. Diese haben Vorrang vor den Werten, die gegebenenfalls im ATTRIBUTES INSPECTOR im Feld DATE eingestellt wurden, siehe Abbildung 8.56 und Abbildung 8.57.
- Die Methode `setDateValue:` dient zum Setzen eines Wertes für ein `NSDatePicker`-Objekt mit Hilfe eines `NSDate`-Objekts (siehe Abschnitt 5.7, »Datum und Uhrzeit«). Das erste `NSDate`-Objekt wird in ❷ mit Hilfe der Klassenmethode `date:` auf das aktuelle Datum und die aktuelle Uhrzeit gesetzt.
- Das zweite `NSDate`-Objekt wird in ❸ mit Hilfe der Klassenmethode `dateWithString:` auf einen bestimmten Wert gesetzt. Dabei muss innerhalb der Zeichenkette ein vorgegebenes Format eingehalten werden: JJJJ-MM-TT HH:MM:SS GMT-DIFFERENZ. Die GMT-Differenz bestimmt die Differenz des aktuellen Ortes zur *Greenwich Mean Time*. Beachten Sie, dass 15:30 Uhr nach Greenwich-Zeit eingestellt wurde, aber wegen der GMT-Verschiebung 16:30 Uhr hiesige Ortszeit angezeigt wird.
- Die Methode `pickerModusAendern:` ab ❹ reagiert beim Betätigen der CheckBox. Abhängig vom Status der CheckBox wird der Modus des grafischen Date Pickers eingestellt. Dazu gibt es in der Enumeration `NSDatePickerMode` die beiden Werte `NSSingleDateMode` und `NSRangeDateMode`.
- Die Methode `zeigeWert:` in ❺ wird aufgerufen, wenn der Benutzer in einem der beiden Date Picker einen Wert ändert. Für das auslösende `NSDatePicker`-Objekt wird in ❻ die Methode `dateValue:` aufgerufen, die ein `NSDate`-Objekt mit dem angezeigten Wert für Datum und Uhrzeit liefert.
- Zur Erzeugung einer formatierten Ausgabe wird in ❼ ein `NSDateFormatter`-Objekt erzeugt, für das mit der Methode `setDateFormat:` ein bestimmtes Format gewählt wird.

- Das NSDate-Objekt und das NSDateFormatter-Objekt werden in ❽ zu einem NSString-Objekt für die Ausgabe zusammengesetzt.
- Falls (in ❾) der Benutzer den Wert des linken Date Pickers geändert hat und dieser auf dem Wert NSRangeDateMode steht (also Auswahl eines Datumsbereichs), wird in ❿ der Wert der Eigenschaft timeInterval ermittelt. Dieser ist vom Typ NSTimeInterval, also ein double-Wert, und entspricht der Länge des markierten Zeitbereichs.
- Dieser Wert wird in ⓫ mit Hilfe der Methode dateByAddingTimeInterval: zum Datumswert des Date Pickers hinzugerechnet. So wird der Endzeitpunkt des Zeitbereichs ermittelt. Auch dieses NSDate-Objekt wird mit Hilfe des bereits vorhandenen NSDateFormatter-Objekts in ⓬ zu einem NSString-Objekt für die Ausgabe zusammengesetzt. Die Ausgabe wird in ⓭ um dieses NSString-Objekt verlängert.
- Das NSString-Objekt, das entweder nur einen einzelnen Zeitpunkt oder Anfangs- und Endzeitpunkt des Zeitbereichs enthält, wird (in ⓮) im gerahmten Label ausgegeben.
- Die beiden Methoden ab ⓯ werden nach Betätigung des jeweiligen Buttons gestartet. Innerhalb der Methoden wird jeweils der Wert von Datum und Uhrzeit eines NSDatePicker-Objekts mit Hilfe der Methode dateValue: ermittelt und dem jeweils anderen NSDatePicker-Objekt mit setDateValue: zugewiesen.

8.10.4 Verbindungen erzeugen

Fügen Sie dem Bereich DOCUMENT OUTLINE eine Instanz der Klasse Controller hinzu. Im CONNECTIONS INSPECTOR stellen Sie dann die Verbindungen zu den beschriebenen Elementen her, wie in Abbildung 8.58 zu sehen. Beachten Sie dabei, dass die Methode zeigeWert: mit beiden Date Pickern verbunden wird. Die CheckBox ist sowohl mit der Eigenschaft checkBereich als auch mit der Methode pickerModusAendern: verbunden.

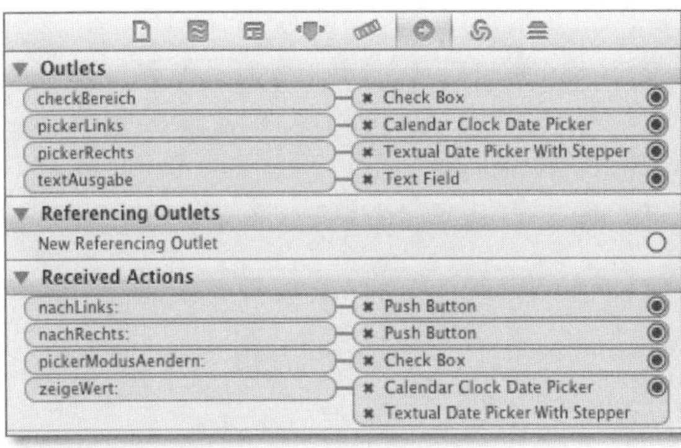

Abbildung 8.58 »Controller«, »Connections Inspector«

8.11 Steuerelement »Panel«

Ein Panel gibt Ihnen eine einfache Möglichkeit zur Einblendung eines kleinen, modalen Unterfensters. Darin können zum Beispiel Eingaben gemacht oder Werte eingestellt werden, die nach dem Schließen des Unterfensters im Haupt-Anwendungsfenster zur Verfügung stehen.

Der Begriff *modal* bedeutet, dass das Haupt-Anwendungsfenster während der Einblendung des Panels nicht bedient werden kann. Somit ist es dann auch nicht möglich, ein Panel versehentlich zweimal gleichzeitig einzublenden.

Das Panel liegt außerhalb des Haupt-Anwendungsfensters und wird direkt vom Anwendungsobjekt aufgerufen und gesteuert, wie Sie in Abschnitt 8.11.3 sehen werden.

Sie sehen in Abbildung 8.59 ein Haupt-Anwendungsfenster mit einem Button und einem eingerahmten Label. Nach dem Betätigen des Buttons erscheint ein Panel als modales Unterfenster. Dort können Sie in einem Textfeld Eingaben vornehmen, siehe Abbildung 8.60. Nach dem Schließen des Panels steht der eingegebene Text im Label des Haupt-Anwendungsfensters, siehe Abbildung 8.61.

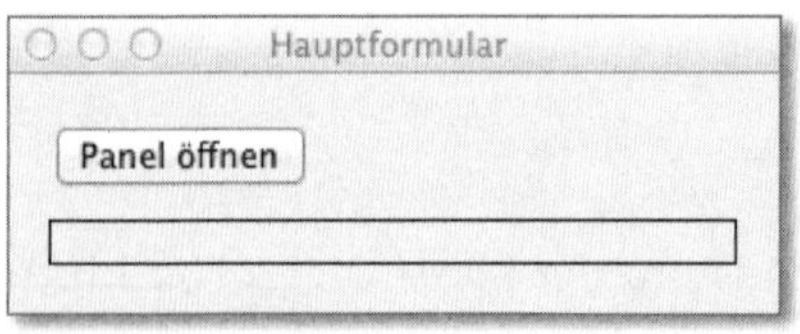

Abbildung 8.59 Haupt-Anwendungsfenster

Abbildung 8.60 Eingeblendetes Panel

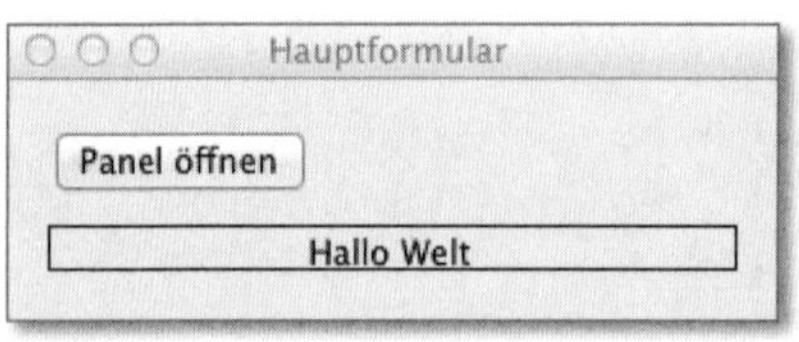

Abbildung 8.61 Übernahme der Informationen nach Schließen des Panels

8.11.1 Projekt erzeugen

Erstellen Sie eine neue Cocoa-Anwendung mit dem Namen *GPanel*. Das Panel ist ein `NSPanel`-Objekt, das Sie aus der OBJECT LIBRARY nehmen und neben oder unter dem Haupt-Anwendungsfenster platzieren, siehe Abbildung 8.62. Im ATTRIBUTES INSPECTOR löschen Sie für dieses Panel das Häkchen bei VISIBLE AT LAUNCH. Ansonsten wäre es bereits bei Programmstart sichtbar.

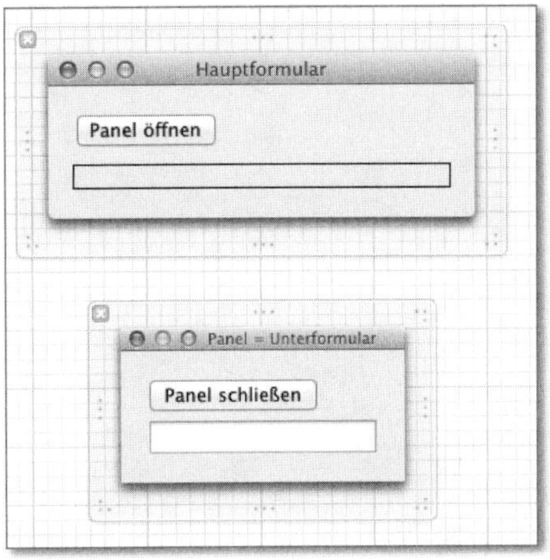

Abbildung 8.62 Beide Fenster zur Entwicklungszeit

8

8.11.2 Deklaration der Klasse »Controller«

Gestalten Sie die Anwendung entsprechend der Abbildung 8.62. Fügen Sie eine `Controller`-Klasse hinzu. Es folgt die Deklaration dieser Klasse:

```
#import <Foundation/Foundation.h>
@interface Controller : NSObject
{
    IBOutlet NSPanel *panel;                // ❶
    IBOutlet NSWindow *hauptFormular;       // ❷
    IBOutlet NSTextField *textEingabe;      // ❸
    IBOutlet NSTextField *textAusgabe;
}

-(IBAction)oeffnePanel:(id)sender;          // ❹
-(IBAction)schliessePanel:(id)sender;
@end
```

Listing 8.17 Projekt »GPanel«, Datei »Controller.h«

Zur Erläuterung:

- Zu ❶: Das Panel wird durch ein `NSPanel`-Objekt repräsentiert.
- Zu ❷: Beim Öffnen des Panels wird eine Repräsentation des Haupt-Anwendungsfensters benötigt. Dieses ist vom Typ `NSWindow`.
- Ab ❸ sehen Sie das Eingabefeld im Panel und das Ausgabelabel im Haupt-Anwendungsfenster.
- Die beiden Methoden `oeffnePanel:` und `schliessePanel:` in ❹ werden von den beiden Buttons ausgelöst.

8.11.3 Aufrufe des Anwendungsobjekts

Es folgt die Implementation der Klasse `Controller`. Dabei werden unter anderem einige Methoden des Anwendungsobjekts aufgerufen:

```
#import "Controller.h"
@implementation Controller

-(IBAction)oeffnePanel:(id)sender                // ❶
{
    [NSApp beginSheet:panel                      // ❷
        modalForWindow:hauptFormular             // ❸
        modalDelegate:self                       // ❹
        didEndSelector:@selector(nachEnde:)      // ❺
        contextInfo:nil];
    [NSApp runModalForWindow:panel];             // ❻
    [NSApp endSheet:panel];                      // ❼
    [panel orderOut:nil];                        // ❽
}

-(IBAction)schliessePanel:(id)sender             // ❾
{
    [NSApp stopModal];
}

-(void)nachEnde:(id)sender                       // ❿
{
    [textAusgabe setStringValue:
        [textEingabe stringValue]];
}
@end
```

Listing 8.18 Projekt »GPanel«, Datei »Controller.m«

Zur Erläuterung:

- Nachfolgend werden einige Methoden für NSApp aufgerufen. Bei NSApp handelt es sich um eine globale Konstante für das Anwendungsobjekt selbst. Das Anwendungsobjekt steuert die Anwendung und legt zum Beispiel auch das NSWindow-Objekt für das Haupt-Anwendungsfenster an.
- Die Methode oeffnePanel: in ❶ wird zunächst zum Öffnen des Panels und später zum Aufräumen nach dem Schließen des Panels benötigt.
- Die Methode beginSheet: des NSApp-Objekts in ❷ startet eine modale Sitzung für das Panel. Der Parameter modalForWindow: in ❸ legt fest, innerhalb welchen NSWindow-Objekts das Panel gezeigt werden soll. Das ist in diesem Fall das NSWindow-Objekt des Haupt-Anwendungsfensters.
- Als Wert des Parameters didEndSelector: kann in ❺ mit Hilfe von @selector optional der Name einer Methode genannt werden, die nach dem Schließen des Panels durchlaufen wird, siehe auch Abschnitt 7.4, »Selektoren«. Der Parameter modalDelegate: in ❹ bestimmt das Objekt, das als Delegat diese Methode didEndSelector: umsetzen muss. Mit self wird hier zu diesem Zweck das aktuelle Controller-Objekt bestimmt, so dass alle Vorgänge innerhalb dieser Klasse ablaufen können.
- Die Methode runModalForWindow: des NSApp-Objekts in ❻ startet die modale Anzeige des Panels. Damit wird es sichtbar.
- Nach dem Schließen des Panels durch den Benutzer wird die Methode endSheet: in ❼ durchlaufen. Sie ist das Gegenstück zur Methode beginSheet: und beendet die modale Sitzung für das Panel. Die Methode orderOut: in ❽ lässt das Panel auch optisch verschwinden.
- In der Methode schliessePanel: in ❾ wird die Methode stopModal: aufgerufen. Sie ist das Gegenstück zur Methode runModalForWindow: und beendet die modale Anzeige des Panels.
- In ❿ finden Sie die Methode nachEnde:, die in ❺ genannt wurde und nach dem Schließen des Panels ablaufen soll. Innerhalb der Methode nachEnde: wird der Text des Eingabefelds im Ausgabelabel übernommen.

8.11.4 Verbindungen erzeugen

Fügen Sie dem Bereich DOCUMENT OUTLINE eine Instanz der Klasse Controller hinzu. Im CONNECTIONS INSPECTOR stellen Sie dann die Verbindungen zu den beschriebenen Elementen her, wie in Abbildung 8.63 zu sehen. Achten Sie besonders auf die Verbindung des Haupt-Anwendungsfensters mit dem NSWindow-Objekt und die Verbindung des Unterfensters mit dem NSPanel-Objekt.

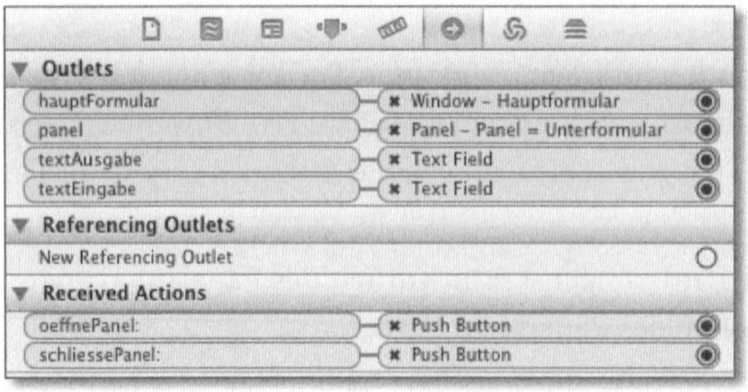

Abbildung 8.63 »Controller«, »Connections Inspector«

8.12 Steuerelement »TextView«

Ein `TextView`-Steuerelement kann zur Darstellung und Bearbeitung von formatiertem Text dienen. Sowohl die Elemente als auch die Formatierungsattribute des Textes können vom Benutzer und vom Entwickler einzeln geändert werden.

Der gesamte Text eines `TextView`-Steuerelements kann mit Attributen in einer RTF-Datei gespeichert oder aus einer RTF-Datei geladen werden. Das *Rich Text Format* (RTF) dient zum Austausch zwischen unterschiedlichen Textverarbeitungen.

Jede Anwendung, die Sie bisher entwickelt haben, hat ein Systemmenü, das der Benutzer an der üblichen Stelle findet: links oben auf dem Bildschirm seines Mac. Es hat unter anderem die Menüs EDIT und FORMAT. Die Unterpunkte dieser Menüs kann der Benutzer ebenfalls auf das aktuell ausgewählte `TextView`-Element anwenden.

Eine *Text View* ist ein Objekt der Klasse `NSTextView`. Viele Eigenschaften und Methoden hat diese Klasse von der Klasse `NSText` geerbt.

8.12.1 Projekt erzeugen

Erstellen Sie eine neue Cocoa-Anwendung mit dem Namen *GTextView*. Darin werden einige der genannten Möglichkeiten erläutert. Gestalten Sie die Anwendung entsprechend Abbildung 8.64. Im Anwendungsfenster sehen Sie oben ein `TextView`-Steuerelement, darunter eine Reihe von Buttons, zwei Labels und ganz unten ein Popup zur Ausgabe.

Mit den Buttons hinter ÄNDERN: kann der Benutzer Teile des Textes formatieren, siehe zum Beispiel Abbildung 8.65.

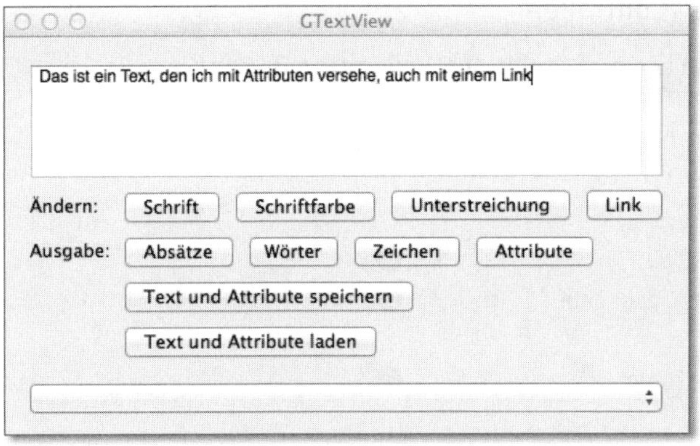

Abbildung 8.64 Projekt »GTextView«, Anwendungsfenster

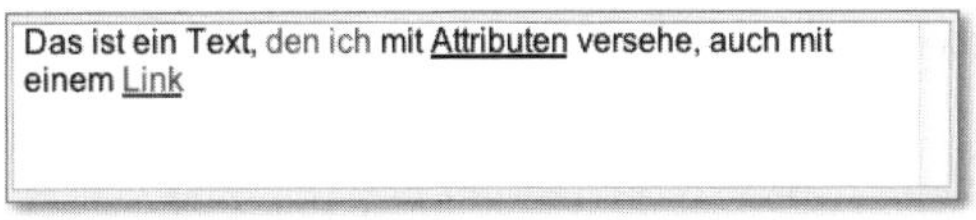

Abbildung 8.65 Formatierter Text in der Text View

Mit den Buttons hinter AUSGABE: kann er auch bestimmte Elemente des Textes einzeln im Popup ausgeben, siehe zum Beispiel die Absätze in Abbildung 8.66.

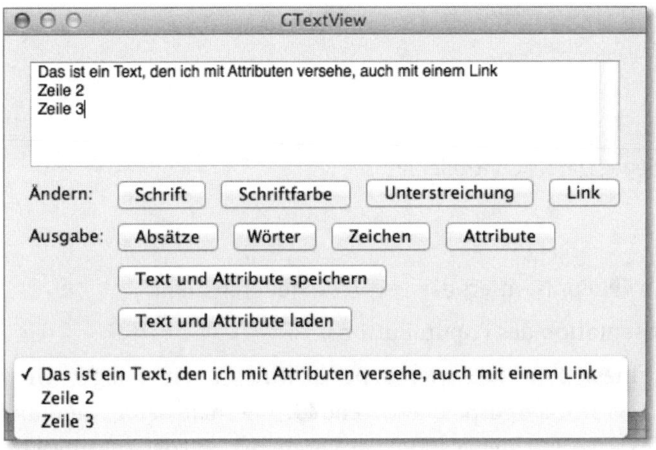

Abbildung 8.66 Ausgabe der einzelnen Absätze der Text View

Die beiden letzten Buttons dienen zum Speichern des Textes mit Attributen in einer RTF-Datei beziehungsweise zum Laden aus einer RTF-Datei.

8.12.2 Deklaration der Klasse »Controller«

Fügen Sie eine `Controller`-Klasse hinzu. Es folgt die Deklaration dieser Klasse:

```
#import <Foundation/Foundation.h>
@interface Controller : NSObject
{
    IBOutlet NSTextView *textView;              // ❶
    IBOutlet NSPopUpButton *popUpAusgabe;       // ❷

    NSTextStorage *textviewSpeicher;            // ❸
}

-(IBAction)schriftAendern:(id)sender;           // ❹
-(IBAction)schriftfarbeAendern:(id)sender;
-(IBAction)unterstreichungHinzu:(id)sender;
-(IBAction)linkHinzu:(id)sender;

-(IBAction)ausgabeAbsaetze:(id)sender;          // ❺
-(IBAction)ausgabeWoerter:(id)sender;
-(IBAction)ausgabeZeichen:(id)sender;
-(IBAction)ausgabeAttribute:(id)sender;

-(IBAction)textviewSpeichern:(id)sender;        // ❻
-(IBAction)textviewLaden:(id)sender;

@end
```

Listing 8.19 Projekt »GTextView«, Datei »Controller.h«

Zur Erläuterung:

- Das `NSTextView`-Objekt in ❶ repräsentiert das `TextView`-Steuerelement.
- In ❷ sehen Sie die Repräsentation des Popup-Buttons.
- Der eigentliche Inhalt eines `TextView`-Steuerelements wird in seiner Eigenschaft `textStorage` vom Typ `NSTextStorage` gespeichert, siehe ❸. Innerhalb der Anwendung wird häufig auf diesen Textspeicher zugegriffen. Zur Vereinfachung des Zugriffs wird daher auch ein `NSTextStorage`-Objekt zur Eigenschaft der `Controller`-Klasse.
- Die Buttons ab ❹ dienen zur Zuweisung von Attributen, die Buttons ab ❺ zur Ausgabe von Bestandteilen des Textspeichers. Die beiden Buttons ab ❻ starten den Datenaustausch zwischen Textspeicher und RTF-Datei.

8.12.3 Füllen des Textspeichers

Zur besseren Übersicht wurde die Ausgabe der Implementation der Klasse `Controller` in mehrere Teile zerlegt. Es folgt der erste Teil, in dem der Textspeicher gefüllt wird:

```
#import "Controller.h"
@implementation Controller

-(void)awakeFromNib                                  // ❶
{
    textviewSpeicher = [textView textStorage];       // ❷

    NSAttributedString *meinText =                   // ❸
        [[NSAttributedString alloc] initWithString:
        @"Das ist ein Text, den ich mit Attributen"
        " versehe, auch mit einem Link"];
    [textviewSpeicher                                // ❹
        appendAttributedString:meinText];
    [popUpAusgabe removeAllItems];                   // ❺
}
```


Listing 8.20 Projekt »GTextView«, Datei »Controller.m«, Teil 1

Zur Erläuterung:

- Beim Start der Anwendung wird die Methode `awakeFromNib:` in ❶ zur Initialisierung einiger Komponenten durchlaufen.
- In ❷ wird der eigentliche Textspeicher, das heißt die Eigenschaft `textStorage` des `NSTextView`-Objekts, dem `NSTextStorage`-Objekt zugewiesen. Dies erleichtert den Zugriff im weiteren Verlauf der Anwendung.
- Ein `NSTextStorage`-Objekt besteht aus `NSAttributedString`-Objekten. Diese ähneln `NSString`-Objekten. Allerdings können Sie ihnen Attribute zuweisen, wie zum Beispiel eine Schriftformatierung. In ❸ wird ein `NSAttributedString`-Objekt mit einer (noch) unformatierten Zeichenkette mit Hilfe der Methode `initWithString:` erzeugt.
- Die Methode `appendAttributedString:` in ❹ hängt die Zeichenkette an den (bisher leeren) Inhalt des Textspeichers an. Diese Methode hat die Klasse `NSTextStorage` von der Klasse `NSMutableAttributedString` geerbt. Diese Klasse wurde wiederum von der Klasse `NSAttributedString` abgeleitet.
- Das `PopUp`-Steuerelement wird zu Beginn geleert, siehe ❺.

8.12.4 Attribute ändern

Es folgt der zweite Teil der Implementation, in dem die Schrift und die Schriftfarbe geändert werden:

```
-(IBAction)schriftAendern:(id)sender                  // ❻
{
    NSFont *schrift =                                 // ❼
        [NSFont fontWithName:@"Arial" size:16];
    [textviewSpeicher                                 // ❽
        addAttribute:NSFontAttributeName
        value:schrift
        range:[textView selectedRange]];
}

-(IBAction)schriftfarbeAendern:(id)sender             // ❾
{
    NSColor *farbe = [NSColor redColor];
    [textviewSpeicher                                 // ❿
        addAttribute:NSForegroundColorAttributeName
        value:farbe range:[textView selectedRange]];
}
```

Listing 8.21 Projekt »GTextView«, Datei »Controller.m«, Teil 2

Zur Erläuterung:

- Nach dem Markieren eines Textbereichs kann der Benutzer den Button `Schrift` betätigen. Dies ruft die Methode `schriftAendern:` in ❻ auf.
- Ein `NSFont`-Objekt enthält zahlreiche Eigenschaften einer Schrift. In ❼ wird ein solches Objekt mit Hilfe der Klassenmethode `fontWithName:` erzeugt. Diese Methode erwartet nur den Namen einer Schriftfamilie und die Größe der Schrift in Punkten.
- Die Methode `addAttribute:value:range:` in ❽ weist einem bestimmten Textbereich Attribute zu. Auch diese Methode hat die Klasse `NSTextStorage` von `NSMutableAttributedString` geerbt.
- Mit Hilfe einer der zahlreichen Konstanten der Klasse `NSAttributedString` wird die Art des Attributs festgelegt, das zugewiesen wird. Hier ist dies `NSFontAttributeName`, also das Attribut *Schrift*.

- Im Parameter `value` wird ein Verweis auf ein Objekt geliefert. Dieses Objekt enthält den Wert, der für das zuvor genannte Attribut zugewiesen wird. Hier ist es das `NSFont`-Objekt.
- Im Parameter `range` wird der Textbereich als `NSRange`-Variable (siehe Abschnitt 5.5) geliefert, auf den das zuvor genannte Attribut anzuwenden ist. Die Methode `selectedRange:` (= ausgewählter Bereich) aus dem Protokoll `NSTextInput` liefert diese `NSRange`-Variable. Die Klasse `NSTextView` folgt dem Protokoll `NSTextInput`.
- Die Betätigung des Buttons SCHRIFTFARBE ruft die Methode `schriftfarbeAendern:` in ❾ auf.
- Ein `NSColor`-Objekt enthält Eigenschaften einer Farbe. Die Klassenmethode `redColor:` liefert ein `NSColor`-Objekt in Rot.
- Das Attribut `NSForegroundColorAttributeName` steht bei der Methode `addAttribute:value:range:` in ❿ für das Attribut *Schriftfarbe*. Als Wert für dieses Attribut wird auf das zuvor erzeugte `NSColor`-Objekt verwiesen. Der Bereich ist wiederum der vom Benutzer ausgewählte Bereich.

8

Es folgt der dritte Teil der Implementation, in dem eine Unterstreichung und ein Hyperlink hinzugefügt werden:

```
-(IBAction)unterstreichungHinzu:(id)sender          // ⓫
{
   NSNumber *zahl = [NSNumber numberWithInt:        // ⓬
      NSUnderlineStyleSingle];
   [textviewSpeicher                                // ⓭
      addAttribute:NSUnderlineStyleAttributeName
      value:zahl
      range:[textView selectedRange]];
}

-(IBAction)linkHinzu:(id)sender                     // ⓮
{
   NSURL *linkZuGoogle = [NSURL URLWithString:      // ⓯
      @"http://www.google.de"];
   [textviewSpeicher                                // ⓰
      addAttribute:NSLinkAttributeName
      value:linkZuGoogle
      range:[textView selectedRange]];
}
```

Listing 8.22 Projekt »GTextView«, Datei »Controller.m«, Teil 3

Zur Erläuterung:

- Die Betätigung des Buttons UNTERSTREICHUNG führt zur Methode `unterstreichungHinzu:` in ⓫.
- Zu ⓬: Die Konstante `NSUnderlineStyleSingle` aus der Klasse `NSAttributedString` legt die Art der Unterstreichung fest. Weitere Unterstreichungsstile sind `...None`, `...Thick` und `...Double`. Die ganzzahlige Konstante wird in ein `NSNumber`-Objekt verpackt.
- Das Attribut `NSUnderlineStyleAttributeName` steht bei der Methode `addAttribute:value:range:` in ⓭ für das Attribut *Unterstreichung*. Als Wert für dieses Attribut wird auf das zuvor erzeugte `NSNumber`-Objekt verwiesen. Der Bereich ist wiederum der vom Benutzer ausgewählte Bereich.
- Der Button LINK führt zur Methode `linkHinzu:` in ⓮.
- Ein `NSURL`-Objekt wie in ⓯ enthält einen Hyperlink. Die Klassenmethode `URLWithString:` erzeugt ein `NSURL`-Objekt aus einer Zeichenkette.
- Der Wert `NSLinkAttributeName` steht bei der Methode `addAttribute:value:range:` in ⓰ für das Attribut *Hyperlink*. Als Wert für dieses Attribut wird auf das zuvor erzeugte `NSURL`-Objekt verwiesen. Der Bereich ist wiederum der vom Benutzer ausgewählte Bereich.

8.12.5 Absätze, Wörter und Zeichen ausgeben

Es folgt der vierte Teil der Implementation, in dem eine Liste der Absätze, eine Liste der Wörter beziehungsweise eine Liste der verschiedenen Zeichen ausgegeben wird:

```
-(IBAction)ausgabeAbsaetze:(id)sender                    // ⓱
{
   NSArray *absaetze =                                   // ⓲
      [textviewSpeicher paragraphs];
   [popUpAusgabe removeAllItems];
   for(NSAttributedString *absatz in absaetze)           // ⓳
      [popUpAusgabe addItemWithTitle:[absatz string]];
}

-(IBAction)ausgabeWoerter:(id)sender                     // ⓴
{
   NSArray *woerter =                                    // ㉑
      [textviewSpeicher words];
   [popUpAusgabe removeAllItems];
```

```
    for(NSAttributedString *wort in woerter)           // ㉒
        [popUpAusgabe addItemWithTitle:[wort string]];
}

-(IBAction)ausgabeZeichen:(id)sender                   // ㉓
{
    // Ermitteln aller verschiedenen vorkommenden Zeichen
    NSArray *alleZeichen =                             // ㉔
        [textviewSpeicher characters];
    [popUpAusgabe removeAllItems];
    for(NSAttributedString *einZeichen                 // ㉕
            in alleZeichen)
        [popUpAusgabe                                  // ㉖
            addItemWithTitle:[einZeichen string]];
}
```

Listing 8.23 Projekt »GTextView«, Datei »Controller.m«, Teil 4

Zur Erläuterung:

- Es folgen einige Methoden, die Bestandteile des Text-View-Speichers liefern. Dies dient dem besseren Verständnis seines Aufbaus.
- Der Button ABSÄTZE ruft die Methode `ausgabeAbsaetze:` in ⓱ auf.
- Zu ⓲: Die Methode `paragraphs:` des `NSTextStorage`-Objekts liefert ein `NSArray`-Objekt, das alle Absätze des Textes enthält.
- Die einzelnen Absätze sind `NSAttributedString`-Objekte, die in ⓳ mit Hilfe einer `for in`-Schleife im `PopUp`-Steuerelement ausgegeben werden. Die Methode `string:` eines `NSAttributedString`-Objekts liefert den reinen Textinhalt – ohne Attribute.
- Nach Betätigung des Buttons WÖRTER wird die Methode `ausgabeWoerter:` in ⓴ aufgerufen. Die Methode `words:` in ㉑ liefert ein `NSArray`-Objekt mit allen verschiedenen Wörtern des Textes. Falls also ein Wort mehrmals vorkommt, wird es nur einmal im `NSArray`-Objekt aufgeführt. So lässt sich das Vorkommen eines bestimmten Wortes prüfen. Die `NSAttributedString`-Objekte des Felds werden in ㉒ ausgegeben.
- Ähnlich sieht es ab ㉓ aus. Der Button ZEICHEN ruft die Methode `ausgabeZeichen:` auf. Die Methode `characters:` in ㉔ liefert ein `NSArray`-Objekt mit allen verschiedenen Zeichen des Textes. Die `NSAttributedString`-Objekte des Felds werden mit Hilfe der Schleife in ㉕ beziehungsweise ㉖ ausgegeben.

8.12.6 Attribute ausgeben

Es folgt der fünfte Teil der Implementation, in dem Attribute eines Textbereichs ausgegeben werden:

```
-(IBAction)ausgabeAttribute:(id)sender              // ㉗
{
    NSRange bereichGleicherAttribute;               // ㉘
    NSDictionary *attrDict =                        // ㉙
        [textviewSpeicher attributesAtIndex:0
        effectiveRange:&bereichGleicherAttribute];
    [popUpAusgabe removeAllItems];
    [popUpAusgabe addItemWithTitle:                 // ㉚
        [NSString stringWithFormat:@"Schrift %@",
        [attrDict valueForKey:@"NSFont"]]];
    [popUpAusgabe addItemWithTitle:[NSString        // ㉛
        stringWithFormat:@"Unterstreichung %@",
        [attrDict valueForKey:@"NSUnderline"]]];
    [popUpAusgabe addItemWithTitle:[NSString        // ㉜
        stringWithFormat:@"Beginn %lu, Länge %lu",
        bereichGleicherAttribute.location,
        bereichGleicherAttribute.length]];
}
```

Listing 8.24 Projekt »GTextView«, Datei »Controller.m«, Teil 5

Zur Erläuterung:

- Die Methode `ausgabeAttribute:` in ㉗ wird nach Betätigung des Buttons ATTRIBUTE aufgerufen. Zunächst wird in ㉘ eine `NSRange`-Variable deklariert. Darin sollen Position und Größe des Textbereichs gespeichert werden, in dem alle Zeichen identische Attribute aufweisen.
- Die Methode `attributesAtIndex:effectiveRange:` in ㉙ stellt nicht nur fest, welche Attribute das Zeichen an der genannten Stelle hat, sondern auch wie viele der nachfolgenden Zeichen die identischen Attribute haben. Die Größe dieses Bereichs wird über den Parameter `effectiveRange` der zuvor deklarierten `NSRange`-Variablen zugewiesen. Zu diesem Zweck wird die Adresse dieser Variablen mit Hilfe von `&` übergeben. Zu diesem (seltener genutzten) Adressoperator siehe auch Abschnitt 3.1, »Zeiger«. Die Methode liefert ein `NSDictionary`-Objekt mit allen Attributen und ihren Werten zurück.

- Mit Hilfe der Methode `valueForKey:` des *Key-Value-Codings* (siehe Abschnitt 7.1) werden in ㉚ und ㉛ die Werte einzelner Attribute aus dem `NSDictionary`-Objekt ermittelt. Der Key `NSFont` liefert einen Verweis auf das `NSFont`-Objekt, das für die Zeichen des Bereichs gilt. Der Key `NSUnderline` liefert die Art der Unterstreichung in diesem Bereich als ganze Zahl. Ein Vergleich dieser ganzen Zahlen mit den oben genannten Konstanten für die verschiedenen Unterstreichungsarten würde eine genauere Information liefern.
- Die Komponenten `location` und `length` der `NSRange`-Variablen geben in ㉜ Position und Größe des Textbereichs an, in dem identische Attribute herrschen.

8.12.7 Speichern und laden

Es folgt der sechste Teil der Implementation, in dem der Inhalt der Text View in einer RTF-Datei gespeichert wird:

```
-(IBAction)textviewSpeichern:(id)sender           // ㉝
{
    NSString *rtfDatei = @"textviewInhalt.rtf";   // ㉞
    NSRange speicherBereich =                     // ㉟
        NSMakeRange(0,[textviewSpeicher length]);
    NSData *speicherDaten = [textviewSpeicher     // ㊱
        RTFFromRange:speicherBereich
        documentAttributes:nil];
    [speicherDaten writeToFile:rtfDatei           // ㊲
        atomically:YES];
}
```

Listing 8.25 Projekt »GTextView«, Datei »Controller.m«, Teil 6

Zur Erläuterung:

- Die Methode `textviewSpeichern:` in ㉝ wird nach Betätigung des Buttons TEXT UND ATTRIBUTE SPEICHERN aufgerufen.
- Zunächst wird in ㉞ der Name der RTF-Datei festgelegt, in der der gewünschte Textbereich inklusive der verschiedenen Attribute gespeichert wird. Da im vorliegenden Fall kein Pfad angegeben wurde, liegt die Datei im Projektverzeichnis. Sie finden dieses Verzeichnis wie folgt: Klicken Sie im PROJECT NAVIGATOR mit der rechten Maustaste auf den Eintrag GTEXTVIEW.APP im Bereich PRODUCTS, anschließend auf SHOW IN FINDER. Ein Doppelklick auf die gespeicherte RTF-Datei öffnet sie standardmäßig in Text Edit.

- In ❸❺ wird mit Hilfe der Funktion NSMakeRange() ein NSRange-Objekt erzeugt, das Position und Größe des Bereichs angibt, der gespeichert werden soll. Dies ist im vorliegenden Fall der gesamte Textspeicher von Index 0 über die gesamte Länge.
- Die Methode RFTFromRange:documentAttributes: in ❸❻ erzeugt ein NSData-Objekt zur Vorbereitung der Speicherung. Als Parameter wird der zuvor erzeugte Bereich angegeben und ein NSDictionary-Objekt mit Dokumentattributen, falls vorhanden.
- In ❸❼ wird mit Hilfe der Methode writeToFile:atomically: aus der NSData-Klasse die Speicherung durchgeführt. Dies haben Sie bereits in Abschnitt 5.1, »Textdateien schreiben und lesen«, gesehen.

Es folgt der siebte und letzte Teil der Implementation, in dem die Text View mit den Inhalten einer RTF-Datei gefüllt wird:

```
-(IBAction)textviewLaden:(id)sender                 // 38
{
    NSString *rtfDatei = @"textviewInhalt.rtf";     // 39
    NSFileManager *dateiManager =                   // 40
        [[NSFileManager alloc] init];

    if([dateiManager fileExistsAtPath:rtfDatei])    // 41
    {
        NSData *ladeDaten = [[NSData alloc]         // 42
            initWithContentsOfFile:rtfDatei];
        NSAttributedString *ladeInhalt =            // 43
            [[NSAttributedString alloc]
            initWithRTF:ladeDaten
            documentAttributes:nil];
        [textviewSpeicher                           // 44
            setAttributedString:ladeInhalt];
    }
}
@end
```

Listing 8.26 Projekt »GTextView«, Datei »Controller.m«, Teil 7

Zur Erläuterung:

- Die Methode textviewLaden: in ❸❽ wird nach Betätigung des Buttons TEXT UND ATTRIBUTE LADEN aufgerufen. Die Datei in ❸❾ soll dieselbe sein wie beim Speicherungsvorgang.

- Mit Hilfe eines `NSFileManager`-Objekts wie in (40) können viele Aufgaben innerhalb des Datei- und Verzeichnissystems gelöst werden. Darauf wird in Abschnitt 9.2, »Dateidialoge und Dateiverwaltung«, noch ausführlicher eingegangen. Die Methode `fileExistsAtPath:` prüft die Existenz einer Datei im Projektverzeichnis beziehungsweise in einem anderen genannten Verzeichnis. Mit Hilfe des Rückgabewertes vom Typ `BOOL` wird in (41) eine Verzweigung gesteuert.
- Falls die Datei existiert, wird in (42) ein `NSData`-Objekt erzeugt und mit Hilfe der Klassenmethode `initWithContentsOfFile:` mit dem Inhalt der RTF-Datei gefüllt. Dies haben Sie bereits in Abschnitt 6.7, »Objekte speichern und laden«, gesehen.
- In (43) wird ein `NSAttributedString`-Objekt erzeugt. Die Klassenmethode `initWithRTF:documentAttributes:` benötigt das zuvor erzeugte `NSData`-Objekt und gegebenenfalls ein `NSDictionary`-Objekt mit den Dokumentattributen.
- In (44) wird das `NSAttributedString`-Objekt zur Füllung des Textspeichers mit Hilfe der Methode `setAttributedString:` genutzt.

8.12.8 Verbindungen erzeugen

Fügen Sie dem Bereich Document Outline eine Instanz der Klasse `Controller` hinzu. Im Connections Inspector stellen Sie dann die Verbindungen zu den beschriebenen Elementen her, wie in Abbildung 8.67 zu sehen.

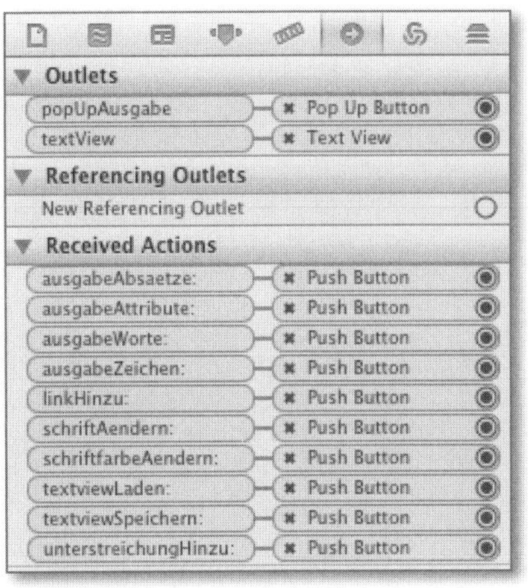

Abbildung 8.67 »Controller«, »Connections Inspector«

8.13 Übungen

Es folgen zwei GUI-Versionen des Kopfrechenprogramms.

8.13.1 Eingabe und Auswertung

Erstellen Sie im Projekt *GKopf* eine Benutzeroberfläche mit fünf Labels für die Aufgabenstellungen und fünf Textfeldern für die Eingaben des Benutzers sowie zwei Buttons. Nach Betätigung des Buttons START erscheinen die Aufgabenstellungen in den Labels, und die Zeitmessung beginnt. Nach Eingabe der Lösungen klickt der Benutzer auf den Button AUSWERTEN. Dies beendet die Zeitmessung. In einem sechsten Label werden anschließend das Ergebnis und die benötigte Zeit angezeigt.

8.13.2 Mit Einstellungen

Verändern Sie das Kopfrechenprogramm aus Projekt *GKopf*. Zusätzlich soll es im Projekt *GKopfEinstellungen* drei Radio-Buttons geben, mit deren Hilfe der Benutzer zwischen den Rechenoperationen *Addition*, *Subtraktion* und *Multiplikation* wählen kann, siehe Abschnitt 8.7, »Steuerelement ›RadioButton‹«. Außerdem soll es einen Slider geben, mit dem der Benutzer den Maximalwert für die zufälligen Zahlen zwischen 5 und 30 wählen kann, siehe Abschnitt 8.8, »Steuerelemente ›Slider‹ und ›Stepper‹«.

Kapitel 9
Benutzeroberflächen – für Fortgeschrittene

Drucken, E-Mails, Dateizugriff und viele andere nützliche Themen bilden die Inhalte dieses Kapitels.

Ein vollständiges Programm umfasst ein individuelles Anwendungsmenü und eine Symbolleiste. Sie möchten eine Sprachausgabe im Programm haben: kein Problem. Über die systemweite Zwischenablage lassen sich Daten zu anderen Programmen transportieren. Damit und mit weiteren Themen beschäftigen Sie sich in diesem Kapitel.

9.1 Sprachausgabe

Die Klasse `NSSpeechSynthesizer` dient zur Ausgabe von Sprache auf dem Mac. Sie kann bei ihrem Einsatz durch das Protokoll `NSSpeechSynthesizerDelegate` ergänzt werden. Im Projekt *GSpeech* sollen einige Möglichkeiten zur Einstellung und Durchführung der Sprachausgabe anschaulich erläutert werden.

9.1.1 Projekt erzeugen

Erstellen Sie eine neue Cocoa-Anwendung mit dem Namen *GSpeech*. Gestalten Sie die Anwendung entsprechend Abbildung 9.1. Sie sehen im Anwendungsfenster ein Textfeld.

Der Benutzer kann den Inhalt des Textfelds durch Anklicken des Buttons SPRECHEN asynchron ausgeben lassen. Asynchron bedeutet, dass parallel zur Sprachausgabe auch andere Ereignisse ablaufen können. So kann zum Beispiel die Sprachausgabe mit Hilfe des Buttons ANHALTEN vorzeitig beendet werden.

Der Button SPEICHERN führt zur Speicherung der Sprachausgabe in einer AIFF-Datei. Vor der Ausgabe kann der Benutzer mit Hilfe eines Popup-Elements unter mehreren Stimmen auswählen. Außerdem kann er die Lautstärke und die Geschwindigkeit der Sprache über die beiden Slider einstellen.

Abbildung 9.1 Projekt »GSpeech«, Anwendungsfenster

9.1.2 Deklaration der Klasse »Controller«

Fügen Sie eine `Controller`-Klasse hinzu. Es folgt die Deklaration dieser Klasse:

```
#import <Foundation/Foundation.h>
@interface Controller :                          // ❶
    NSObject <NSSpeechSynthesizerDelegate>
{
    NSSpeechSynthesizer *sprecher;               // ❷

    IBOutlet NSTextField *textEingabe;           // ❸
    IBOutlet NSTextField *textStatus;

    IBOutlet NSPopUpButton *popupStimmen;        // ❹
    IBOutlet NSSlider *sliderLautstaerke;
    IBOutlet NSSlider *sliderGeschwindigkeit;
}

- (void)einstellen;                              // ❺
- (IBAction)sprechen:(id)sender;                 // ❻
- (IBAction)speichern:(id)sender;
- (IBAction)anhalten:(id)sender;
@end
```

Listing 9.1 Projekt »GSpeech«, Datei »Controller.h«

Zur Erläuterung:

- Wie in den bisherigen Projekten wird die Klasse `Controller` von der Klasse `NSObject` abgeleitet, siehe ❶. Wenn man auf die zusätzlichen Möglichkeiten des Protokolls

NSSpeechSynthesizerDelegate zugreifen möchte, wird eine Klasse benötigt, die dieses Protokoll umsetzt. Im vorliegenden Projekt wird dazu einfach ebenfalls die Klasse Controller genutzt.

- Zu ❷: Es wird ein Verweis auf ein Objekt der Klasse NSSpeechSynthesizer erzeugt. Dieses Objekt dient zur Einstellung und Ausgabe der Sprache.
- In ❸ folgen ein Textfeld und ein gerahmtes Label. Im Textfeld wird der Text eingegeben, der gesprochen werden soll. Im Label wird während der Sprachausgabe das jeweils aktuell gesprochene Wort ausgegeben.
- Innerhalb des Popup-Buttons, der durch das NSPopUpButton-Objekt in ❹ repräsentiert wird, steht eine Liste der Namen der verfügbaren Stimmen zur Auswahl. Die beiden NSSlider-Objekte stehen für die beiden Slider zur Einstellung von Lautstärke und Geschwindigkeit.
- Die aktuellen Einstellungen des Benutzers für Stimme, Lautstärke und Geschwindigkeit werden für das NSSpeechSynthesizer-Objekt in der Methode einstellen: übernommen, siehe ❺.
- Die drei Methoden sprechen:, speichern: und anhalten: in ❻ werden durch die entsprechenden Buttons aufgerufen.

9

9.1.3 Elemente des Anwendungsfensters füllen

Es folgt der erste Teil der Implementation der Klasse Controller:, in dem die verschiedenen Elemente des Anwendungsfensters mit Inhalten gefüllt werden:

```
#import "Controller.h"
@implementation Controller

-(void)awakeFromNib
{
    sprecher =                                // ❶
        [[NSSpeechSynthesizer alloc] init];

    [sprecher setDelegate:self];              // ❷
    [textEingabe setStringValue:
        @"Good morning, my friend"];          // ❸

    NSArray *stimmenArray =                   // ❹
        [NSSpeechSynthesizer availableVoices];
    [popupStimmen removeAllItems];            // ❺
    for(int i=0; i<[stimmenArray count]; i++) // ❻
```

```
    {
        NSString *stimmenID =                     // ❼
            [stimmenArray objectAtIndex:i];
        NSDictionary *stimmenAttribute =          // ❽
            [NSSpeechSynthesizer
            attributesForVoice:stimmenID];
        NSString *stimmenName =                   // ❾
            [stimmenAttribute
            valueForKey:NSVoiceName];
        [popupStimmen                             // ❿
            addItemWithTitle:stimmenName];

        if(stimmenID ==                           // ⓫
                [NSSpeechSynthesizer defaultVoice])
            [popupStimmen selectItemAtIndex:i];
    }
}
```

Listing 9.2 Projekt »GSpeech«, Datei »Controller.m«, Teil 1

Zur Erläuterung:

- In der Methode `awakeFromNib:`, also nach Laden des Anwendungsfensters, wird in ❶ zunächst ein Objekt der Klasse `NSSpeechSynthesizer` erzeugt.
- In ❷ wird mit Hilfe der Methode `setDelegate:` das Objekt festgelegt, das optional auf bestimmte Ereignisse des `NSSpeechSynthesizer`-Objekts reagieren kann. Dies muss ein Objekt sein, dessen Klasse das `NSSpeechSynthesizerDelegate`-Protokoll umsetzt. Im vorliegenden Projekt ist dies das `Controller`-Objekt selbst: `self`. Alle gewünschten Methoden des Protokolls können in dieser `Controller`-Klasse implementiert werden.
- In ❸ wird ein Beispieltext in das Textfeld gesetzt.
- Die Klassenmethode `availableVoices:` in ❹ liefert ein `NSArray`-Objekt, das die IDs aller verfügbaren Stimmen enthält. Die Namen dieser Stimmen sollen im Popup-Element angezeigt werden, dazu wird dieses in ❺ zunächst geleert.
- Innerhalb der `for`-Schleife in ❻ werden alle Elemente des Arrays durchlaufen. Jedes Element ist ein `NSString`-Objekt, entspricht der ID einer einzelnen Stimme und wird mit Hilfe der Methode `objectAtIndex:` in ❼ ermittelt.
- Alle Attribute einer einzelnen Stimme sind in einem Dictionary gespeichert. Dieses Dictionary kann für eine einzelne Stimme mit Hilfe der Klassenmethode `attributesForVoice:` in ❽ ermittelt werden. Wir benötigen das Attribut `NSVoiceName`, also den

Namen der Stimme als Zeichenkette. Dieser wird in ❾ mit Hilfe der Methode valueForKey: aus dem Dictionary geholt und in ❿ dem Popup-Element hinzugefügt.

- Die Klassenmethode defaultVoice: in ⓫ liefert einen Verweis auf die Standard-Stimme des Sprachsynthesizers. Falls der Name dieser Standard-Stimme soeben dem Popup-Element hinzugefügt wurde, wird dieser Eintrag als ausgewählter Eintrag des Elements markiert.

9.1.4 Einzelne Wörter anzeigen

Der zweite Teil der Implementation der Klasse Controller:, in dem das aktuell gesprochene Wort parallel angezeigt wird:

```
- (void)speechSynthesizer:                    // ⓬
    (NSSpeechSynthesizer *)sender
    willSpeakWord:(NSRange)wort
    ofString:(NSString *)gesamt
{
    [textStatus setStringValue:[gesamt        // ⓭
        substringWithRange:wort]];
}
```

Listing 9.3 Projekt »GSpeech«, Datei »Controller.m«, Teil 2

Zur Erläuterung:

- Die Methode speechSynthesizer:willSpeakWord:ofString: in ⓬ wird vor der Sprachausgabe jedes einzelnen Wortes des Gesamttexts aufgerufen. Die Methode stammt aus dem Protokoll NSSpeechSynthesizerDelegate. Dort gibt es weitere, ebenfalls optionale Methoden.
- Noch einmal zur Verdeutlichung: Diese Methoden können in dieser Controller-Klasse implementiert werden, weil diese Klasse das genannte Protokoll umsetzt. Die Methoden reagieren auf die entsprechenden Ereignisse, weil das Objekt dieser Klasse selbst (self) zum Delegaten bestimmt wurde.
- Der Parameter sender der Methode ist ein Verweis auf das ausgebende NSSpeechSynthesizer-Objekt. Der Parameter wort ist eine NSRange-Variable, die das Wort enthält, das gleich ausgegeben werden soll. Der Parameter gesamt ist eine Zeichenkette mit dem gesamten auszugebenden Text.
- In ⓭ wird mit Hilfe der Methode substringWithRange: ein NSString-Objekt aus einer NSRange-Variable ermittelt. Dieses Objekt kann einen Teil des Wortes oder, wie in diesem Fall, das gesamte Wort umfassen.

9.1.5 Sprachausgabe einstellen

Es folgt der dritte Teil der Implementation der Klasse `Controller`, in dem die Eigenschaften der Sprachausgabe eingestellt werden:

```
- (void)einstellen                              // ⓮
{
    NSInteger index =                           // ⓯
        [popupStimmen indexOfSelectedItem];
    NSArray *stimmenArray =                     // ⓰
        [NSSpeechSynthesizer availableVoices];
    NSString *stimmenID =                       // ⓱
        [stimmenArray objectAtIndex:index];
    [sprecher setVoice:stimmenID];              // ⓲

    [sprecher setVolume:                        // ⓳
        [sliderLautstaerke floatValue]];
    [sprecher setRate:                          // ⓴
        [sliderGeschwindigkeit floatValue]];
}
```

Listing 9.4 Projekt »GSpeech«, Datei »Controller.m«, Teil 3

Zur Erläuterung:

- Die Methode `einstellen:` in ⓮ wird aufgerufen, bevor der Text per Lautsprecher oder in die AIFF-Datei ausgegeben wird. Darin werden die Einstellungen, die der Benutzer vorgenommen hat, übernommen.
- Die Methode `indexOfSelectedItem:` in ⓯ liefert den Index des ausgewählten Popup-Elements als `NSInteger`-Wert. Die Auswirkungen der Klassenmethode `availableVoices:` in ⓰ und die Ermittlung einer einzelnen Stimmen-ID in ⓱ sind bereits bekannt. Der Index führt zur gewünschten Stimmen-ID. Die Methode `setVoice:` in ⓲ setzt die Stimme des Sprachsynthesizers auf diese Stimmen-ID.
- Die Methoden `setVolume:` (in ⓳) und `setRate:` (in ⓴) dienen zur Einstellung der Lautstärke und der Geschwindigkeit der Stimme. Es wird jeweils der Wert des zugehörigen Sliders übernommen.

9.1.6 Sprache ausgeben, Sprache speichern

Es folgt der vierte und letzte Teil der Implementation der Klasse `Controller`, in dem der Text per Lautsprecher ausgegeben oder der gesprochene Text in einer Mediendatei gespeichert wird:

```
- (IBAction)sprechen:(id)sender                // ㉑
{
    [self einstellen];                         // ㉒
    [sprecher startSpeakingString:             // ㉓
        [textEingabe stringValue]];
}

- (IBAction)speichern:(id)sender               // ㉔
{
    [self einstellen];                         // ㉕
    NSURL *ausgabeDatei =                      // ㉖
        [NSURL URLWithString:@"ausgabe.aiff"];
    [sprecher startSpeakingString:             // ㉗
        [textEingabe stringValue]
        toURL:ausgabeDatei];
}

- (IBAction)anhalten:(id)sender                // ㉘
{
    [sprecher stopSpeaking];                   // ㉙
}
@end
```

Listing 9.5 Projekt »GSpeech«, Datei »Controller.m«, Teil 4

Zur Erläuterung:

- Nach Aufruf der Methode `sprechen:` (siehe ㉑) durch den Button SPRECHEN wird in ㉒ zunächst die Methode `einstellen:` zur Übernahme der Einstellwerte aufgerufen.
- Die Methode `startSpeakingString:` in ㉓ startet die asynchrone Sprachausgabe per Lautsprecher.
- Auch in der Methode `speichern:` in ㉔ wird in ㉕ zunächst die Methode `einstellen:` aufgerufen.
- In ㉖ wird ein `NSURL`-Objekt mit Hilfe der Klassenmethode `URLWithString:` erzeugt. Da nur der Dateiname angegeben wurde, liegt die AIFF-Datei anschließend im Projektverzeichnis. Wie bereits bekannt, finden Sie dieses Verzeichnis mit Hilfe der ausführbaren Datei des Projekts innerhalb des PROJECT NAVIGATOR im Bereich PRODUCTS. Klicken Sie mit der rechten Maustaste auf die ausführbare Datei, und wählen Sie im anschließend erscheinenden Menü den Menüpunkt SHOW IN FINDER.

- Die Methode `startSpeakingString:toURL:` in ㉗ startet die Sprachausgabe in die angegebene Datei.
- In ㉘ wird die Methode `anhalten:` durch den entsprechenden Button aufgerufen. Die Methode `stopSpeaking:` in ㉙ beendet die Sprachausgabe unmittelbar, gegebenenfalls mitten im Text.

9.1.7 Verbindungen erzeugen

Fügen Sie dem Bereich Document Outline eine Instanz der Klasse `Controller` hinzu. Im Connections Inspector stellen Sie dann die Verbindungen zu den beschriebenen Elementen her, wie in Abbildung 9.2 zu sehen. Anschließend steht Ihnen das fertige Projekt zur Verfügung.

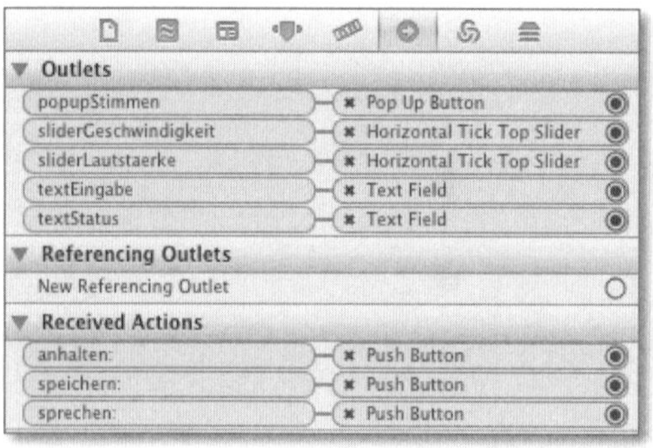

Abbildung 9.2 »Controller«, »Connections Inspector«

9.2 Dateidialoge und Dateiverwaltung

In diesem Abschnitt lernen Sie verschiedene Klassen kennen, die Standard-Dialogfelder bereitstellen beziehungsweise Standard-Dateioperationen ermöglichen:

- Die Klasse `NSSavePanel` stellt das Dialogfeld zum Speichern von Dateien bereit, wie es von vielen Mac-Anwendungen bekannt ist. So kann der Benutzer auswählen, in welcher Datei etwas gespeichert werden soll.
- Entsprechend stellt die Klasse `NSOpenPanel` das Dialogfeld zum Öffnen von Dateien zur Verfügung. Mit Hilfe dieses Dialogfelds kann eine Datei oder mehrere oder auch ein Verzeichnis ausgewählt werden. Der Titel ist änderbar. Nach der Auswahl können unterschiedliche Aktionen ausgeführt werden.
- Die Klasse `NSFileManager` bietet unter anderem Methoden zum Kopieren, Verschieben und Löschen von Dateien. Auch die Existenz einer Datei kann geprüft werden.

9.2.1 Projekt erzeugen

Erstellen Sie eine neue Cocoa-Anwendung mit dem Namen *GDateiDialog*. Sie soll aussehen wie in Abbildung 9.3.

Abbildung 9.3 Projekt »GDateiDialog«, Anwendungsfenster

Das Anklicken des Buttons TEXT SPEICHERN führt dazu, dass das Standard-Dialogfeld SAVE AS geöffnet wird, siehe Abbildung 9.4. Der Benutzer wählt ein Verzeichnis aus und gibt einen Dateinamen ein beziehungsweise wählt ihn aus. Anschließend betätigt er den Button SAVE. Der im Textfeld von Abbildung 9.3 eingegebene Text wird dann in dieser Datei gespeichert.

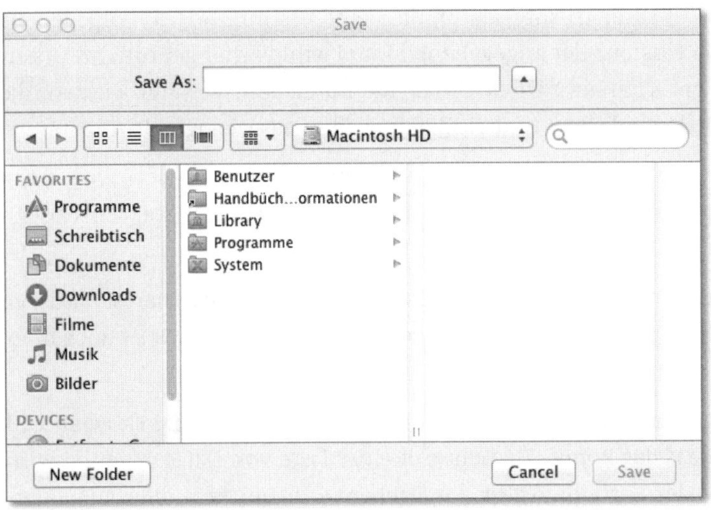

Abbildung 9.4 Standard-Dialogfeld »Save As«

Die Betätigung des Buttons TEXT LADEN öffnet das Standard-Dialogfeld OPEN, siehe Abbildung 9.5. Der Benutzer wählt Verzeichnis und Datei aus. Anschließend wird der Text, der in der ausgewählten Datei steht, im gerahmten Label ausgegeben. Als vereinfachende Voraussetzung für dieses Projekt gilt: Es handelt sich um eine einfache Textdatei.

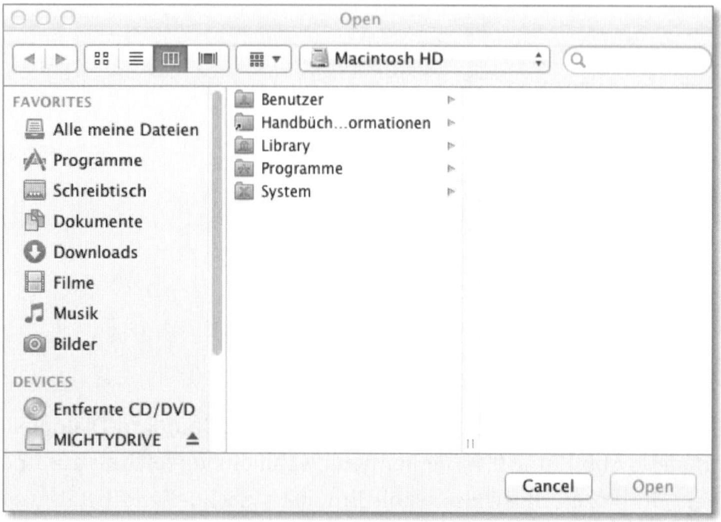

Abbildung 9.5 Standard-Dialogfeld »Open«

Der Button KOPIEREN ÜBER PFAD sorgt dafür, dass eine bestimmte, fest vorgegebene Datei kopiert wird. Die Existenz der angegebenen Datei wird vorher geprüft. Im Unterschied dazu können bei KOPIEREN ÜBER URL beide Dateien ausgewählt werden: die Quelldatei über das Dialogfeld OPEN und die Zieldatei über das Dialogfeld SAVE AS.

Entsprechend kann bei VERSCHIEBEN ÜBER PFAD beziehungsweise VERSCHIEBEN ÜBER URL eine fest vorgegebene oder eine vom Benutzer ausgewählte Datei verschoben werden.

Ähnlich sieht es bei LÖSCHEN ÜBER PFAD und LÖSCHEN ÜBER URL aus. Hier ist natürlich keine Zieldatei erforderlich. Im zweiten Fall können aber im Dialogfeld OPEN auch mehrere Dateien zum Löschen ausgewählt werden.

Die beiden Buttons DATEILISTE ÜBER PFAD beziehungsweise DATEILISTE ÜBER URL führen jeweils dazu, dass das Popup-Element mit einer Liste von Dateien gefüllt wird. Diese stammen entweder aus einem fest vorgegebenen Verzeichnis oder aus einem Verzeichnis, das der Benutzer auswählen kann.

9.2.2 Deklaration der Klasse »Controller«

Gestalten Sie die Anwendung wie in Abbildung 9.3. Fügen Sie eine `Controller`-Klasse hinzu. Es folgt die Deklaration dieser Klasse:

```
#import <Foundation/Foundation.h>
@interface Controller : NSObject
{
    IBOutlet NSTextField *textEingabe;       // ❶
    IBOutlet NSTextField *textAusgabe;
    IBOutlet NSPopUpButton *popupAusgabe;
}

-(IBAction)textSpeichern:(id)sender;         // ❷
-(IBAction)textLaden:(id)sender;

-(IBAction)dateiKopierenPfad:(id)sender;     // ❸
-(IBAction)dateiVerschiebenPfad:(id)sender;
-(IBAction)dateiLoeschenPfad:(id)sender;
-(IBAction)dateiListePfad:(id)sender;

-(IBAction)dateiKopierenURL:(id)sender;      // ❹
-(IBAction)dateiVerschiebenURL:(id)sender;
-(IBAction)dateiLoeschenURL:(id)sender;
-(IBAction)dateiListeURL:(id)sender;

@end
```

Listing 9.6 Projekt »GDateiDialog«, Datei »Controller.h«

Zur Erläuterung:

- Ab ❶ werden das Textfeld zur Eingabe, das gerahmte Label zur Ausgabe und das Popup-Element über die entsprechenden Objekte repräsentiert.
- Es folgen die Buttons:
  - ab ❷ die beiden Buttons zum Speichern und Laden des Texts
  - ab ❸ die Buttons für die Aktionen mit fest vorgegebenem Datei- beziehungsweise Verzeichnisnamen
  - ab ❹ die Buttons für die Aktionen, bei denen der Benutzer Quelle und Ziel auswählen kann

9.2.3 Speichern und laden

Es folgt der erste Teil der Implementation der Klasse `Controller`, in dem das Dialogfeld SAVE AS aufgerufen und ein Text in der ausgewählten Datei gespeichert wird:

```
#import "Controller.h"
@implementation Controller

-(IBAction)textSpeichern:(id)sender          // ❶
{
    NSSavePanel *speicherPanel =             // ❷
        [NSSavePanel savePanel];

    if([speicherPanel runModal] == NSOKButton) // ❸
    {
        NSString *speicherText =             // ❹
            [textEingabe stringValue];
        NSURL *speicherURL =                 // ❺
            [speicherPanel URL];
        [speicherText writeToURL:speicherURL   // ❻
            atomically:YES
            encoding:NSUTF8StringEncoding
            error:nil];
    }
}
```

Listing 9.7 Projekt »GDateiDialog«, Datei »Controller.m«, Teil 1

Zur Erläuterung:

- In der Methode `textSpeichern:` ab ❶ wird der Text aus dem Textfeld in einer Datei gespeichert, deren Name und Verzeichnis der Benutzer auswählen kann.
- In ❷ wird ein `NSSavePanel`-Objekt, also das Standard-Dialogfeld SAVE AS, mit Hilfe der Klassenmethode `savePanel:` erzeugt.
- Die Methode `runModal:` in ❸ ruft das Dialogfeld modal auf. Der Benutzer kann anschließend also nur das Dialogfeld und nicht parallel die Anwendung bedienen. Er wählt das Verzeichnis und die Datei zum Speichern aus beziehungsweise gibt den Dateinamen ein.
- Anschließend betätigt er entweder den Button SAVE oder den Button CANCEL. Der Rückgabewert der Methode `runModal:` entspricht dann einem der beiden Enumerati-

onswerte NSOkButton oder NSCancelButton. Die weiteren Abläufe sind nur sinnvoll, wenn der Button SAVE betätigt wurde, daher die Verzweigung.

- Der Text aus dem Eingabefeld der Anwendung wird in ❹ in ein NSString-Objekt übernommen.
- Die Methode URL: in ❺ liefert den vollständigen Pfadnamen der ausgewählten beziehungsweise eingegebenen Datei.
- In ❻ wird der Inhalt des Eingabefelds mit Hilfe der Methode writeToURL:atomically:encoding:error: vollständig in der Datei gespeichert, wie Sie es bereits bei der Methode writeToFile... in Abschnitt 5.1, »Textdateien schreiben und lesen«, kennengelernt haben.

Es folgt der zweite Teil der Implementation der Klasse Controller, in dem das Dialogfeld OPEN aufgerufen und ein Text aus der ausgewählten Datei geladen wird:

```
-(IBAction)textLaden:(id)sender               // ❼
{
    NSOpenPanel *ladePanel =                  // ❽
        [NSOpenPanel openPanel];
    [ladePanel setAllowsMultipleSelection:NO]; // ❾

    if([ladePanel runModal] == NSOKButton)     // ❿
    {
        NSArray *ladeURLs = [ladePanel URLs];  // ⓫
        NSURL *ersteURL =                      // ⓬
            [ladeURLs objectAtIndex:0];
        NSString *ladeText = [NSString         // ⓭
            stringWithContentsOfURL:ersteURL
            encoding:NSUTF8StringEncoding
            error:nil];
        [textAusgabe setStringValue:ladeText]; // ⓮
    }
}
```

Listing 9.8 Projekt »GDateiDialog«, Datei »Controller.m«, Teil 2

Zur Erläuterung:

- In der Methode textLaden: ab ❼ wird der Text aus einer ausgewählten Datei geladen und im gerahmten Label ausgegeben. Als Voraussetzung für dieses Projekt gilt: Es handelt sich um eine einfache Textdatei.

- In ❽ wird ein `NSOpenPanel`-Objekt, also das Standard-Dialogfeld OPEN, mit Hilfe der Klassenmethode `openPanel:` erzeugt.
- Bei der Eigenschaft `allowsMultipleSelection` handelt es sich um einen Schalter. Sie legen damit fest, ob der Benutzer mehrere Dateien auswählen kann oder nicht. Im vorliegenden Fall wird der Schalter mit der zugehörigen Setter-Methode in ❾ auf den Wert `NO` gesetzt.
- Es folgt der modale Aufruf des Dialogfelds in ❿ mit Hilfe der Methode `runModal:`. Nach Auswahl von Verzeichnis und Datei zum Öffnen wird entweder der Button OPEN oder der Button CANCEL betätigt. Mit Hilfe des Rückgabewertes wird festgelegt, ob die weiteren Abläufe folgen oder nicht.
- Die Methode `URLs:` in ⓫ liefert ein `NSArray`-Objekt mit den/dem vollständigen Pfadnamen der ausgewählten Datei(en). Die Existenz einer Datei muss nicht abgefragt werden, weil der Button OPEN nur aktiviert wird, wenn mindestens eine Datei ausgewählt ist.
- In ❾ hatten wir festgelegt, dass nur eine Datei ausgewählt werden kann, daher wird mit Hilfe der Methode `objectAtIndex:` in ⓬ nur das erste Element des Arrays ermittelt.
- In ⓭ wird ein `NSString`-Objekt mit Hilfe der Methode `stringWithContentsOfURL:encoding:error:` mit dem vollständigen Inhalt der Datei gefüllt, wie Sie es bereits bei der Methode `stringWithContentsOfFile...` in Abschnitt 5.1, »Textdateien schreiben und lesen«, kennengelernt haben. Anschließend wird es im gerahmten Label angezeigt, siehe ⓮.

9.2.4 Dateioperationen über Pfad

Es folgt der dritte Teil der Implementation der Klasse `Controller`, in dem eine Datei kopiert wird, wobei der Pfad von Quelle und Ziel fest vorgegeben ist:

```
-(IBAction)dateiKopierenPfad:(id)sender          // ⓯
{
    NSFileManager *dateiVerwalter =              // ⓰
        [NSFileManager defaultManager];

    NSString *quelle =                           // ⓱
        @"/Users/theis/Documents/hallo.txt";
    NSString *ziel =
        @"/Users/theis/Documents/kopie.txt";
```

```
    if([dateiVerwalter                        // ⓲
            fileExistsAtPath:quelle])
        [dateiVerwalter copyItemAtPath:quelle // ⓳
            toPath:ziel error:nil];
}
```

Listing 9.9 Projekt »GDateiDialog«, Datei »Controller.m«, Teil 3

Zur Erläuterung:

- In der Methode `dateiKopierenPfad:` ab ⓯ wird eine Datei kopiert. Dabei werden Verzeichnis und Name fest vorgegeben, sowohl für die Quelldatei als auch für die Zieldatei.
- In ⓰ wird mit Hilfe der Klassenmethode `defaultManager:` ein `NSFileManager`-Objekt erzeugt. Dieses Objekt erlaubt Ihnen eine Vielzahl von Operationen bezüglich des Dateisystems.
- Ab ⓱ werden zwei absolute Dateinamen mit vollständigem Pfad für Quelle und Ziel des Kopiervorgangs festgelegt und jeweils in einem `NSString`-Objekt gespeichert.
- Die Methode `fileExistsAtPath:` in ⓲ prüft, ob die genannte Datei im angegebenen Verzeichnis existiert.
- Falls ja, wird in ⓳ der Kopiervorgang mit Hilfe der Methode `copyItemAtPath:toPath:error:` durchgeführt.

Es folgt der vierte Teil der Implementation der Klasse `Controller`, in dem eine Datei verschoben wird, wobei Quelle und Ziel fest vorgegeben sind:

```
-(IBAction)dateiVerschiebenPfad:(id)sender        // ⓴
{
    NSFileManager *dateiVerwalter =
        [NSFileManager defaultManager];

    NSString *quelle =                            // ㉑
    @"/Users/theis/Documents/hallo.txt";
    NSString *ziel =
    @"/Users/theis/Documents/neu.txt";

    if([dateiVerwalter fileExistsAtPath:quelle])
        [dateiVerwalter moveItemAtPath:quelle     // ㉒
            toPath:ziel error:nil];
}
```

Listing 9.10 Projekt »GDateiDialog«, Datei »Controller.m«, Teil 4

Zur Erläuterung:

- In der Methode `dateiVerschiebenPfad:` ab ⓴ wird eine Datei verschoben beziehungsweise umbenannt. Dieser Vorgang läuft ähnlich ab wie der soeben geschilderte Kopiervorgang. Auch hier werden die Namen fest vorgegeben.
- In ㉑ werden die Namen für Quelle und Ziel angegeben. Nach der Prüfung der Dateiexistenz wird der Verschiebevorgang in ㉒ mit Hilfe der Methode `moveItemAtPath:toPath:error:` durchgeführt.

Es folgt der fünfte Teil der Implementation der Klasse `Controller`, in dem eine Datei mit fest vorgegebenem Namen gelöscht wird:

```
-(IBAction)dateiLoeschenPfad:(id)sender             // ㉓
{
    NSFileManager *dateiVerwalter =
        [NSFileManager defaultManager];

    NSString *quelle =
        @"/Users/theis/Documents/hallo.txt";

    if([dateiVerwalter fileExistsAtPath:quelle])
        [dateiVerwalter                              // ㉔
            removeItemAtPath:quelle error:nil];
}
```

Listing 9.11 Projekt »GDateiDialog«, Datei »Controller.m«, Teil 5

Zur Erläuterung:

- In der Methode `dateiLoeschenPfad:` ab ㉓ wird eine Datei mit fest vorgegebenem Namen gelöscht.
- Der Löschvorgang wird in ㉔ mit Hilfe der Methode `removeItemAtPath:error:` durchgeführt.

Es folgt der sechste Teil der Implementation der Klasse `Controller`, in dem eine Liste von Dateien aus einem fest vorgegebenen Verzeichnis ausgegeben wird:

```
-(IBAction)dateiListePfad:(id)sender                // ㉕
{
    NSFileManager *dateiVerwalter =
        [NSFileManager defaultManager];
    NSString *quellePfad =                          // ㉖
```

```
        @"/Users/theis/Documents";
    NSArray *dateiListe = [dateiVerwalter          // ㉗
        contentsOfDirectoryAtPath:quellePfad
        error:nil];

    [popupAusgabe removeAllItems];                 // ㉘
    for(NSString *dateiName in dateiListe)         // ㉙
        if([dateiName hasSuffix:@"txt"])           // ㉚
                [popupAusgabe                      // ㉛
                    addItemWithTitle:dateiName];
}
```

Listing 9.12 Projekt »GDateiDialog«, Datei »Controller.m«, Teil 6

Zur Erläuterung:

- In der Methode `dateiListePfad:` ab ㉕ wird eine Liste der Dateien und Unterverzeichnisse mit der Endung *txt* aus einem fest vorgegebenen Verzeichnis erzeugt und im Popup-Element ausgegeben.
- Der Name des Verzeichnisses wird in einem `NSString`-Objekt gespeichert, siehe ㉖.
- Die Methode `contentsOfDirectoryAtPath:error:` in ㉗ liefert ein `NSArray`-Objekt mit den vollständigen Namen der Dateien und Unterverzeichnisse aus dem genannten Verzeichnis.
- Vor der Ausgabe der Namen wird das Popup-Element in ㉘ geleert.
- Das Array enthält `NSString`-Objekte. Jedes `NSString`-Objekt enthält einen Dateinamen. In ㉙ wird das Array mit Hilfe einer `for in`-Schleife vollständig durchlaufen.
- Die Methode `hasSuffix:` in ㉚ liefert einen `BOOL`-Wert. Falls das Ende des Dateinamens mit der Vergleichszeichenkette übereinstimmt (hier *txt*), wird der Name in ㉛ mit Hilfe der Methode `addItemWithTitle:` dem Popup-Element hinzugefügt.

9.2.5 Dateioperationen über Auswahl

Es folgt der siebte Teil der Implementation der Klasse `Controller`, in dem eine Datei kopiert wird, wobei Quelle und Ziel mit Hilfe von Dialogfeldern ausgewählt werden:

```
-(IBAction)dateiKopierenURL:(id)sender          // ㉜
{
    NSOpenPanel *quelle =                        // ㉝
        [NSOpenPanel openPanel];
```

```
    [quelle setAllowsMultipleSelection:NO];        // ❸❹
    [quelle setTitle:                              // ❸❺
        @"Datei zum Kopieren auswählen"];

    if([quelle runModal] == NSOKButton)            // ❸❻
    {
        NSArray *quelleURLs = [quelle URLs];       // ❸❼
        NSURL *quelleURL =                         // ❸❽
            [quelleURLs objectAtIndex:0];

        NSSavePanel *ziel =                        // ❸❾
            [NSSavePanel savePanel];
        [ziel setTitle:                            // ❹⓿
            @"Name und Ort für die Kopie wählen"];

        if([ziel runModal] == NSOKButton)          // ❹❶
        {
            NSURL *zielURL = [ziel URL];           // ❹❷
            NSFileManager *dateiVerwalter =        // ❹❸
                [NSFileManager defaultManager];
            [dateiVerwalter                        // ❹❹
                copyItemAtURL:quelleURL
                toURL:zielURL error:nil];
        }
    }
}
```

Listing 9.13 Projekt »GDateiDialog«, Datei »Controller.m«, Teil 7

Zur Erläuterung:

- In der Methode `dateiKopierenURL:` ab ❸❷ wird eine Datei kopiert. Dabei können Verzeichnis und Name vom Benutzer über Standard-Dialogfelder ausgewählt werden, sowohl für die Quelldatei als auch für die Zieldatei.
- In ❸❸ wird das Dialogfeld Open angezeigt, um die Quelldatei auszuwählen. In ❸❹ wird festgelegt, dass nur eine Datei ausgewählt werden darf. Der Titel des Dialogfelds wird in ❸❺ mit Hilfe der Methode `setTitle:` an die Aufgabe in diesem Programmteil angepasst.

- Falls der Button OPEN nach Auswahl einer Quelldatei betätigt wurde (siehe ㊱), wird in ㊲ mit der Methode `URLs:` ein `NSArray`-Objekt erstellt. Es enthält hier nur ein Objekt, das in ㊳ mit Hilfe der Methode `objectAtIndex:` ermittelt wird.
- In ㊴ wird das Dialogfeld SAVE AS angezeigt, um die Zieldatei auszuwählen. Auch der Titel dieses Dialogfelds wird der Aufgabe in diesem Programmteil angepasst, siehe ㊵.
- Falls der Button SAVE nach Auswahl einer Zieldatei betätigt wurde (siehe ㊶), wird ihr Name in ㊷ ermittelt.
- Der Kopiervorgang wird in ㊹ mit Hilfe der Methode `copyItemAtURL:toURL:error:` des in ㊸ erzeugten `NSFileManager`-Objekts durchgeführt.

Es folgt der achte Teil der Implementation der Klasse `Controller`, in dem eine Datei verschoben wird, wobei Quelle und Ziel mit Hilfe von Dialogfeldern ausgewählt werden:

```
-(IBAction)dateiVerschiebenURL:(id)sender          // ㊺
{
    NSOpenPanel *quelle = [NSOpenPanel openPanel];
    [quelle setAllowsMultipleSelection:NO];
    [quelle setTitle:                              // ㊻
        @"Datei zum Verschieben auswählen"];

    if([quelle runModal] == NSOKButton)
    {
        NSArray *quelleURLs = [quelle URLs];
        NSURL *quelleURL =
            [quelleURLs objectAtIndex:0];

        NSSavePanel *ziel =
            [NSSavePanel savePanel];
        [ziel setTitle:                            // ㊼
            @"Neuen Namen und Ort wählen"];

        if([ziel runModal] == NSOKButton)
        {
            NSURL *zielURL = [ziel URL];
            NSFileManager *dateiVerwalter =
                [NSFileManager defaultManager];
            [dateiVerwalter                        // ㊽
```

```
                moveItemAtURL:quelleURL
                toURL:zielURL error:nil];
        }
    }
}
```

Listing 9.14 Projekt »GDateiDialog«, Datei »Controller.m«, Teil 8

Zur Erläuterung:

- In der Methode `dateiVerschiebenURL:` ab ㊺ wird eine Datei verschoben beziehungsweise umbenannt. Dieser Vorgang läuft ähnlich ab wie der soeben geschilderte Kopiervorgang. Auch hier können die Namen über Standard-Dialogfelder ausgewählt werden.
- In ㊻ und ㊼ werden die Titel der Dialogfelder angepasst.
- Der Vorgang zur Verschiebung beziehungsweise Umbenennung wird in ㊽ mit Hilfe der Methode `moveItemAtURL:toURL:error:` durchgeführt.

Es folgt der neunte Teil der Implementation der Klasse `Controller`, in dem eine Datei gelöscht wird, die mit Hilfe eines Dialogfelds ausgewählt wird:

```
-(IBAction)dateiLoeschenURL:(id)sender                // ㊾
{
    NSOpenPanel *quelle = [NSOpenPanel openPanel];
    [quelle setAllowsMultipleSelection:YES];          // ㊿
    [quelle setTitle:                                 // 51
        @"Datei(en) zum Löschen auswählen"];

    if([quelle runModal] == NSOKButton)
    {
        NSFileManager *dateiVerwalter =
            [NSFileManager defaultManager];
        NSArray *quelleURLs = [quelle URLs];          // 52
        for(NSURL *quelleURL in quelleURLs)           // 53
            [dateiVerwalter                           // 54
                removeItemAtURL:quelleURL error:nil];
    }
}
```

Listing 9.15 Projekt »GDateiDialog«, Datei »Controller.m«, Teil 9

Zur Erläuterung:

- In der Methode `dateiLoeschenURLs:` ab ㊾ werden eine oder mehrere Dateien gelöscht, deren Namen der Benutzer über ein Standard-Dialogfeld auswählt.
- Der Schalter `allowsMultipleSelection` des Dialogfelds wird diesmal auf den Wert `YES` gestellt, siehe ㊿. In 51 wird der Titel angepasst.
- Das in 52 mit der Methode `URLs:` erzeugte Array wird in 53 mit Hilfe einer `for in`-Schleife vollständig durchlaufen.
- Der Vorgang zum Löschen wird in 54 mit der Methode `removeItemAtURL:error:` durchgeführt.

Es folgt der zehnte und letzte Teil der Implementation der Klasse `Controller`, in dem eine Liste von Dateien aus einem Verzeichnis ausgegeben wird, das mit Hilfe eines Dialogfelds ausgewählt wird:

```
-(IBAction)dateiListeURL:(id)sender                // 55
{
    NSOpenPanel *quellePfad =                       // 56
        [NSOpenPanel openPanel];
    [quellePfad setAllowsMultipleSelection:NO];     // 57
    [quellePfad setCanChooseFiles:NO];              // 58
    [quellePfad setCanChooseDirectories:YES];
    [quellePfad setTitle:                           // 59
        @"Verzeichnis auswählen"];

    if([quellePfad runModal] == NSOKButton)        // 60
    {
        NSFileManager *dateiVerwalter =
            [NSFileManager defaultManager];
        NSArray *quelleURLs = [quellePfad URLs];
        NSURL *quelleURL =
            [quelleURLs objectAtIndex:0];

        NSArray *listeURLs = [dateiVerwalter        // 61
            contentsOfDirectoryAtURL:quelleURL
            includingPropertiesForKeys:nil options:
            NSDirectoryEnumerationSkipsHiddenFiles
            error:nil];

        [popupAusgabe removeAllItems];
```

9

```
        for(NSURL *dateiURL in listeURLs)          // ⓬
            [popupAusgabe addItemWithTitle:
                [dateiURL absoluteString]];
    }
}
@end
```

Listing 9.16 Projekt »GDateiDialog«, Datei »Controller.m«, Teil 10

Zur Erläuterung:

- In der Methode `dateiListeURL:` ab ㊺ wird eine Liste der Dateien und Unterverzeichnisse aus einem vom Benutzer wählbaren Verzeichnis erzeugt und im Popup-Element ausgegeben.
- Das Standard-Dialogfeld OPEN wird in ㊻ erzeugt. Es soll nur ein Verzeichnis auswählbar sein, siehe ㊼. Ab ㊽ werden zwei Schalter umgestellt, die in den bisherigen Programmteilen aufgrund der Standardwerte nicht benötigt wurden. Die Schalter `canChooseFiles` und `canChooseDirectories` werden mit Hilfe der entsprechenden Setter-Methoden auf die Werte `NO` beziehungsweise `YES` gesetzt, so dass in diesem Programmteil ein Verzeichnis statt einer Datei ausgewählt werden kann. In ㊾ wird der Titel angepasst.
- Falls der Button OPEN nach Auswahl eines Verzeichnisses betätigt wurde (siehe ㊿), wird in 61 mit Hilfe der Methode `contentsOfDirectoryAtURL:includingPropertiesForKeys:options:error:` ein `NSArray`-Objekt mit den vollständigen Namen der Dateien und der Unterverzeichnisse aus dem ausgewählten Verzeichnis erzeugt.
- Im zweiten Parameter (`includingPropertiesForKeys`) könnte man mit Hilfe eines weiteren `NSArray`-Objekts Vorgaben machen, welche Eigenschaften jeder Datei beziehungsweise jedes Unterverzeichnisses bereitgestellt werden sollen. Über den dritten Parameter (`options`) können Sie eine Maske zur Dateiauswahl übergeben. Gegebenenfalls werden dann nicht alle Dateien und Unterverzeichnisse im `NSArray`-Objekt gespeichert.
- In 62 wird das `NSArray`-Objekt mit einer `for in`-Schleife vollständig durchlaufen. Die Methode `absoluteString:` liefert den vollständigen Namen der URL eines einzelnen Array-Eintrags für die Ausgabe im Popup-Element.

9.2.6 Verbindungen erzeugen

Fügen Sie dem Bereich DOCUMENT OUTLINE eine Instanz der Klasse `Controller` hinzu. Im CONNECTIONS INSPECTOR stellen Sie dann die Verbindungen zu den beschriebenen

Elementen her, wie in Abbildung 9.6 zu sehen. Anschließend steht Ihnen das fertige Projekt zur Verfügung.

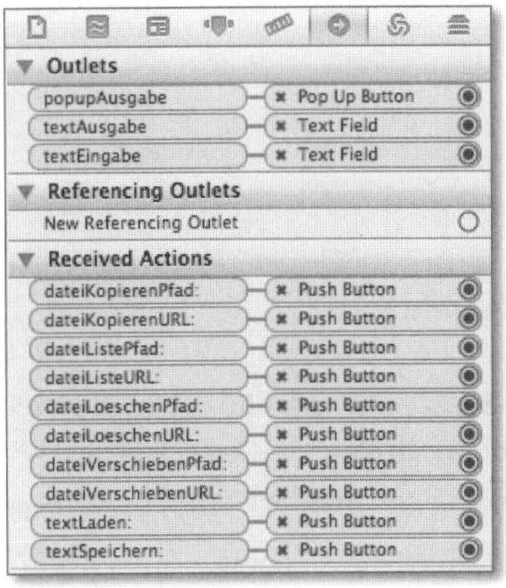

Abbildung 9.6 »Controller«, »Connections Inspector«

9.3 Zwischenablage

Die Klasse `NSPasteBoard` bietet die Möglichkeit, auf die systemweite, anwendungsübergreifende Zwischenablage zuzugreifen. Sie kann auf dem Mac unterschiedliche Repräsentationen der dorthin kopierten Objekte enthalten, die anschließend an der gewünschten Stelle eingefügt werden können. Bei einem Text, der aus Text Edit in die Zwischenablage kopiert wurde, könnte dies zum Beispiel der reine, unformatierte Text sein oder der Text inklusive Formatierungen oder nur die Informationen über die Formatierung.

9.3.1 Projekt erzeugen

Erstellen Sie eine neue Cocoa-Anwendung mit dem Namen *GZwischenablage*. Darin werden einige Möglichkeiten der Klasse `NSPasteBoard` gezeigt. In Abbildung 9.7 sehen Sie zwei Textfelder und drei Buttons. Über den ersten Button wird der markierte Textinhalt aus dem ersten Textfeld in die Zwischenablage kopiert.

Über den zweiten Button wird der aktuelle Textinhalt der Zwischenablage in das zweite Textfeld kopiert. Dieser Textinhalt kann aus einer beliebigen Anwendung auf dem Mac stammen. Der dritte Button dient nur zum Löschen des zweiten Textfelds, damit verschiedene Varianten ausprobiert werden können.

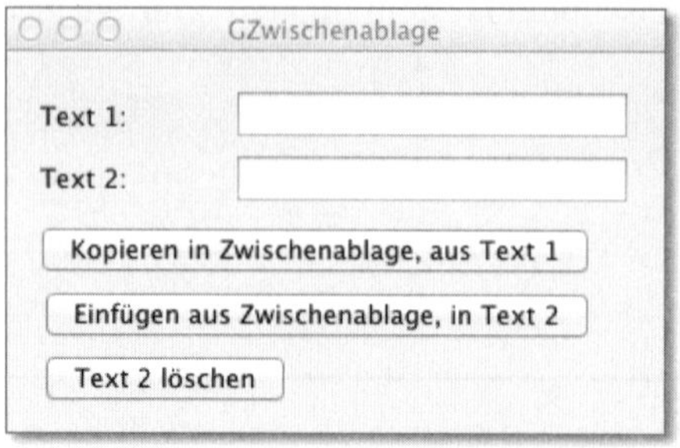

Abbildung 9.7 Projekt »GZwischenablage«, Anwendungsfenster

Jede Anwendung, die Sie schreiben, besitzt automatisch ein Anwendungsmenü, üblicherweise oben links. Die Punkte des Anwendungsmenüs EDIT (CUT, COPY, PASTE) können Sie zur Arbeit mit der Zwischenablage nutzen, genauso wie die bekannten Tastenkombinationen [cmd] + [C] und [cmd] + [V].

Viele Steuerelemente auf der Oberfläche Ihrer Anwendungen unterstützen automatisch die Zwischenablage. In Ergänzung dazu sollen die nachfolgenden Methoden zeigen, wie man per Programm mit der Zwischenablage arbeitet.

9.3.2 Deklaration der Klasse »Controller«

Gestalten Sie die Anwendung wie in Abbildung 9.7. Fügen Sie eine `Controller`-Klasse hinzu. Es folgt die Deklaration dieser Klasse:

```
#import <Foundation/Foundation.h>
@interface Controller : NSObject
{
    IBOutlet NSTextField *textEins;        // ❶
    IBOutlet NSTextField *textZwei;
}

-(IBAction)kopierenInAblage:(id)sender;    // ❷
-(IBAction)einfuegenAusAblage:(id)sender;
-(IBAction)textZweiLoeschen:(id)sender;
@end
```

Listing 9.17 Projekt »GZwischenablage«, Datei »Controller.h«

Ab ❶ sehen Sie die Repräsentationen der beiden Textfelder. Ab ❷ folgen die drei bereits beschriebenen Methoden.

9.3.3 Implementation der Klasse »Controller«

Zunächst der Code:

```
#import "Controller.h"
@implementation Controller

-(IBAction)kopierenInAblage:(id)sender
{
    NSPasteboard *ablage =                     // ❶
        [NSPasteboard generalPasteboard];
    [ablage clearContents];                    // ❷
    [ablage                                    // ❸
        setString:[textEins stringValue]
        forType:NSPasteboardTypeString];
}

-(IBAction)einfuegenAusAblage:(id)sender
{
    NSPasteboard *ablage =                     // ❹
        [NSPasteboard generalPasteboard];
    NSString *textAusAblage =                  // ❺
        [ablage stringForType:
        NSPasteboardTypeString];
    [textZwei                                  // ❻
        setStringValue:textAusAblage];
}

-(IBAction)textZweiLoeschen:(id)sender        // ❼
{
    [textZwei setStringValue:@""];
}

@end
```

Listing 9.18 Projekt »GZwischenablage«, Datei »Controller.m«

Zur Erläuterung:

- In der Methode `kopierenInAblage:` wird in ❶ zunächst ein `NSPasteBoard`-Objekt mit Hilfe der Klassenmethode `generalPasteboard:` erzeugt. Dieses Objekt ermöglicht den Zugang zur Zwischenablage.

- Zur Sicherheit wird die Zwischenablage in ❷ mit Hilfe der Methode `clearContents:` geleert.
- In ❸ wird der Textinhalt aus dem Textfeld mit Hilfe der Methode `setString: forType:` in die Zwischenablage kopiert. Dort liegt sie als die String-Repräsentation der Zwischenablage vor, weil beim Kopieren die entsprechende Konstante (`NSPasteBoardTypeString`) aus der `NSPasteBoard`-Klasse verwendet wurde.
- In der Methode `einfuegenAusAblage:` wird in ❹ ebenfalls zunächst der Zugang zur Zwischenablage ermöglicht.
- Die Methode `stringForType:` in ❺ liefert als Rückgabewert die String-Repräsentation der Zwischenablage zur Übernahme in ein `NSString`-Objekt. Dieses wird in ❻ in das zweite Textfeld übernommen.
- Die Methode `textZweiLoeschen:` in ❼ löscht das zweite Textfeld.

Ein weiteres Beispiel zur Verdeutlichung der verschiedenen Repräsentationen der Zwischenablage: Kopieren Sie eine beliebige Datei per FINDER in die Zwischenablage. Wenn Sie nun den zweiten Button der Anwendung *GZwischenablage* betätigen, wird die Text-Repräsentation der Datei eingefügt. Dies ist der Name der Datei.

9.3.4 Verbindungen erzeugen

Fügen Sie dem Bereich DOCUMENT OUTLINE eine Instanz der Klasse `Controller` hinzu. Im CONNECTIONS INSPECTOR stellen Sie dann die Verbindungen zu den beschriebenen Elementen her, wie in Abbildung 9.8 zu sehen. Anschließend steht Ihnen das fertige Projekt zur Verfügung.

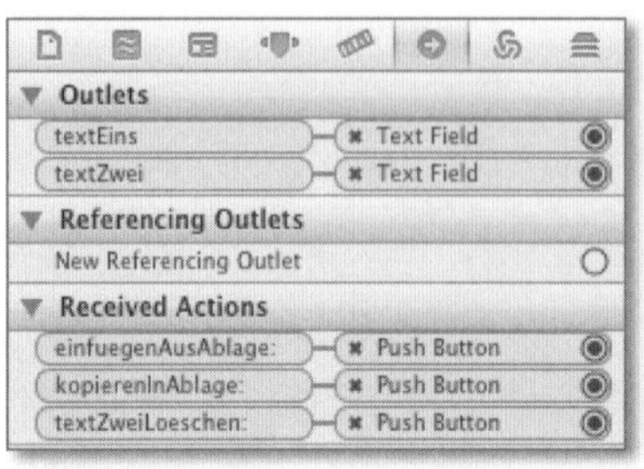

Abbildung 9.8 »Controller«, »Connections Inspector«

9.4 Drucken

Sie können aus einer eigenen Anwendung heraus ausgewählte Inhalte drucken. Die Klassen des *WebKit*-Frameworks bieten dazu vereinfachte Möglichkeiten. Zunächst muss dieses Framework für Ihre Cocoa-Anwendung verfügbar gemacht werden.

9.4.1 »WebKit«-Framework einbinden

Erzeugen Sie dazu eine neue Cocoa-Anwendung, hier mit dem Namen *GDrucken*. Markieren Sie im PROJECT NAVIGATOR den obersten Eintrag, die Projekteigenschaften. Wählen Sie dann den Bereich TARGETS und darin den Bereich SUMMARY. Im Bereich LINKED FRAMEWORKS AND LIBRARIES sehen Sie bisher nur das *Cocoa*-Framework, siehe Abbildung 9.9.

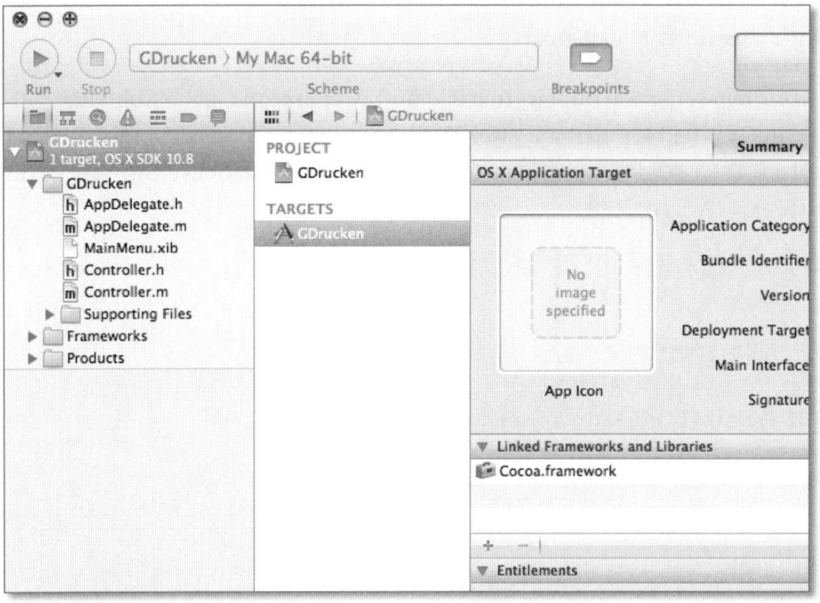

Abbildung 9.9 Standard-Frameworks

Durch Anklicken der darunter befindlichen Taste mit dem Pluszeichen wird eine Liste weiterer Frameworks eingeblendet. Wählen Sie das *WebKit*-Framework aus, und betätigen Sie den Button ADD, siehe Abbildung 9.10.

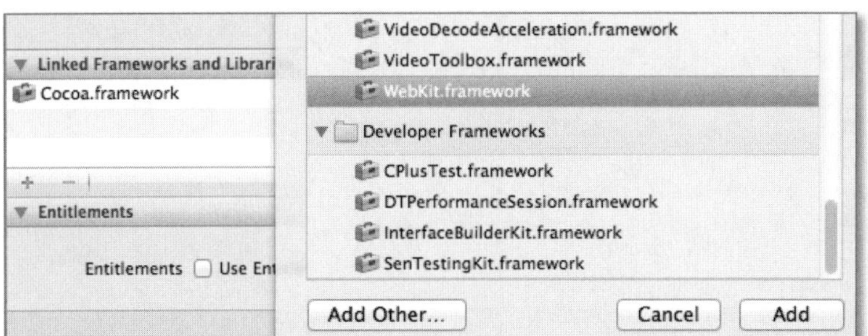

Abbildung 9.10 Framework hinzufügen

Damit wird es der Liste der Frameworks hinzugefügt, siehe Abbildung 9.11.

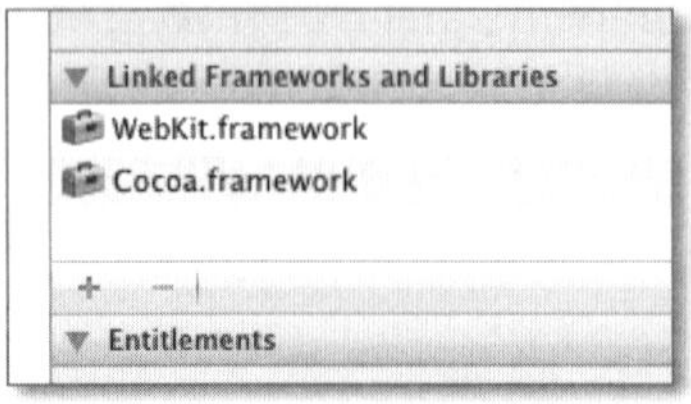

Abbildung 9.11 Frameworks mit »WebKit«

Im Projekt *GDrucken* sehen Sie nur ein Textfeld und zwei Buttons, siehe Abbildung 9.12. Die Eingaben im Textfeld können auf zwei Arten gedruckt werden: als reiner Text mit Hilfe des Buttons TEXT DRUCKEN und fett formatiert innerhalb einer HTML-Tabelle mit Hilfe des Buttons HTML DRUCKEN.

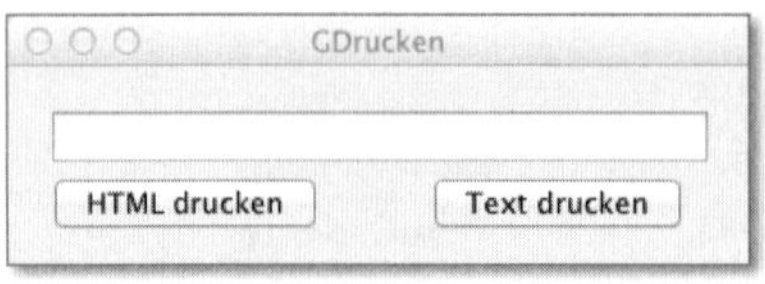

Abbildung 9.12 Projekt »GDrucken«, Anwendungsfenster

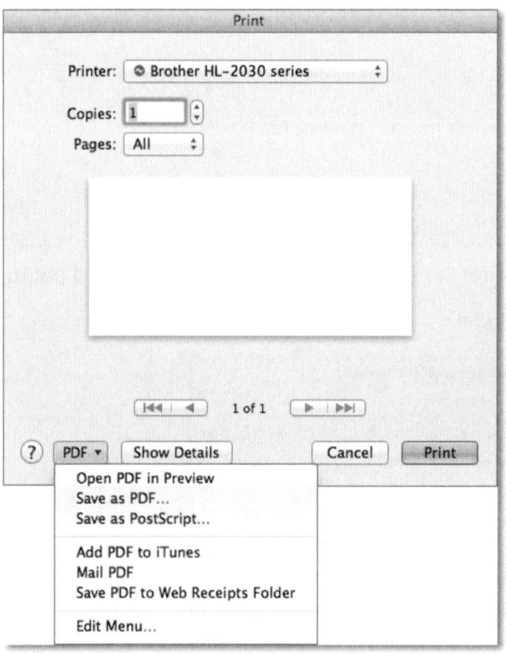

Abbildung 9.13 Druckvorschau des HTML-Beispiels

Nach Anklicken der Buttons erscheint jeweils zunächst ein Druckdialog, in dem Sie Druckeinstellungen vornehmen können, wie Sie es aus anderen Anwendungen auf dem Mac kennen. Außerdem können Sie aus diesem Dialog heraus zum Beispiel ein PDF-Dokument mit den zu druckenden Inhalten erzeugen und natürlich auf einem Drucker ausgeben, siehe Abbildung 9.13.

9.4.2 Deklaration der Klasse »Controller«

Fügen Sie eine `Controller`-Klasse hinzu. Es folgt die Deklaration:

```
#import <Foundation/Foundation.h>
#import <WebKit/WebKit.h>             // ❶
@interface Controller : NSObject
{
    IBOutlet NSTextField *textEingabe; // ❷
}

-(IBAction)htmlDrucken:(id)sender;     // ❸
-(IBAction)textDrucken:(id)sender;
-(void)drucken:(NSString *)druckText;  // ❹
@end
```

Listing 9.19 Projekt »GDrucken«, Datei »Controller.h«

Zur Erläuterung:

- In ❶ werden die Klassen des *WebKit*-Frameworks mit Hilfe der `import`-Anweisung eingebunden.
- Das Textfeld wird in ❷ repräsentiert.
- Die beiden Methoden ab ❸ werden durch Anklicken der Buttons ausgelöst. Innerhalb der Methoden wird der Text unterschiedlich vorbereitet und dann zum eigentlichen Ausdruck an die Methode `drucken:` in ❹ übergeben.

9.4.3 Drucktext erzeugen

Es folgt der erste Teil der Implementation der Klasse `Controller`, in dem die zu druckenden Texte erzeugt werden, nachdem der Benutzer einen der beiden Buttons betätigt hat:

```
#import "Controller.h"
@implementation Controller

-(IBAction)htmlDrucken:(id)sender          // ❶
{
    NSString *htmlMitFormat =
        [NSString stringWithFormat:
        @"%@ %@ %@",
        @"<html><body>"
        "<table width='100%' border='1'>"
        "<tr><td align='center'><b>",
        [textEingabe stringValue],
        @"</b></td></tr>"
        "</table></body></html>"];
    [self drucken:htmlMitFormat];          // ❷
}

-(IBAction)textDrucken:(id)sender          // ❸
{
    NSString *textInHtml =
        [NSString stringWithFormat:
        @"%@%@%@",
        @"<html><body>",
        [textEingabe stringValue],
        @"</body></html>"];
    [self drucken:textInHtml];             // ❹
}
```

Listing 9.20 Projekt »GDrucken«, Datei »Controller.m«, Teil 1

Zur Erläuterung:

- In den beiden Methoden `htmlDrucken:` und `textDrucken:` ab ❶ und ❸ wird jeweils ein `NSString`-Objekt zusammengesetzt, das ein vollständiges HTML-Dokument enthält.
- Es besteht jeweils aus drei Teilen: dem einleitendem HTML-Code, dem eingegebenen Text aus dem Textfeld – mit oder ohne Tabelle und Formatierung – und dem abschließenden HTML-Code.
- Anschließend wird in ❷ und ❹ jeweils die Methode `drucken:` aufgerufen und das `NSString`-Objekt übergeben.

9.4.4 Druckvorgang

Es folgt der zweite Teil der Implementation der Klasse `Controller`, in dem der eigentliche Druckvorgang stattfindet, der in beiden Fällen gleich abläuft:

```
-(void)drucken:(NSString *)druckText      // ❺
{
    WebView *meinWebView =                // ❻
        [[WebView alloc] init];
    WebFrame *meinWebFrame =              // ❼
        [meinWebView mainFrame];
    WebFrameView *meinWebFrameView =      // ❽
        [meinWebFrame frameView];

    NSView <WebDocumentView>              // ❾
        *meinWebDocumentView =
        [meinWebFrameView documentView];

    [meinWebFrame loadHTMLString:         // ❿
        druckText baseURL:nil];

    NSPrintInfo *druckInfo =              // ⓫
        [NSPrintInfo sharedPrintInfo];
    [druckInfo setOrientation:            // ⓬
        NSLandscapeOrientation];
    [druckInfo setLeftMargin:56];
    [druckInfo setRightMargin:56];
    [druckInfo setTopMargin:56];
    [druckInfo setBottomMargin:56];

    NSPrintOperation *druckAuftrag =      // ⓭
        [NSPrintOperation
        printOperationWithView:
        meinWebDocumentView
        printInfo:druckInfo];

    if([druckAuftrag runOperation])       // ⓮
        [textEingabe
```

9

```
        setStringValue:@"Gedruckt"];
}
@end
```

Listing 9.21 Projekt »GDrucken«, Datei »Controller.m«, Teil 2

Zur Erläuterung:

- In ❺ folgt die Methode `drucken:`, die von den beiden Button-Methoden aufgerufen wird. Innerhalb der Methode `drucken:` muss das zu druckende HTML-Dokument an der richtigen Stelle zugeordnet werden.
- Dazu wird zunächst in ❻ ein `WebView`-Objekt erzeugt. Die Klasse `WebView` ist die wichtigste Klasse innerhalb des *WebKit*-Frameworks.
- Das `WebView`-Objekt enthält eine Hierarchie von Frames und Views. Nachfolgend müssen Sie sich durch diese Hierarchie arbeiten und das zu druckende Dokument an der richtigen Stelle mit den richtigen Elementen verbinden.
- Die Frames des `WebView`-Objekts sind Objekte der Klasse `WebFrame`. Ein Verweis auf den obersten Frame der Hierarchie wird von der Methode `mainFrame:` zurückgeliefert, siehe ❼.
- Die View, also die Ansicht eines Frames, wiederum ist ein Objekt der Klasse `WebFrameView`. Ein Verweis darauf wird von der Methode `frameView:` zurückgeliefert, siehe ❽.
- Gedruckt wird eine Subview, also eine untergeordnete View des `WebFrameView`-Objekts. Die Methode `documentView:` liefert einen Verweis auf diese Subview. Dieser Verweis ist ein `NSView`-Objekt, das das Protokoll `WebDocumentView` beachten muss, siehe ❾.
- Das HTML-Dokument, das von den beiden Button-Methoden erzeugt wurde, wird mit Hilfe der Methode `loadHTMLString:` zum Inhalt des `WebFrame`-Objekts, siehe ❿.
- Ab ⓫ werden mit Hilfe eines `NSPrintInfo`-Objekts Einstellungen für den Ausdruck vorgenommen. Dieses `NSPrintInfo`-Objekt hat für die gesamte Anwendung Gültigkeit, nicht nur für diesen Druckvorgang. Es wird mit Hilfe der Klassenmethode `sharedPrintInfo:` erzeugt.
- Einige Beispiele für Druckeinstellungen sehen Sie ab ⓬, zum Beispiel für die Orientierung und die Ränder des Dokuments.
- In ⓭ wird ein `NSPrintOperation`-Objekt mit Hilfe der Klassenmethode `printOperationWithView:printInfo:` erzeugt. Es kontrolliert den Druckvorgang. Bei der Erzeugung werden die in ❾ erzeugte Subview und die ab ⓫ festgelegten Druckeinstellungen als Parameter übergeben.

- Die Methode `runOperation:` in ⓮ erzeugt den Druckdialog, aus dem heraus Sie zum Beispiel drucken oder ein PDF-Dokument erzeugen können, siehe Abbildung 9.13. Die Methode liefert einen `BOOL`-Wert zurück, der über den Erfolg des Druckvorgangs informiert. Lassen Sie sich nicht von den Fehlermeldungen in der DEBUG AREA irritieren.

9.4.5 Verbindungen erzeugen

Fügen Sie dem Bereich DOCUMENT OUTLINE eine Instanz der Klasse `Controller` hinzu. Im CONNECTIONS INSPECTOR stellen Sie dann die Verbindungen zu den beschriebenen Elementen her, wie in Abbildung 9.14 zu sehen. Anschließend steht Ihnen das fertige Projekt zur Verfügung.

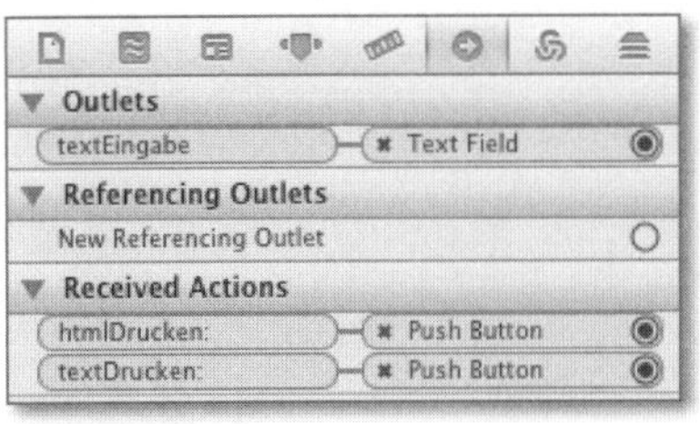

Abbildung 9.14 »Controller«, »Connections Inspector«

9.5 E-Mail senden

In diesem Abschnitt wird eine einfache Möglichkeit vorgestellt, eine E-Mail aus Ihrer Anwendung heraus zu erstellen. In Ihrer Anwendung werden Empfänger, Betreff und Nachricht in passenden Steuerelementen eingetragen. Mit diesen Daten wird der Mail-Client des Benutzers aufgerufen. Das Sendefenster im Mail-Client ist dann bereits mit den Daten aus der Anwendung gefüllt. Der Benutzer muss nur noch den Button SENDEN betätigen.

Diese Beispielanwendung kann die Basis für eine E-Mail-Funktionalität innerhalb Ihrer Anwendung sein, zum Beispiel mit einer anwendungsspezifischen Emfängerliste in einem Popup-Element.

9.5.1 Projekt erzeugen

Erstellen Sie eine neue Cocoa-Anwendung mit dem Namen *GMail*. In Abbildung 9.15 ist sie bereits mit Beispielinhalten gefüllt.

Abbildung 9.15 Projekt »GMail«, Anwendungsfenster

Nach Anklicken des Buttons erscheint der Mail-Client, zum Beispiel wie in Abbildung 9.16.

Abbildung 9.16 Mail-Client, gefüllt

9.5.2 Deklaration der Klasse »Controlller«

Fügen Sie eine `Controller`-Klasse hinzu. Es folgt die Deklaration:

```
#import <Foundation/Foundation.h>
@interface Controller : NSObject
{
    IBOutlet NSTextField *empfaenger;
    IBOutlet NSTextField *betreff;
    IBOutlet NSTextView *nachricht;
}

- (IBAction)mailClientAufrufen:(id)sender;
@end
```

Listing 9.22 Projekt »GMail«, Datei »Controller.h«

Die beiden NSTextField-Objekte repräsentieren die beiden Textfelder für EMPFÄNGER und BETREFF. Das NSTextView-Objekt steht für das TextView-Steuerelement, in dem die Nachricht notiert wird. Es folgt noch die Methode mailClientAufrufen: für den Button.

9.5.3 Implementation der Klasse »Controller«

Es folgt der Code:

```
#import "Controller.h"
@implementation Controller

- (IBAction)mailClientAufrufen:(id)sender
{
    NSString *urlString =                       // ❶
        [NSString stringWithFormat:
        @"mailto:%@?subject=%@&body=%@",
        [empfaenger stringValue],
        [betreff stringValue],
        [[nachricht textStorage] mutableString]];
    urlString = [urlString                      // ❷
        stringByReplacingOccurrencesOfString:@" "
        withString:@"%20"];

    NSURL *mailURL =                            // ❸
        [NSURL URLWithString:urlString];
    [[NSWorkspace sharedWorkspace]              // ❹
        openURL:mailURL];
}
@end
```

Listing 9.23 Projekt »GMail«, Datei »Controller.m«

Zur Erläuterung:

- In der Methode mailClientAufrufen: wird in ❶ zunächst ein NSString-Objekt zusammengesetzt. Es enthält anschließend eine *mailto-URL* mit den notwendigen Elementen zum Erstellen einer Mail. Die Inhalte stammen aus den Textfeldern für EMPFÄNGER und BETREFF sowie aus der Text View für die Nachricht.
- In einer URL darf kein Leerzeichen vorkommen. Daher werden in ❷ alle Leerzeichen durch den Text %20 ersetzt – mit Hilfe der Methode stringByReplacingOccurren-

cesOfString:withString:. Die hexadezimale Zahl 20 entspricht der dezimalen Zahl 32. Dies ist wiederum die Codeziffer für das Leerzeichen.

- In ❸ wird ein NSURL-Objekt mit Hilfe der Klassenmethode URLWithString: und dem zuvor umgewandelten NSString-Objekt erzeugt.
- Ein NSWorkspace-Objekt stellt eine Reihe von Diensten innerhalb einer Anwendung bereit. Zum Beispiel liefert es Informationen über Dateien und Geräte oder startet Anwendungen auf dem System.
- In ❹ wird ein solches Objekt mit Hilfe der Klassenmethode sharedWorkspace: erzeugt. Für dieses Objekt wird anschließend die Methode openURL: aufgerufen. Damit wird die entsprechende URL geöffnet. Handelt es sich wie in diesem Fall um eine *mailto-URL*, wird der Mail-Client geöffnet und eine Nachricht zum Senden vorbereitet.

9.5.4 Verbindungen erzeugen

Fügen Sie dem Bereich DOCUMENT OUTLINE eine Instanz der Klasse Controller hinzu. Im CONNECTIONS INSPECTOR stellen Sie dann die Verbindungen zu den beschriebenen Elementen her, wie in Abbildung 9.17 zu sehen. Anschließend steht Ihnen das fertige Projekt zur Verfügung.

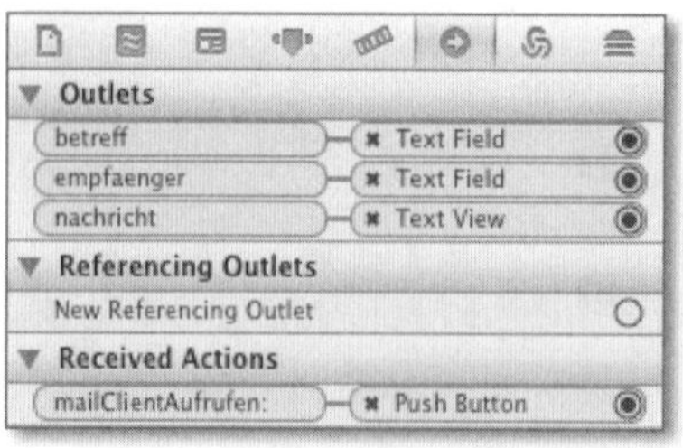

Abbildung 9.17 »Controller«, »Connections Inspector«

9.6 Anwendungsmenü verändern

Jede Anwendung, die Sie entwickeln, besitzt bereits ein vorgefertigtes Anwendungsmenü. Es erscheint nach dem Start der Anwendung oben links auf dem Bildschirm. Die einzelnen Hauptmenü-Elemente (FILE, EDIT, FORMAT ...) kann der Benutzer aufklappen. Es erscheinen dann entweder Menüpunkte oder Untermenüs, die wiederum Menüpunkte und Untermenüs enthalten können.

Die Menüpunkte haben die Funktionalität von Buttons: Nach Betätigung wird ein Ablauf innerhalb einer Methode gestartet. In diesem Abschnitt geht es darum, das Standard-Anwendungsmenü zu verändern.

9.6.1 Projekt erzeugen

Erstellen Sie eine neue Cocoa-Anwendung mit dem Namen *GMenu*. Das Anwendungsmenü erhält ein weiteres Hauptmenü-Element mit dem Namen SONDERMENÜ. Dieses wird mit Untermenüs und Menüpunkten gefüllt, siehe Abbildung 9.18. Bei Bedarf können Sie natürlich auch die bereits vorhandenen Hauptmenü-Elemente ergänzen.

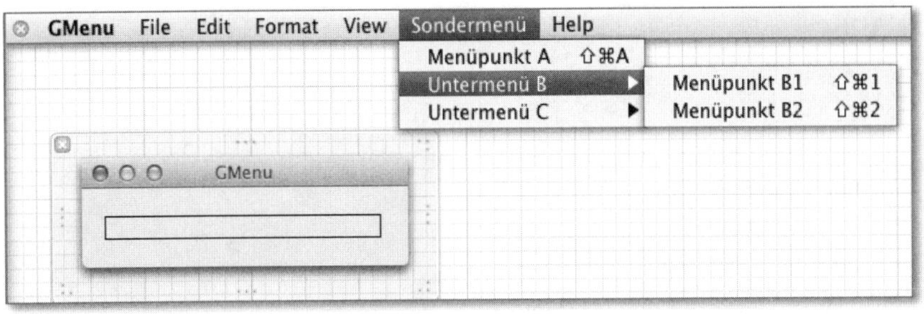

Abbildung 9.18 Neues Menü im Entwurf, »Untermenü B«

Im Anwendungsfenster gibt es lediglich ein gerahmtes Label. Darin wird später der Titel des ausgewählten Menüpunkts angezeigt. Es soll nur die grundlegende Funktionalität verdeutlicht werden.

9.6.2 Menü erzeugen und gestalten

Zum Hinzufügen eines Hauptmenü-Elements geben Sie im Suchfeld der OBJECT LIBRARY den Begriff MENU ein. Im unteren Teil der Ergebnisliste erscheinen dann einige vollständige vorgefertigte Menüs. Im oberen Teil sehen Sie u.a. folgende Elemente, siehe auch Abbildung 9.19:

- SUBMENU MENU ITEM: zur Erzeugung von Hauptmenü-Elementen und Untermenüs
- MENU ITEM: zur Erzeugung von Menüpunkten innerhalb von Hauptmenü-Elementen und Untermenüs, mit denen Abläufe gestartet werden
- SEPARATOR MENU ITEM: zur Erzeugung von Trennlinien zwischen den Bereichen eines Menüs

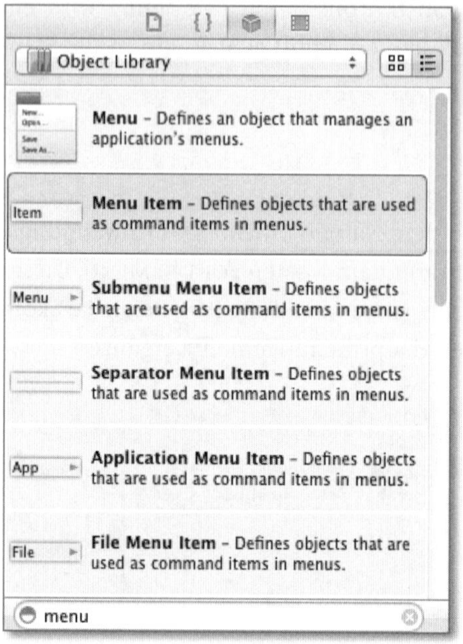

Abbildung 9.19 »Object Library«, Menü-Elemente

Als Erstes soll ein Hauptmenü-Element hinzugefügt werden. Ein kleiner Trick: Wählen Sie vor dem Einfügen ein Element im Bereich DOCUMENT OUTLINE aus, zum Beispiel das Element WINDOW. Es sollte kein Punkt im Anwendungsmenü markiert sein. Dann wird das Einfügen von Menü-Elementen einfacher.

Ziehen Sie ein SUBMENU MENU ITEM aus der OBJECT LIBRARY auf die Hauptmenü-Leiste, zum Beispiel rechts neben das HELP-Menü. Es erscheinen ein senkrechter blauer Balken, der die Einfügestelle markiert, und ein Plus-Zeichen. Nun können Sie das neue Element loslassen. Es erscheint mit dem Text MENU und einem Menüpunkt mit dem Namen ITEM. In Abbildung 9.20 sehen Sie ein Hauptmenü-Element, das gerade eingefügt wird, mit dem blauen Balken rechts neben dem HELP-Menü. Sie können ein eingefügtes Hauptmenü-Element später noch jederzeit verschieben.

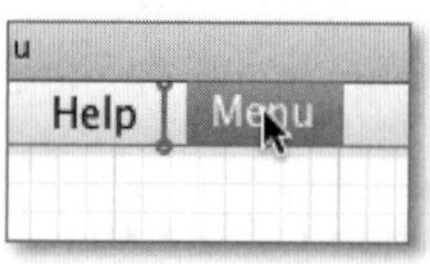

Abbildung 9.20 Neu eingefügtes Hauptmenü-Element

Auf dieselbe Art und Weise können Sie nun Menüpunkte und Untermenüs einfügen, so dass eine Menü-Hierarchie wie in Abbildung 9.18 beziehungsweise Abbildung 9.21 entsteht.

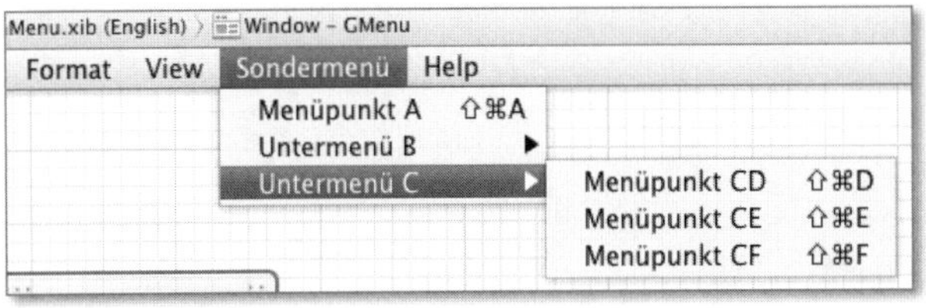

Abbildung 9.21 Neues Menü im Entwurf, »Untermenü C«

Die Aufschrift der Menüs und Menüpunkte können Sie im Attributes Inspector im Feld Title ändern, siehe Abbildung 9.22 für Menüpunkt A. Im Feld Key Equivalent können Sie eine Tastenkombination eingeben. Diese erscheint rechts im Menüpunkt und kann zur schnellen Anwahl genutzt werden. Alternativ können Sie auch einen Doppelklick auf dem Menü-Element durchführen und Title beziehnungsweise Key Equivalent ändern.

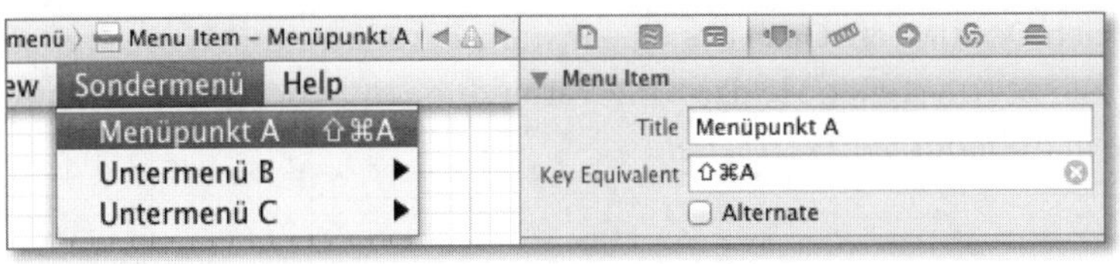

Abbildung 9.22 »Menüpunkt A«, »Attributes Inspector«

Gestalten Sie das Anwendungfenster wie in Abbildung 9.18.

9.6.3 Die Klasse »Controller«

Fügen Sie eine `Controller`-Klasse hinzu. Es folgt die Deklaration:

```
#import <Foundation/Foundation.h>
@interface Controller : NSObject
{
    IBOutlet NSTextField *ausgabe;
}
- (IBAction)gibAus:(id)sender;
@end
```

Listing 9.24 Projekt »GMenu«, Datei »Controller.h«

Das `NSTextField`-Objekt repräsentiert das gerahmte Label. Die Methode `gibAus:` wird später mit allen Menüpunkten verbunden und dient zur Ausgabe des jeweiligen Titels.

Die Implementation der Klasse `Controller`:

```
#import "Controller.h"
@implementation Controller
- (IBAction)gibAus:(id)sender
{
    [ausgabe setStringValue:[sender title]];
}
@end
```

Listing 9.25 Projekt »GMenu«, Datei »Controller.m«

Der Parameter `sender` ist ein Verweis auf das Objekt, das die Methode aufgerufen hat. In diesem Falle ist dies einer der Menüpunkte. Dessen Titel wird ausgegeben.

9.6.4 Verbindungen erzeugen

Fügen Sie dem Bereich DOCUMENT OUTLINE eine Instanz der Klasse `Controller` hinzu. Im CONNECTIONS INSPECTOR stellen Sie dann die Verbindungen zu den beschriebenen Elementen her, wie in Abbildung 9.23 zu sehen.

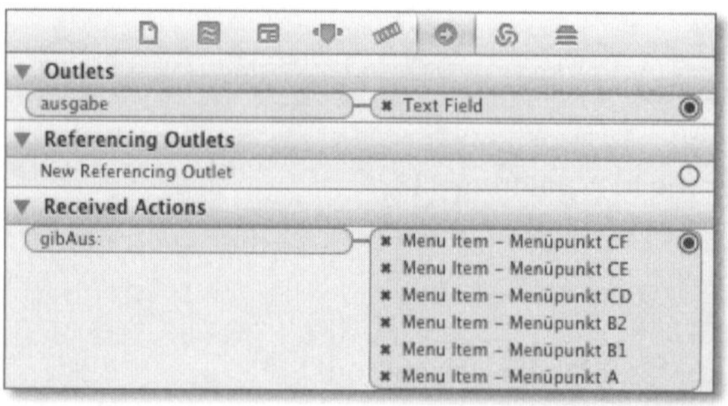

Abbildung 9.23 »Controller«, »Connections Inspector«

Sie beginnen dabei wie immer im CONNECTIONS INSPECTOR in dem Kreis ganz rechts neben dem Element. Bei gedrückter Maustaste bewegen Sie sich zu einem Hauptmenü-Element, warten, bis es aufklappt, und bewegen sich dann weiter zum Menüpunkt oder zu einem Untermenü. Bei einem Untermenü warten Sie ebenfalls, bis es aufklappt, und bewegen sich weiter. Erst über dem gewünschten Menüpunkt lassen Sie die Maustaste los, siehe Abbildung 9.24.

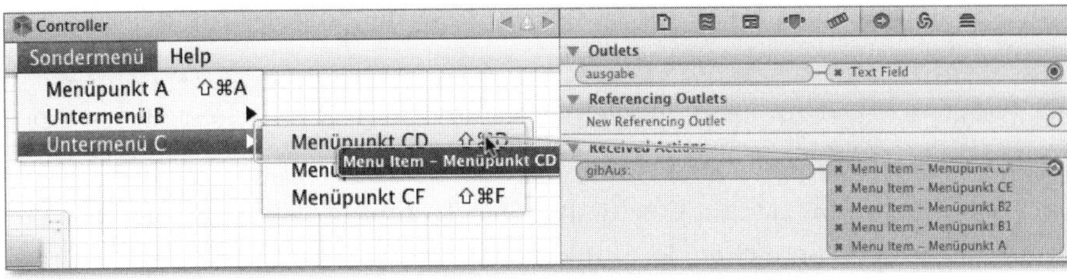

Abbildung 9.24 Herstellen einer Verbindung zu einem Menüpunkt

Nach dem Herstellen der Verbindungen steht Ihnen das fertige Projekt zur Verfügung.

9.7 Symbolleiste

Häufig genutzte Abläufe innerhalb Ihres Programms können auch über Symbole in der Symbolleiste (engl.: Toolbar) gestartet werden. Im nachfolgenden Projekt *GToolbar* fügen Sie eine Symbolleiste hinzu, gestalten sie und sorgen dafür, dass nach Anklicken eines Symbolbuttons ein Ablauf gestartet wird, siehe Abbildung 9.25.

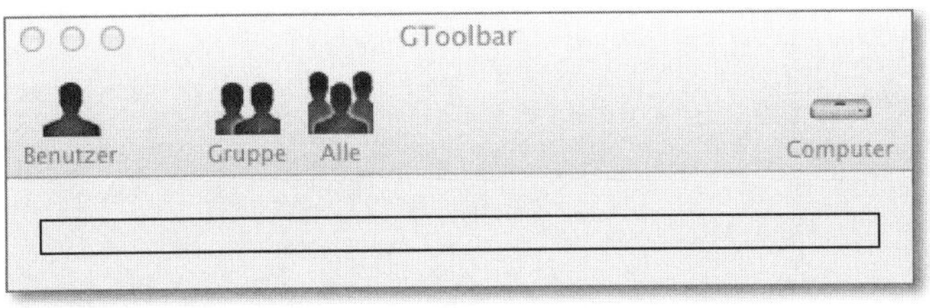

Abbildung 9.25 Projekt »GToolbar«, Anwendungsfenster mit Toolbar

Wie im vorherigen Projekt *GMenu* aus Abschnitt 9.6, »Anwendungsmenü verändern«, gibt es im Anwendungsfenster lediglich ein gerahmtes Label. Darin wird später der Titel des ausgewählten Symbolbuttons angezeigt. Es soll nur die grundlegende Funktionalität verdeutlicht werden.

9.7.1 Elemente der Symbolleiste

Geben Sie im Suchfeld der Object Library den Begriff »Tool« ein. In der Ergebnisliste erscheinen dann u.a. folgende Elemente, siehe auch Abbildung 9.26:

- Toolbar: zur Anlage einer Symbolleiste
- Image Toolbar Item: zur Erzeugung eines Symbolbuttons innerhalb der Symbolleiste mit frei gestaltbarer Funktionalität und einem frei auswählbaren Bild

- Flexible Space Toolbar Item: zur Erzeugung eines dehnbaren Abstands zwischen zwei Symbolbuttons
- Space Toolbar Item: zur Erzeugung eines festen Abstands zwischen zwei Symbolbuttons
- Separator Toolbar Item: zur Erzeugung einer Trennung zwischen den einzelnen zusammengehörigen Bereichen der Symbolleiste
- Show Colors Toolbar Item beziehungsweise Show Fonts Toolbar Item: zur Einblendung eines Dialogfelds für die Auswahl einer Farbe beziehungsweise die Auswahl von Schrifteigenschaften

Abbildung 9.26 »Object Library«, Toolbars

9.7.2 Symbolleiste erzeugen und gestalten

Erstellen Sie eine neue Cocoa-Anwendung mit dem Namen *GToolbar*. Ziehen Sie ein TOOLBAR-Objekt aus der OBJECT LIBRARY in das Anwendungsfenster. Es verankert sich automatisch unter der Titelleiste und enthält bereits einige Elemente, siehe Abbildung 9.27.

Abbildung 9.27 Neue Toolbar

Zur Gestaltung markieren Sie die Symbolleiste und klicken anschließend ein zweites Mal darauf (kein Doppelklick). Es öffnet sich ein Panel, in dem Sie die Möglichkeit haben, die Symbolleiste zu verändern. Sie sehen oben im Panel den Bereich ALLOWED TOOLBAR ITEMS und unten im Panel den Bereich DEFAULT TOOLBAR ITEMS, siehe Abbildung 9.28.

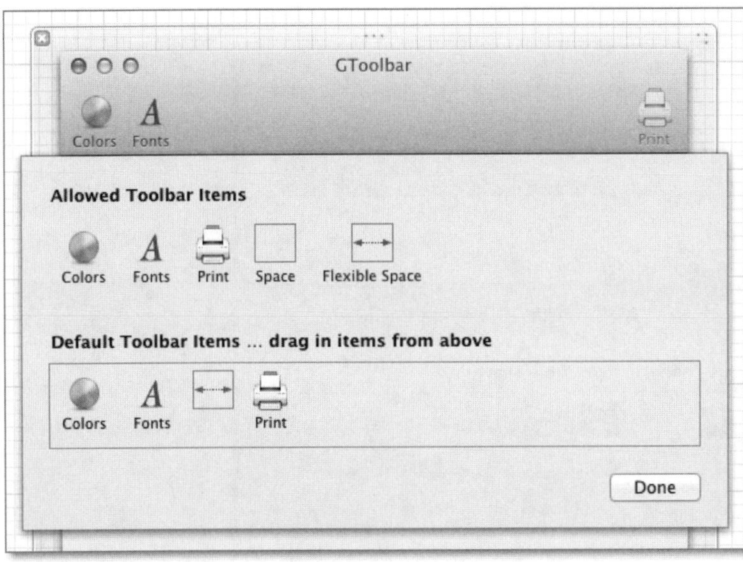

Abbildung 9.28 Neue Toolbar im Änderungsmodus

Später, nach den durchgeführten Änderungen, können Sie das Panel über den Button DONE schließen. Gelegentlich gibt es bei der Anzeige der Panelinhalte ein Problem. In diesem Falle klappen Sie den Bereich DOCUMENT OUTLINE einmal zu und wieder auf.

Der Bereich ALLOWED TOOLBAR ITEMS dient der Sammlung der möglichen vorkommenden Symbolbuttons und ihrer Gestaltung. Sie können weitere Symbolbuttons aus der OBJECT LIBRARY (siehe Abbildung 9.26) in diesen Bereich ziehen, allerdings kann hier jedes Element nur einmal vorkommen. Eine Ausnahme: Das frei gestaltbare IMAGE TOOLBAR ITEM kann hier mehrmals vorkommen. Die Elemente können per Drag & Drop verschoben und so in beliebiger Reihenfolge angeordnet werden. Zum Entfernen eines der Elemente können Sie es wie gewohnt markieren und anschließend die `Entf`-Taste betätigen.

Der Bereich DEFAULT TOOLBAR ITEMS dient der Darstellung der tatsächlich vorkommenden Elemente. Hier können Sie nur Elemente aus dem Bereich ALLOWED TOOLBAR ITEMS hinzufügen. Allerdings kann ein Element mehrmals hinzugefügt werden. Auch hier können die Elemente per Drag & Drop verschoben und so in beliebiger Reihenfolge angeordnet werden. Zum Entfernen eines der Elemente können Sie es dieses per Drag & Drop aus dem Bereich herausziehen. Bitte drücken Sie hier keinesfalls die `Entf`-Taste, denn damit löschen Sie die gesamte Symbolleiste!

Gestalten Sie die Symbolleiste wie in Abbildung 9.29 und die Anwendung wie in Abbildung 9.25.

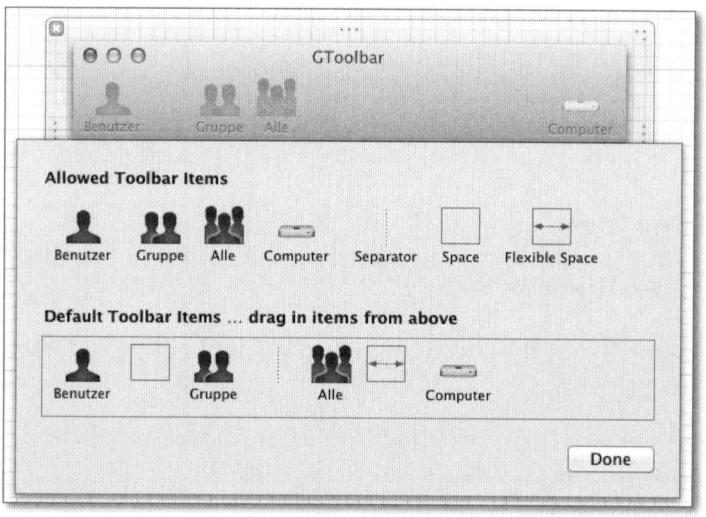

Abbildung 9.29 Toolbar nach Durchführung der Änderungen

Die vier Elemente links im Bereich ALLOWED TOOLBAR ITEMS sind IMAGE TOOLBAR ITEMS. Das zugehörige Bild wählen Sie im ATTRIBUTES INSPECTOR über die Eigenschaft IMAGE NAME aus. Hier wurden NSUSER, NSUSERGROUP, NSEVERYONE und NSCOMPUTER verwendet. Den Text unter dem Bild geben Sie im Feld LABEL beziehungsweise

PALETTE LABEL ein. Als Beispiel sehen Sie in Abbildung 9.30 die Einstellungen für das Symbol BENUTZER.

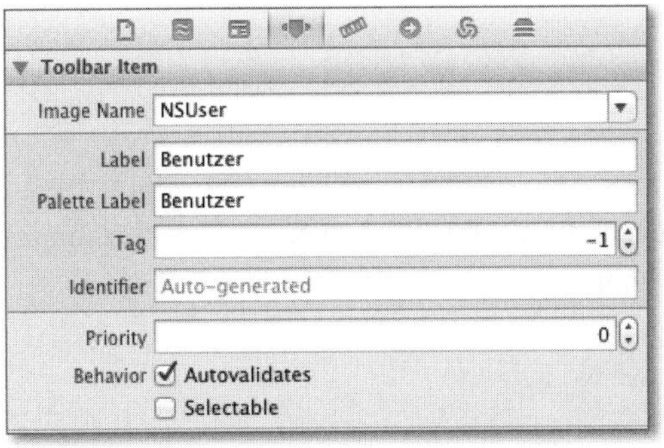

Abbildung 9.30 Toolbar, Symbol »Benutzer«, »Attributes Inspector«

9.7.3 Die Klasse »Controller«

Fügen Sie eine `Controller`-Klasse hinzu. Es folgt die Deklaration:

```
#import <Foundation/Foundation.h>
@interface Controller : NSObject
{
    IBOutlet NSTextField *ausgabe;
}
- (IBAction)gibAus:(id)sender;
@end
```

Listing 9.26 Projekt »GToolbar«, Datei »Controller.h«

Das `NSTextField`-Objekt repräsentiert das gerahmte Label. Die Methode `gibAus:` wird später mit den vier Bildsymbolen (BENUTZER, GRUPPE, ALLE, COMPUTER) verbunden und dient zur Ausgabe des jeweiligen Titels. Die Implementation der Klasse `Controller`:

```
#import "Controller.h"
@implementation Controller

- (IBAction)gibAus:(id)sender
{
    [ausgabe setStringValue:[sender label]];
}
@end
```

Listing 9.27 Projekt »GToolbar«, Datei »Controller.m«

Der Parameter `sender` ist ein Verweis auf das Objekt, das die Methode aufgerufen hat. In diesem Fall ist dies einer der vier Bildsymbol-Buttons. Dessen Beschriftung wird ausgegeben.

9.7.4 Verbindungen erzeugen

Fügen Sie dem Bereich DOCUMENT OUTLINE eine Instanz der Klasse `Controller` hinzu. Im CONNECTIONS INSPECTOR stellen Sie dann die Verbindungen zu den beschriebenen Elementen her, wie in Abbildung 9.31 zu sehen.

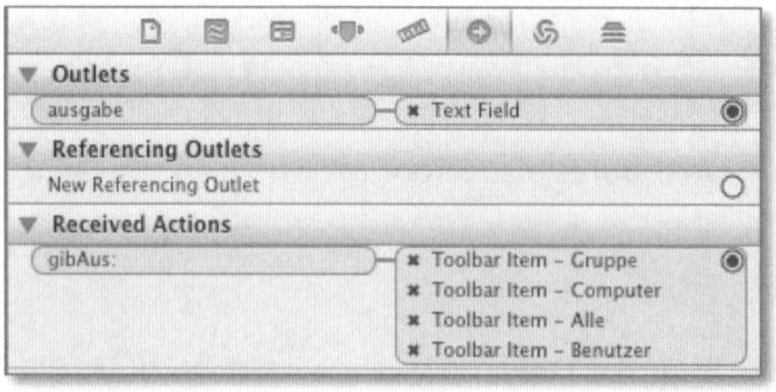

Abbildung 9.31 »Controller«, »Connections Inspector«

Sie beginnen dabei wie immer im CONNECTIONS INSPECTOR, in dem Kreis ganz rechts neben dem Element. Bei gedrückter Maustaste bewegen Sie sich zur Symbolleiste, warten, bis das Panel aufklappt, und bewegen sich dann weiter zum gewünschten Symbol im Bereich ALLOWED TOOLBAR ITEMS. Erst hier lassen Sie die Maustaste los, siehe Abbildung 9.32.

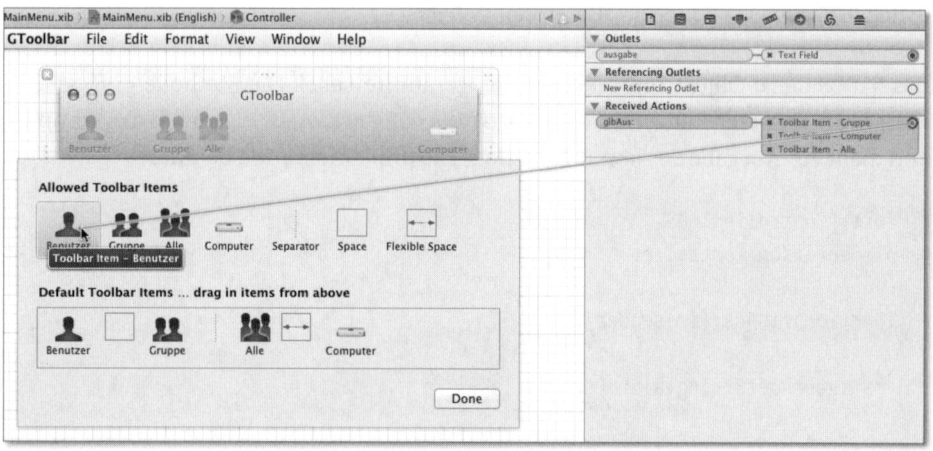

Abbildung 9.32 Herstellen der Verbindung zu einem Symbolbutton

Nach dem Herstellen der Verbindungen steht Ihnen das fertige Projekt zur Verfügung.

9.8 Eintrag in Statusleiste

Die Statusleiste sehen Sie oben rechts auf Ihrem Mac. Sie enthält einige häufig genutzte Anwendungen. Diese Anwendungen können über ein eigenes Menü zum Aufklappen verfügen (siehe Abbildung 9.33), haben aber häufig kein Anwendungsmenü oben links und keinen Eintrag im Dock.

Abbildung 9.33 Statusleiste mit aufgeklapptem Beispielmenü

9.8.1 Projekt erzeugen

Erstellen Sie eine neue Cocoa-Anwendung mit dem Namen *GStatus*. Diese Anwendung erzeugt nach dem Start einen Eintrag in der Statusleiste – ohne Anwendungsmenü und ohne Dock-Eintrag. Dieser Eintrag wird durch den Text MEIN EINTRAG und ein kleines Bild mit einem Plus-Zeichen gekennzeichnet, siehe Abbildung 9.34.

Außerdem hat der Eintrag ein eigenes Menü zum Aufklappen. Aus diesem Menü heraus kann ein Anwendungsfenster geöffnet werden. Außerdem kann die Anwendung wieder geschlossen werden, dabei wird der Eintrag aus der Statusleiste wieder entfernt.

Abbildung 9.34 Statusleiste mit eigenem Eintrag und Menü

Fügen Sie der Anwendung im PROJECT NAVIGATOR eine Bilddatei (hier *Cross.tif*) per Drag & Drop hinzu, siehe Abbildung 9.35. Diese Bilddatei enthält das Plus-Zeichen für den Eintrag in der Statusleiste.

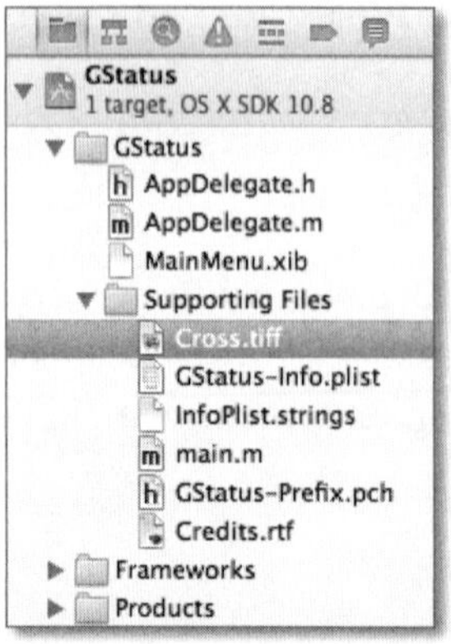

Abbildung 9.35 Nach Einfügen der Bilddatei im Projekt

Sorgen Sie dafür, dass das Fenster der Anwendung zu Beginn noch nicht angezeigt wird, indem Sie im Bereich DOCUMENT OUTLINE das Element WINDOW markieren und anschließend im ATTRIBUTES INSPECTOR die Eigenschaft VISIBLE AT LAUNCH deaktivieren.

9.8.2 Menü erzeugen und gestalten

Holen Sie ein eigenes MENU-Objekt (Klasse `NSMenu`) aus der OBJECT LIBRARY, und platzieren Sie es außerhalb des Anwendungsfensters. Dies soll das Menü für den Eintrag in der Statusleiste werden. Das neue Menü hat drei Standardeinträge. Gestalten Sie das Menü und das Anwendungsfenster gemäß Abbildung 9.36.

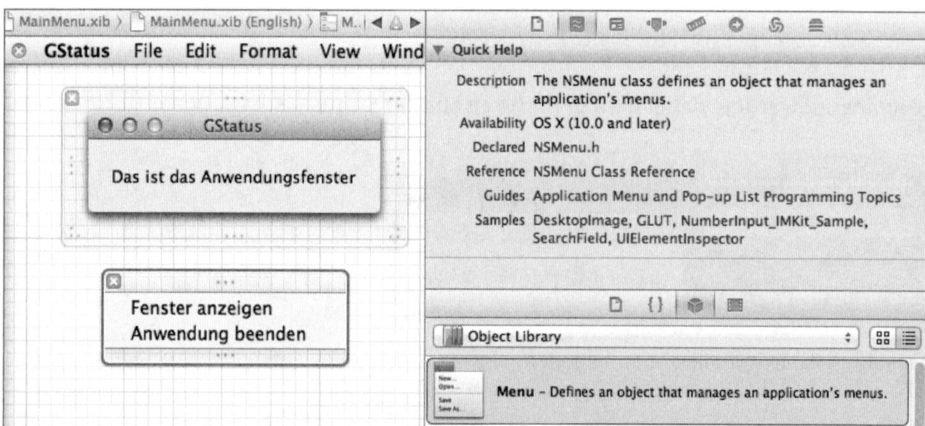

Abbildung 9.36 Anwendungsfenster und Menü für Statusleisteneintrag

9.8.3 Deklaration der Klasse »AppDelegate«

Die Steuerung für den Statusleisteneintrag wird diesmal innerhalb der vorhandenen Klasse AppDelegate untergebracht. Dort haben Sie direkten Zugriff auf das Anwendungsobjekt und das Anwendungsfensterobjekt. Es wird keine Controller-Klasse benötigt, da das Anwendungsfenster ansonsten keine Elemente enthält.

Es folgt die erweiterte Deklaration der Klasse AppDelegate:

```
#import <Cocoa/Cocoa.h>
@interface AppDelegate : NSObject <NSApplicationDelegate>
{
    NSStatusItem *eintrag;          // ❶
    IBOutlet NSMenu *menu;          // ❷
}

@property (assign) IBOutlet NSWindow *window;

-(IBAction)zeigeFenster:(id)sender;   // ❸
-(IBAction)beendeAnwendung:(id)sender;
@end
```

Listing 9.28 Projekt »GStatus«, Datei »AppDelegate.h«

Zur Erläuterung:

- Das NSStatusItem-Objekt in ❶ repräsentiert einen Eintrag in der Statusleiste. Dieser Eintrag soll während der gesamten Laufzeit der Anwendung existieren, daher wird das Objekt als Eigenschaft der Klasse AppDelegate angelegt.
- Das NSMenu-Objekt in ❷ steht für das Menü dieses Eintrags. Die beiden Menüpunkte dieses Menüs rufen die beiden Methoden ab ❸ auf.

9.8.4 Implementation der Klasse »AppDelegate«

Es folgt der Code:

```
#import "AppDelegate.h"
@implementation AppDelegate
@synthesize window = _window;

- (void)applicationDidFinishLaunching:
    (NSNotification *)aNotification
```

```
{}

- (void)awakeFromNib
{
    NSStatusBar *statusLeiste =              // ❶
        [NSStatusBar systemStatusBar];
    eintrag = [statusLeiste                  // ❷
        statusItemWithLength:
        NSVariableStatusItemLength];
    [eintrag setMenu:menu];                  // ❸
    [eintrag setTitle:@"Mein Eintrag"];
    [eintrag setHighlightMode:YES];
    NSImage *bild =                          // ❹
        [NSImage imageNamed:@"Cross"];
    [eintrag setImage:bild];
}

-(IBAction)zeigeFenster:(id)sender
{
    [NSApp activateIgnoringOtherApps:YES]; // ❺
    [_window makeKeyAndOrderFront:nil];    // ❻
}

-(IBAction)beendeAnwendung:(id)sender
{
    [NSApp terminate:nil];                   // ❼
}
@end
```

Listing 9.29 Projekt »GStatus«, Datei »AppDelegate.m«

Zur Erläuterung:

- Die Klassenmethode `systemStatusBar:` in ❶ liefert einen Verweis auf die vorhandene Statusleiste des Mac. Dieser Verweis wird gespeichert, damit kann im weiteren Verlauf auf die Statusleiste zugegriffen werden.
- Die Methode `statusItemWithLength:` in ❷ erzeugt ein neues `NSStatusItem`-Objekt und damit einen neuen Eintrag innerhalb der Statusleiste.
- Ab ❸ werden einige Eigenschaften des neuen Statusleisteneintrags mit Hilfe der entsprechenden Setter-Methoden gesetzt. Die Eigenschaft `menu` verweist auf das `NSMenu`-

Objekt, das als Eigenschaft der Klasse deklariert wurde. Dieses Objekt wird später mit dem zusätzlich erzeugten Menü in Abbildung 9.36 verbunden. Die Eigenschaft `title` bestimmt den Menütitel, den Sie in Abbildung 9.34 sehen. Mit Hilfe der Eigenschaft `highlightMode` legen Sie fest, ob der Statusleisteneintrag hervorgehoben wird, nachdem er angewählt wurde.

- Die Klassenmethode `imageNamed:` in ❹ liefert einen Verweis auf ein `NSImage`-Objekt. Dieses muss, wie oben geschehen, vorher dem Projekt hinzugefügt werden. Anschließend wird der Eigenschaft `image` des Statusleisteneintrags der Verweis auf das Bild zugewiesen. Somit erscheint es als Bild neben dem Titel.
- Zu Beginn war das Anwendungsfenster noch nicht sichtbar, da im ATTRIBUTES INSPECTOR der Schalter VISIBLE AT LAUNCH deaktiviert worden war. Zur Sicherheit wird die Anwendung nun zur aktiven Anwendung gemacht. Dies geschieht in ❺ mit Hilfe der Methode `activateIgnoringOtherApps:` des `NSApplication`-Objekts, unabhängig davon, ob aktuell andere Anwendungen aktiv sind oder nicht.
- Die Methode `makeKeyAndOrderFront:` des `NSWindow`-Objekts in ❻ sorgt anschließend für die Anzeige des Anwendungsfensters.
- In ❼ wird die Anwendung mit Hilfe der Methode `terminate:` des `NSApplication`-Objekts beendet.

9

9.8.5 Verbindungen erzeugen

Zur Herstellung der Verbindungen müssen Sie diesmal das Objekt APP DELEGATE im Bereich DOCUMENT OUTLINE markieren. Im CONNECTIONS INSPECTOR stellen Sie dann die Verbindungen zu den beschriebenen Elementen her, wie in Abbildung 9.37 zu sehen.

Dabei wird das `NSMenu`-Objekt mit dem neu hinzugefügten Menü des Statusleisteneintrags verbunden und die beiden Methoden mit den Menüpunkten dieses Menüs. Nach dem Herstellen der Verbindungen steht Ihnen das fertige Projekt zur Verfügung.

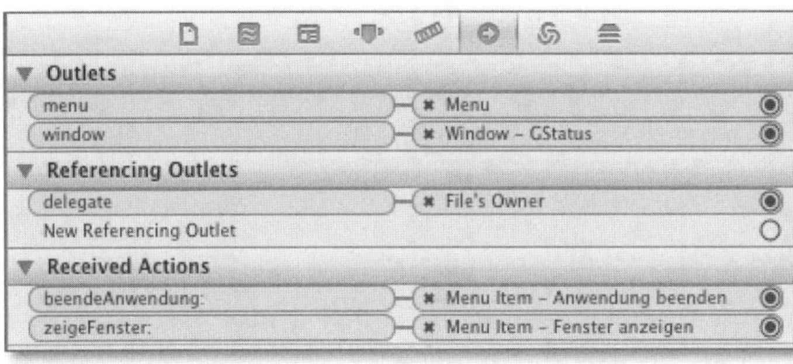

Abbildung 9.37 »AppDelegate«, »Connections Inspector«

9.8.6 Anwendungsmenü und Dock-Eintrag

Falls Sie das Projekt nun starten, verfügt die Anwendung noch über ein Anwendungsmenü oben links und einen Dock-Eintrag. Um dies zu vermeiden, müssen Sie dafür sorgen, dass die Anwendung als ein sogenannter *User Agent* angesehen wird. Dazu ist eine Änderung in den Projekteigenschaften notwendig.

Wählen Sie im PROJECT NAVIGATOR die Projekteigenschaften an, anschließend den Bereich TARGETS und darin den Bereich INFO. Klappen Sie die Liste CUSTOM OS X APPLICATION TARGET PROPERTIES auf. Markieren Sie in der Liste einen beliebigen Eintrag, zum Beispiel den obersten. Es erscheinen ein Plus- und ein Minus-Zeichen, siehe Abbildung 9.38.

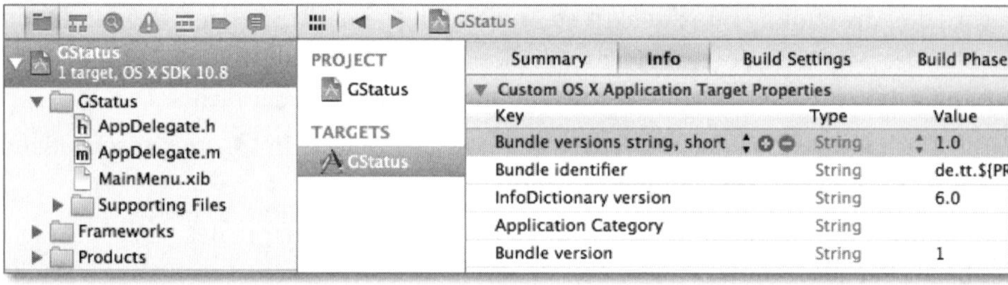

Abbildung 9.38 Liste der Keys

Klicken Sie auf das Plus-Zeichen. Wählen Sie in der anschließend erscheinenden Liste den Eintrag APPLICATION IS AGENT aus, siehe Abbildung 9.39.

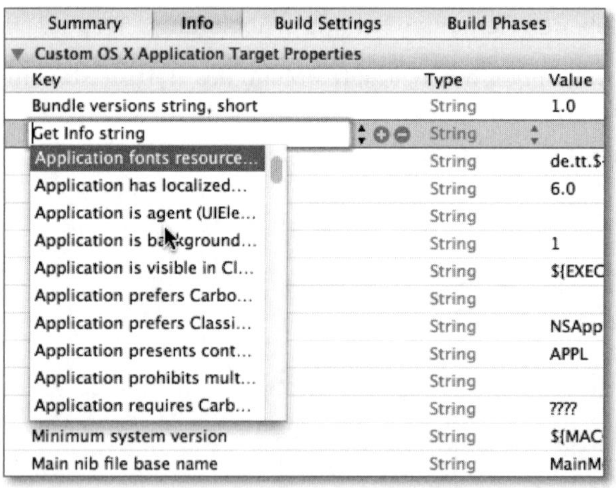

Abbildung 9.39 Zusätzlichen Eintrag in der Liste auswählen

Es erscheint ein weiterer Eintrag in der Liste. Diesen Eintrag vom Typ BOOL stellen Sie mit Hilfe der Up-/Down-Pfeile ganz rechts auf den Wert YES. Das Ergebnis sehen Sie in Abbildung 9.40. Falls Sie nun das Projekt starten, werden weder Anwendungsmenü noch Dock-Eintrag angezeigt, nur noch der Statusleisteneintrag.

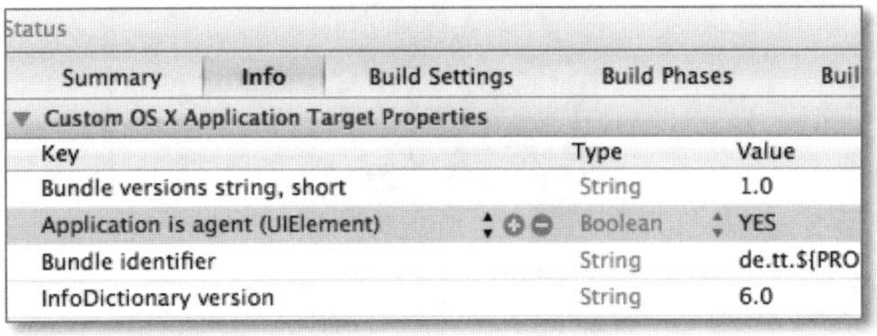

Abbildung 9.40 Wert für neuen Eintrag ändern

9.9 Custom View und Image View

Die Steuerelemente einer Cocoa-Anwendung werden in einem Anwendungsfenster der Klasse NSWindow angeordnet. Genauer betrachtet, liegen die Steuerelemente innerhalb einer Anwendungsview, die wiederum innerhalb des NSWindow-Objekts angeordnet ist. Man kann auf die Anwendungsview über die Eigenschaft contentView des NSWindow-Objekts zugreifen. Allerdings sind die Möglichkeiten der Veränderung dieser Anwendungsview begrenzt.

Wenn Sie das Aussehen der Anwendungsview verändern möchten, ist es einfacher, mit einer *Custom View* aus der OBJECT LIBRARY zu arbeiten. Sie kann wie ein Steuerelement in der Anwendungsview angeordnet und individuell gestaltet werden. Ihr wird eine eigene Klasse zugeordnet, die Sie innerhalb der Anwendung erstellen und die von der Klasse NSView abgeleitet wird. Allen Views können *Subviews* untergeordnet werden.

Image Views sind Views der Klasse NSImageView. Sie enthalten NSImage-Objekte. In einem NSImage-Objekt wird ein Bild aus einer Bilddatei dargestellt. Eine Image View kann einer Custom View als Subview untergeordnet werden.

9.9.1 Projekt erzeugen

Erzeugen Sie eine neue Cocoa-Anwendung mit dem Namen *GImage*. Darin werden insgesamt drei Bilder in zwei Custom Views dargestellt, siehe Abbildung 9.41. Die Bilddatei (hier *helloworld.png*) fügen Sie der Anwendung wie im vorherigen Projekt

GStatus aus Abschnitt 9.8, »Eintrag in Statusleiste«, hinzu: per Drag & Drop in den PROJECT NAVIGATOR.

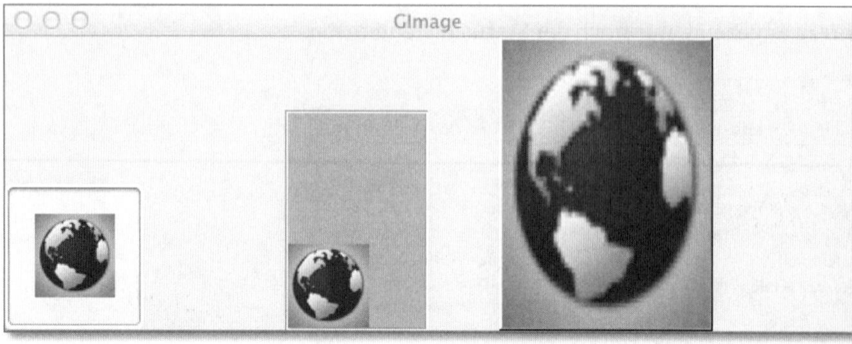

Abbildung 9.41 Zwei Custom Views mit insgesamt drei Bildern

9.9.2 Klassen für Views erzeugen

Für jede der beiden Custom Views wird eine neue Klasse benötigt. Diese Klassen sollen `LinkerView` und `RechterView` heißen. Sie erzeugen sie wie gewohnt. Allerdings müssen Sie im Dialogfeld CHOOSE OPTIONS FOR YOUR NEW FILE angeben, dass sie von `NSView` und nicht von `NSObject` abgeleitet werden, siehe Abbildung 9.42. Beachten Sie, dass die Einstellung im Feld SUBCLASS OF erhalten bleibt. Sie muss also zum Beispiel zur Erstellung einer `Controller`-Klasse wieder umgestellt werden.

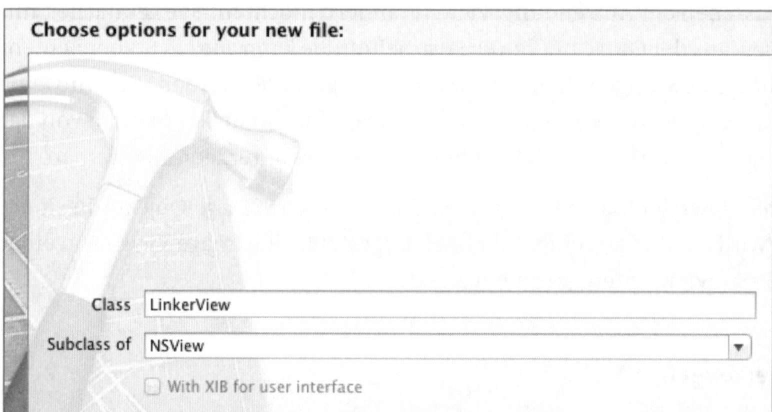

Abbildung 9.42 Erstellen einer neuen »View«-Klasse

9.9.3 Klasse des linken Views

Es folgt die Deklaration der Klasse `LinkerView`:

```
#import <Cocoa/Cocoa.h>
@interface LinkerView : NSView
{
    NSImageView *imageView1;
}
@end
```

Listing 9.30 Projekt »GImage«, Datei »LinkerView.h«

Im linken View gibt es nur ein `NSImageView`-Objekt.

Die Implementation der Klasse `LinkerView`:

```
#import "LinkerView.h"
@implementation LinkerView

- (id)initWithFrame:(NSRect)frame              // ❶
{
    self = [super initWithFrame:frame];        // ❷
    if (self)
    {
        NSRect rect1 =                         // ❸
            NSMakeRect(0, 0, 100, 100);
        imageView1 = [[NSImageView alloc]      // ❹
            initWithFrame:rect1];
        [imageView1 setImageFrameStyle:        // ❺
            NSImageFrameGrayBezel];
        NSImage *image1 = [NSImage             // ❻
            imageNamed:@"helloworld.png"];
        [imageView1 setImage:image1];          // ❼
        [self addSubview:imageView1];          // ❽
    }

    return self;                               // ❾
}
@end
```

Listing 9.31 Projekt »GImage«, Datei »LinkerView.m«

Zur Erläuterung:

- Die Methode `initWithFrame:` in ❶ wird von `NSView` geerbt und bietet die Möglichkeit, das `LinkerView`-Objekt individuell zu initialisieren.
- In ❷ wird zunächst die gleichnamige Initialisierungsmethode der übergeordneten Klasse `NSView` aufgerufen.
- Falls diese Initialisierung erfolgreich war, wird in ❸ mit Hilfe der Funktion `NSMakeRect()` eine `NSRect`-Variable für ein Rechteck der Größe 100 mal 100 erzeugt. Dieses Rechteck wird an der Position 0,0 platziert, bezogen auf das übergeordnete Element, die View.
- Auch die Klasse `NSImageView` ist von `NSView` abgeleitet. So kann ein Objekt wiederum mit der Methode `initWithFrame:` erzeugt werden, siehe ❹. Dabei wird zur Festlegung von Größe und Ort die soeben erzeugte `NSRect`-Variable genutzt.
- In ❺ wird die Umrandungsart des `NSImageView`-Objekts mit Hilfe der Methode `setImageFrameStyle:` festgelegt. Diese Methode ist von der Klasse `NSImageCell` geerbt. Die möglichen Werte stammen aus der Enumeration `NSImageFrameStyle`. In Abbildung 9.41 sehen Sie einige Umrandungsarten, von links nach rechts: *GrayBezel*, *Groove* und *Button*.
- Zu ❻: Es wird ein `NSImage`-Objekt mit der Bilddatei erzeugt, die dem Projekt hinzugefügt wurde.
- Das `NSImage`-Objekt wird in ❼ zum dargestellten Bild innerhalb des `NSImageView`-Objekts – mit Hilfe der Methode `setImage:`.
- Die von `NSView` geerbte Methode `addSubview:` ordnet einer View eine Subview unter. Auf diese Weise kann eine Hierarchie von Views aufgebaut werden. Unterhalb einer View können mehrere Subviews liegen. Im vorliegenden Fall wird in ❽ das `NSImageView`-Objekt dem `LinkerView`-Objekt als Subview untergeordnet.
- Die Initialisierungsmethode wird in ❾ durch die Rückgabe des initialisierten Objekts abgeschlossen.

9.9.4 Klasse des rechten Views

Es folgt die Deklaration der Klasse `RechterView`:

```
#import <Cocoa/Cocoa.h>
@interface RechterView : NSView
{
    NSImageView *imageView2, *imageView3;
}
@end
```

Listing 9.32 Projekt »GImage«, Datei »RechterView.h«

Im rechten View gibt es zwei `NSImageView`-Objekte. Es folgt die Implementation der Klasse `RechterView`:

```
#import "RechterView.h"
@implementation RechterView

- (id)initWithFrame:(NSRect)frame
{
    self = [super initWithFrame:frame];
    if (self)
    {
        NSRect rect2 =
            NSMakeRect(0, 0, 100, 150);        // ❶
        imageView2 = [[NSImageView alloc]
            initWithFrame:rect2];
        [imageView2 setImageFrameStyle:        // ❷
            NSImageFrameGroove];
        [imageView2 setImageAlignment:         // ❸
            NSImageAlignBottomLeft];
        NSImage *image2 = [NSImage
            imageNamed:@"helloworld.png"];
        [imageView2 setImage:image2];
        [self addSubview:imageView2];

        NSRect rect3 =
            NSMakeRect(150, 0, 150, 200);      // ❹
        imageView3 = [[NSImageView alloc]
            initWithFrame:rect3];
        [imageView3 setImageScaling:           // ❺
            NSImageScaleAxesIndependently];
        [imageView3 setImageFrameStyle:        // ❻
            NSImageFrameButton];
        NSImage *image3 = [NSImage
            imageNamed:@"helloworld.png"];
        [imageView3 setImage:image3];
        [self addSubview:imageView3];
    }

    return self;
}

@end
```

Listing 9.33 Projekt »GImage«, Datei »RechterView.m«

Zur Erläuterung:

- Den Aufbau und die Einbettung von `NSImageView`-Objekten haben Sie bereits in der Klasse `LinkerView` gesehen. Nachfolgend werden nur die Unterschiede beschrieben.
- Das umgebende Rechteck des mittleren `NSImageView`-Objekts ist weiterhin bei 0,0 platziert, ist aber diesmal mit 100,150 etwas größer, siehe ❶. Außerdem wurde eine andere Umrandungsart gewählt, siehe ❷.
- Die Methode `setImageAlignment:` in ❸ ist von der Klasse `NSImageCell` geerbt und bestimmt die Ausrichtung des `NSImageView`-Objekts innerhalb des umgebenden Rechtecks. Standardmäßig ist es horizontal und vertikal zentriert. Dies entspricht dem Wert `NSImageAlignCenter`. Hier ist es unten links platziert, dies entspricht dem Wert `NSImageAlignBottomLeft`. Die möglichen Werte stammen aus der Enumeration `NSImageAlignment`.
- Das umgebende Rechteck des rechten `NSImageView`-Objekts ist bei 150,0 platziert, also innerhalb des `RechterView`-Objekts nach rechts verschoben. Es hat mit 150,200 wiederum eine andere Größe, siehe ❹.
- Die Methode `setImageScaling:` in ❺ ist von der Klasse `NSImageCell` geerbt und bestimmt die Skalierung des `NSImageView`-Objekts innerhalb des umgebenden Rechtecks. Standardmäßig wird das Seitenverhältnis beibehalten. Das Bild wird gegebenenfalls verkleinert, falls es nicht in das Zielrechteck passt. Dies entspricht dem Wert `NSImageScaleProportionallyDown`. Hier ist es auf die gesamte Rechteckgröße angepasst, dies entspricht dem Wert `NSImageScaleAxesIndependently`. Die möglichen Werte stammen aus der Enumeration `NSImageScaling`.
- Es wurde eine andere Umrandungsart gewählt, siehe ❻.

9.9.5 Anwendungsfenster gestalten

Sowohl das Anwendungsfenster als auch die Anwendungsview haben die Größe 600 mal 200. Aus der Object Library werden zwei Custom View-Steuerelemente auf das Fenster gezogen. Mit Hilfe des Felds Class im Identity Inspector wird der linken Custom View die Klasse `LinkerView` zugeordnet, der rechten Custom View die Klasse `RechterView`.

Die Größe und Position beider Custom Views werden mit Hilfe der Felder Width, Height und X im Size Inspector angepasst, so dass die Anwendung anschließend aussieht wie in Abbildung 9.43. Das `LinkerView`-Objekt hat die Größe 200 mal 200, das `RechterView`-Objekt die Größe 400 mal 200 und ist um 200 nach rechts verschoben.

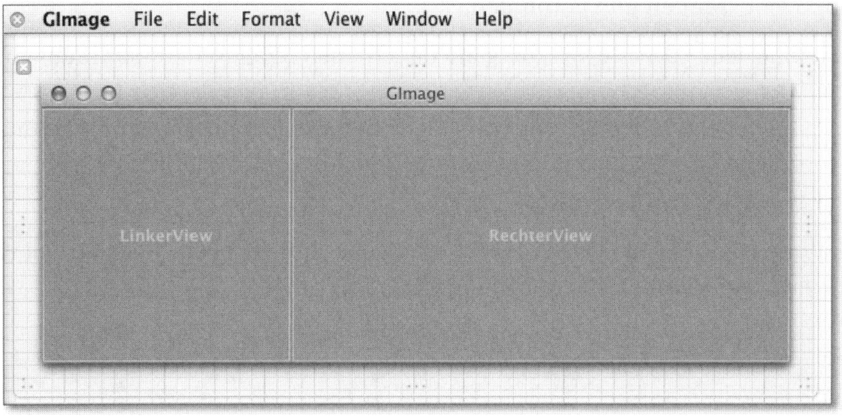

Abbildung 9.43 Beide Custom Views im Entwurf

Der CONNECTIONS INSPECTOR wird in diesem Projekt nicht benötigt, da keine Aktionen erfolgen, sondern nur Bilder angezeigt werden. Das Projekt steht Ihnen nun fertig zur Verfügung.

9.10 Steuerelement »Popover«

Ein *Popover*-Steuerelement entspricht einem kleinen Dialogfeld, das an einem anderen Steuerelement angedockt werden kann. Es kann bei Bedarf ein- und ausgeblendet werden und zum Beispiel zusätzliche Informationen zu dem Element enthalten, dem es zugeordnet ist. Die zugehörige Klasse ist `NSPopOver`.

Im nachfolgenden Projekt *GPopover* kann der Benutzer einen Button betätigen. Anschließend erscheint rechts daneben ein Popover zu diesem Button, siehe Abbildung 9.44. Es verschwindet wieder, sobald der Benutzer irgendwo außerhalb des Popovers klickt.

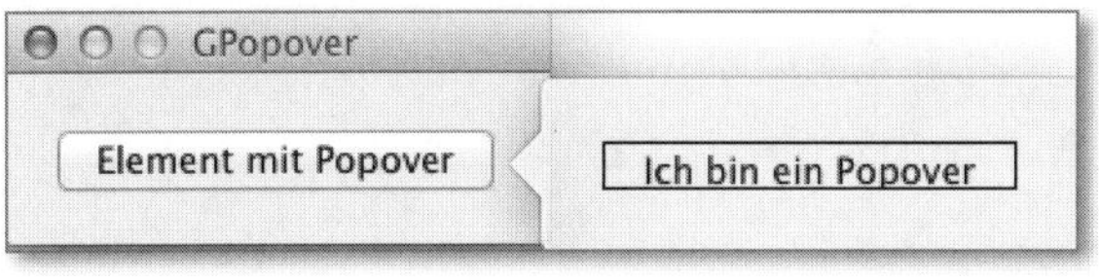

Abbildung 9.44 Projekt »GPopover« mit eingeblendetem Popover

9.10.1 Popover erzeugen und verbinden

Erstellen Sie eine neue Cocoa-Anwendung mit dem Namen *GPopover*. Holen Sie aus der OBJECT LIBRARY einen POPOVER AND VIEW CONTROLLER in den Bereich DOCUMENT OUTLINE. Anschließend sehen Sie dort zwei Elemente, die gemeinsam zur Steuerung des Popovers dienen und bereits miteinander verbunden sind: das POPOVER-Element und einen POPOVER VIEW CONTROLLER.

Die Verbindung sehen Sie im CONNECTIONS INSPECTOR zum Popover – über das *Outlet* CONTENTVIEWCONTROLLER, siehe Abbildung 9.45.

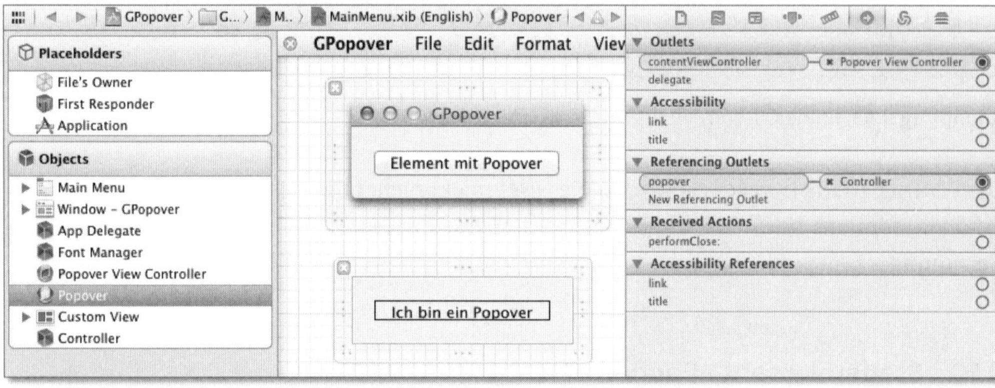

Abbildung 9.45 Popover, »Connections Inspector«

Zur Darstellung des Popovers wird ein CUSTOM VIEW-Element aus der OBJECT LIBRARY verwendet. Dieses Element platzieren Sie außerhalb des Anwendungsfensters. Im Popover wird ein gerahmtes Label platziert, im Anwendungsfenster ein Button zum Anzeigen des Popovers, siehe ebenfalls Abbildung 9.45.

Vom POPOVER VIEW CONTROLLER wird im CONNECTIONS INSPECTOR eine Verbindung zu dem CUSTOM VIEW-Element gezogen, siehe Abbildung 9.46.

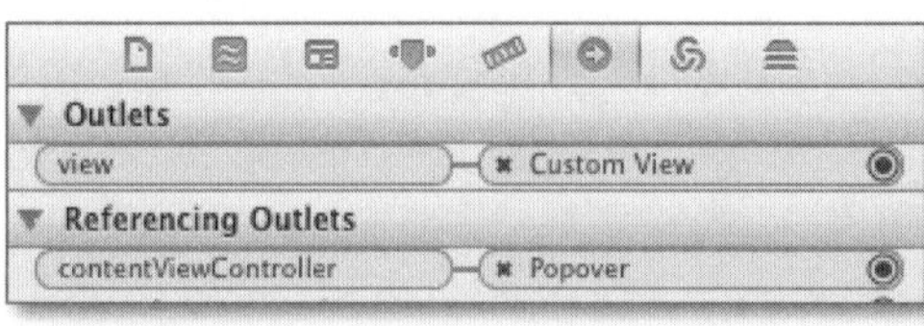

Abbildung 9.46 »Popover View Controller«, »Connections Inspector«

Die Eigenschaft `behavior` des Popovers wird im ATTRIBUTES INSPECTOR auf den Wert TRANSIENT gestellt, siehe Abbildung 9.47. Damit wird dafür gesorgt, dass das Popover nicht erst nach einem expliziten Anwendungsbefehl verschwindet, sondern unmittelbar nach einem Klick außerhalb des Popovers.

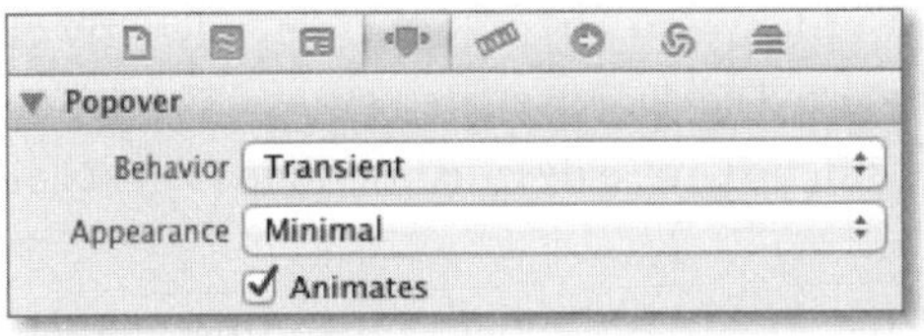

Abbildung 9.47 Popover, »Attributes Inspector«

9.10.2 Die Klasse »Controller«

Fügen Sie eine `Controller`-Klasse hinzu. Es folgt die Deklaration:

```
#import <Foundation/Foundation.h>
@interface Controller : NSObject
{
    IBOutlet NSPopover *popover;
}
-(IBAction)zeigePopover:(id)sender;
@end
```

Listing 9.34 Projekt »GPopover«, Datei »Controller.h«

Das `NSPopover`-Objekt repräsentiert das Popover-Element. Die Methode `zeigePopover:` sorgt für die Anzeige des Popover-Elements.

Die Implementation der Klasse `Controller`:

```
#import "Controller.h"
@implementation Controller

-(IBAction)zeigePopover:(id)sender
{
    [popover showRelativeToRect:
        [sender bounds] ofView:sender
        preferredEdge:NSMaxXEdge];
}
@end
```

Listing 9.35 Projekt »GPopover«, Datei »Controller.m«

Zur Erläuterung:

- Die Methode `showRelativeToRect:ofView:preferredEdge:` zeigt das Popover an.
- Als Erstes muss ein Rechteck angegeben werden, also ein `NSRect`-Objekt. Relativ zu diesem Rechteck wird das Popover platziert. Die Eigenschaft `bounds:` liefert das umgebende Rechteck und damit den Ort und die Größe des auslösenden Objekts, in diesem Falle des Buttons.
- Der zweite Parameter `ofView` gibt an, welcher View das Popover zugeordnet wird. In diesem Fall ist dies die View des Buttons.
- Der Parameter `preferredEdge` bezeichnet die Kante, zu der das Popover relativ angeordnet wird. Es gibt dazu in der Enumeration `NSRectEdge` die Konstanten `NSMaxXEdge`, `NSMinXEdge`, `NSMaxYEdge` und `NSMinYEdge`. Diese gelten (in angegebener Reihenfolge) für die rechte, linke, obere und untere Kante.

9.10.3 Verbindungen erzeugen

Fügen Sie dem Bereich DOCUMENT OUTLINE eine Instanz der Klasse `Controller` hinzu. Im CONNECTIONS INSPECTOR stellen Sie dann die Verbindungen zu den beschriebenen Elementen her, wie in Abbildung 9.48 zu sehen.

Abbildung 9.48 »Controller«, »Connections Inspector«

Nach dem Herstellen der Verbindungen steht Ihnen das fertige Projekt zur Verfügung.

Kapitel 10
Benutzeroberflächen – weitere Themen

Einige Schlagworte dieses Kapitels sind: Cocoa Bindings, Document Based Applications, Core Data und Core Animation. Erfahren Sie hier, was es mit diesen Begriffen auf sich hat.

Cocoa Bindings, Table Views, dokumentbasierte Anwendungen und Core Data bieten Ihnen verschiedene Methoden zur Darstellung, Verwaltung und Speicherung der Daten Ihrer Anwendung.

Die Auswertung von Maus- und Tastaturereignissen, das systemweite Drag & Drop wie auch die Erstellung von Animationen vervollständigen das Thema Benutzeroberflächen auf dem Mac.

10.1 Cocoa Binding

Das *Cocoa Binding* gibt Ihnen die Möglichkeit, Steuerelemente in der View untereinander und mit Eigenschaften der `Controller`-Klasse zu verbinden, und das mit recht wenig Programmcode. Eine Änderung auf der einen Seite einer Cocoa Binding wirkt sich unmittelbar auf der anderen Seite der Bindung aus. Im Hintergrund werden dabei die Techniken des *Key-Value-Codings* und des *Key-Value-Observings* verwendet, die Sie in den Abschnitten 7.1 und 7.3 kennengelernt haben.

10.1.1 Projekt erzeugen

Zur Demonstration soll das Projekt *GBinding* dienen. Erzeugen Sie ein Projekt mit einer CheckBox, einem Textfeld und einem Slider, wie in Abbildung 10.1 zu sehen.

Der Slider hat einen Zahlenbereich von 0 bis 100. Eine Änderung des Zahlenwertes im Textfeld soll sich unmittelbar auf die Position des Sliders auswirken. Umgekehrt soll sich ein Verschieben des Sliders unmittelbar auf den Zahlenwert im Textfeld auswirken, allerdings erst nach dem Einschalten des Sliders über die CheckBox. Es wird also eine Bindung zwischen Textfeld und Slider geben und eine Bindung zwischen CheckBox und Slider.

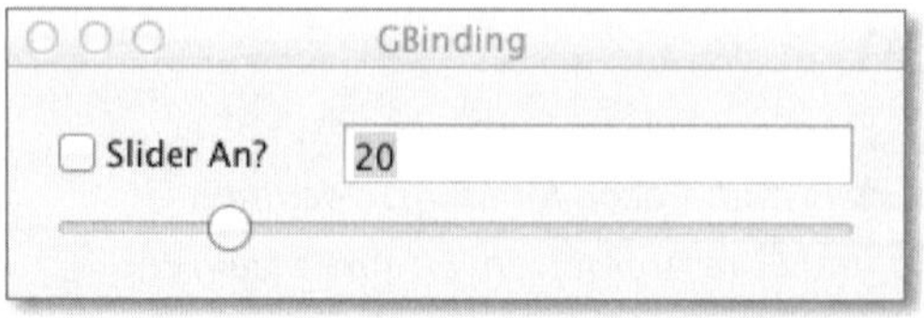

Abbildung 10.1 Projekt »GBinding«, Anwendungsfenster

10.1.2 Die Klasse »Controller«

Fügen Sie eine `Controller`-Klasse hinzu. Es folgt die Deklaration dieser Klasse:

```
#import <Foundation/Foundation.h>
@interface Controller : NSObject
{
    BOOL sliderAn;
    int wert;
}

@property BOOL sliderAn;
@property int wert;
@end
```

Listing 10.1 Projekt »GBinding«, Datei »Controller.h«

Zur Erläuterung:

- Die Klasse `Controller` hat zwei Eigenschaften mit den zugehörigen Properties. Diese Eigenschaften werden später über das Cocoa Binding mit den verschiedenen Steuerelementen verbunden.
- Die `BOOL`-sche Eigenschaft repräsentiert den Zustand der CheckBox und schaltet den Slider ein und aus.
- Die `int`-Eigenschaft steht für den Zahlenwert im Textfeld und den aktuellen Wert des Sliders.
- Die Besonderheit: Es werden keine *IBOutlets* oder *IBActions* zur Herstellung von Verbindungen benötigt. Diese Aufgabe wird durch das Cocoa Binding übernommen.

Die Implementation der Klasse `Controller`:

```
#import "Controller.h"
@implementation Controller
@synthesize sliderAn;
@synthesize wert;

-(id)init
{
    self = [super init];
    if(self)
    {
        sliderAn = NO;
        wert = 20;
    }
    return self;
}
@end
```

Listing 10.2 Projekt »GBinding«, Datei »Controller.m«

Zur Erläuterung:

- In der Initialisierungsmethode des Controllers werden Startwerte für die Eigenschaften gesetzt. Diese wirken sich dank des Cocoa Binding unmittelbar im Anwendungsfenster aus, siehe Abbildung 10.1.

10.1.3 Cocoa Bindings erzeugen

Zur Erstellung der Bindungen markieren Sie die betreffenden Elemente nacheinander im Anwendungsfenster und lassen jeweils den BINDINGS INSPECTOR anzeigen – rechts in den UTILITIES.

Markieren Sie zunächst die CheckBox. Klappen Sie dann im BINDINGS INSPECTOR den Bereich VALUE auf. Markieren Sie das Feld BIND TO:, und wählen Sie die `Controller`-Klasse aus. Im Feld MODEL KEY PATH geben Sie den Namen der `BOOL`-schen Eigenschaft an. Anschließend sehen Sie hinter dem Bereichsnamen VALUE den vollständigen KEY PATH, bestehend aus Klasse und Eigenschaft: CONTROLLER.SLIDERAN, siehe Abbildung 10.2.

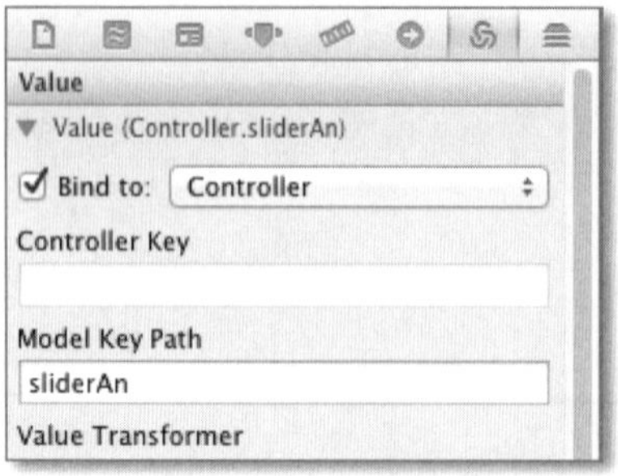

Abbildung 10.2 CheckBox, »Bindings Inspector«

Entsprechend stellen Sie für das Textfeld im Bereich VALUE den MODEL KEY PATH CONTROLLER.WERT ein, siehe Abbildung 10.3.

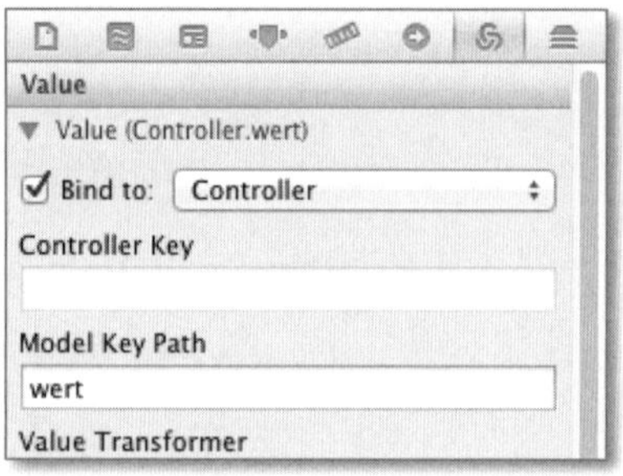

Abbildung 10.3 Textfeld, »Bindings Inspector«

Für den Slider stellen Sie im Bereich VALUE ebenfalls den MODEL KEY PATH CONTROLLER.WERT ein und im Bereich AVAILABILITY / ENABLED den MODEL KEY PATH CONTROLLER.SLIDERAN, siehe Abbildung 10.4 und Abbildung 10.5.

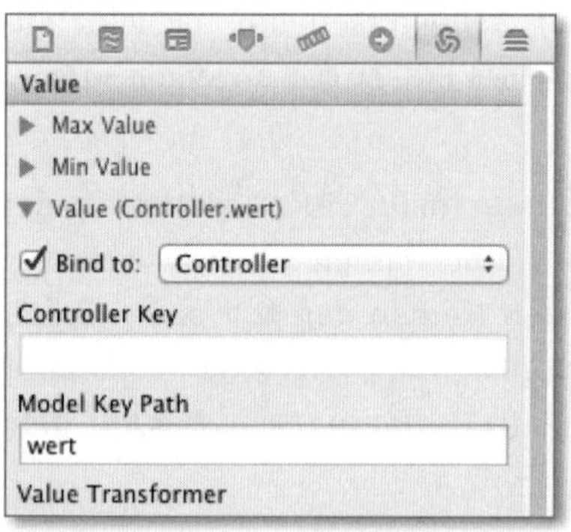

Abbildung 10.4 Slider, »Bindings Inspector«, Bereich »Value«

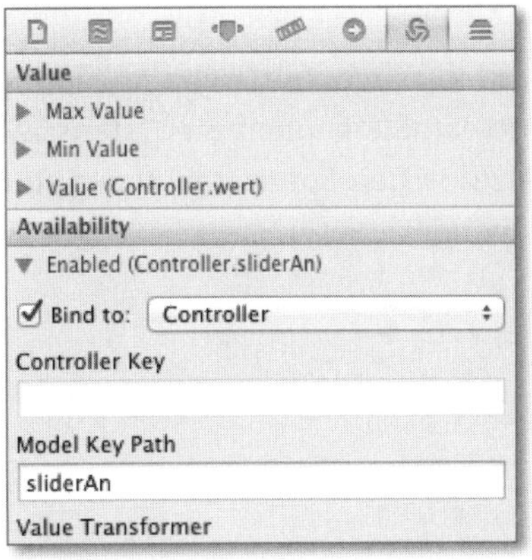

Abbildung 10.5 Slider, »Bindings Inspector«, Bereich »Enabled«

Sie können die Anwendung nun starten und benutzen. Wenn Sie im ATTRIBUTES INSPECTOR für den Slider das Feld CONTINUOUS im Bereich CONTROL markieren, wirken sich die Änderungen bereits während des Verschiebens und nicht erst nach dem Ende des Verschiebens aus.

10.2 Steuerelement »Table View«

In diesem Abschnitt lernen Sie das mächtige Steuerelement `Table View` kennen, das zur Darstellung einer Tabelle mit Datensätzen dient. Die Daten in der Tabelle des aktuellen Projekts bilden außerdem die Komponente *Model* innerhalb des *Model-View-Controller*-Prinzips (MVC).

10.2.1 Das Model im MVC

Seit Beginn der Erstellung von Cocoa-Anwendungen entwickeln Sie diese Anwendungen gemäß dem MVC. Die drei Elemente Model, View und Controller teilen sich die verschiedenen Aufgaben und steuern sich gegenseitig. Die View stellt die Benutzeroberfläche dar, und der Controller enthält den Programmiercode.

Das Model enthält die Daten, die angezeigt und verarbeitet werden sollen. Noch hatten wir bisher wenige Daten, daher standen zunächst einmal die View und der Controller im Vordergrund. Dies ändert sich in diesem Abschnitt. Die hier verwalteten Daten sind Objekte der eigenen Klasse `Fahrzeug`, wie Sie sie schon in Kapitel 6, »Eigene Klassen – Grundlagen«, kennengelernt haben.

10.2.2 Projekt erzeugen

Im Projekt *GTable* werden eine Tabelle und zwei Buttons dargestellt, siehe Abbildung 10.6. Jeder Datensatz der Tabelle ist ein `Fahrzeug`-Objekt. Sie können die Datensätze ändern, weitere Datensätze hinzufügen und Datensätze löschen. Somit steht Ihnen eine einfache Möglichkeit zur Datenverwaltung zur Verfügung.

Abbildung 10.6 Projekt »GTable«, Anwendungsfenster

Gestalten Sie das Anwendungsfenster gemäß Abbildung 10.6. Holen Sie dazu zwei Buttons und ein TABLE VIEW-Element aus der OBJECT LIBRARY. Dabei handelt es sich um ein Objekt der Klasse `NSTableView`. Beachten Sie, dass die anschließend sichtbare Tabelle aus mehreren, miteinander verbundenen Objekten besteht: einer SCROLL VIEW, darin eine TABLE VIEW, darin wiederum TABLE COLUMNS (Tabellenspalten) usw. Zum Einstellen von Eigenschaften ist es wichtig, das richtige Objekt auszuwählen. In Abbildung 10.7 ist dies zum Beispiel die zweite TABLE COLUMN.

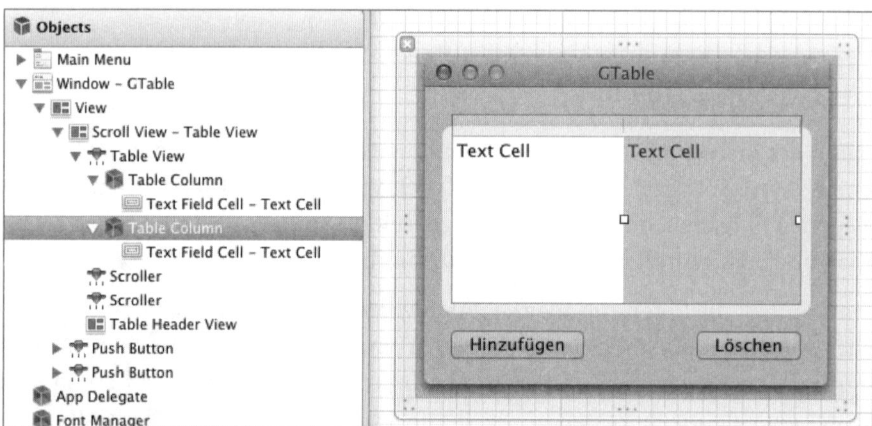

Abbildung 10.7 »Document Outline«, ausgewählte »Table Column«

Die Titel der Tabellenspalten können Sie nach einem Doppelklick auf die Spaltenköpfe ändern, ebenso wie die Aufschriften der beiden Buttons.

Fügen Sie, diesmal schon zu Beginn des Projekts, eine `Controller`-Klasse und anschließend im Bereich Document Outline eine Instanz dieser `Controller`-Klasse hinzu.

10.2.3 Die Datenquelle des Table Views

Wählen Sie nun das `Table View`-Steuerelement aus, und stellen Sie im Connections Inspector eine Verbindung der Eigenschaft `dataSource` zum Controller im Document Outline her, siehe Abbildung 10.8. Das `Controller`-Objekt wird damit zur Datenquelle der Table View.

Eine Eigenschaft des `Controller`-Objekts wird ein Array aus `Fahrzeug`-Objekten sein. Die Änderung einer Eigenschaft eines `Fahrzeug`-Objekts ändert daher das `Controller`-Objekt, und dies führt dann zu einer Änderung des Tabelleninhalts und umgekehrt.

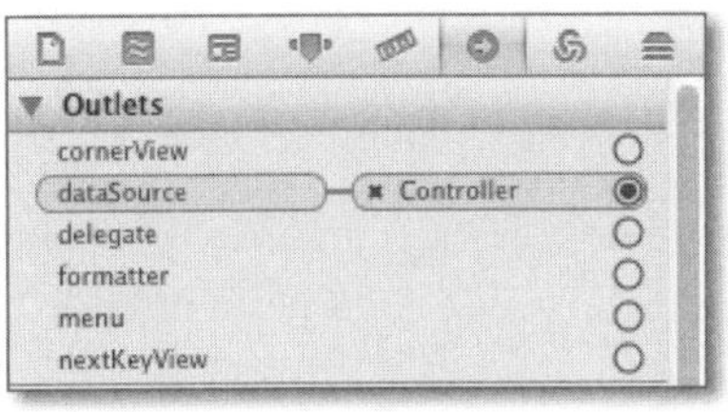

Abbildung 10.8 Table View, »Connections Inspector«

10.2.4 Die Klasse für das Model

Fügen Sie eine neue Klasse mit dem Namen `Fahrzeug` hinzu. Es folgt zunächst die Deklaration der Klasse `Fahrzeug`:

```
#import <Foundation/Foundation.h>
@interface Fahrzeug : NSObject
{
    int leistung;
    NSString *farbe;
}

@property int leistung;
@property (copy) NSString *farbe;
@end
```

Listing 10.3 Projekt »GTable«, Datei »Fahrzeug.h«

Sie sehen die Elemente, die Ihnen bereits seit Kapitel 6, »Eigene Klassen – Grundlagen«, bekannt sind. Ein Fahrzeug hat zwei Eigenschaften: einen `int`-Wert für die Leistung und einen `NSString`-Wert für die Farbe. Zu diesen Eigenschaften werden Properties erzeugt.

Es folgt die Implementation der Klasse `Fahrzeug`:

```
#import "Fahrzeug.h"
@implementation Fahrzeug
@synthesize leistung;
@synthesize farbe;

- (id)init
{
    self = [super init];
    if(self)
    {
        leistung = 0;
        farbe = @"(leer)";
    }
    return self;
}
@end
```

Listing 10.4 Projekt »GTable«, Datei »Fahrzeug.m«

Zur Erläuterung:

- In der Initialisierungsmethode wird festgelegt, dass ein neues Objekt den Wert `0` für die Eigenschaft `leistung` und den Wert `@"(leer)"` für die Eigenschaft `farbe` hat.
- Falls der Tabelle also ein neues `Fahrzeug`-Objekt hinzugefügt wird – siehe Abbildung 10.9 –, muss es anschließend durch Editieren sinnvolle Werte erhalten.

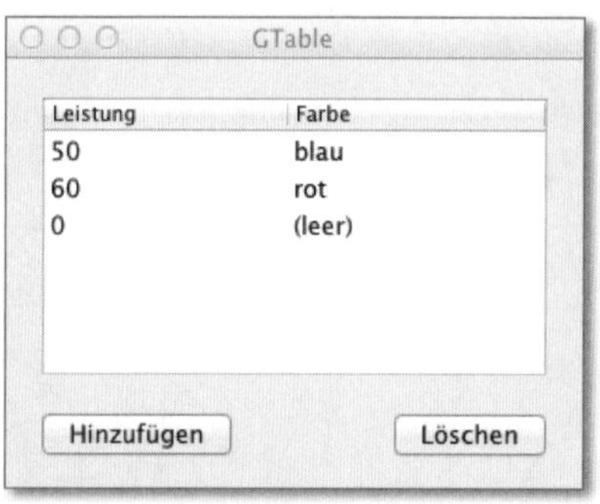

Abbildung 10.9 Tabelle mit neuem »Fahrzeug«-Objekt

10.2.5 Deklaration der Klasse »Controller«

Es folgt die Deklaration der Klasse `Controller`:

```
#import <Foundation/Foundation.h>
@interface Controller :                    // ❶
    NSObject <NSTableViewDataSource>
{
    IBOutlet NSTableView *fahrzeugView;   // ❷
    NSMutableArray *fahrzeugArray;        // ❸
}

- (IBAction)fahrzeugHinzu:(id)sender;     // ❹
- (IBAction)fahrzeugLoeschen:(id)sender;

@end
```

Listing 10.5 Projekt »GTable«, Datei »Controller.h«

Zur Erläuterung:

- In ❶ sehen Sie, dass die `Controller`-Klasse wie üblich von der Klasse `NSObject` abgeleitet wird. Zusätzlich hält sie sich an das Protokoll `NSTableViewDataSource`. Dies ist notwendig, weil das `Controller`-Objekt auch zur Steuerung der Table View genutzt wird.
- Das Protokoll bedingt zwei Methoden, die in der `Controller`-Klasse implementiert werden *müssen*. Weitere Methoden des Protokolls *können* genutzt werden. Im vorliegenden Fall wird eine dritte Methode des Protokolls genutzt, die das Editieren von Datensätzen ermöglicht. Alle drei Methoden sehen Sie in der Implementation. Sie werden automatisch durch Ereignisse in der Table View aufgerufen.
- Das `NSTableView`-Objekt in ❷ repräsentiert die Table View im Anwendungsfenster. In ❸ wird ein Verweis auf ein `NSMutableArray`-Objekt erzeugt, das später die `Fahrzeug`-Objekte enthält. Dies sind die Anwendungsdaten, also das Model des MVC-Prinzips. Die beiden Buttons in ❹ starten das Hinzufügen beziehungsweise Löschen von Datensätzen.

10.2.6 Verbindungen erzeugen

Stellen Sie nun, noch vor der Implementation der Klasse, die Verbindungen der `Controller`-Klasse im CONNECTIONS INSPECTOR her. Die Eigenschaft `fahrzeugView` wird mit der Table View verbunden. Die beiden IBACTIONS werden mit den Buttons verbunden, siehe Abbildung 10.10. Unter REFERENCING OUTLETS sehen Sie, dass wir bereits eingestellt hatten, dass diese Controller-Klasse die Datenquelle der Table View darstellt.

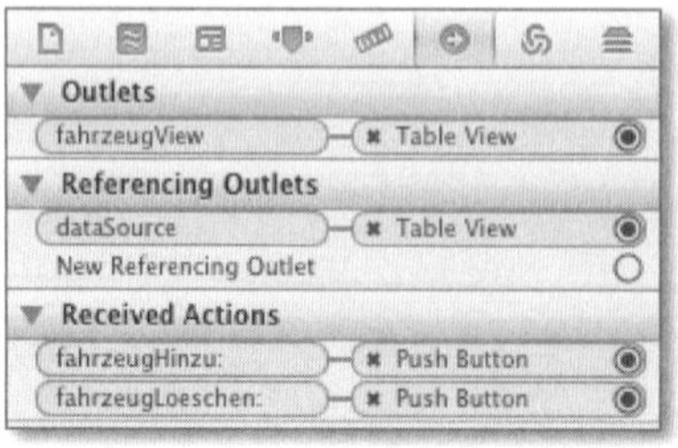

Abbildung 10.10 »Controller«, »Connections Inspector«

Es muss noch festgelegt werden, in welcher Spalte der Tabelle welche Eigenschaft eines Fahrzeug-Objekts angezeigt wird. Markieren Sie dazu zunächst die linke Spalte, lassen Sie den IDENTITY INSPECTOR anzeigen, und tragen Sie im Feld IDENTIFIER den Namen der Eigenschaft leistung ein, siehe Abbildung 10.11. Führen Sie das Gleiche für die rechte Tabellenspalte und die Eigenschaft farbe durch.

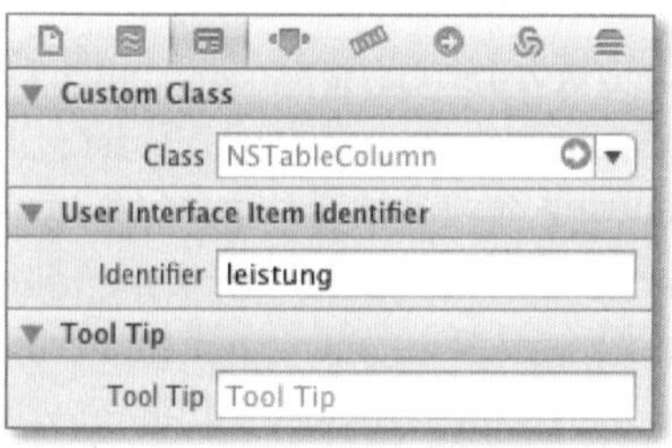

Abbildung 10.11 Linke »Table Column«, »Identity Inspector«

10.2.7 Model-Daten erzeugen

Es folgt der erste Teil der Implementation der Controller-Klasse:

```
#import "Controller.h"
#import "Fahrzeug.h"                    // ❶
@implementation Controller

- (id)init
{
    if(self = [super init])             // ❷
    {
```

```
        fahrzeugArray =
            [[NSMutableArray alloc] init];

        Fahrzeug *fz1 =                  // ❸
            [[Fahrzeug alloc] init];
        [fz1 setLeistung:50];            // ❹
        [fz1 setFarbe:@"blau"];
        [fahrzeugArray addObject:fz1];   // ❺

        Fahrzeug *fz2 =                  // ❻
            [[Fahrzeug alloc] init];
        [fz2 setLeistung:60];
        [fz2 setFarbe:@"rot"];
        [fahrzeugArray addObject:fz2];

        [fahrzeugView reloadData];       // ❼
    }

    return self;
}
```

Listing 10.6 Projekt »GTable«, Datei »Controller.m«, Teil 1

Zur Erläuterung:

- In dieser `Controller`-Klasse wird mit `Fahrzeug`-Objekten gearbeitet, daher wird die zugehörige Headerdatei importiert, siehe ❶.
- In der Initialisierungsmethode wird in ❷ zunächst standardmäßig die entsprechende Methode der übergeordneten Klasse aufgerufen. Falls dies erfolgreich war, kann ein `NSMutableArray`-Objekt zur Aufnahme der `Fahrzeug`-Objekte erschaffen und dem bereits in der Klassendeklaration erzeugten Verweis zugewiesen werden.
- In ❸ wird ein `Fahrzeug`-Objekt erzeugt. Mit Hilfe der Setter-Methoden bekommt es in ❹ Daten zugewiesen. Die Methode `addObject:` in ❺ fügt es dem `NSMutableArray`-Objekt hinzu. Es folgt ein zweites Objekt ab ❻.
- Durch die bereits vorhandene Verbindung zwischen der `Controller`-Klasse und der Table View (siehe Abbildung 10.8) führt eine Änderung des `Fahrzeug`-Arrays automatisch dazu, dass der Inhalt der Tabelle neu ausgegeben wird – mit den zwei soeben hinzugefügten Objekten. Der Aufruf der Methode `reloadData:` in ❼ bewirkt dasselbe und wird hier nur zur Sicherheit durchgeführt.

10.2.8 Pflichtmethoden der Datenquelle

Es folgt der zweite Teil der Implementation der `Controller`-Klasse:

```
- (NSInteger)numberOfRowsInTableView:        // ❽
    (NSTableView *)tableView
{
    return [fahrzeugArray count];
}
```

Listing 10.7 Projekt »GTable«, Datei »Controller.m«, Teil 2

Die Methode `numberOfRowsInTableView:` in ❽ ist die erste der beiden verpflichtenden Methoden des Protokolls `NSTableViewDataSource`. Sie liefert die aktuelle Anzahl der Array-Einträge als ganze Zahl und wird intern genutzt – ohne Aufruf durch den Benutzer.

Es folgt der dritte Teil der Implementation der `Controller`-Klasse:

```
- (id)tableView:                             // ❾
    (NSTableView *)tableView
    objectValueForTableColumn:
    (NSTableColumn *)tableColumn
    row:(NSInteger)row
{
    Fahrzeug *fz =                           // ❿
        [fahrzeugArray objectAtIndex:row];
    NSString *eigenschaftsname =             // ⓫
        [tableColumn identifier];
    return [fz valueForKey:                  // ⓬
        eigenschaftsname];
}
```

Listing 10.8 Projekt »GTable«, Datei »Controller.m«, Teil 3

Zur Erläuterung:

- Die Methode `tableView:objectValueForTableColumn:row:` in ❾ ist die zweite verpflichtende Methode des Protokolls. Sie liefert einen Verweis auf den Inhalt einer einzelnen Tabellenzelle. Sie wird auch intern genutzt, ohne Aufruf durch den Benutzer.
- An die Methode übergeben werden ein Verweis auf das `NSTableColumn`-Objekt als Angabe der Spalte und eine ganze Zahl als Angabe der Zeile der Zelle, deren Inhalt zurückgeliefert werden soll.

- Mit der übergebenen Zeilennummer wird in ❿ ein Verweis auf das entsprechende Element des Fahrzeug-Arrays ermittelt.
- In ⓫ wird der Wert der Eigenschaft `identifier` der übergebenen Tabellenspalte ermittelt. Sie hatten im IDENTITY INSPECTOR eingetragen, dass die linke Spalte für die Eigenschaft `leistung`, die rechte Spalte für die Eigenschaft `farbe` stehen soll, siehe zum Beispiel Abbildung 10.11. Es wird also die Zeichenkette `"leistung"` oder `"farbe"` geliefert.
- Per *Key-Value-Coding* wird in ⓬ der Wert für die Eigenschaft `leistung` beziehungsweise `farbe` des `Fahrzeug`-Objekts ermittelt und als Rückgabewert geliefert.

10.2.9 Weitere Methode der Datenquelle

Der vierte Teil der Implementation der `Controller`-Klasse:

```
- (void)tableView:                                          // ⓭
    (NSTableView *)tableView setObjectValue:(id)object
    forTableColumn:(NSTableColumn *)tableColumn
    row:(NSInteger)row
{
    Fahrzeug *fz =                                          // ⓮
        [fahrzeugArray objectAtIndex:row];
    NSString *eigenschaftsname =                            // ⓯
        [tableColumn identifier];
    [fz setValue:object                                     // ⓰
        forKey:eigenschaftsname];
}
```

Listing 10.9 Projekt »GTable«, Datei »Controller.m«, Teil 4

Zur Erläuterung:

- Ebenfalls aus dem Protokoll `NSTableViewDataSource` stammt die Methode `tableView:setObjectValue:forTableColumn:row:` in ⓭. Sie gehört aber nicht zu den Pflichtmethoden. Sie ermöglicht das Editieren der Tabelle durch den Benutzer und als Folge das Ändern eines Elements des `Fahrzeug`-Arrays.
- Wie in der vorherigen Methode `tableView:...` wird in ⓮ ein Verweis auf ein `Fahrzeug`-Objekt und in ⓯ der Name einer Eigenschaft der Klasse `Fahrzeug` ermittelt.
- Mit diesen Informationen kann in ⓰ der Wert der betreffenden Eigenschaft des ermittelten Fahrzeugs per *Key-Value-Coding* geändert werden.

10.2.10 Model-Daten hinzufügen und löschen

Es folgt der fünfte und letzte Teil der Implementation der `Controller`-Klasse:

```
- (IBAction)fahrzeugHinzu:(id)sender  // ⓱
{
    [fahrzeugArray addObject:          // ⓲
        [[Fahrzeug alloc] init]];
    [fahrzeugView reloadData];
}

- (IBAction)fahrzeugLoeschen:          // ⓳
    (id)sender
{
    [fahrzeugView abortEditing];       // ⓴
    NSInteger row =                    // ㉑
        [fahrzeugView selectedRow];
    if(row != -1)                      // ㉒
        [fahrzeugArray
            removeObjectAtIndex:row];
    [fahrzeugView reloadData];
}
@end
```

Listing 10.10 Projekt »GTable«, Datei »Controller.m«, Teil 5

Zur Erläuterung:

- Die Methode `fahrzeugHinzu:` in ⓱ wird nach Betätigen des Buttons HINZUFÜGEN gestartet. Es wird ein neues `Fahrzeug`-Objekt erzeugt. Dieses Objekt hat dank der Initialisierungsmethode in der Klasse `Fahrzeug` die Startwerte `0` und `@"(leer)"` für die beiden Eigenschaften `leistung` und `farbe`.
- Das Objekt wird dem Array in ⓲ mit Hilfe der Methode `addObject:` hinzugefügt. Die Methode `reloadData:` aktualisiert anschließend zur Sicherheit die Anzeige der Table View.
- Die Methode `fahrzeugLoeschen:` in ⓳ wird nach Anklicken des Buttons LÖSCHEN gestartet. Zunächst wird zur Sicherheit in ⓴ mit Hilfe der Methode `abortEditing:` der `NSTableView`-Klasse ein eventuell laufender Editiervorgang abgebrochen. Falls der Benutzer vor dem Betätigen des Buttons LÖSCHEN eine einzelne Zelle zum Ändern eines Wertes markiert hätte, könnte ansonsten der falsche Datensatz gelöscht werden.
- Die Methode `selectedRow:` in ㉑ liefert die ausgewählte Tabellenzeile. Wenn keine Zeile ausgewählt wurde, liefert die Methode den Wert -1. Ansonsten wird mit Hilfe der

Methode `removeObjectAtIndex:` in ㉒ ein Objekt aus dem Array gelöscht. Anschließend wird die Anzeige aktualisiert.

Das Projekt ist nun fertig und kann genutzt werden.

10.3 Dokumentbasierte Anwendungen

Innerhalb einer dokumentbasierten Anwendung können Sie parallel mehrere Dokumentfenster erzeugen und darin die jeweils vorhandenen Daten bearbeiten. Außerdem können Sie die Daten der verschiedenen Dokumente in Dateien speichern und später wieder laden. Diese Möglichkeiten kennen Sie zum Beispiel aus einer Textverarbeitung wie MS Word. Darin können Sie gleichzeitig mehrere *docx*-Dateien erzeugen beziehungsweise öffnen, bearbeiten und anschließend wieder speichern.

In der nachfolgenden, dokumentbasierten Anwendung *GTableBinding* enthält das Dokumentfenster eine Tabelle mit Fahrzeugdaten, ähnlich wie dies im Anwendungsfenster des Projekts *GTable* in Abschnitt 10.2, »Steuerelement ›Table View‹«, der Fall war.

Zusätzlich werden in dieser Anwendung noch die Möglichkeiten des *Cocoa Bindings* eingesetzt, die Sie aus Abschnitt 10.1 kennen. Sie vereinfachen den Austausch zwischen der Datenquelle und ihrer Darstellung in der Tabelle.

10.3.1 Projekt erzeugen

Erstellen Sie eine neue Cocoa-Anwendung mit dem Namen *GTableBinding*. Im Dialogfeld CHOOSE OPTIONS FOR YOUR NEW PROJECT markieren Sie diesmal CREATE DOCUMENT-BASED APPLICATION, siehe Abbildung 10.12.

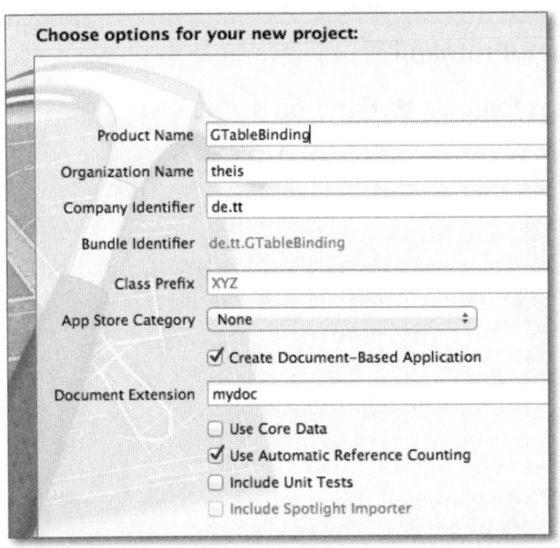

Abbildung 10.12 Zusatz »dokumentbasierte Anwendung« auswählen

Im Project Navigator sehen Sie nun eine Klasse mit dem Namen `Document`, die bereits eine eigene *xib*-Datei für die Benutzeroberfläche mitbringt, siehe Abbildung 10.13. Die bisher genutzte Datei *MainMenu.xib* wird nicht mehr verwendet. In der Klasse `Document` steht bereits vorgefertigter Programmcode. Dieser wird im weiteren Verlauf an unser Projekt angepasst und erläutert.

Abbildung 10.13 Projekt »GTableBinding« mit »Document«-Klasse

Ziehen Sie eine Table View und zwei Buttons aus der Object Library in das Dokumentfenster (Datei *Document.xib*). Die beiden Buttons erhalten die Aufschriften Hinzufügen und Löschen, die beiden Spalten die Überschriften Leistung und Farbe. Das Anwendungsfenster sieht dann aus wie im vorherigen Projekt *GTable* in Abschnitt 10.2, »Steuerelement ›Table View‹«.

10.3.2 »Model«-Klasse und »NSCoding«-Protokoll

Fügen Sie eine neue Klasse `Fahrzeug` ein. Es folgt die Deklaration der Klasse:

```
#import <Foundation/Foundation.h>
@interface Fahrzeug : NSObject <NSCoding>
{
    int leistung;
    NSString *farbe;
}
@property int leistung;
@property (copy) NSString *farbe;
@end
```

Listing 10.11 Projekt »GTableBinding«, Datei »Fahrzeug.h«

Damit bei dieser dokumentbasierten Anwendung die Speicherung von Fahrzeugdaten möglich ist, muss sich die Klasse `Fahrzeug` an das Protokoll `NSCoding` halten. Diesen Zusammenhang haben Sie bereits in Abschnitt 6.7, »Objekte speichern und laden«, kennengelernt.

Es folgt die Implementation der Klasse `Fahrzeug`:

```
#import "Fahrzeug.h"
@implementation Fahrzeug
@synthesize leistung;
@synthesize farbe;

- (id)init                              // ❶
{
    self = [super init];
    if(self)
    {
        leistung = 0;
        farbe = @"(leer)";
    }
    return self;
}

-(id)initWithCoder:(NSCoder *)aDecoder   // ❷
{
    self = [super init];
    if(self)
    {
        leistung = [aDecoder
            decodeIntForKey:@"leistung"];
        farbe = [aDecoder
            decodeObjectForKey:@"farbe"];
    }
    return self;
}

-(void)encodeWithCoder:(NSCoder *)aCoder // ❸
{
    [aCoder encodeInt:leistung
        forKey:@"leistung"];
    [aCoder encodeObject:farbe
```

```
        forKey:@"farbe"];
}
@end
```

Listing 10.12 Projekt »GTableBinding«, Datei »Fahrzeug.m«

Zur Erläuterung:

- Die Initialisierungsmethode in ❶ erzeugt ein neues »leeres« Fahrzeug.
- Die Methode `initWithCoder:` in ❷ wird vom Protokoll `NSCoding` vorausgesetzt und dient zur Initialisierung eines neuen Objekts aus archivierten, vorher geladenen Daten.
- Die Methode `encodeWithCoder:` in ❸ wird ebenfalls vom Protokoll `NSCoding` vorausgesetzt und dient zur Kodierung von Daten als Vorbereitung der nachfolgenden Speicherung.
- Die beiden Methoden wurden bereits in Abschnitt 6.7 genauer erläutert.

10.3.3 Deklaration der »Document«-Klasse

Es folgt die Deklaration der Klasse `Document`:

```
#import <Cocoa/Cocoa.h>
@interface Document : NSDocument
{
    NSMutableArray *fahrzeugArray;
}
@property (copy) NSMutableArray *fahrzeugArray;
@end
```

Listing 10.13 Projekt »GTableBinding«, Datei »Document.h«

Das `NSMutableArray`-Objekt enthält die `Fahrzeug`-Objekte, die innerhalb der Anwendung verwaltet werden.

10.3.4 Model-Daten erzeugen

Es folgt der erste Teil der Implementation der Klasse `Document`:

```
#import "Document.h"
#import "Fahrzeug.h"                    // ❶
@implementation Document
```

```
@synthesize fahrzeugArray;

- (id)init                              // ❷
{
    self = [super init];
    if (self)
    {
        fahrzeugArray =
            [[NSMutableArray alloc] init];

        Fahrzeug *fz1 =
            [[Fahrzeug alloc] init];
        [fz1 setLeistung:50];
        [fz1 setFarbe:@"blau"];
        [fahrzeugArray addObject:fz1];

        Fahrzeug *fz2 =
            [[Fahrzeug alloc] init];
        [fz2 setLeistung:60];
        [fz2 setFarbe:@"rot"];
        [fahrzeugArray addObject:fz2];
    }
    return self;
}
```

Listing 10.14 Projekt »GTableBinding«, Datei »Document.m«, Teil 1

Zur Erläuterung:

- Wie im vorherigen Projekt *GTable* wird in ❶ die Headerdatei der Klasse `Fahrzeug` verfügbar gemacht, damit mit `Fahrzeug`-Objekten gearbeitet werden kann.
- Auch die Initialisierungsmethode in ❷ ist bereits bekannt. Es wird ein neues `NSMutableArray`-Objekt erzeugt und mit zwei `Fahrzeug`-Objekten gefüllt.

10.3.5 Standardmethoden der »Document«-Klasse

Der zweite Teil der Implementation der Klasse `Document`:

```
- (NSString *)windowNibName             // ❸
{
    return @"Document";
}
```

```
- (void)windowControllerDidLoadNib:      // ❹
    (NSWindowController *)aController
{
    [super windowControllerDidLoadNib:
        aController];
}

+ (BOOL)autosavesInPlace                 // ❺
{
    return YES;
}
```

Listing 10.15 Projekt »GTableBinding«, Datei »Document.m«, Teil 2

Zur Erläuterung:

- Die nachfolgenden drei Methoden werden unverändert übernommen.
- Die Methode `windowNibName:` in ❸ liefert den Namen der *xib*-Datei.
- Die Methode `windowControllerDidLoadNib:` in ❹ wird nach dem Laden des Dokumentfensters aufgerufen und kann zur Initialisierung von Elementen in diesem Fenster genutzt werden.
- Die Klassenmethode `autosavesInPlace:` in ❺ liefert einen `BOOL`-schen Wert, mit dem festgelegt wird, ob die Daten der angezeigten Dokumentfenster automatisch zwischengespeichert werden. Der Standardwert ist `YES`.

10.3.6 Speichern und laden

Es folgt der dritte und letzte Teil der Implementation der Klasse `Document`:

```
- (NSData *)dataOfType:                  // ❻
    (NSString *)typeName
    error:(NSError **)outError
{
    return [NSKeyedArchiver              // ❼
        archivedDataWithRootObject:
        fahrzeugArray];
}

- (BOOL)readFromData:(NSData *)data      // ❽
        ofType:(NSString *)typeName
```

```
        error:(NSError **)outError
{
    [self setFahrzeugArray:              // ❾
        [NSKeyedUnarchiver
        unarchiveObjectWithData:data]];
    return YES;
}
@end
```

Listing 10.16 Projekt »GTableBinding«, Datei »Document.m«, Teil 3

Zur Erläuterung:

- Die Methode `dataOfType:error:` in ❻ wird bei der Speicherung der Daten aufgerufen.
- Sie liefert ein `NSData`-Objekt, das gespeichert wird. Es wird in ❼ mit Hilfe der Klassenmethode `archivedDataWithRootObject:` der Klasse `NSKeyedArchiver` erzeugt. Dabei wird das `Fahrzeug`-Array archiviert.
- Die Methode `readFromData:ofType:error:` in ❽ wird beim Laden der Daten aufgerufen.
- Sie füllt das `Fahrzeug`-Array mit Daten. Dazu wird in ❾ die Setter-Methode der `fahrzeugArray`-Eigenschaft aufgerufen. Die Klassenmethode `unarchiveObjectWithData:` der Klasse `NSKeyedUnarchiver` liefert dazu wiederum die Daten aus einem `NSData`-Objekt.
- Voraussetzung für den erfolgreichen Ablauf dieser beiden Methoden der `Document`-Klasse ist, dass sich die Array-Elemente, also die `Fahrzeug`-Objekte, an das `NSCoding`-Protokoll halten. Dies wurde bereits in der Klasse `Fahrzeug` beachtet. Mehr zu den hier genannten Klassen finden Sie in Abschnitt 6.7, »Objekte speichern und laden«.

10.3.7 »Array Controller« einrichten

Holen Sie – als Voraussetzung für das *Cocoa Binding* in diesem Projekt – einen ARRAY CONTROLLER aus der OBJECT LIBRARY in den Bereich DOCUMENT OUTLINE, und markieren Sie ihn. Er dient zur vereinfachten Verwaltung der Tabelle und des zugehörigen `Fahrzeug`-Arrays. Nachfolgend werden die notwendigen Bindungen zwischen den verwalteten `Fahrzeug`-Daten und der angezeigten Tabelle erstellt:

Lassen Sie sich zum ARRAY CONTROLLER im ATTRIBUTES INSPECTOR den Bereich OBJECT CONTROLLER anzeigen. Tragen Sie im Feld CLASS NAME den Namen FAHRZEUG ein. Fügen Sie im Feld KEYS mit Hilfe des Plus-Buttons die Namen der beiden Eigenschaften der Klasse `Fahrzeug` hinzu, siehe Abbildung 10.14. Damit weiß der ARRAY CON-

TROLLER, dass er Objekte der Klasse `Fahrzeug` mit den genannten Eigenschaften verwaltet.

Abbildung 10.14 »Array Controller«, »Attributes Inspector«

Nun lassen Sie sich zum ARRAY CONTROLLER im BINDINGS INSPECTOR den Bereich CONTROLLER CONTENT anzeigen. Im Unterbereich CONTENT ARRAY wählen Sie aus, dass eine Bindung zum FILE'S OWNER erfolgen soll. Im Feld MODEL KEY PATH erstellen Sie eine Bindung zur Eigenschaft `fahrzeugArray` der Klasse `Document`, siehe Abbildung 10.15.

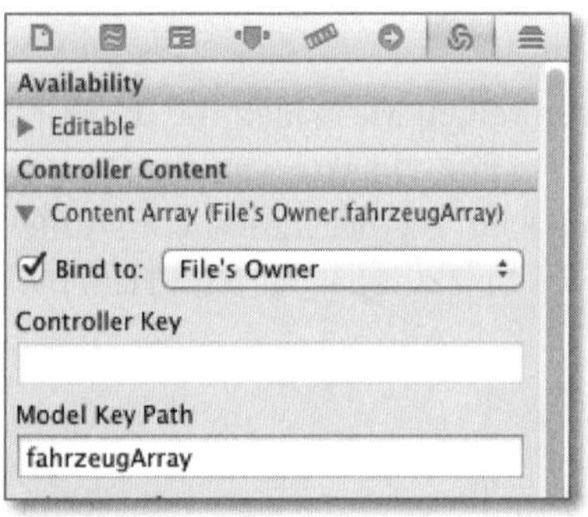

Abbildung 10.15 »Array Controller«, »Bindings Inspector«

Wieso zum FILE'S OWNER? Markieren Sie einmal im Bereich DOCUMENT OUTLINE das Element FILE'S OWNER, und lassen Sie sich den IDENTITY INSPECTOR anzeigen. Dort sehen Sie, dass er ein Objekt der Klasse `Document` ist, siehe Abbildung 10.16. Sie haben also den ARRAY CONTROLLER über den FILE'S OWNER an die Klasse `Document` gebunden, wie in Abbildung 10.16 zu sehen.

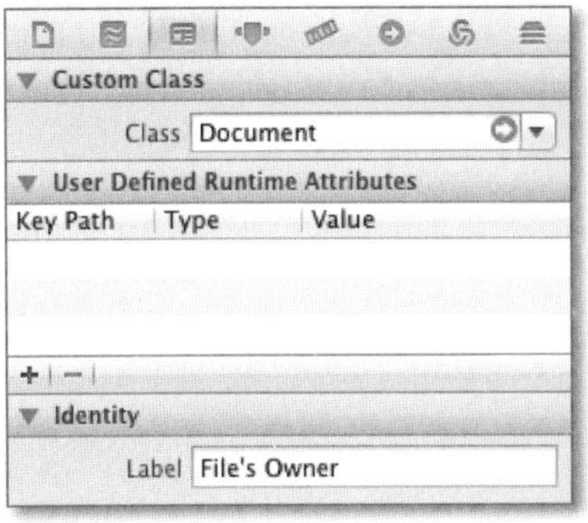

Abbildung 10.16 »File's Owner«, »Identity Inspector«

Markieren Sie den Inhalt der linken Spalte der Tabelle. Im BINDINGS INSPECTOR, Bereich VALUE, binden Sie die Spalte über BIND TO: an den ARRAY CONTROLLER und geben im Feld MODEL KEY PATH die Eigenschaft `leistung` ein, siehe Abbildung 10.17. Das Entsprechende führen Sie für die rechte Spalte und die Eigenschaft `farbe` durch.

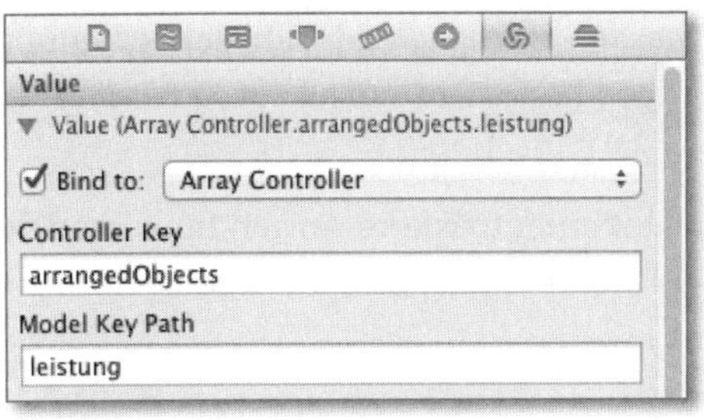

Abbildung 10.17 Linke »Table Column«, »Bindings Inspector«

10.3.8 Verbindungen erzeugen

Es fehlen nur noch die Bindungen für die beiden Buttons.

Wählen Sie den ARRAY CONTROLLER aus. Im CONNECTIONS INSPECTOR sehen Sie im Bereich RECEIVED ACTIONS einige typische, bereits vorgefertigte Aktionen für ARRAY CONTROLLER. Die beiden Aktionen ADD und REMOVE werden mit den beiden Buttons verbunden, siehe Abbildung 10.18. In dieser Abbildung sehen Sie auch noch einmal die erstellten Bindungen des `Fahrzeug`-Arrays und der Eigenschaften der Klasse `Fahrzeug`.

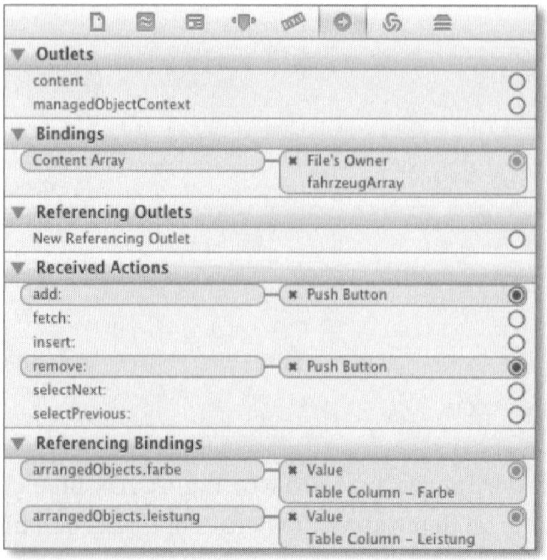

Abbildung 10.18 »Array Controller«, »Connections Inspector«

Das Projekt ist nun fertig und kann genutzt werden. Bezüglich der Tabellenbedienung haben Sie nun dasselbe erreicht wie im vorherigen Projekt, nur dank *Cocoa Binding* auf komfortablere Weise und mit weniger Code.

Aufgrund der Tatsache, dass es sich um eine dokumentbasierte Anwendung handelt, können Sie nun über das Anwendungsmenü Dokumente speichern und laden, siehe Abbildung 10.19.

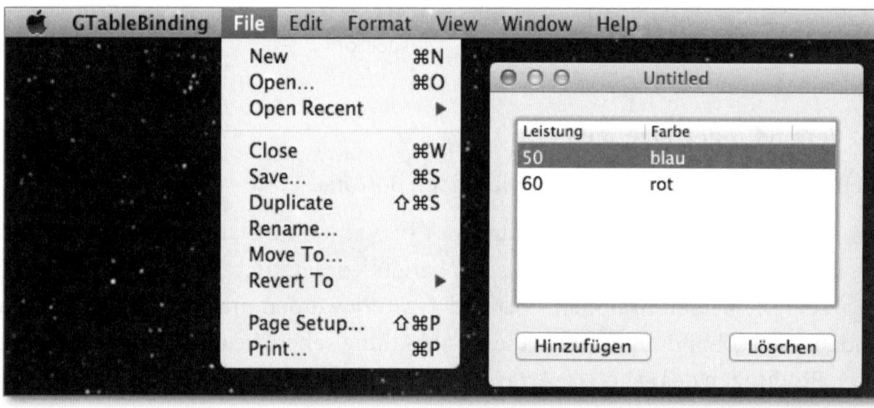

Abbildung 10.19 Projekt »GTableBinding«, Anwendungsmenü

10.4 »Core Data«

Mit Hilfe des *Core Data*-Frameworks werden der Aufbau und die Verwaltung der Daten in Ihren Anwendungen weiter vereinfacht. Sie legen innerhalb Ihres Projekts eine datenbankähnliche Struktur an, lassen die Daten in einer Table View anzeigen und können sie dort verändern.

Die Daten werden automatisch gespeichert. Es gibt außerdem die Möglichkeiten des *Undo* und des *Redo*. Eine versehentliche Änderung der Daten kann also leicht wieder rückgängig gemacht werden.

10.4.1 Projekt erzeugen

Erzeugen Sie eine neue Cocoa-Anwendung mit dem Namen *GCoreData*. Im Dialogfeld CHOOSE OPTIONS FOR YOUR NEW PROJECT markieren Sie diesmal neben CREATE DOCUMENT-BASED APPLICATION auch noch USE CORE DATA, siehe Abbildung 10.20.

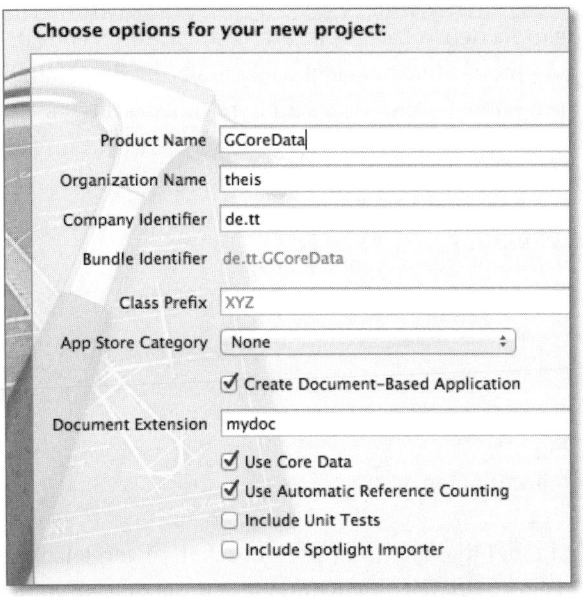

Abbildung 10.20 Zusatz »Core Data« auswählen

In der Datei *Document.h* sehen Sie, dass die Klasse `Document` diesmal von der Klasse `NSPersistentDocument` abgeleitet ist. Diese Unterklasse von `NSDocument` macht Ihre Daten persistent, d.h., die Daten werden durch Speicherung dauerhaft.

10.4.2 Datenstruktur erzeugen

Im PROJECT NAVIGATOR sehen Sie neben der Klasse `Document` noch das Element DOCUMENT.XCDATAMODELD, mit dessen Hilfe Sie Ihre Datenstruktur festlegen können, siehe Abbildung 10.21.

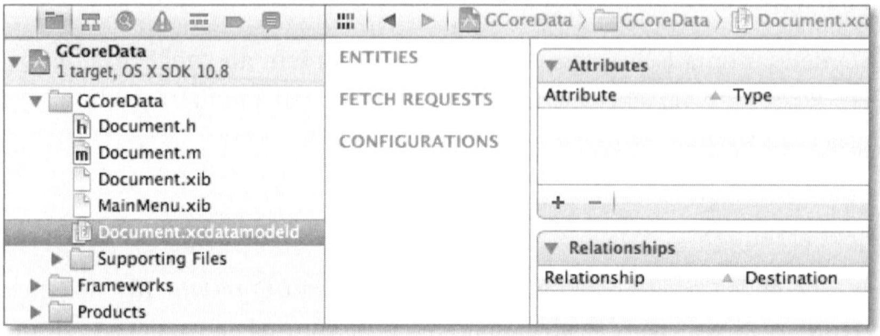

Abbildung 10.21 »Project Navigator«, »Data Model«

Zum Anlegen einer Struktur betätigen Sie den Button ADD ENTITY am unteren Ende der Anzeige. Im Bereich ENTITIES wird eine Entität angelegt. Geben Sie ihr den Namen »Fahrzeug«. Fügen Sie der Entität mit Hilfe der Plus-Taste im Bereich ATTRIBUTES einzelne Attribute hinzu: LEISTUNG vom Typ INTEGER 32, FARBE vom Typ STRING und als neues, drittes Attribut: MARKE vom Typ STRING, siehe Abbildung 10.22.

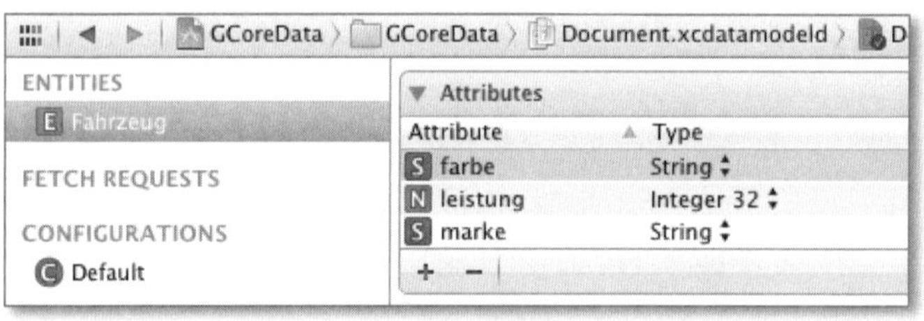

Abbildung 10.22 Entität »Fahrzeug« mit Attributen

Eine Entität mit ihren Attributen ist einer Klasse mit ihren Eigenschaften vergleichbar, bietet aber weitergehende Möglichkeiten. Für diejenigen unter Ihnen, die sich ein wenig mit relationalen Datenbanken auskennen: Entitäten entsprechen Datenbanktabellen. Sie können auch Relationen zwischen den einzelnen Tabellen anlegen und auf diese Weise eine komplexe Datenbankstruktur erschaffen. In diesem Projekt wird allerdings nur mit einem einfachen Datenmodell gearbeitet.

Markieren Sie ein einzelnes Attribut der Entität im Bereich ATTRIBUTES. Anschließend sehen Sie im DATA MODEL INSPECTOR die Eigenschaften des Attributs, siehe Abbildung

10.23 für das Attribut `leistung`. Diese Eigenschaften können Sie verändern. Würden Sie TRANSIENT markieren, würde der Wert dieses Attributs nicht automatisch gemeinsam mit der Entität gespeichert werden. Die Markierung von OPTIONAL bewirkt, dass für dieses Attribut nicht zwingend ein Wert erforderlich ist. Ein Datensatz dieser Entität könnte also für dieses Attribut leer bleiben.

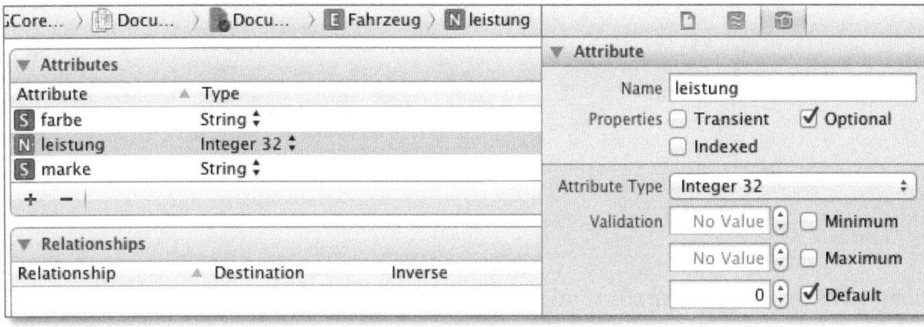

Abbildung 10.23 Attribut »leistung«, »Data Model Inspector«

10.4.3 Dokumentfenster gestalten

Im Dokumentfenster wird eine Table View mit zwei Buttons angelegt, siehe Abbildung 10.24. Daneben werden noch ein Label und ein Textfeld gesetzt.

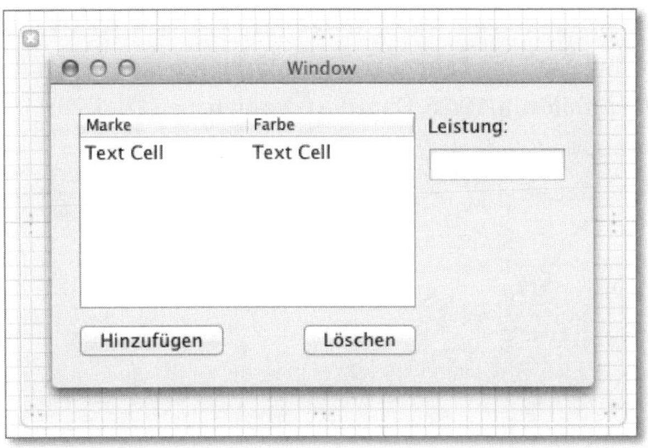

Abbildung 10.24 Projekt »GCoreData«, Dokumentfenster

Im Textfeld wird die Leistung des aktuell ausgewählten `Fahrzeug`-Objekts aus der Tabelle angezeigt. Da es sich bei dem hier einzugebenden Wert um eine Zahl handelt, wird noch ein NUMBER FORMATTER-Element aus der OBJECT LIBRARY auf dieses Textfeld gelegt, siehe Abbildung 10.25. Dieses Element sorgt für eine automatische Umwandlung der eingegebenen Zeichenkette in eine Zahl.

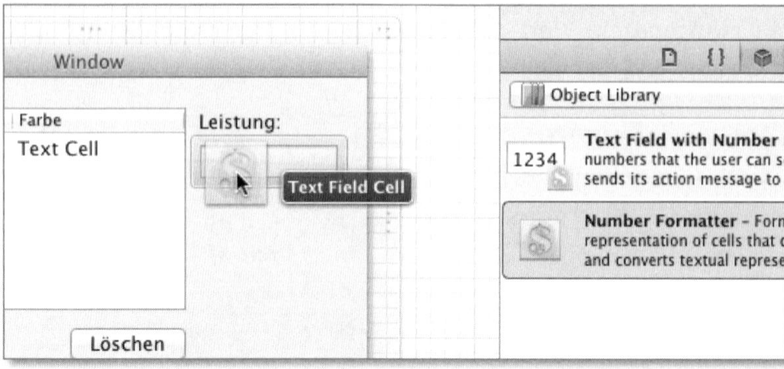

Abbildung 10.25 »Number Formatter« zu Textfeld hinzufügen

10.4.4 »Array Controller« einrichten

Auch in diesem Projekt stellt ein ARRAY CONTROLLER die Verbindung zwischen den Daten und der Tabellenanzeige her. Fügen Sie dazu einen ARRAY CONTROLLER aus der OBJECT LIBRARY in den Bereich DOCUMENT OUTLINE ein.

Lassen Sie sich für den ARRAY CONTROLLER den ATTRIBUTES INSPECTOR anzeigen. Im Bereich OBJECT CONTROLLER wählen Sie im Feld MODE den Eintrag ENTITY NAME aus und tragen im Feld ENTITY NAME den Namen »Fahrzeug« ein. Markieren Sie außerdem das Feld PREPARES CONTENT, siehe Abbildung 10.26. Damit ist die erste Seite der Verbindung hergestellt, zur Entität FAHRZEUG.

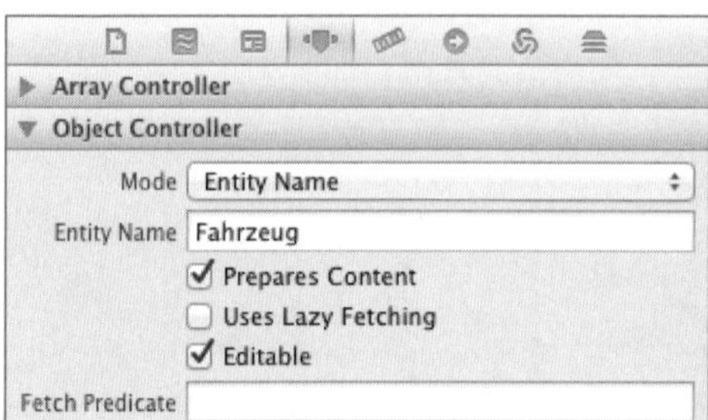

Abbildung 10.26 »Array Controller«, »Attributes Inspector«

Markieren Sie für den ARRAY CONTROLLER im BINDINGS INSPECTOR im Bereich PARAMETERS das Feld BIND TO:, und wählen Sie den Eintrag FILE'S OWNER aus. Der FILE'S

OWNER ist die Klasse `Document`. Deren Eigenschaft `managedObjectContext` wird im Feld MODEL KEY PATH eingetragen, siehe Abbildung 10.27. Diese Eigenschaft hat die Klasse `Document` von der Klasse `NSPersistentDocument` geerbt. Die Eigenschaft ist für die Verwaltung des Datenmodells zuständig.

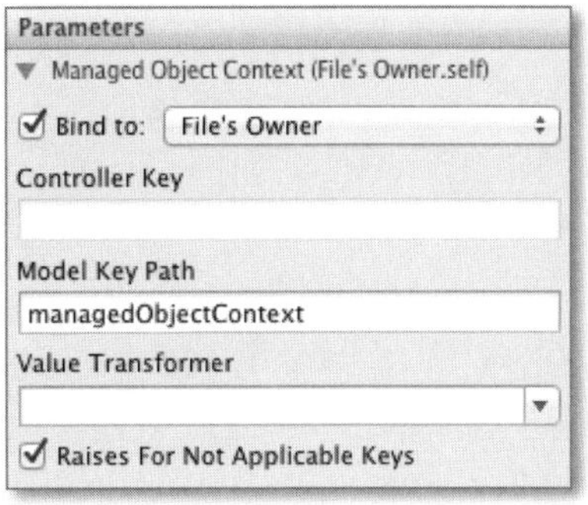

Abbildung 10.27 »Array Controller«, »Bindings Inspector«

Es folgt das Binding für die einzelnen Spalten der Table View. Markieren Sie die linke Spalte. Im BINDINGS INSPECTOR wird die Bindung zum ARRAY CONTROLLER hergestellt. Im Feld CONTROLLER KEY ist bereits ARRANGEDOBJECTS eingetragen. Tragen Sie im Feld MODEL KEY PATH die Eigenschaft `marke` ein, siehe Abbildung 10.28. Das Gleiche geschieht für die rechte Spalte und die Eigenschaft `farbe`.

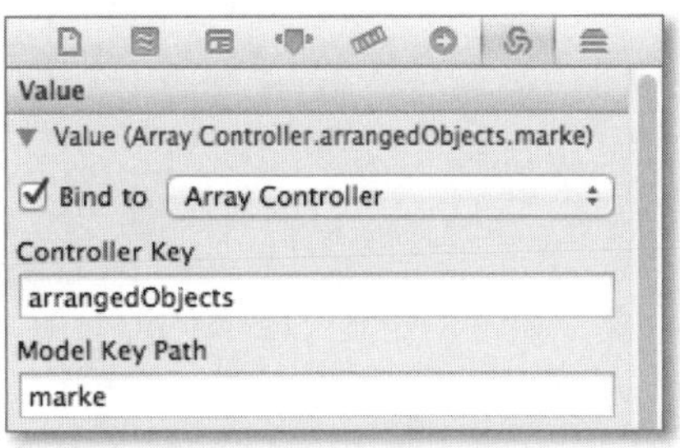

Abbildung 10.28 Linke Tabellenspalte, »Bindings Inspector«

Für das Textfeld sieht es im BINDINGS INSPECTOR etwas anders aus, da hier immer nur der Wert für ein Objekt zu sehen ist. Im Feld CONTROLLER KEY steht die Bezeichnung SELECTION, da das Textfeld seine Werte immer über die aktuell selektierte Tabellenzeile erhält. Im Feld MODEL KEY PATH wird die Eigenschaft `leistung` eingetragen, siehe Abbildung 10.29.

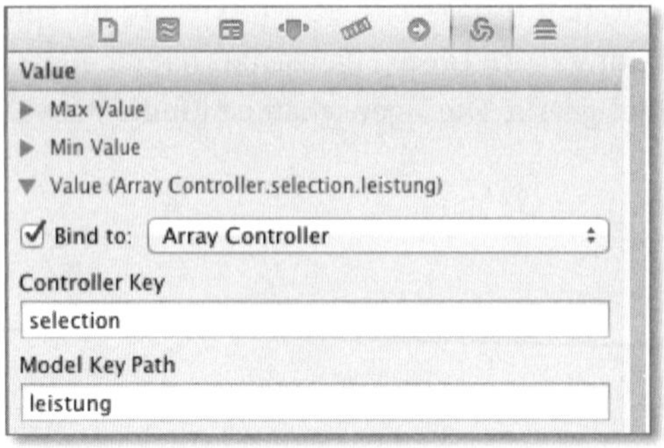

Abbildung 10.29 Textfeld, »Bindings Inspector«

10.4.5 Verbindungen erzeugen

Als Letztes folgen noch die Verbindungen für die Buttons. Wählen Sie den ARRAY CONTROLLER aus. Im CONNECTIONS INSPECTOR verbinden Sie die beiden vorgefertigten Aktionen ADD und REMOVE mit den beiden Buttons, siehe Abbildung 10.30.

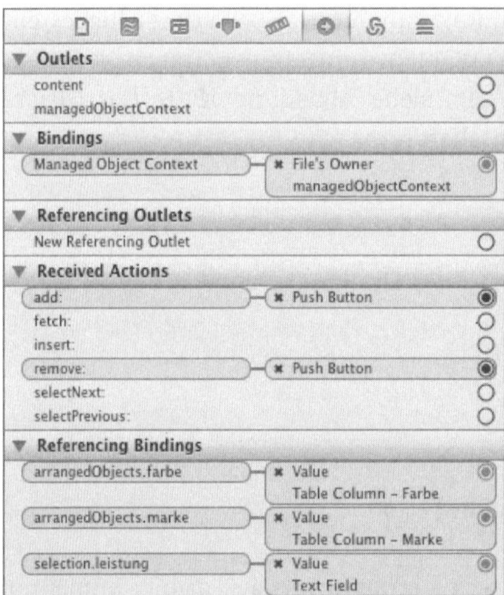

Abbildung 10.30 »Array Controller«, »Connections Inspector«

Das Projekt ist fertig und kann benutzt werden. Sie sehen das laufende Projekt in Abbildung 10.31. Es wurden bereits zwei Datensätze eingetragen, im Textfeld erscheint die Leistung des aktuell ausgewählten Fahrzeugs.

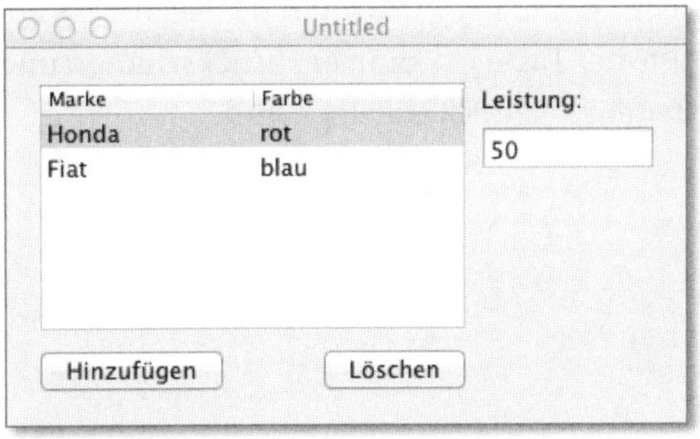

Abbildung 10.31 Projekt »GCoreData« mit ersten Daten

Wenn Sie die Anwendung beenden und später wieder starten, sind die Daten weiterhin vorhanden. Falls Sie eine Änderung versehentlich vorgenommen haben, können Sie diese anschließend über den Punkt EDIT • UNDO im Anwendungsmenü wieder rückgängig machen. Auch EDIT • REDO liefert das erwartete Ergebnis.

10.5 Maus- und Tastaturereignisse

Maus- und Tastaturereignisse wurden bisher durch die Steuerelemente Ihrer Anwendungen genutzt. So konnten die Elemente bedient beziehungsweise mit Text gefüllt werden. Diese Ereignisse können aber auch bereits von einer View abgefangen werden. Dies soll im nachfolgenden Projekt genutzt werden, um in der View zu zeichnen.

10.5.1 Projekt erzeugen

Erstellen Sie eine neue Cocoa-Anwendung mit dem Namen *GEvent*. Innerhalb des Anwendungsfensters gibt es eine Custom View. Darin kann der Benutzer mit Hilfe der Maus ein Rechteck aufziehen, siehe Abbildung 10.32.

Abbildung 10.32 Projekt »GEvent«, Anwendungsfenster mit Rechteck

Hat der Benutzer vor dem Aufziehen die Taste [o] betätigt, wird statt des Rechtecks ein Oval angelegt, siehe Abbildung 10.33. Mit Hilfe der Taste [r] kann er zurückschalten und dafür sorgen, dass beim nächsten Mal wieder ein Rechteck angelegt wird.

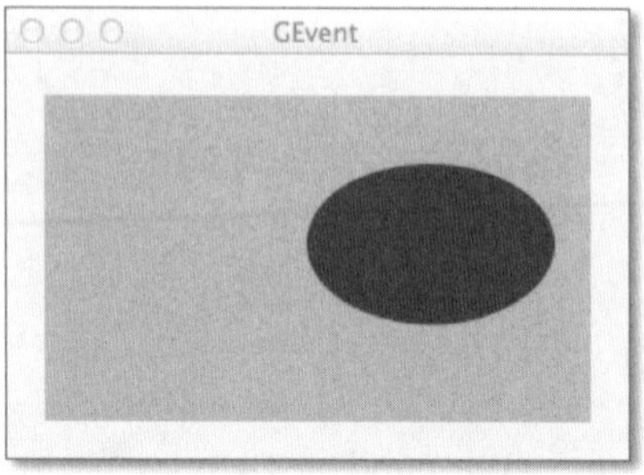

Abbildung 10.33 Projekt »GEvent«, Anwendungsfenster mit Oval

10.5.2 »View«-Klasse erzeugen

Fügen Sie der Anwendung eine neue Klasse mit dem Namen `EreignisView` hinzu. Sie soll von der Klasse `NSView` abgeleitet sein, siehe Abbildung 10.34. Ziehen Sie aus der OBJECT LIBRARY ein CUSTOM VIEW-Element in das Anwendungsfenster, und geben Sie ihm eine Größe wie in Abbildung 10.32 oder Abbildung 10.33. Ordnen Sie der Custom View die Klasse `EreignisView` über den IDENTITY INSPECTOR zu.

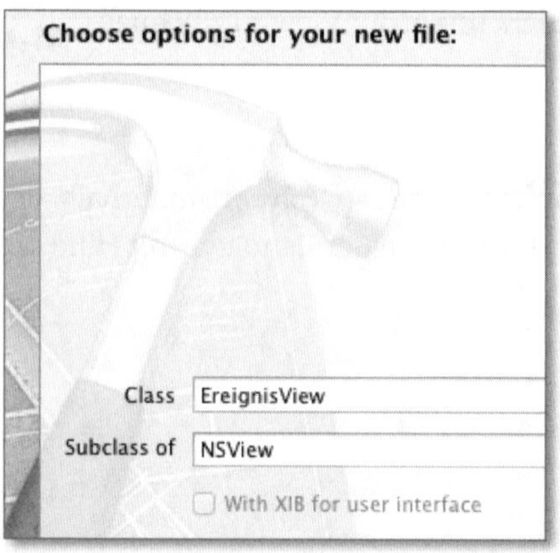

Abbildung 10.34 Klasse »EreignisView«, abgeleitet von »NSView«

10.5.3 Deklaration der »View«-Klasse

Es folgt die Deklaration der Klasse `EreignisView`:

```
#import <Cocoa/Cocoa.h>
@interface EreignisView : NSView
{
    NSPoint startPunkt;
    NSPoint endPunkt;

    NSString *geoform;
}
@end
```

Listing 10.17 Projekt »GEvent«, Datei »EreignisView.h«

Zur Erläuterung:

- Die beiden Eigenschaften `startPunkt` und `endPunkt` sind Variablen des Strukturtyps `NSPoint` (siehe Abschnitt 5.6, »Geometrische Strukturen«). Sie enthalten später die Koordinaten von zwei gegenüberliegenden Ecken des Rechtecks. Beim Oval handelt es sich um die Ecken des umgebenden Rechtecks.
- Beim ersten Klick mit der Maus werden die Koordinaten der ersten Ecke aufgenommen. Nach dem Ziehen mit der Maus werden die Koordinaten beim Loslassen der Maustaste aufgenommen.
- Das `NSString`-Objekt `geoform` enthält entweder das Zeichen `r` oder das Zeichen `o` für die aktuelle geometrische Form: Rechteck oder Oval.

10.5.4 »View«-Klasse initialisieren

Es folgt der erste Teil der Implementation der Klasse `EreignisView`:

```
#import "EreignisView.h"
@implementation EreignisView

- (id)initWithFrame:(NSRect)frame          // ❶
{
    self = [super initWithFrame:frame];
    if (self)
        geoform = @"r";
    return self;
}
```

Listing 10.18 Projekt »GEvent«, Datei »EreignisView.m«, Teil 1

Zur Erläuterung:

- Die Methode `initWithFrame:` in ❶ wird von `NSView` geerbt und dient zur Initialisierung des `EreignisView`-Objekts.
- Es wird zunächst die gleichnamige Initialisierungsmethode der übergeordneten Klasse `NSView` aufgerufen. Falls diese Initialisierung erfolgreich war, bekommt das `NSString`-Objekt den Wert `r`. Dies sorgt dafür, dass standardmäßig ein Rechteck gezeichnet wird.

10.5.5 Zeichnen

Der zweite Teil der Implementation der Klasse `EreignisView`:

```
- (void)drawRect:(NSRect)dirtyRect          // ❷
{
    [[NSColor lightGrayColor] set];         // ❸
    NSRectFill(dirtyRect);                  // ❹
    [[NSColor blueColor] set];              // ❺
    NSRect rahmen = NSMakeRect(             // ❻
        startPunkt.x, startPunkt.y,
        endPunkt.x - startPunkt.x,
        endPunkt.y - startPunkt.y);

    if([geoform isEqualToString:@"r"])  // ❼
        [[NSBezierPath
        bezierPathWithRect:rahmen] fill];
    else if([geoform isEqualToString:@"o"])
        [[NSBezierPath
        bezierPathWithOvalInRect:rahmen] fill];
}
```

Listing 10.19 Projekt »GEvent«, Datei »EreignisView.m«, Teil 2

Zur Erläuterung:

- Die Methode `drawRect:` in ❷ wird ebenfalls von `NSView` geerbt. Sie sorgt für die Abläufe, falls die View neu gezeichnet werden soll. Dieses Neuzeichnen wird durch das Ziehen mit der Maus in der Methode `mouseDragged:` angestoßen, siehe weiter unten. Die Methode `drawRect:` bekommt beim Aufruf das umgebende Rechteck der View als Parameter übergeben.
- In ❸ wird die aktuelle Farbe eingestellt. Dies geschieht mit Hilfe eines `NSColor`-Objekts der Klassenmethode, die der Farbe entspricht und der Methode `set:`. Diese

Farbe gilt nun für alle nachfolgenden Vorgänge, bei denen mit einer Farbe gearbeitet wird.

- Die Funktion `NSRectFill()` in ❹ füllt das umgebende Rechteck mit der aktuellen Farbe, die View wird also hellblau eingefärbt.
- Die aktuelle Farbe wird in ❺ auf Blau gesetzt – für die Zeichnung des Rechtecks beziehungsweise Ovals.
- Die Funktion `NSMakeRect()` in ❻ erzeugt eine `NSRect`-Variable, also ein Rechteck. Der Ort wird durch den Startpunkt beim Aufziehen mit der Maus bestimmt. Die Größe wird durch die Differenz zwischen Startpunkt und Endpunkt nach dem Loslassen der Maustaste bestimmt.
- In ❼ wird zunächst festgestellt, ob ein Rechteck oder ein Oval gezeichnet werden soll. Mit der Klassenmethode `bezierPathWithRect:` wird ein rechteckiges `NSBezierPath`-Objekt erzeugt. Entsprechend wird mit `bezierPathWithOvalInRect:` ein ovales Objekt erzeugt.
- In beiden Fällen wird mit einem Pfad gearbeitet. Pfade können offen oder geschlossen sein. Ein geschlossener Pfad kann zur Erzeugung geometrischer Figuren, wie Rechtecke oder Ovale, genutzt werden. Ein Pfad wird durch eine sogenannte *Bézier-Kurve* erzeugt. Bézier-Kurven stammen aus der numerischen Mathematik und werden für Vektorgrafiken verwendet.
- Als Parameter benötigen beide Methoden eine `NSRect`-Variable für das umgebende Rechteck. Die Methode `fill:` zeichnet das jeweilige `NSBezierPath`-Objekt, gefüllt mit der aktuellen Farbe.

10

10.5.6 Tastaturereignisse verarbeiten

Es folgt der dritte Teil der Implementation der Klasse `EreignisView`:

```
- (BOOL)acceptsFirstResponder            // ❽
{
    return YES;
}

-(void)keyDown:(NSEvent *)theEvent       // ❾
{
    geoform = [theEvent characters];
}
```

Listing 10.20 Projekt »GEvent«, Datei »EreignisView.m«, Teil 3

Zur Erläuterung:

- Die Methode `acceptsFirstResponder:` in ❽ ist von der Klasse `NSResponder` geerbt. Diese liegt noch oberhalb der Klasse `NSView`.
- Sie wird durch jedes Tastaturereignis in der View aufgerufen und liefert normalerweise den `BOOL`-schen Wert `NO`. Dies bedeutet, dass die betreffende View keine Tastaturereignisse direkt entgegennimmt, sondern sie an untergeordnete Elemente weitergibt. Durch die Rückgabe von `YES` wird die View in die Lage versetzt, sie zu empfangen und selbst zu verarbeiten. Dies wird benötigt, da der Benutzer die Tasten [r] beziehungsweise [o] zur Umschaltung der geometrischen Form nutzen soll.
- Die Methode `keyDown:` in ❾ ist ebenfalls von der Klasse `NSResponder` geerbt. Sie wird durch das Herunterdrücken einer Taste, also ein Tastaturereignis, gestartet. Als Parameter wird ein Verweis auf ein `NSEvent`-Objekt geliefert. Dieses enthält Informationen über das Ereignis. Die Methode `characters:` liefert das Zeichen zur gedrückten Taste.

10.5.7 Mausereignisse verarbeiten

Der vierte Teil der Implementation der Klasse `EreignisView`:

```
-(void)mouseDown:(NSEvent *)theEvent        // ❿
{
    NSPoint punkt =                          // ⓫
        [theEvent locationInWindow];
    startPunkt = [self                       // ⓬
        convertPoint:punkt fromView:nil];
}

-(void)mouseDragged:(NSEvent *)theEvent     // ⓭
{
    NSPoint punkt =                          // ⓮
        [theEvent locationInWindow];
    endPunkt = [self                         // ⓯
        convertPoint:punkt fromView:nil];
    [self setNeedsDisplay:YES];              // ⓰
}
@end
```

Listing 10.21 Projekt »GEvent«, Datei »EreignisView.m«, Teil 4

Zur Erläuterung:

- Die Methode `mouseDown:` in ❿ ist ebenfalls von der Klasse `NSResponder` geerbt. Sie wird gestartet, wenn der Benutzer die linke Maustaste herunterdrückt.
- Wenn der Benutzer die Maus bei gedrückter linker Maustaste verschiebt, wird die Methode `mouseDragged:` in ⓭ gestartet. Sie ist auch von der Klasse `NSResponder` geerbt.
- Als Parameter wird ein Verweis auf ein `NSEvent`-Objekt mit Informationen über das Ereignis geliefert.
- Die Methode `locationInWindow:` in ⓫ beziehungsweise ⓮ liefert die Koordinaten des Punkts, an dem das Mausereignis stattfand, bezogen auf das Anwendungsfenster.
- Die Methode `convertPoint:` in ⓬ beziehungsweise ⓯ ist von der Klasse `NSView` geerbt und dient zum Konvertieren der Koordinaten einer `NSPoint`-Variablen von einem Koordinatensystem in ein anderes.
- Die Koordinaten des Punkts, der in ⓫ beziehungsweise ⓮ ermittelt wurde, werden bezogen auf die View benötigt. Der Ursprung der View und des Anwendungsfensters, die linke untere Ecke, ist nicht identisch. Daher müssen die Koordinaten des Punkts konvertiert werden.
- Der Parameter `fromView:` liefert einen Verweis auf das System, von dem aus konvertiert wird. Die Angabe `nil` sorgt dafür, dass das System des zu konvertierenden Punkts genommen wird, also das System des Anwendungsfensters. Das System, in das konvertiert wird, ist das System, für das die Methode `convertPoint:` aufgerufen wird, also die View.
- Die Methode `setNeedsDisplay:` in ⓰ ist ebenfalls von der Klasse `NSView` geerbt. Ihr Aufruf mit dem `BOOL`-schen Parameter `YES` sorgt dafür, dass die View sobald wie möglich neu gezeichnet wird. Dabei wird unter anderem die Methode `drawRect:` in ❷ durchlaufen.

Es werden keine Verbindungen benötigt. Das Projekt steht Ihnen nun fertig zur Verfügung.

10.6 Drag & Drop

In Abschnitt 9.3, »Zwischenablage«, hatten Sie bereits gesehen, wie Sie auf die systemweite, anwendungsübergreifende Zwischenablage zugreifen können. Bei einem Drag-&-Drop-Vorgang, zum Beispiel dem Kopieren eines Bildes von einer Anwendung in eine andere, wird intern ebenfalls die Zwischenablage genutzt.

Im nachfolgenden Projekt *GDragDrop* wird dem Benutzer die Möglichkeit gegeben, ein Bild aus einer beliebigen Anwendung in die laufende Anwendung zu kopieren. In Abbildung 10.35 sehen Sie die Anwendung mit zwei Custom Views, in die bereits per Drag & Drop jeweils ein Bild aus dem FINDER kopiert wurde.

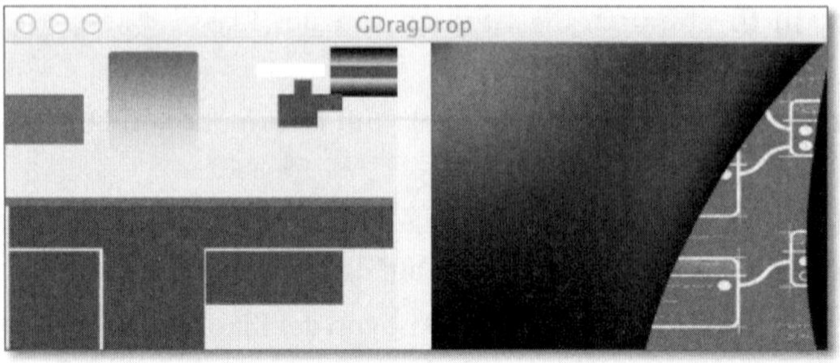

Abbildung 10.35 Projekt »GDragDrop«, Anwendungsfenster

Sie benötigen für diesen Vorgang Methoden aus dem Protokoll `NSDraggingDestination`. Bei einem Drag-&-Drop-Vorgang finden verschiedene Ereignisse statt. Wenn Sie die dazugehörigen Methoden aus dem Protokoll implementieren, kann Ihre Anwendung auf das jeweilige Ereignis reagieren, um den Vorgang zu kontrollieren und erfolgreich zu Ende zu bringen.

Einige Beispiele für diese Ereignisse: Das Drag-Objekt betritt den Zielbereich, das Drag-Objekt bewegt sich innerhalb des Zielbereichs, das Drag-Objekt wird im Zielbereich losgelassen (gedroppt) usw.

Außerdem wird das Protokoll `NSDraggingInfo` eingesetzt. Mit seiner Hilfe werden Informationen über den aktuellen Zustand des Drag-&-Drop-Vorgangs weitergegeben.

10.6.1 »View«-Klasse erzeugen

Erzeugen Sie eine neue Cocoa-Anwendung mit dem Namen *GDragDrop*. Fügen Sie ihr eine neue Klasse mit dem Namen `DragZielView` hinzu. Sie soll von der Klasse `NSView` abgeleitet sein. Die Klasse `DragZielView` wird später den beiden Custom Views zugeordnet.

Es folgt die Deklaration der Klasse `DragZielView`:

```
#import <Cocoa/Cocoa.h>
@interface DragZielView : NSView <NSDraggingDestination>
{
    NSImage *bild;
```

```
}
@property (copy) NSImage *bild;
@end
```

Listing 10.22 Projekt »GDragDrop«, Datei »DragZielView.h«

Zur Erläuterung:

- Die Klasse `DragZielView` ist von der Klasse `NSView` abgeleitet und hält sich an das Protokoll `NSDraggingDestination`. Dessen Aufgabe wurde bereits erläutert.
- Eine Eigenschaft dieser Klasse ist ein `NSImage`-Objekt – zur Speicherung des hereingezogenen Bildes. Zur Erzeugung der Accessoren wird die zugehörige Property eingeführt.

10.6.2 »View«-Klasse initialisieren

Es folgt der erste Teil der Implementation der Klasse `DragZielView`:

```
#import "DragZielView.h"
@implementation DragZielView
@synthesize bild;                        // ❶

- (id)initWithFrame:(NSRect)frame        // ❷
{
    self = [super initWithFrame:frame];
    if (self)
        [self registerForDraggedTypes:   // ❸
            [NSArray arrayWithObject:
            NSURLPboardType]];
    return self;
}
```

Listing 10.23 Projekt »GDragDrop«, Datei »DragZielView.m«, Teil 1

Zur Erläuterung:

- In ❶ werden die Accessoren erzeugt.
- Die Methode `initWithFrame:` in ❷ initialisiert ein `DragZielView`-Objekt. Die Methode startet mit dem Aufruf der gleichnamigen Initialisierungsmethode der übergeordneten Klasse `NSView`.

▶ Falls diese Initialisierung erfolgreich war, wird in ❸ mit Hilfe der Methode `registerForDraggedTypes:` zunächst ein `NSArray`-Objekt gefüllt. Darin befinden sich ein oder mehrere Typen von Objekten, die in diese View gezogen werden dürfen. Hier ist es nur der Typ `NSURLPboardType`.

10.6.3 Drag starten

Der zweite Teil der Implementation der Klasse `DragZielView`:

```
- (NSDragOperation)draggingEntered:      // ❹
    (id<NSDraggingInfo>)sender
{
    if([NSImage canInitWithPasteboard:  // ❺
            [sender draggingPasteboard]] &&
            [sender draggingSourceOperationMask]
            & NSDragOperationCopy)
        return NSDragOperationCopy;      // ❻
    else
        return NSDragOperationNone;
}
```

Listing 10.24 Projekt »GDragDrop«, Datei »DragZielView.m«, Teil 2

Zur Erläuterung:

▶ Die Methode `draggingEntered:` in ❹ ist eine Pflichtmethode des Protokolls `NSDraggingDestination` und wird gestartet, wenn das gedraggte Objekt in die View hereinkommt. Als Parameter wird ein Verweis auf das gedraggte Objekt übergeben. Dieser Verweis hält sich an das Protokoll `NSDraggingInfo`. Damit wird die Übermittlung von Informationen über den aktuellen Zustand des Drag-&-Drop-Vorgangs ermöglicht.

▶ Ziel des Drag-&-Drop-Vorgangs in diesem Projekt soll es sein, ein Bild zu kopieren und in der View darzustellen. In ❺ werden dazu zwei Bedingungen geprüft:

  – Kann mit dem gedraggten Objekt aus der Zwischenablage ein Bild erzeugt werden? Dies wird mit Hilfe der Methode `canInitWithPasteboard:` festgestellt.

  – Gehört das Kopieren zu den erlaubten Möglichkeiten? Dies wird mit Hilfe einer Maske festgestellt. Die Eigenschaft `draggingSourceOperationMask` des Protokolls `NSDraggingInfo` enthält alle erlaubten Möglichkeiten des gedraggten Objekts. Diese Maske wird mit Hilfe des Bit-Operators `&` (siehe Abschnitt 3.5, »Bit-Operatoren und Bit-Masken«) mit der Konstanten `NSDragOperationCopy` verbunden.

- Rückgabewert der Methode in ❹ ist ein NSDragOperation-Objekt. Falls die vorangegangene Prüfung erfolgreich war, wird mit diesem Objekt die Information zurückgeliefert, dass das Kopieren erlaubt ist. Ansonsten wird die Information zurückgeliefert, dass keine Aktion erlaubt ist.

10.6.4 Drop starten

Es folgt der dritte Teil der Implementation der Klasse DragZielView:

```
- (BOOL)performDragOperation:          // ❼
    (id<NSDraggingInfo>)sender
{
    [self setBild:[[NSImage alloc]     // ❽
        initWithPasteboard:
        [sender draggingPasteboard]]];
    return YES;                        // ❾
}
```

Listing 10.25 Projekt »GDragDrop«, Datei »DragZielView.m«, Teil 3

Zur Erläuterung:

- Die Methode performDragOperation: in ❼ wird gestartet, nachdem das gedraggte Objekt in der View losgelassen, also gedroppt wurde. Auch an diese Methode werden Informationen über das gedraggte Objekt und den aktuellen Zustand des Drag-&-Drop-Vorgangs übergeben.
- In ❽ wird ein NSImage-Objekt mit dem Bild aus der Zwischenablage erzeugt, nachdem zuvor die Durchführbarkeit in der Methode draggingEntered: in ❹ geprüft wurde.
- Der BOOL-sche Rückgabewert in ❾ liefert die Information, ob die Objekterstellung erfolgreich war oder nicht.

10.6.5 View neu zeichnen

Der vierte und letzte Teil der Implementation der Klasse DragZielView:

```
- (void)concludeDragOperation:         // ❿
    (id<NSDraggingInfo>)sender
{
    [self setNeedsDisplay:YES];        // ⓫
}
```

```
- (void)drawRect:(NSRect)dirtyRect         // ⓬
{
    [[NSColor grayColor] set];             // ⓭
    NSRectFill(dirtyRect);

    [bild drawInRect:dirtyRect             // ⓮
        fromRect:NSZeroRect operation:
        NSCompositeSourceOver fraction:1];
}
@end
```

Listing 10.26 Projekt »GDragDrop«, Datei »DragZielView.m«, Teil 4

Zur Erläuterung:

- Die Methode `concludeDragOperation:` in ❿ wird gestartet, nachdem der Drag-&-Drop-Vorgang vollständig beendet wurde. Nun können abschließende Arbeiten durchgeführt werden. Hier ist dies der Aufruf der Methode `setNeedsDisplay:` in ⓫ zum erneuten Zeichnen der View.
- Das erneute Zeichnen wird mit Hilfe der Methode `drawRect:` in ⓬ durchgeführt. Zunächst wird die View in ⓭ mit grauer Farbe gefüllt, damit sie auch ohne Bildinhalt innerhalb des Anwendungsfensters erkennbar ist.
- In ⓮ wird das Bild mit Hilfe der Methode `drawInRect:` in das Rechteck der View gezeichnet. Mit dem Parameter `fromRect:` wird festgelegt, welcher Teil des Bildes dazu verwendet wird. Die Konstante `NSZeroRect` bewirkt, dass das gesamte Bild übernommen wird. Der Parameter `operation` bestimmt die Art der Bildübernahme und der Parameter `fraction` den Wert für den Alpha-Kanal, also die Transparenz.

10.6.6 Anwendungsfenster gestalten

Es folgt die weitere Gestaltung: Das Anwendungsfenster bekommt die Größe 500 mal 180 Punkte. Aus der OBJECT LIBRARY werden zwei CUSTOM VIEW-Steuerelemente auf das Fenster gezogen. Mit Hilfe des Felds CLASS im IDENTITY INSPECTOR wird beiden die Klasse `DragZielView` zugeordnet.

Die Größe und die Position beider Custom Views werden mit Hilfe der Felder WIDTH, HEIGHT und X im SIZE INSPECTOR angepasst, so dass die Anwendung anschließend aussieht wie in Abbildung 10.36. Beide CUSTOM VIEW-Steuerelemente haben die Größe 240 mal 180 Punkte, das rechte ist um 260 Punkte nach rechts verschoben.

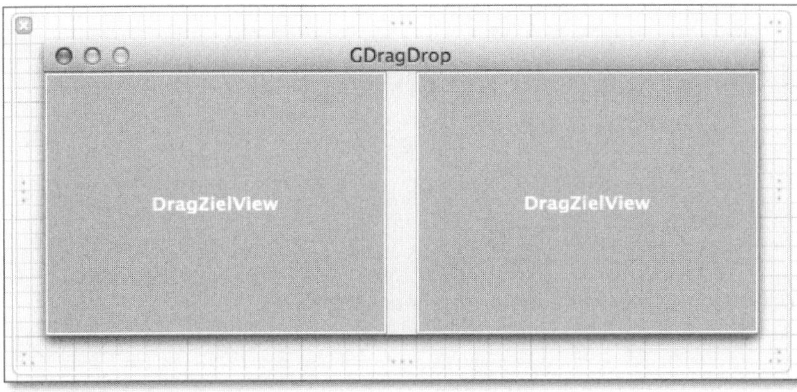

Abbildung 10.36 Anordnung der »View«-Steuerelemente

Das Projekt steht Ihnen nun fertig zur Verfügung.

10.7 Core Animation

Core Animation mit dem *QuartzCore*-Framework gibt Ihnen umfangreiche Möglichkeiten, visuelle Effekte und Animationen in Ihre Anwendungen zu integrieren:

- Visuelle Effekte sind zum Beispiel: Änderungen der Transparenz, dreidimensional erscheinende Schatten, Verpixelungen usw.
- Eine Animation erweckt den Eindruck eines Films: Bei einem Objekt wird der Wert einer bestimmten Eigenschaft schrittweise bis zu einem anderen Wert geändert. Jeder Zwischenschritt ist sichtbar.

Bei der visuell veränderten beziehungsweise animierten Eigenschaft kann es sich um die Position handeln, dann bewegt sich das Element. Es kann sich aber auch um die Eigenschaft der *Opazität* (= Undurchsichtigkeit) handeln, in diesem Fall wird das Objekt, mit oder ohne Animation, sichtbar oder unsichtbar, je nach Richtung der Wertänderung.

Im nachfolgenden Projekt *GCoreAnimation* sollen einige solcher Möglichkeiten gezeigt werden.

Sie sehen in Abbildung 10.37 oben einen Button, der mit Hilfe der anderen Buttons auf unterschiedliche Weise visuell verändert beziehungsweise animiert wird. Außerdem werden noch einige nützliche Informationen angezeigt.

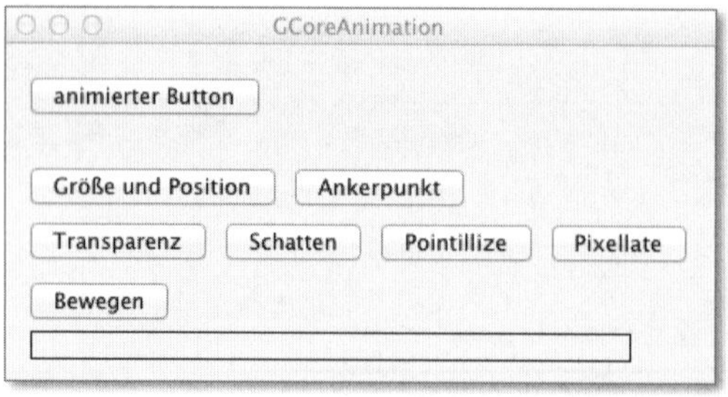

Abbildung 10.37 Projekt »GCoreAnimation«, Anwendungsfenster

10.7.1 »QuartzCore«-Framework einbinden

Zunächst muss das *QuartzCore*-Framework für Ihre Anwendung verfügbar gemacht werden. Dieser Vorgang wurde bereits in Abschnitt 9.4, »Drucken«, für das *WebKit*-Framework beschrieben, das dort zum Drucken benötigt wurde.

Markieren Sie im PROJECT NAVIGATOR den obersten Eintrag, die Projekteigenschaften. Wählen Sie dann den Bereich TARGETS und darin den Bereich SUMMARY. Im Bereich LINKED FRAMEWORKS AND LIBRARIES sehen Sie bisher nur das COCOA-FRAMEWORK, siehe Abbildung 10.38.

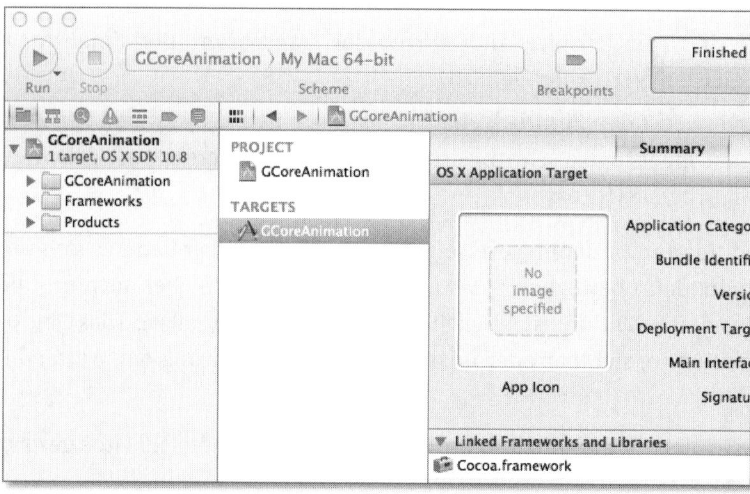

Abbildung 10.38 Anzeige der Frameworks

Nach dem Anklicken der darunter befindlichen Taste mit dem Plus-Zeichen wird eine Liste weiterer Frameworks eingeblendet. Wählen Sie das QUARTZCORE-FRAMEWORK aus, und betätigen Sie die Taste ADD, siehe Abbildung 10.39.

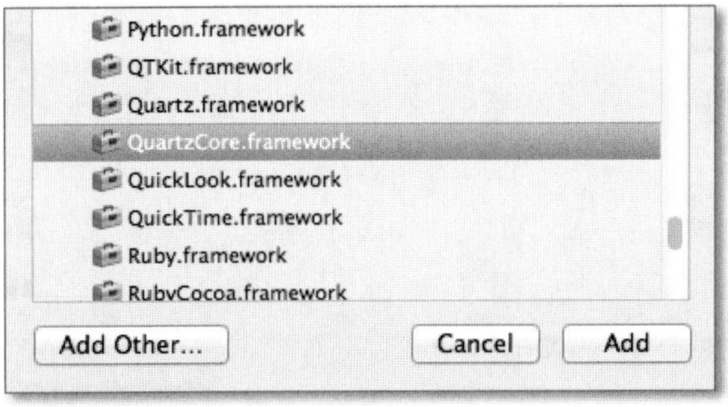

Abbildung 10.39 Auswahl des »QuartzCore«-Frameworks

Damit wird es der Liste der Frameworks hinzugefügt, siehe Abbildung 10.40.

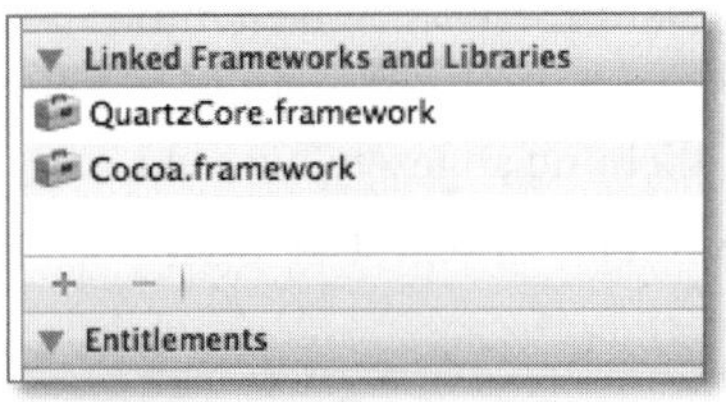

Abbildung 10.40 »QuartzCore«-Framework hinzugefügt

Erzeugen Sie eine neue Cocoa-Anwendung, nicht dokumentbasiert und ohne CORE DATA. Gestalten Sie das Anwendungsfenster wie in Abbildung 10.37.

10.7.2 Deklaration der Klasse »Controller«

Fügen Sie eine `Controller`-Klasse hinzu. Es folgt die Deklaration:

```
#import <Foundation/Foundation.h>
@interface Controller : NSObject
{
    IBOutlet NSButton *bAnim;
    IBOutlet NSTextField *textAusgabe;
}

-(IBAction)ausgabeGroessePosition:(id)sender;
-(IBAction)ausgabeAnkerpunkt:(id)sender;

-(IBAction)transButton:(id)sender;
```

```
-(IBAction)shadowButton:(id)sender;
-(IBAction)pointButton:(id)sender;
-(IBAction)pixelButton:(id)sender;

-(IBAction)bewegeButton:(id)sender;

@end
```

Listing 10.27 Projekt »GCoreAnimation«, Datei »Controller.h«

Zur Erläuterung:

- Die beiden *IBOutlets* repräsentieren den Button, der visuell verändert beziehungsweise animiert wird, und das gerahmte Ausgabelabel.
- Ein Objekt, das visuell verändert beziehungsweise animiert wird, liegt innerhalb eines Animationslayers. Dessen Größe, relative Position und Ankerpunkt können mit Hilfe der beiden Ausgabemethoden zur Verdeutlichung angezeigt werden.
- Die nächsten vier Methoden dienen der Erstellung visueller Effekte. Der letzte Button startet eine Animation.

10.7.3 Geometrische Daten ausgeben

Es folgt der erste Teil der Implementation der Klasse `Controller`, in dem zum besseren Verständnis einige geometrische Daten des Animationslayers ausgegeben werden:

```
#import "Controller.h"
#import <QuartzCore/QuartzCore.h>    // ❶
@implementation Controller

-(IBAction)geometrie:(id)sender
{
    [bAnim setWantsLayer:YES];        // ❷
    CALayer *animLayer =              // ❸
        [bAnim layer];

    CGRect re = [animLayer bounds];   // ❹
    [textAusgabe setStringValue:      // ❺
        [NSString stringWithFormat:
        @"Breite %.1f, Höhe %.1f, "
        "rel. Position X %.1f, Y %.1f",
```

```
        re.size.width, re.size.height,
        re.origin.x, re.origin.y]];
}
```

Listing 10.28 Projekt »GCoreAnimation«, Datei »Controller.m«, Teil 1

Zur Erläuterung:

- In ❶ werden die Headerdateien des *QuartzCore*-Frameworks eingebunden.
- Die Methode `setWantsLayer:` in ❷ legt fest, dass für dieses Steuerelement ein Animationslayer genutzt werden soll.
- In ❸ wird ein Verweis auf ein Animationslayer erzeugt. Die Methode `layer:` liefert den Verweis auf den Animationslayer des Buttons. Die Klasse `CALayer` stammt aus dem *QuartzCore*-Framework. Mit Hilfe des `CALayer`-Objekts werden alle Animationen des Steuerelements angelegt und kontrolliert.
- Die Methode `bounds:` in ❹ liefert das umgebende Rechteck des Animationslayers als `CGRect`-Variable. Die Größe und die relative Position dieses Rechtecks werden in ❺ ausgegeben. Standardmäßig ist das Rechteck an jeder Seite um 6 Punkte größer als das Objekt. Der Button hat die Maße 139 mal 20 Punkte, der Animationslayer die Größe 151 mal 32 Punkte. Die relative Position ist zunächst 0 / 0. Während der Bewegungsanimation wird der Button zum Punkt 50 / 0 bewegt, also nach rechts.

Der zweite Teil der Implementation der Klasse `Controller`:

```
-(IBAction)ankerpunkt:(id)sender
{
    [bAnim setWantsLayer:YES];
    CALayer *animLayer = [bAnim layer];

    CGPoint punkt =                    // ❻
        [animLayer anchorPoint];
    [textAusgabe setStringValue:       // ❼
        [NSString stringWithFormat:
        @"rel. Ankerpunkt X %.1f, Y %.1f",
        punkt.x, punkt.y]];
}
```

Listing 10.29 Projekt »GCoreAnimation«, Datei »Controller.m«, Teil 2

Nach Zuweisung des Animationslayers wird in ❻ die Methode `anchorPoint:` aufgerufen. Sie liefert die relativen Koordinaten des Ankerpunkts des Animationslayers als `CGPoint`-Variable. Der Ankerpunkt ist der Punkt, auf den sich die Wertänderungen beziehen. Standardmäßig liegt dieser Punkt bei 0.5 / 0.5, also genau im Zentrum des Animationslayers. Bei einer Drehanimation würde sich somit das Steuerelement um das Zentrum drehen. Die Koordinaten des Ankerpunkts werden in ❼ ausgegeben.

10.7.4 Transparenz steuern

Es folgt der dritte Teil der Implementation der Klasse `Controller`, in dem ein Element mit unterschiedlicher Transparenz angezeigt wird:

```
-(IBAction)transButton:(id)sender
{
    [bAnim setWantsLayer:YES];
    CALayer *animLayer = [bAnim layer];

    if(fabs([animLayer opacity]        // ❽
            - 1.0) < 1e-3)
        [animLayer setOpacity:0.3];
    else
        [animLayer setOpacity:1.0];
}
```

Listing 10.30 Projekt »GCoreAnimation«, Datei »Controller.m«, Teil 3

Zur Erläuterung:

- Der Standardwert für die Opazität eines Objekts ist 1.0. In ❽ wird geprüft, ob dieser Wert aktuell für die Opazität des Buttons gilt. Da es sich um einen `float`-Wert handelt, der nicht mathematisch exakt ist, wird mit Hilfe der Funktion `fabs()` geprüft, ob der Betrag der Eigenschaft `opacity` zwischen 0.999 und 1.001 liegt.
- Ist dies der Fall, wird `opacity` mit der entsprechenden Setter-Methode auf 0.3 gesetzt, ansonsten wieder auf 1.0. Das Ergebnis für den Wert 0.3 sehen Sie in Abbildung 10.41. Zur Verdeutlichung des visuellen Effekts kann zwischen den Werten hin und her geschaltet werden.

Abbildung 10.41 Visueller Effekt: Opazität 0.3

10.7.5 Schatteneffekt steuern

Es folgt der vierte Teil der Implementation der Klasse `Controller`, in dem ein Element mit einem dreidimensional wirkenden Schatten versehen wird:

```
-(IBAction)shadowButton:(id)sender
{
    [bAnim setWantsLayer:YES];
    CALayer *animLayer = [bAnim layer];

    [animLayer setShadowOffset:      // ❾
        NSMakeSize(2.0,-15.0)];
    if(fabs([animLayer               // ❿
            shadowOpacity]) < 1e-3)
        [animLayer setShadowOpacity:0.3];
    else
        [animLayer setShadowOpacity:0.0];
}
```

Listing 10.31 Projekt »GCoreAnimation«, Datei »Controller.m«, Teil 4

Zur Erläuterung:

- Die Methode `setShadowOffset:` in ❾ legt den Versatz des Schattens fest, bezogen auf das Objekt. Die `NSSize`-Variable enthält hier die Werte 2.0 und –15.0, der Schatten weist also vom Objekt aus ein kleines Stück nach rechts und ein größeres Stück nach unten. Allerdings ist der Schatten erst sichtbar, wenn die Opazität des Schattens größer als der Standardwert 0.0 ist. Ansonsten ist der Schatten durchsichtig.
- Zu ❿: Wenn der aktuelle Wert der Eigenschaft `shadowOpacity` zwischen –0.001 und 0.001 liegt, wird er auf 0.3 gesetzt, ansonsten wieder auf 0.0. In Abbildung 10.42 sehen Sie den Effekt für den Wert 0.3.

Abbildung 10.42 Visueller Effekt: Schatten mit 2.0 / –15.0, Opazität 0.3

10.7.6 Visuelle Filter einsetzen

Es folgt der fünfte Teil der Implementation der Klasse `Controller`, in dem zwei verschiedene visuelle Filter eingesetzt werden:

```
-(IBAction)pointButton:(id)sender
{
    [bAnim setWantsLayer:YES];
    CALayer *animLayer = [bAnim layer];

    CIFilter *pointFilter =          // ⑪
        [CIFilter filterWithName:
        @"CIPointillize"];
    [pointFilter setDefaults];       // ⑫
    [pointFilter setValue:[NSNumber  // ⑬
        numberWithFloat:1.5]
        forKey:@"inputRadius"];

    if([[animLayer filters]          // ⑭
            count] == 0)
        [animLayer setFilters:[NSArray
            arrayWithObject:pointFilter]];
    else
        [animLayer setFilters:nil];
}
```

Listing 10.32 Projekt »GCoreAnimation«, Datei »Controller.m«, Teil 5

Zur Erläuterung:

- Die Klasse `CIFilter` in ⑪ stammt aus dem *Core Image*-Framework. Die Klasse ermöglicht es, einen Filter auf ein angezeigtes Objekt anzuwenden. Die Klassenmethode `filterWithName:` erzeugt einen Filter mit dem angegebenen Namen.
- Ein Objekt, auf das ein *Pointillize*-Filter gelegt wurde, sieht aus, als ob es aus einzelnen runden, getupften Punkten erzeugt worden wäre, siehe auch *http://de.wikipedia.org/wiki/Pointillismus*. In Abbildung 10.43 sehen Sie den visuellen Effekt.
- Zur Erzeugung eines Filters werden mit Hilfe der Methode `setDefaults:` in ⑫ zunächst alle Werte auf ihre Standardwerte gesetzt. Dies ist sinnvoll, wenn vorher bereits ein anderer Filter angewendet wurde.

- Über *Key-Value-Coding* wird in ⓭ der `float`-Wert für die Eigenschaft `inputRadius` bestimmt. Damit legen Sie den Radius der getupften Punkte fest.
- Die Methode `filters:` in ⓮ liefert ein `NSArray`-Objekt mit allen aktuell angewendeten Filtern. Falls zurzeit kein Filter im Einsatz ist (`count = 0`), wird mit Hilfe von `setFilters:` der zuvor erzeugte Punktfilter genutzt. Ansonsten wird nicht mehr auf das `NSArray`-Objekt mit den Filtern verwiesen und somit das Objekt ungefiltert angezeigt.

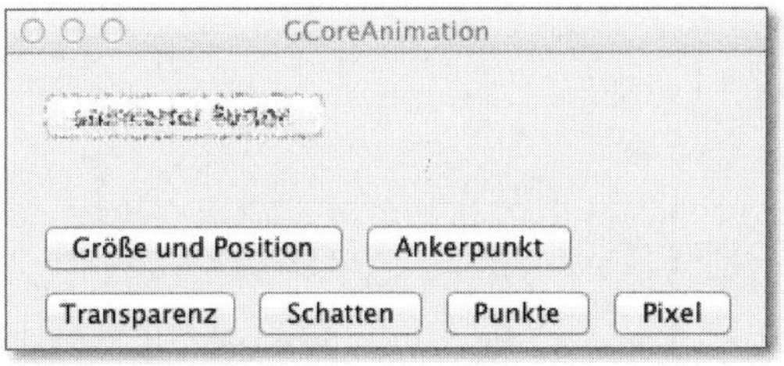

Abbildung 10.43 Visueller Effekt: »Pointillize«-Filter mit Radius 1.5

Der sechste Teil der Implementation der Klasse `Controller`:

```
-(IBAction)pixelButton:(id)sender
{
    [bAnim setWantsLayer:YES];
    CALayer *animLayer = [bAnim layer];

    CIFilter *pixelFilter =          // ⓯
        [CIFilter filterWithName:
        @"CIPixellate"];
    [pixelFilter setDefaults];
    [pixelFilter setValue:[NSNumber  // ⓰
        numberWithFloat:2.0]
        forKey:@"inputScale"];

    if([[animLayer filters]          // ⓱
            count] == 0)
        [animLayer setFilters:[NSArray
            arrayWithObject:pixelFilter]];
    else
        [animLayer setFilters:nil];
}
```

Listing 10.33 Projekt »GCoreAnimation«, Datei »Controller.m«, Teil 6

Zur Erläuterung:

- Der *Pixellate*-Filter in ⓯ löst die Anzeige des Objekts durch eine Verpixelung auf. In Abbildung 10.44 sehen Sie den visuellen Effekt.
- Über *Key-Value-Coding* wird in ⓰ der `float`-Wert für die Eigenschaft `inputScale` bestimmt. Damit legen Sie den Skalierungsgrad der Verpixelung fest.
- In ⓱ wird wiederum entweder der *Pixellate*-Filter eingeschaltet, oder es werden alle Filter ausgeschaltet.

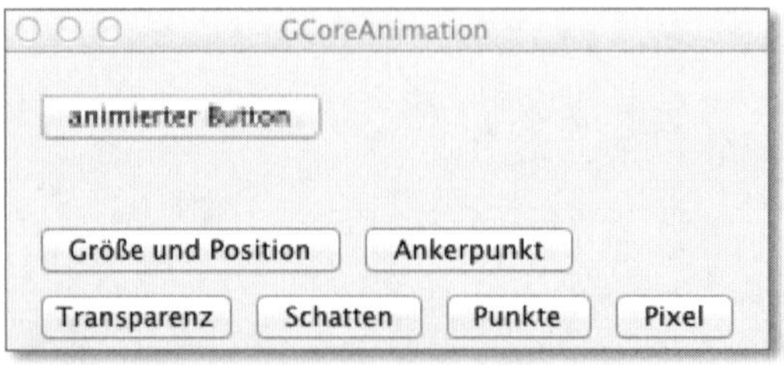

Abbildung 10.44 Visueller Effekt: »Pixellate«-Filter mit Skalierung 2.0

10.7.7 Animierte Bewegung

Es folgt der siebte und letzte Teil der Implementation der Klasse `Controller`, in dem ein Element animiert bewegt wird:

```
-(IBAction)bewegeButton:(id)sender
{
    CABasicAnimation *hinUndHer =         // ⓲
        [CABasicAnimation
        animationWithKeyPath:@"position"];
    [hinUndHer setDuration:2.0];          // ⓳
    [hinUndHer setAutoreverses:YES];      // ⓴
    [hinUndHer setRepeatCount:2.0];       // ㉑
    [hinUndHer setByValue:[NSValue        // ㉒
        valueWithPoint:
        NSMakePoint(50.0, -10.0)]];

    [bAnim setWantsLayer:YES];
    CALayer *animLayer = [bAnim layer];
```

```
    [animLayer addAnimation:                    // ㉓
        hinUndHer forKey:@"position"];
}
@end
```

Listing 10.34 Projekt »GCoreAnimation«, Datei »Controller.m«, Teil 7

Zur Erläuterung:

- Bisher haben Sie einige visuelle Effekte gesehen, bei denen es so aussah, als ob der jeweilige Zielwert sofort erreicht wurde. In Wirklichkeit handelte es sich aber bereits um eine Animation, die innerhalb der Standardzeit von 0,25 Sekunden durchgeführt wurde. Eine Animation wird interessanter, wenn sie über eine längere Zeitspanne abläuft, sich gegebenenfalls wiederholt oder erst mit einem zeitlichen Versatz startet.
- Um dies zu erreichen, wird zunächst ein Objekt der Klasse `CABasicAnimation` benötigt. Dieses hat die Eigenschaften `fromValue:`, `toValue:` und `byValue:`, mit deren Hilfe Sie den Startwert, den Endwert und/oder den Änderungswert für eine animierte Eigenschaft einstellen können.
- Außerdem muss das `CAMediaTiming`-Protokoll zum Einsatz kommen. Damit wird es unter anderem ermöglicht, die zeitliche Dauer der Animation, die Anzahl der Wiederholungen oder die Rückführung zum Startpunkt zu bestimmen.
- In ⓲ wird ein `CABasicAnimation`-Objekt mit Hilfe der Klassenmethode `animationWithKeyPath:` erzeugt. Dabei handelt es sich um eine Positionsanimation, also eine Bewegung.
- Die Methode `setDuration:` in ⓳ setzt die zeitliche Dauer auf 2,0 Sekunden. In ⓴ wird mit Hilfe der Methode `setAutoReverses:` der *Autoreverse*-Modus eingeschaltet – zur Rückführung des Objekts zum Startpunkt innerhalb der nächsten 2,0 Sekunden. Die Methode `setRepeatCount:` in ㉑ legt eine Anzahl von zwei Wiederholungen fest. Die Animation dauert somit insgesamt 8,0 Sekunden.
- Der Wert für `byValue:` in ㉒ ist für diese Animationsart eine `NSPoint`-Variable, da es sich um eine Bewegungsanimation handelt. Das Objekt wird relativ um 50 Punkte nach rechts und um 10 Punkte nach unten bewegt.
- Das `CABasicAnimation`-Objekt wird dem Animationslayer in ㉓ mit Hilfe der Methode `addAnimation:forKey:` hinzugefügt. Der Parameter `forKey:` bestimmt die Eigenschaft des Animationslayers, auf die die Animation angewandt wird.

10.7.8 Verbindungen erzeugen

Erzeugen Sie ein CONTROLLER-Objekt im Bereich DOCUMENT OUTLINE. Legen Sie im CONNECTIONS INSPECTOR die Verbindungen an wie in Abbildung 10.45. Anschließend sind Sie mit der Entwicklung des Projekts fertig und können es starten und benutzen.

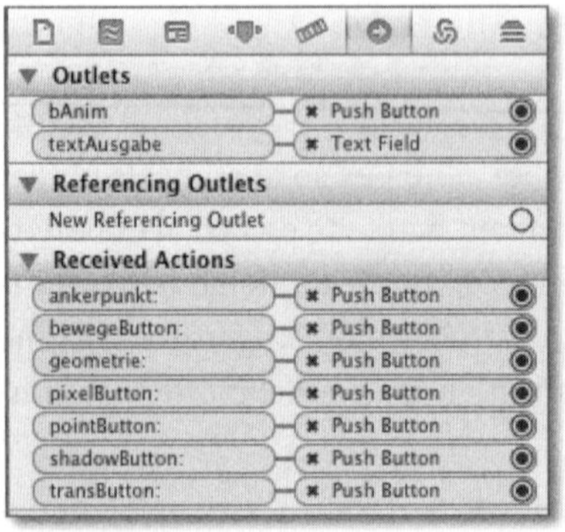

Abbildung 10.45 »Controller«, »Connections Inspector«

Kapitel 11

Apps für iPhone und iPad – Grundlagen

Nach den grafischen Benutzeroberflächen für den Mac folgen nun die GUIs für iPhone und iPad. Sie testen diese sowohl mit dem Simulator als auch mit dem realen Gerät.

In diesem und dem folgenden Kapitel entwickeln Sie Apps für iPhone und iPad. Dank der bisherigen Buchinhalte sind Sie dafür schon bestens vorbereitet. Apps werden wie Benutzeroberflächen gemäß dem *Model-View-Controller*-Prinzip (MVC) aufgebaut.

Xcode enthält zur Entwicklung von Apps das Programm iOS-Simulator. Dieses dient zum Simulieren des iPhones und des iPads. Beim Start einer App erscheint der iOS-Simulator als eigenes Programm im Dock. So haben Sie die Möglichkeit, Ihre Apps in Ruhe zu entwickeln, zu testen und zu optimieren.

Der letzte Test sollte dann auf dem realen Gerät stattfinden. Dazu benötigen Sie eine Entwicklerlizenz von Apple. In Abschnitt 12.7, »Apps auf dem eigenen iPhone testen«, wird beschrieben, wie Sie eine solche Lizenz bekommen und wie Sie Ihre Apps dann auf dem realen Gerät testen können.

11.1 Eine erste App

Es soll eine einfache App für ein iPhone mit drei Steuerelementen entwickelt werden. Sie sehen die fertige App im iOS-Simulator in Abbildung 11.1. Bei Betätigung des Buttons SAG HALLO erscheint der Text HALLO im oberen Label. Bei Betätigung des Buttons LÖSCHE wird das Label wieder geleert. Aus Platzgründen wird hier nur der obere Teil des iOS-Simulators abgebildet, auf dem Mac erscheint er vollständig, inklusive funktionsfähigem HOME-Button.

Abbildung 11.1 Projekt »PText« im iOS-Simulator

11.1.1 Projekt erzeugen

Die Namen aller Projekte in diesem Kapitel und in Kapitel 12, »Apps für iPhone und iPad – für Fortgeschrittene«, beginnen mit einem großen P. Das erste Projekt mit dem Namen *PText* erstellen Sie in Xcode wie folgt: Rufen Sie über den Menüpunkt FILE • NEW • PROJECT das Dialogfeld CHOOSE A TEMPLATE FOR YOUR NEW PROJECT auf. Dort wählen Sie im Bereich IOS • APPLICATION das Template SINGLE VIEW APPLICATION aus, siehe Abbildung 11.2. Die ersten Apps werden alle auf diesem Template basieren. Es gibt nur eine View als Benutzeroberfläche, auf der die Aktionen ausgeführt werden.

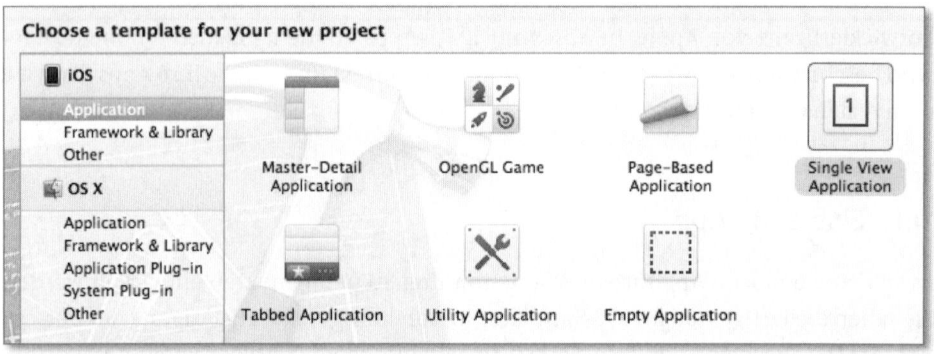

Abbildung 11.2 »iOS Application«, »Single View Application«

Nach Betätigung des Buttons NEXT geben Sie im Dialogfeld CHOOSE OPTIONS FOR YOUR NEW PROJECT als PRODUCT NAME den Namen »PText« ein, siehe Abbildung 11.3. Das Häkchen bei USE AUTOMATIC REFERENCE COUNTING wird weiterhin gesetzt.

Im Feld DEVICES wählen Sie aus, auf welches Gerät Ihre App zugeschnitten wird: IPAD, IPHONE oder UNIVERSAL. Wenn Sie UNIVERSAL wählen, erstellen Sie zwei verschiedene Oberflächen, die mit derselben Programmlogik arbeiten, siehe nachfolgendes Projekt *PTextUniversal*. Für das aktuelle Projekt *PText* wird der Eintrag IPHONE gewählt.

Abbildung 11.3 Name des Projekts und Familie des Geräts

Nach Betätigung des Buttons NEXT wird der Speicherort für das Projekt ausgewählt. Nach Betätigung des Buttons CREATE wird das Projekt mit einigen Dateien angelegt, siehe PROJECT NAVIGATOR in Abbildung 11.4. Es wird unter anderem die Klasse `ViewController` erzeugt, inklusive einer *xib*-Datei für die Benutzeroberfläche. In dieser Klasse werden die *Outlets* und *Actions* erstellt. Es wird also, im Gegensatz zu den meisten bisherigen Projekten, keine separate `Controller`-Klasse benötigt.

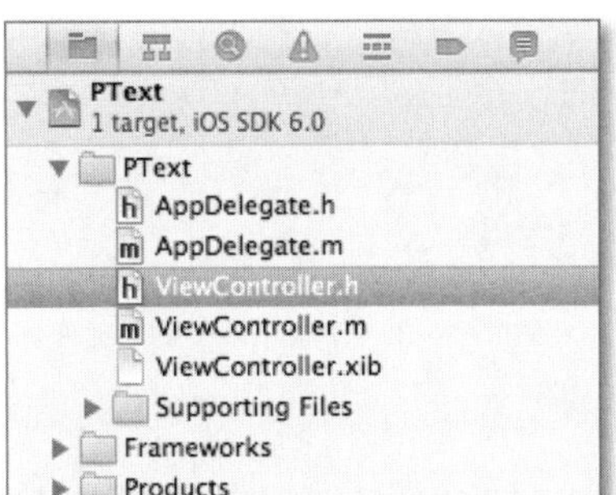

Abbildung 11.4 »Project Navigator«

11.1.2 Schema für Simulator auswählen

Nach dem Erzeugen des neuen Projekts steht Ihnen bereits ein lauffähiges Musterprogramm zur Verfügung. Vor dem ersten Start sollten Sie im Feld SCHEMA (oben links in der Symbolleiste) ein Ausgabegerät gewählt haben, siehe Abbildung 11.5. Ein Klick auf das Schema gibt Ihnen die Möglichkeit, ein anderes Gerät aus einer Liste auszuwählen.

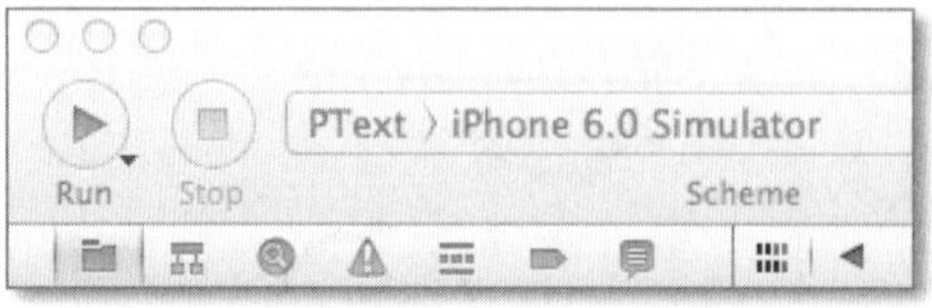

Abbildung 11.5 Schema auswählen

In der Standardeinstellung von Xcode 4.5 werden das iPhone SDK 6 und der iPhone 6.0 Simulator genutzt. Die Beispiel-Apps in diesem Buch laufen aber auch auf Geräten mit früheren Versionen.

Nach dem Start der App erscheint der iOS-Simulator als eigene Anwendung im Dock. Je nach Leistung Ihres Mac müssen Sie beim ersten Aufruf eine kurze Zeit auf den iOS-Simulator und anschließend auf die erste App warten.

Es wurde noch kein Steuerelement in das App-Fenster eingefügt, daher ist es leer, siehe Abbildung 11.6. Sie können die App von Xcode aus über das Menü PRODUCT • STOP oder das Symbol STOP oben links beenden. Der iOS-Simulator bleibt offen – für den nächsten Aufruf.

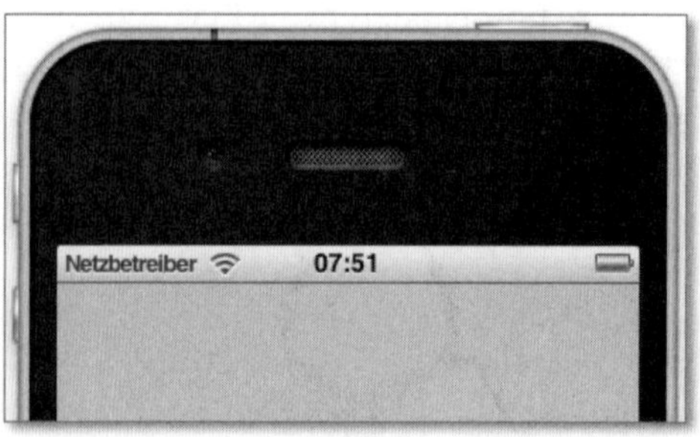

Abbildung 11.6 Erster Start nach Projektanlage

11.1.3 App-Fenster gestalten

Wählen Sie im PROJECT NAVIGATOR die Datei *ViewController.xib* aus. Das App-Fenster wird angezeigt. In der OBJECT LIBRARY finden Sie nun Objekte aus verschiedenen Klassen, die das Präfix `UI` haben. Die Klassen stammen aus dem *UIKit*-Framework und weisen Ähnlichkeiten zu den entsprechenden Klassen des *Cocoa*-Frameworks auf. Sie sind auf die Nutzung im iPhone und iPad zugeschnitten. Ziehen Sie ein LABEL (Klasse `UILabel`) und zwei ROUND RECT BUTTON (Klasse `UIButton`) in das App-Fenster.

Ziehen Sie das Label über die gesamte Breite. Im ATTRIBUTES INSPECTOR stellen Sie die Beschriftung und – im Falle des Labels – die zentrierte Ausrichtung ein. Starten Sie die App. Viele Apps werden gedreht, falls der Benutzer sein iPhone dreht. Dies können Sie auch für diese App simulieren. Wählen Sie im Anwendungsmenü des iOS-Simulators den Menüpunkt HARDWARE • LINKS DREHEN beziehungsweise HARDWARE • RECHTS DREHEN in die *Landscape*-Ansicht. Nach einer Linksdrehung sieht der iOS-Simulator aus wie in Abbildung 11.7. Label und Buttons sind allerdings noch entsprechend der *Portrait*-Ansicht ausgerichtet, also nicht zentriert beziehungsweise nicht am rechten Rand.

Abbildung 11.7 iPhone nach links gedreht

11.1.4 App für Drehung vorbereiten

Die Ausrichtung der Elemente soll für eine mögliche Drehung des Geräts verbessert werden. Wählen Sie das Label aus, und markieren Sie im Feld AUTOSIZING des SIZE INSPECTORS die linke Strebe, die horizontale Feder und die rechte Strebe, siehe Abbildung 11.8.

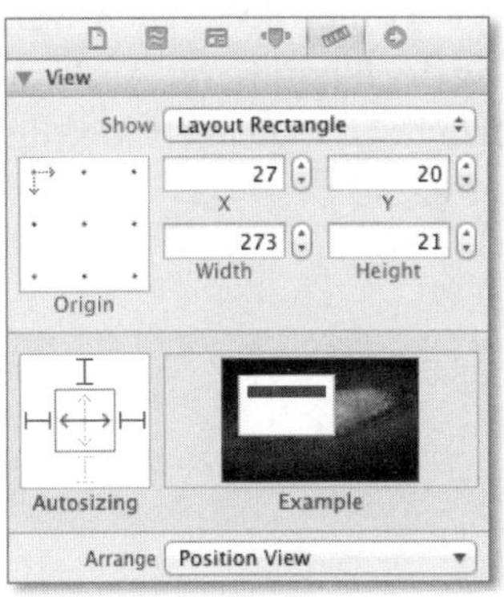

Abbildung 11.8 Label, »Size Inspector«, »Autosizing«

Auf diese Weise bleibt der Abstand zu beiden Rändern konstant, und die Größe ändert sich mit der Fensterbreite.

Für den linken Button markieren Sie die linke Strebe, für den rechten Button die rechte Strebe. So bleibt der rechte Button am rechten Rand des Fensters. Testen Sie die neuen Einstellungen, indem Sie die App starten und drehen, siehe Abbildung 11.9.

Abbildung 11.9 iPhone nach links gedreht, nach Anpassung

Wenn Sie das iPhone auf den Kopf drehen, wird die App nicht mitgedreht. Dies liegt an einer Einstellung, die in der Implementation der Klasse `ViewController` vorgenommen wurde. Sie finden in der Datei *ViewController.m* unter anderem die folgende Methode:

```
- (BOOL)shouldAutorotateToInterfaceOrientation:
    (UIInterfaceOrientation) interfaceOrientation
{
    return (interfaceOrientation !=
        UIInterfaceOrientationPortraitUpsideDown);
}
```

Listing 11.1 Projekt »PText«, Datei »ViewController.m« (Ausschnitt)

Die Methode `shouldAutorotateToInterfaceOrientation:` liefert einen `BOOL`-schen Wert zurück. Hat dieser den Wert `YES`, macht die App die Drehung des iPhones mit. Als Parameter wird ein Wert aus der Enumeration `UIInterfaceOrientation` geliefert, der die aktuelle Lage des Geräts wiedergibt. Die vier möglichen Werte sind:

- normal, aufrecht = `UIInterfaceOrientationPortrait`,
- auf den Kopf gedreht = `UIInterfaceOrientationPortraitUpsideDown`,
- auf der Seite, nach links gedreht = `UIInterfaceOrientationLandscapeLeft` und
- auf der Seite, nach rechts gedreht = `UIInterfaceOrientationLandscapeRight`

In der Standardeinstellung der Methode wird die aktuelle Lage verglichen mit der Lage auf dem Kopf. Solange diese beiden Werte nicht übereinstimmen, wird YES zurückgeliefert. Alle drei anderen Lagen sind also erlaubt. Falls Sie für Ihre App nur die aufrechte Lage erlauben möchten, sollte die Methode wie folgt geändert werden:

```
- (BOOL)shouldAutorotateToInterfaceOrientation:
    (UIInterfaceOrientation) interfaceOrientation
{
    return (interfaceOrientation ==
        UIInterfaceOrientationPortrait);
}
```

Listing 11.2 Projekt »PText«, Datei »ViewController.m« (Ausschnitt)

11.1.5 Die Klasse »ViewController«

Als Nächstes folgen die Controller-Elemente. Zunächst die Deklaration der ViewController-Klasse:

```
#import <UIKit/UIKit.h>
@interface ViewController : UIViewController
{
    IBOutlet UILabel *halloLabel;
}

-(IBAction)sagHallo:(id)sender;
-(IBAction)loesche:(id)sender;
@end
```

Listing 11.3 Projekt »PText«, Datei »ViewController.h«

Zur Erläuterung:

- Zu Beginn werden die Klassen des *UIKit*-Frameworks mit Hilfe der Headerdateien eingebunden.
- Die Klasse ViewController für dieses Projekt wird von der Klasse UIViewController abgeleitet.
- Sie sehen das UILabel-Objekt für das Anzeigelabel mit dem Namen halloLabel und die beiden Button-Methoden sagHallo: und loesche:.

Es folgt die vollständige Implementation der Klasse ViewController:

```
#import "ViewController.h"
@implementation ViewController

-(IBAction)sagHallo:(id)sender
{
    [halloLabel setText:@"Hallo"];
}

-(IBAction)loesche:(id)sender
{
    [halloLabel setText:@""];
}

- (void)viewDidLoad
{
    [super viewDidLoad];
}

- (void)viewDidUnload
{
    [super viewDidUnload];
}

- (BOOL)shouldAutorotateToInterfaceOrientation:
    (UIInterfaceOrientation) interfaceOrientation
{
    return (interfaceOrientation !=
        UIInterfaceOrientationPortraitUpsideDown);
}
@end
```

Listing 11.4 Projekt »PText«, Datei »ViewController.m«

Zur Erläuterung:

- In den beiden Methoden `sagHallo:` und `loesche:` wird der Labeltext jeweils mit Hilfe der Methode `setText:` geändert.
- Die beiden Methoden `viewDidLoad:` und `viewDidUnload:` sind vorgefertigt. Hierhinein gehören weitere Aktionen, die nach dem Laden oder Entladen des App-Fensters ausgeführt werden.
- Die Methode `shouldAutorotateToInterfaceOrientation:` wurde bereits erläutert.

11.1.6 Verbindungen erzeugen

Die Verbindungen zwischen den Elementen der Klasse `ViewController` und den Steuerelementen im App-Fenster werden mit Hilfe des FILE'S OWNER hergestellt. Markieren Sie die Datei *ViewController.xib* im PROJECT NAVIGATOR und dann den FILE'S OWNER im Bereich DOCUMENT OUTLINE. Im IDENTITY INSPECTOR sehen Sie, dass der FILE'S OWNER ein Objekt der Klasse `ViewController` ist. Im CONNECTIONS INSPECTOR stellen Sie die Verbindungen ein, wie in Abbildung 11.10 zu sehen ist. Dabei ist eine Besonderheit zu beachten.

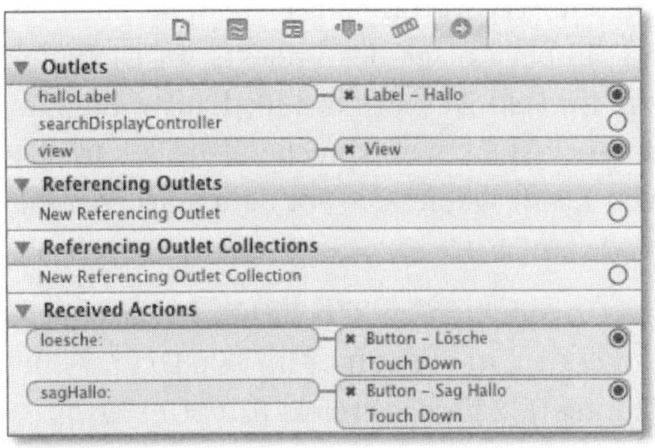

Abbildung 11.10 »File's Owner«, »Connections Inspector«

Da sich die Elemente auf der berührungsempfindlichen Oberfläche des iPhones und des iPads bekanntlich auf verschiedene Arten auswählen lassen, haben Sie bei den Buttons auch die Auswahl der Art der Betätigung, siehe Abbildung 11.11. Sie wählen also, auf welches Ereignis reagiert wird. Im aktuellen Projekt *PText* ist dies jeweils das Ereignis TOUCH DOWN, also das Herunterdrücken des Buttons.

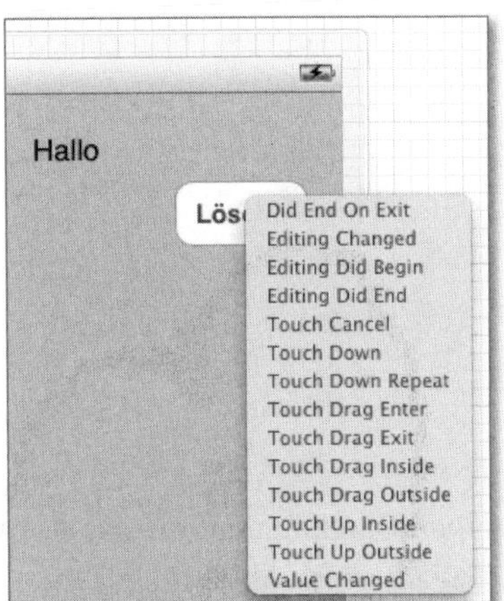

Abbildung 11.11 Button, verschiedene Ereignisse

Ein Hinweis: In den nachfolgenden Projekten werden die Einstellungen der Steuerelemente im SIZE INSPECTOR nicht mehr separat erläutert. Sie sollten jeweils so vorgenommen werden, dass das App-Fenster auch nach einer Drehung sinnvoll aufgebaut ist. Falls dies nicht möglich ist, sollte in der Methode `shouldAutorotateToInterfaceOrientation:` die Drehung unterbunden werden.

11.2 App für iPad und universelle App

Sie können die App *PText* aus dem vorherigen Abschnitt 11.1, »Eine erste App«, auch speziell für das iPad gestalten. Dazu müssen Sie bei Anlage des Projekts im Dialogfeld CHOOSE OPTIONS FOR YOUR NEW PROJECT im Feld DEVICES das iPad auswählen. Ihr App-Fenster zum Anordnen der Steuerelemente ist dann entsprechend größer. Im Feld SCHEMA oben links in der Symbolleiste von Xcode wählen Sie vor dem Start ebenfalls das iPad. Ansonsten läuft die Entwicklung wie zuvor.

Wenn Sie eine App für beide Geräte entwickeln möchten, sollten Sie bei der Anlage des Projekts im Dialogfeld CHOOSE OPTIONS FOR YOUR NEW PROJECT im Feld DEVICES den Eintrag UNIVERSAL auswählen, siehe Abbildung 11.12 für das Projekt *PTextUniversal*.

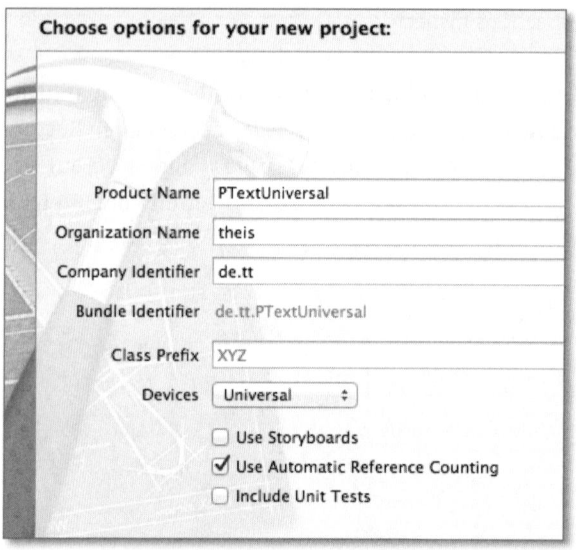

Abbildung 11.12 »Devices«, Auswahl für universelle App

Anschließend sehen Sie im PROJECT NAVIGATOR zwei *xib*-Dateien, eine für das App-Fenster des iPhones, die andere für das App-Fenster des iPads, siehe Abbildung 11.13.

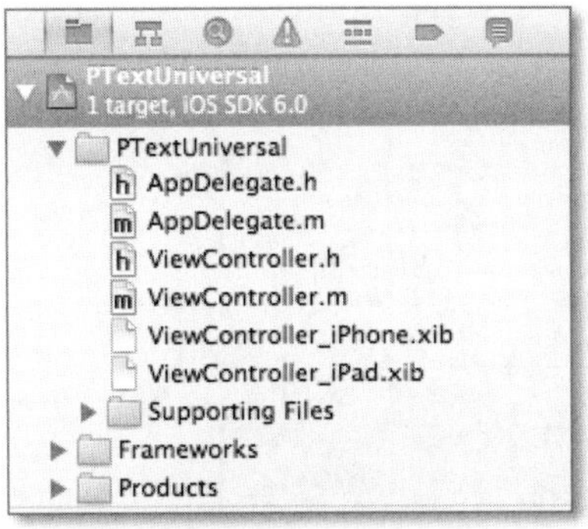

Abbildung 11.13 »Project Navigator«, zwei xib-Dateien

Die beiden App-Fenster zum zweifachen Anordnen der Steuerelemente sind natürlich unterschiedlich groß. In beiden Fällen wird der FILE'S OWNER markiert. Im CONNECTIONS INSPECTOR werden dann die *Outlets* und *Actions* mit den Steuerelementen des jeweiligen App-Fensters verbunden. Im Feld SCHEMA oben links in der Symbolleiste von Xcode wählen Sie vor dem Start des iOS-Simulators entweder IPHONE oder IPAD, je nachdem, welche Version Sie gerade testen möchten. Ansonsten läuft die Entwicklung wie zuvor.

Die nachfolgenden Apps wurden jeweils nur für das iPhone entwickelt. Mit den Hinweisen aus diesem Abschnitt können Sie aber leicht eine App nur für das iPad oder eine universelle App erzeugen.

11.3 Action Sheet und Alert View

In diesem Abschnitt lernen Sie im Projekt *PMeldung* zwei nützliche kleine Elemente kennen, mit deren Hilfe Ihre App mit dem Benutzer kommunizieren kann:

- Ein *Action Sheet* blendet im unteren Teil des App-Fensters eine Frage zusammen mit zwei oder mehr möglichen Antworten ein. Das Programm kann auf die Antwort des Benutzers unterschiedlich reagieren, siehe Abbildung 11.14.
- Eine *Alert View* gibt in einer zusätzlichen View eine kurze Info an den Benutzer aus. Im Standardfall soll er nur das Lesen der Info bestätigen. Aber auch hier ist eine Erweiterung möglich, so dass unterschiedliche Reaktionen des Benutzers von der App ausgewertet werden können, siehe Abbildung 11.15.

Abbildung 11.14 Ein Action Sheet

Abbildung 11.15 Eine Alert View

11.3.1 Projekt erzeugen

Erstellen Sie im Bereich IOS • APPLICATION eine neue SINGLE VIEW APPLICATION. Im App-Fenster werden nur zwei Buttons und ein Label für die Antwort angeordnet, siehe Abbildung 11.16. Dort ist schon eine mögliche Antwort auf die Frage zu sehen.

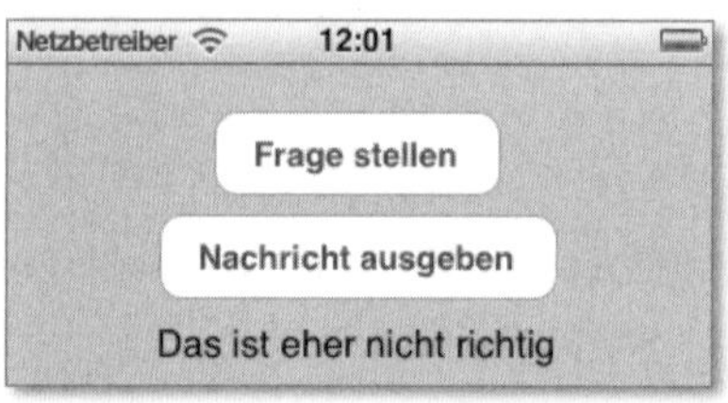

Abbildung 11.16 Projekt »PMeldung«, Steuerelemente

11.3.2 Deklaration der Klasse »ViewController«

Zunächst der Code:

```
#import <UIKit/UIKit.h>
@interface ViewController : UIViewController
    <UIActionSheetDelegate, UIAlertViewDelegate>
{
```

```
    IBOutlet UILabel *antwortLabel;
}

-(IBAction)frageStellen:(id)sender;
-(IBAction)nachrichtAusgeben:(id)sender;
@end
```

Listing 11.5 Projekt »PMeldung«, Datei »ViewController.h«

Zur Erläuterung:

- Zur Auswertung eines Action Sheets wird in jedem Fall eine Klasse benötigt, die das Protokoll `UIActionSheetDelegate` beachtet. Das Protokoll `UIAlertViewDelegate` wird dagegen nur dann benötigt, wenn der Benutzer in einer Alert View mehr machen kann, als einfach nur die Nachricht mit OK zu bestätigen.
- In beiden Fällen wird im aktuellen Projekt die `ViewController`-Klasse zum Delegate des Protokolls. Die notwendigen Methoden zur Auswertung der Benutzeraktionen werden also hier implementiert.
- Das `UILabel`-Objekt repräsentiert das Ausgabelabel für die Antwort. Die beiden Methoden werden mit Hilfe der beiden Buttons aufgerufen.

11

11.3.3 Methoden für das Action Sheet

Es folgt der erste Teil der Implementation der `ViewController`-Klasse mit den Methoden für das Action Sheet:

```
#import "ViewController.h"
@implementation ViewController

-(IBAction)frageStellen:(id)sender
{
    UIActionSheet *frage =              // ❶
        [[UIActionSheet alloc]
        initWithTitle:@"Ist das richtig?"
        delegate:self cancelButtonTitle:@"Nein"
        destructiveButtonTitle:@"Ja"
        otherButtonTitles:@"Vielleicht",
        @"Eher nicht", nil];
    [frage showInView:[self view]];     // ❷
}

-(void)actionSheet:(UIActionSheet *)    // ❸
```

```
    actionSheet clickedButtonAtIndex:
    (NSInteger)buttonIndex
{
    if(buttonIndex == 0)                    // ❹
        [antwortLabel setText:
            @"Das ist richtig"];
    else if(buttonIndex == 1)
        [antwortLabel setText:
            @"Das ist vielleicht richtig"];
    else if(buttonIndex == 2)
        [antwortLabel setText:
            @"Das ist eher nicht richtig"];
    else
        [antwortLabel setText:
            @"Das ist nicht richtig"];
}
```

Listing 11.6 Projekt »PMeldung«, Datei »ViewController.m«, Teil 1

Zur Erläuterung:

- In ❶ wird ein `UIActionSheet`-Objekt erzeugt. Die Methode `initWithTitle:...` hat eine Reihe von Parametern. Im ersten Parameter steht die eigentliche Frage.
- Der Parameter `delegate` verweist auf das Objekt, in dem das Action Sheet ausgewertet wird. Die Klasse des Objekts muss das Protokoll `UIActionSheetDelegate` beachten. Hier ist es das `ViewController`-Objekt selbst (`self`).
- Die beiden Parameter `cancelButtonTitle` und `destructiveButtonTitle` enthalten die Aufschriften für die beiden Standard-Buttons. Falls bei `otherButtonTitles` nur `nil` steht, gibt es keine weiteren Buttons. Ansonsten steht hier eine Reihe von `NSString`-Objekten als Aufschriften für die weiteren Buttons, beendet von einem `nil`.
- Die Methode `showInView:` in ❷ ruft das Action Sheet auf, bezogen auf die genannte View. Dies ist normalerweise die View dieses View Controllers (`self view`).
- Die Methode `actionSheet:clickedButtonAtIndex:` in ❸ muss von der Klasse des Objekts implementiert werden, das mit Hilfe des Parameters `delegate` zur Auswertung des Action Sheets bestimmt wurde.
- Der Index des betätigten Buttons wird per Parameter geliefert und in ❹ ausgewertet. Die Indizes werden so vergeben, wie Sie sie in Abbildung 11.14 sehen: von oben nach unten, beginnend bei 0. Der `destructiveButton` hat immer den Index 0. Wenn es nur die beiden Standard-Buttons gibt, hat der `cancelButton` den Index 1. Ansonsten verschiebt sich sein Index entsprechend nach hinten.

11.3.4 Methoden für die Alert View

Es folgt der zweite Teil der Implementation der `ViewController`-Klasse mit den Methoden für die Alert View:

```
-(IBAction)nachrichtAusgeben:(id)sender
{
    UIAlertView *nachricht =                    // ❺
        [[UIAlertView alloc]
        initWithTitle:@"Das ist der Titel"
        message:@"Das ist die Nachricht"
        delegate:self cancelButtonTitle:@"Ok"
        otherButtonTitles:
        @"Gelesen, aber nicht verstanden",
        @"Gelesen und verstanden", nil];
    [nachricht show];                           // ❻
}

- (void)alertView:(UIAlertView *)               // ❼
    alertView clickedButtonAtIndex:
    (NSInteger)buttonIndex
{
    if(buttonIndex == 0)                        // ❽
        [antwortLabel setText:@"Ok, gelesen"];
    else if(buttonIndex == 1)
        [antwortLabel setText:
            @"Gelesen, aber nicht verstanden"];
    else
        [antwortLabel setText:
            @"Gelesen und verstanden"];
}
...
@end
```

Listing 11.7 Projekt »PMeldung«, Datei »ViewController.m«, Teil 2

Zur Erläuterung:

- In ❺ wird ein `UIAlertView`-Objekt erzeugt. Der Ablauf ist ähnlich wie bei einem Action Sheet. Die Methode `initWithTitle:`... hat eine Reihe von Parametern. Im ersten Parameter steht der Titel des kleinen Alert-View-Fensters, im Parameter `message` die eigentliche Nachricht.

- Der Parameter delegate verweist auf das Objekt, in dem die Alert View ausgewertet wird. Die Klasse des Objekts muss das Protokoll UIAlertViewDelegate beachten. Hier ist es das ViewController-Objekt selbst (self). Dies ist allerdings nur dann nötig, wenn dem Benutzer neben einem einfachen OK-Button zum Bestätigen der Nachricht noch weitere Buttons zur Verfügung stehen sollen. Ansonsten erhält der Parameter delegate den Wert nil.
- Der Parameter cancelButtonTitle enthält die Aufschrift für den Standard-Button. Falls bei otherButtonTitles nur nil steht, gibt es keine weiteren Buttons. Ansonsten steht hier wie beim Action Sheet eine Reihe von Aufschriften für die weiteren Buttons, beendet von einem nil.
- Die Methode show: in ❻ ruft die Alert View auf.
- Falls es neben dem Ok-Button noch weitere Buttons gibt, muss die Methode alertView:clickedButtonAtIndex: in ❼ von der Klasse des Objekts implementiert werden, das mit Hilfe des Parameters delegate zur Auswertung bestimmt wurde.
- Der cancelButton für die Bestätigung mit OK hat den Index 0. Falls es weitere Buttons gibt, erhalten diese von oben nach unten die Indizes 1, 2 usw.
- Die Standardmethoden viewDidLoad:, viewDidUnload: und shouldAutorotateTo... werden hier unverändert übernommen und daher nicht angezeigt.

11.3.5 Verbindungen erzeugen

Markieren Sie im Bereich DOCUMENT OUTLINE den FILE'S OWNER. Im CONNECTIONS INSPECTOR stellen Sie die Verbindungen ein wie in Abbildung 11.17. Ihr Projekt ist fertig und kann gestartet werden.

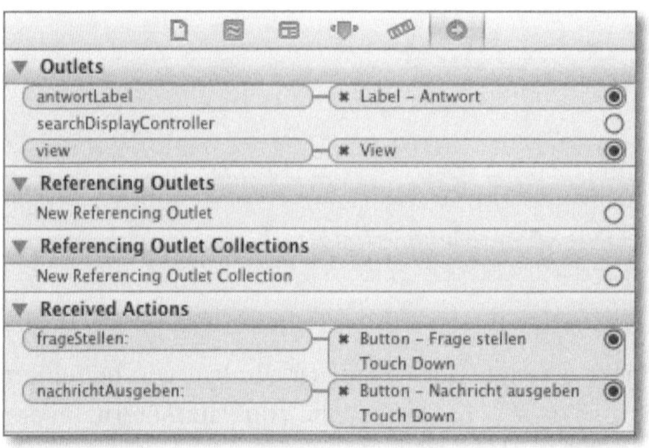

Abbildung 11.17 »File's Owner«, »Connections Inspector«

11.4 Tastatur und Eingabesteuerung

Bei Auswahl eines Textfelds erscheint im App-Fenster automatisch eine Tastatur zur Eingabe. Sie können diese Tastatur in verschiedenen Modi anzeigen lassen. Außerdem können Sie den Eingabecursor als Folge von bestimmten Ereignissen direkt in ein Textfeld setzen. So ist es möglich, dass die Betätigung der [↵]-Taste direkt zum nächsten Eingabefeld oder zu einer anderen Aktion führt.

Im Projekt *PTastatur* sehen Sie drei unterschiedliche Textfelder. Nach dem Start der App kann der Benutzer unmittelbar einen Text im ersten Textfeld eingeben, siehe Abbildung 11.18.

Nach dem Betätigen der [Next]-Taste kann er direkt eine Zahl mit Nachkommastellen im zweiten Textfeld eingeben, siehe Abbildung 11.19.

Abbildung 11.18 Textfeld mit Tastatur für Text

Abbildung 11.19 Textfeld mit Tastatur für Zahlen mit Nachkommastellen

Anschließend kann er nach dem Betätigen der [↵]-Taste direkt eine ganze Zahl im dritten Textfeld eingeben, siehe Abbildung 11.20.

Abbildung 11.20 Textfeld mit Tastatur für ganze Zahlen

Nach Betätigung des Buttons SPEICHERN könnte das Ergebnis dauerhaft gespeichert werden. Im vorliegenden Beispiel wird es nur im Label ausgegeben, siehe Abbildung 11.21.

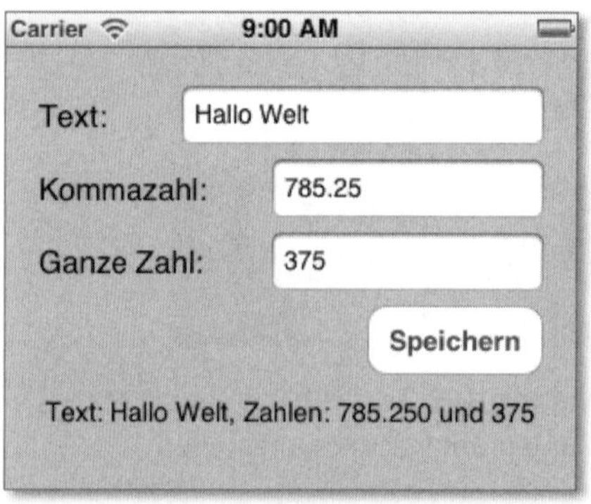

Abbildung 11.21 Ausgabe des Textes und der Zahlen im Label

11.4.1 Tastaturmodus wählen

Erstellen Sie eine neue SINGLE VIEW APPLICATION aus dem Bereich IOS • APPLICATION mit dem Namen *PTastatur*. Im App-Fenster werden vier Labels, drei Textfelder und ein Button gemäß Abbildung 11.21 angeordnet.

Im ATTRIBUTES INSPECTOR sehen Sie für die Textfelder unten im Bereich TEXT FIELD die beiden Felder KEYBOARD und RETURN KEY. Diese bieten Ihnen einige Möglichkeiten zur Einstellung, siehe Abbildung 11.22 und Abbildung 11.23.

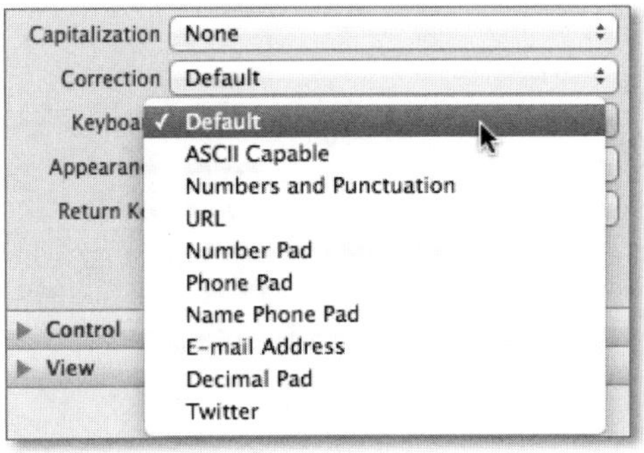

Abbildung 11.22 Feld »Keyboard«, Auswahlmöglichkeiten

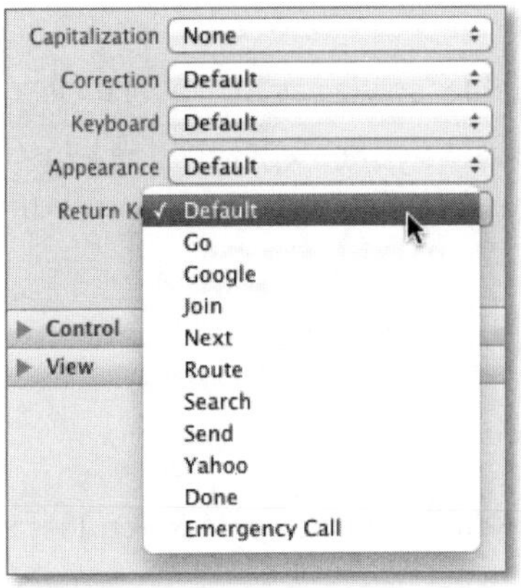

Abbildung 11.23 Feld »Return Key«, Auswahlmöglichkeiten

Wählen Sie die folgenden Einstellungen:

- erstes Textfeld, für Text: DEFAULT und NEXT
- zweites Textfeld, für Zahl mit Nachkommastellen: NUMBERS AND PUNCTUATION und DEFAULT
- drittes Textfeld, für ganze Zahl: NUMBER PAD und DEFAULT

11.4.2 Deklaration der »ViewController«-Klasse

Zunächst der Code:

```
#import <UIKit/UIKit.h>
@interface ViewController : UIViewController
{
    IBOutlet UITextField *textFeld;          // ❶
    IBOutlet UITextField *kommaZahl;
    IBOutlet UITextField *ganzeZahl;
    IBOutlet UILabel *ausgabe;
}

-(IBAction)returnText:(id)sender;            // ❷
-(IBAction)returnKomma:(id)sender;
-(IBAction)speichern:(id)sender;             // ❸

@end
```

Listing 11.8 Projekt »PTastatur«, Datei »ViewController.h«

Zur Erläuterung:

- Ab ❶ sehen Sie die Repräsentationen der drei Textfelder sowie des Ausgabelabels.
- Die beiden Methoden ab ❷ werden aufgerufen, sobald der Benutzer die [↵]-Taste beziehungsweise die [Next]-Taste auf der Tastatur betätigt hat. Sie führen zum jeweils nächsten Textfeld.
- In ❸ steht die Methode zum Speichern (hier nur zum Anzeigen).

11.4.3 Tastatur steuern

Es folgt die Implementation der `ViewController`-Klasse, in der die verschiedenen Tastaturen gesteuert werden:

```
#import "ViewController.h"
@implementation ViewController

-(IBAction)returnText:(id)sender          // ❶
{
    [kommaZahl becomeFirstResponder];
}

-(IBAction)returnKomma:(id)sender         // ❷
{
    [ganzeZahl becomeFirstResponder];
}
```

```
-(IBAction)speichern:(id)sender
{
    [textFeld resignFirstResponder];        // ❸
    [kommaZahl resignFirstResponder];
    [ganzeZahl resignFirstResponder];

    NSString *tWert = [textFeld text];      // ❹
    float fWert =
        [[kommaZahl text] floatValue];
    int iWert = [[ganzeZahl text] intValue];
    [ausgabe setText:[NSString              // ❺
        stringWithFormat:
        @"Text: %@, Zahlen: %.3f und %i",
        tWert, fWert, iWert]];
}

- (void)viewDidLoad
{
    [super viewDidLoad];
    [textFeld becomeFirstResponder];        // ❻
}
...
@end
```

Listing 11.9 Projekt »PTastatur«, Datei »ViewController.m«

Zur Erläuterung:

- Die Methode `returnText:` in ❶ wird aufgerufen, sobald der Benutzer die `Next`-Taste auf der Tastatur betätigt hat. Sie führt zum Textfeld für die Zahl mit Nachkommastellen und damit auch zum Einschalten der zugehörigen Tastatur. Die Methode `becomeFirstResponder:` hat die Klasse `UITextField` von der Klasse `UIResponder` geerbt. Sie macht das betreffende Textfeld zum *First Responder*, also zum ersten Empfänger für Ereignisse, und aktiviert somit das Textfeld.
- Entsprechend sieht es in ❷ für die Methode `returnKomma:` bei Betätigen der ↵-Taste aus. Sie setzt den Eingabecursor in das Textfeld für die ganze Zahl und zeigt somit auch die passende Tastatur an.
- In der Methode `speichern:` wird dafür gesorgt, dass eine beliebige Tastatur, die eventuell gerade angezeigt wird, ausgeblendet wird. Die Methode `resignFirstResponder:` hat die Klasse `UITextField` ebenfalls von der Klasse `UIResponder` geerbt. Sie hebt den *First Responder*-Status wieder auf.

- Die Eigenschaft `text` eines Textfelds enthält den eingegebenen Text. Dieser wird ab ❹ teilweise noch passend umgewandelt und ab ❺ ausgegeben.
- In der Methode `viewDidLoad:` wird dafür gesorgt, dass der Benutzer bereits unmittelbar nach dem Start der App etwas in das erste Textfeld eingeben kann – mit Hilfe der eingeblendeten Tastatur.
- Die restlichen Standardmethoden `viewDidUnload:` und `shouldAutorotateTo...` werden hier unverändert übernommen und daher nicht angezeigt.

11.4.4 Verbindungen erzeugen

Markieren Sie im Bereich DOCUMENT OUTLINE den FILE'S OWNER. Im CONNECTIONS INSPECTOR stellen Sie die Verbindungen ein wie in Abbildung 11.24. Beachten Sie, dass zweimal das Ereignis DID END ON EXIT verwendet wurde. Dieses Ereignis wird durch die Tasten [↵] beziehungsweise [Next] ausgelöst. Ihr Projekt ist fertig und kann gestartet werden.

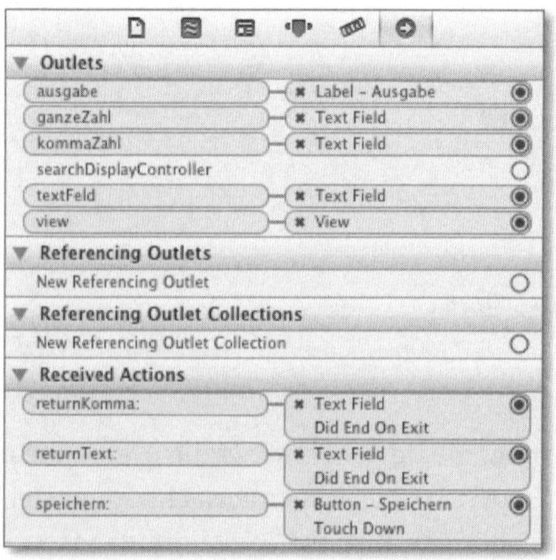

Abbildung 11.24 »File's Owner«, »Connections Inspector«

11.5 Einige Steuerelemente

In diesem Abschnitt wird Ihnen im Projekt *PElemente* der Einsatz einer ganzen Reihe von nützlichen Steuerelementen anhand von Beispielen erläutert. In Abbildung 11.25 sehen Sie der Reihe nach von oben nach unten:

- einen Schieberegler (*Slider*) zur kontinuierlichen Änderung eines Wertes
- einen *Stepper* zur schrittweisen Veränderung eines Wertes

- einen Schalter (*Switch*) zum Ein- und Ausschalten einer Eigenschaft
- ein Mehrfachsegment (*Segmented Control*) zum Umschalten zwischen zwei und mehr Zuständen
- einen Aktivitätsindikator (*Activity Indicator View*) zum Anzeigen einer Aktivität mit einer unbekannten Länge
- einen Fortschrittsbalken (*Progress View*) zum Anzeigen einer Aktivität mit einer bekannten Länge

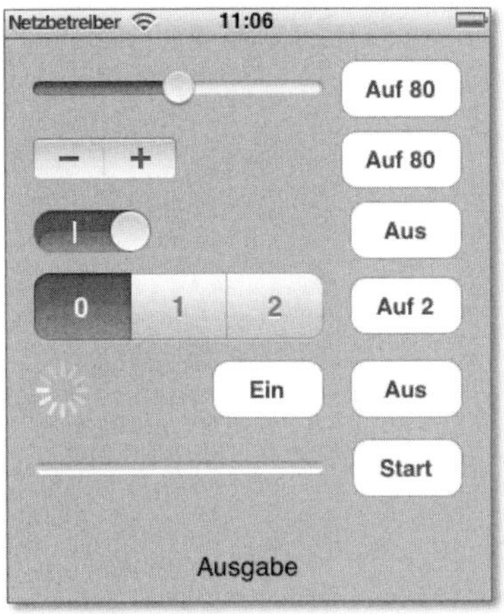

Abbildung 11.25 Projekt »PElemente«

Im Ausgabelabel unten wird der aktuelle Wert des aktuell betätigten Steuerelements angezeigt. Bei den oberen vier Elementen wird die Anzeige durch das Ereignis VALUE CHANGED ausgelöst. Die Buttons auf der rechten Seite dienen dazu, beim betreffenden Steuerelement einen bestimmten Wert zu setzen. Dies ist nützlich, wenn sich im Programmlauf ergibt, dass ein Wert ohne Aktivität des Benutzers geändert werden muss.

Der Aktivitätsindikator wird normalerweise von zwei Ereignissen gesteuert:

- dem Start einer Aktivität mit einer unbekannten Länge und
- dem Ende oder dem Abbruch dieser Aktivität.

Eine solche Aktivität könnte zum Beispiel das Anfordern von Daten aus dem Internet sein. Im Projekt werden diese beiden Ereignisse durch das Betätigen der Buttons EIN und AUS simuliert.

Das Ereignis, das zu einer Anzeige im Fortschrittsbalken führt, wird durch den Button START ausgelöst. Anschließend sorgt ein `NSTimer`-Objekt für eine Aktivität mit bekannter Länge. Dabei wird auch das automatische Auslösen von Ereignissen und das Einbetten solcher Ereignisse in den *Main Run Loop* gezeigt. Dies ist die Hauptschleife der App, in der die Elemente des App-Fensters permanent auf Ereignisse abgefragt werden.

11.5.1 Projekt erzeugen

Erzeugen Sie eine neue Single View Application mit dem Namen *PElemente*, und ordnen Sie die Elemente an wie in Abbildung 11.25. Die Einstellungen im Attributes Inspector für das Mehrfachsegment (*Segmented Control*) sehen Sie in Abbildung 11.26.

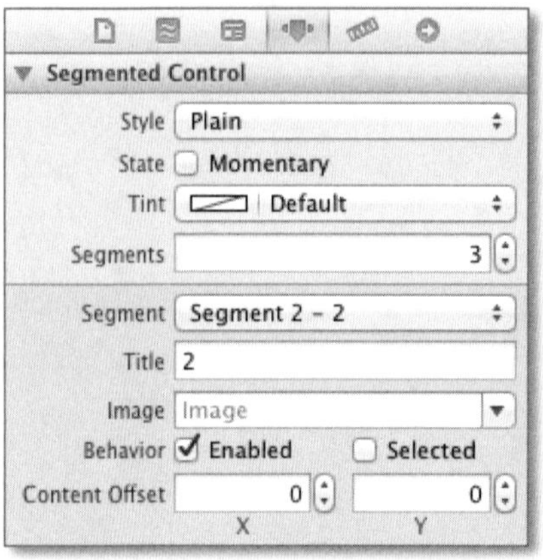

Abbildung 11.26 Mehrfachsegment, »Attributes Inspector«

Im Feld Segments stellen Sie die Anzahl der Segmente ein. Darunter wählen Sie im Popup-Element Segment eines der Segmente aus und geben im Feld Title dessen Aufschrift ein. In Abbildung 11.26 sehen Sie dies für das letzte Segment.

11.5.2 Deklaration der »ViewController«-Klasse

Zunächst der Code:

```
#import <UIKit/UIKit.h>
@interface ViewController : UIViewController
{
    IBOutlet UISlider *meinSlider;        // ❶
    IBOutlet UIStepper *meinStepper;
    IBOutlet UISwitch *meinSwitch;
    IBOutlet UISegmentedControl
        *meinSegment;
    IBOutlet UIActivityIndicatorView
```

```
        *meinIndicator;
    IBOutlet UIProgressView
        *meinProgress;
    IBOutlet UILabel *ausgabe;
}

-(IBAction)ausgabeSlider:(id)sender;     // ❷
-(IBAction)ausgabeStepper:(id)sender;
-(IBAction)ausgabeSwitch:(id)sender;
-(IBAction)ausgabeSegment:(id)sender;

-(IBAction)setzenSlider:(id)sender;      // ❸
-(IBAction)setzenStepper:(id)sender;
-(IBAction)setzenSwitch:(id)sender;
-(IBAction)setzenSegment:(id)sender;

-(IBAction)indicatorEin:(id)sender;      // ❹
-(IBAction)indicatorAus:(id)sender;

-(IBAction)startProgress:(id)sender;     // ❺

@end
```

Listing 11.10 Projekt »PElemente«, Datei »ViewController.h«

Zur Erläuterung:

- Ab ❶ stehen die Repräsentationen der verschiedenen Steuerelemente.
- Ab ❷ sehen Sie die vier Ausgabemethoden, die bei den oberen vier Steuerelementen jeweils durch das Ereignis VALUE CHANGED ausgelöst werden.
- Die vier oberen Buttons lösen die vier Methoden ab ❸ aus – zum Setzen von bestimmten Werten der oberen vier Steuerelemente.
- Die Anzeige des Aktivitätsindikators wird über die beiden Button-Methoden ab ❹ gesteuert. Die Anzeige im Fortschrittsbalken ändert sich nach dem Start der Button-Methode in ❺.

11.5.3 Steuerelemente auswerten

Es folgt der erste Teil der Implementation der `ViewController`-Klasse, in der Slider, Stepper, Switch und Segmented Control ausgewertet werden:

```
#import "ViewController.h"
@implementation ViewController

-(IBAction)ausgabeSlider:(id)sender
{
    [ausgabe setText:[NSString      // ❶
        stringWithFormat:@"%.0f",
        [meinSlider value]]];
}

-(IBAction)ausgabeStepper:(id)sender
{
    [ausgabe setText:[NSString      // ❷
        stringWithFormat:@"%.0f",
        [meinStepper value]]];
}

-(IBAction)ausgabeSwitch:(id)sender
{
    if([meinSwitch isOn])           // ❸
        [ausgabe setText:@"An"];
    else
        [ausgabe setText:@"Aus"];
}

-(IBAction)ausgabeSegment:(id)sender
{
    [ausgabe setText:[NSString      // ❹
        stringWithFormat:@"%i",
        [meinSegment selectedSegmentIndex]]];
}
```

Listing 11.11 Projekt »PElemente«, Datei »ViewController.m«, Teil 1

Zur Erläuterung:

- Die vier Methoden werden jeweils durch das Ereignis VALUE CHANGED ausgelöst.
- Die Methode `value:` liefert für das `UISlider`-Objekt und das `UIStepper`-Objekt einen `float`-Wert, der in ❶ beziehungsweise ❷ in die Ausgabe geschrieben wird.
- Die Methode `isOn:` in ❸ des `UISwitch`-Objekts liefert einen `BOOL`-schen Wert, der eine Verzweigung steuern kann.

- Die Segmente eines `UISegmentedControl`-Objekts haben einen Index, der wie bei einem Array mit 0 beginnt. Dieser Index wird in ❹ mit Hilfe der Methode `selectedSegmentIndex:` ermittelt und angezeigt.

11.5.4 Steuerelemente setzen

Es folgt der zweite Teil der Implementation der `ViewController`-Klasse, in der Slider, Stepper, Switch und Segmented Control auf neue Werte gesetzt werden:

```
-(IBAction)setzenSlider:(id)sender
{
    [meinSlider setValue:80];       // ❺
    [ausgabe setText:@"80"];
}

-(IBAction)setzenStepper:(id)sender
{
    [meinStepper setValue:80];      // ❻
    [ausgabe setText:@"80"];
}

-(IBAction)setzenSwitch:(id)sender;
{
    [meinSwitch setOn:NO];          // ❼
    [ausgabe setText:@"Aus"];
}

-(IBAction)setzenSegment:(id)sender;
{
    [meinSegment                    // ❽
        setSelectedSegmentIndex:2];
    [ausgabe setText:@"2"];
}
```

Listing 11.12 Projekt »PElemente«, Datei »ViewController.m«, Teil 2

Zur Erläuterung:

- Die nachfolgenden vier Methoden ändern zwar den Wert des betreffenden Elements, lösen aber nicht das Ereignis VALUE CHANGED aus. Daher erfolgt jeweils noch eine separate Ausgabe.

- Die Methode setValue: setzt einen float-Wert zur Änderung des Wertes für das UISlider-Objekt in ❺ beziehungsweise das UIStepper-Objekt in ❻.
- Die Methode setOn: in ❼ des UISwitch-Objekts arbeitet mit einem BOOL-schen Wert, hier NO zum Ausschalten.
- Die Methode setSelectedSegmentIndex: in ❽ setzt eine ganze Zahl zur Auswahl des Segments.

11.5.5 Aktivitätsindikator steuern

Es folgt der dritte Teil der Implementation der ViewController-Klasse, in der der Aktivitätsindikator gesteuert wird:

```
-(IBAction)indicatorEin:(id)sender
{
    [meinIndicator                          // ❾
        startAnimating];
}

-(IBAction)indicatorAus:(id)sender
{
    [meinIndicator                          // ❿
        stopAnimating];
}
```

Listing 11.13 Projekt »PElemente«, Datei »ViewController.m«, Teil 3

Zur Erläuterung:

- Die Methoden startAnimating: und stopAnimating: der Klasse UIActivityIndicatorView in ❾ und ❿ sorgen für das Ein- und Ausschalten der Animation des Aktivitätsindikators.

11.5.6 Progress View steuern

Der vierte und letzte Teil der Implementation der ViewController-Klasse, in der die Progress View gesteuert wird:

```
-(IBAction)startProgress:(id)sender
{
    NSTimer *meinTimer = [NSTimer            // ⓫
        timerWithTimeInterval:0.1
```

```
        target:self
        selector:@selector(timerFeuert:)
        userInfo:nil repeats:YES];

    NSRunLoop *meinLoop =              // ⓬
        [NSRunLoop mainRunLoop];
    [meinLoop addTimer:meinTimer       // ⓭
        forMode:NSDefaultRunLoopMode];
}

- (void)timerFeuert:(NSTimer*)derTimer
{
    float wert =                       // ⓮
        [meinProgress progress];
    wert = wert + 0.01;
    [meinProgress setProgress:wert];
    if(wert > 0.995)                   // ⓯
        [derTimer invalidate];
    [ausgabe setText:[NSString         // ⓰
        stringWithFormat:@"%.0f %%",
        wert * 100]];
}

- (void)viewDidLoad
{
    [super viewDidLoad];
    [meinProgress setProgress:0.0];
}
...
@end
```

Listing 11.14 Projekt »PElemente«, Datei »ViewController.m«, Teil 4

Zur Erläuterung:

- In ⓫ wird ein `NSTimer`-Objekt erzeugt. Dieses dient zum einmaligen oder wiederholten Auslösen (Feuern) eines Ereignisses nach einer bestimmten Zeitspanne. Bei der hier verwendeten Klassenmethode `timerWithTimeInterval:...` sind die nachfolgend erläuterten Parameter wichtig.

- Der erste Parameter legt den zeitlichen Abstand in Sekunden bis zum ersten Feuern und zum jeweils nachfolgenden Feuern fest, hier sind dies 0,1 Sekunden. Dabei handelt es sich um eine `NSTimeInterval`-Variable. Diese entspricht einer `double`-Variablen.
- Der Parameter `target` legt ein Objekt fest, das durch das Feuern benachrichtigt wird. Dieses Objekt muss eine Methode implementieren, deren Name im Parameter `selector` genannt wird.
- Der Parameter `userInfo` wird hier nicht verwendet. Mit Hilfe des letzten Parameters `repeats` vom Typ `BOOL` wird festgelegt, ob das Feuern einmalig oder wiederholt stattfindet. Bei wiederholtem Feuern muss man in der Methode, die durch den Selektor festgelegt wird, für ein Ende des Feuerns sorgen.
- Im *Main Run Loop*, der Hauptschleife der App, werden die Elemente des App-Fensters permanent auf stattfindende Ereignisse abgefragt. Diesem *Main Run Loop* kann man einen (oder mehrere) Timer hinzufügen, so dass die Timer-Ereignisse parallel zu den sonstigen Abläufen erfolgen können.
- Die Klassenmethode `mainRunLoop:` in ⓬ liefert einen Verweis auf den *Main Run Loop* vom Typ `NSRunLoop`. Die Methode `addTimer:` in ⓭ fügt dem *Main Run Loop* den zuvor erzeugten Timer hinzu. Damit wird das Feuern gestartet.
- Der Name der Methode `timerFeuert:` wurde in ⓫ durch den Selektor festgelegt. An diese Methode muss das `NSTimer`-Objekt übergeben werden, das das Feuern ausgelöst hat.
- Ab ⓮ wird bei jedem Feuern der aktuelle `float`-Wert des Fortschrittsbalkens (Klasse `UIProgressView`) um 0.01 erhöht – mit Hilfe der Methoden `progress:` und `setProgress:`. Dieser Wert bewegt sich zwischen 0 und 1. Dies entspricht einem Fortschritt der betreffenden Aktivität von 0 bis 100 %. Zu Beginn wurde der Wert 0 festgelegt, siehe Methode `viewDidLoad:` weiter unten.
- Falls in ⓯ der Wert 0,995 (= 99,5 %) überschritten wird, wird der Timer mit Hilfe der Methode `invalidate:` deaktiviert. Dies bewirkt das Ende des Feuerns und die Entfernung des Timers aus dem *Main Run Loop*.
- Parallel zur Anzeige im Fortschrittsbalken wird in ⓰ die zugehörige Prozentzahl in das Ausgabelabel geschrieben. Zur Anzeige eines Prozentzeichens ist das Format `%%` notwendig.
- Es muss 100-mal gefeuert werden, um den Wert von 0 in Schritten von 0,01 bis auf 1 zu erhöhen. Alle 0,1 Sekunden wird gefeuert, also dauert der gesamte Vorgang 10 Sekunden.

11.5.7 Verbindungen erzeugen

Markieren Sie im Bereich Document Outline den File's Owner. Im Connections Inspector stellen Sie die Verbindungen ein wie in Abbildung 11.27. Beachten Sie, dass viermal das Ereignis Value Changed verwendet wurde. Ihr Projekt ist fertig und kann gestartet werden.

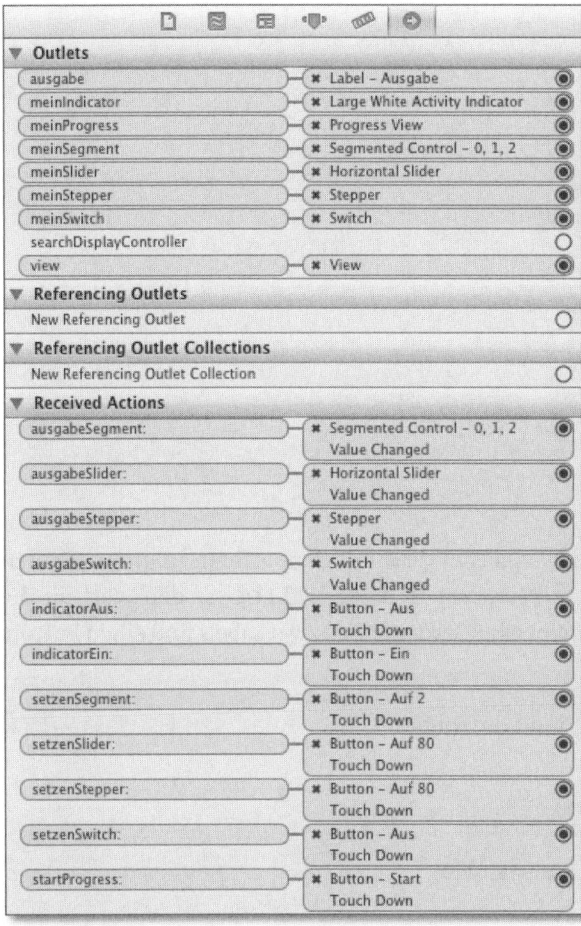

Abbildung 11.27 »File's Owner«, »Connections Inspector«

11.6 Steuerelement »Date Picker«

Ein `Date Picker`-Steuerelement dient zur Auswahl eines Datums. Der Benutzer hat mehrere Walzen zur Verfügung und kann damit zum Beispiel Datum, Stunde und Minute einzeln einstellen, siehe Abbildung 11.28. Die Änderung der Werte erfolgt standardmäßig animiert, d.h., die Walzen zeigen beim »Ausrollen« eine bestimmte Trägheit.

In der App *PDatum* wird das Datum einmal im Original und einmal mit definiertem Format angezeigt, siehe Abbildung 11.28. Das Datum kann auch von außen verändert beziehungsweise auf einen bestimmten Wert gesetzt werden. Dies wird mit Hilfe eines Buttons simuliert.

Abbildung 11.28 Date Picker

Erstellen Sie eine neue Single View Application mit dem Namen *PDatum*. Für den Date Picker wählen Sie im Attributes Inspector im Feld Locale den Wert für die deutsche Anzeige. Im App-Fenster gibt es außerdem noch zwei Labels und einen Button.

11.6.1 Deklaration der Klasse »ViewController«

Es folgt der Code:

```
#import <UIKit/UIKit.h>
@interface ViewController : UIViewController
{
    IBOutlet UIDatePicker *datumPicker;
    IBOutlet UILabel *labelOri;
    IBOutlet UILabel *labelForm;
}

-(void)ausgabe;
-(IBAction)aenderung:(id)sender;
```

```
-(IBAction)setzen:(id)sender;

@end
```

Listing 11.15 Projekt »PDatum«, Datei »ViewController.h«

Zur Erläuterung:

- Der Date Picker wird durch ein `UIDatePicker`-Objekt repräsentiert. Die beiden Labels dienen zur Ausgabe des Datums im Originalformat und in einem selbstdefinierten Format.
- Die Änderung des Date-Picker-Wertes ruft das Ereignis VALUE CHANGED auf. Dieses ist mit der Methode `aenderung:` verbunden. Der Button ruft die Methode `setzen:` auf. Beide Methoden verwenden für die Ausgabe des Datums in zwei verschiedenen Formaten die Methode `ausgabe:`. Sie wird auch nach dem Ereignis `viewDidLoad:` zur Anzeige nach dem Start verwendet.

11.6.2 Implementation der Klasse »ViewController«

Zunächst der Code:

```
#import "ViewController.h"
@implementation ViewController

-(IBAction)aenderung:(id)sender
{
    [self ausgabe];                     // ❶
}

-(IBAction)setzen:(id)sender
{
    NSDate *neuesDatum = [NSDate        // ❷
        dateWithTimeInterval:
        (5*24*60*60 + 2*60*60)
        sinceDate:[datumPicker date]];
    [datumPicker                        // ❸
        setDate:neuesDatum];
    [self ausgabe];                     // ❹
}

-(void)ausgabe
```

```
{
    [labelOri setText:[NSString          // ❺
        stringWithFormat:@"%@",
        [datumPicker date]]];

    NSDate *datum =                      // ❻
        [datumPicker date];
    NSDateFormatter *datumsformat =      // ❼
        [[NSDateFormatter alloc] init];
    [datumsformat setDateFormat:         // ❽
        @"dd.MM.yyyy HH:mm:ss"];
    NSString *ausgabe =                  // ❾
        [datumsformat
        stringFromDate:datum];
    [labelForm setText:[NSString         // ❿
        stringWithFormat:@"%@", ausgabe]];
}

- (void)viewDidLoad
{
    [super viewDidLoad];
    [self ausgabe];                      // ⓫
}
...
@end
```

Listing 11.16 Projekt »PDatum«, Datei »ViewController.m«

Zur Erläuterung:

- In der Methode `aenderung:` wird in ❶ nur die Methode `ausgabe:` aufgerufen.
- Zu ❷: In der Methode `setzen:` wird ein neues `NSDate`-Objekt erzeugt, siehe auch Abschnitt 5.7, »Datum und Uhrzeit«. Die Methode `dateWithTimeInterval:sinceDate:` berechnet es aus einem vorhandenen `NSDate`-Objekt und einer `NSTimeInterval`-Variablen. Im Beispiel werden 5 Tage und zwei Stunden hinzugerechnet. Anschließend wird der Date Picker in ❸ mit Hilfe der Methode `setDate:` auf das neue Datum gesetzt, und es erfolgt die Ausgabe in ❹.
- In der Methode `ausgabe:` wird in ❺ ein `NSDate`-Objekt unformatiert ausgegeben. Die Zeitangabe ist bezogen auf GMT (= *Greenwich Mean Time*), also mit der Abweichung +0000.

- Für die formatierte Ausgabe wird in ❻ zunächst der aktuelle Wert des Date Pickers mit Hilfe der Methode `date:` als `NSDate`-Objekt ermittelt. Außerdem wird das `NSDateFormatter`-Objekt in ❼ verwendet. Die Methode `setDateFormat:` in ❽ setzt ein bestimmtes Format.
- In ❾ werden mit Hilfe der Methode `stringFromDate:` Datum und Format gemeinsam zur Erzeugung eines `NSString`-Objekts eingesetzt, das in ❿ ausgegeben wird, siehe dazu ebenfalls Abschnitt 5.7.
- In der Methode `viewDidLoad:` wird das Datum unmittelbar nach dem Start der App ausgegeben, siehe ⓫.

11.6.3 Verbindungen erzeugen

Markieren Sie im Bereich Document Outline den File's Owner. Im Connections Inspector stellen Sie die Verbindungen ein wie in Abbildung 11.29. Ihr Projekt ist fertig und kann gestartet werden.

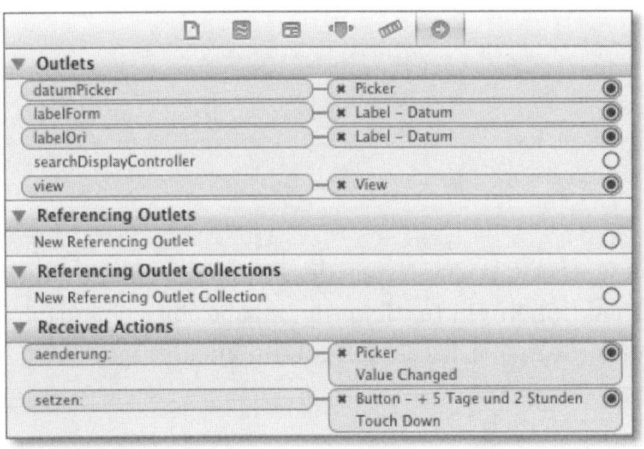

Abbildung 11.29 »File's Owner«, »Connections Inspector«

11.7 Steuerelement »Picker View«

Ein `Picker View`-Steuerelement ähnelt einem Date Picker. Der Benutzer hat eine animierte, träge Walze zur Verfügung. Er kann damit eine Auswahl aus Array-Elementen treffen, zum Beispiel aus einer Liste von Ländern, siehe die App *PPicker* in Abbildung 11.30.

In dieser App hat der Benutzer einige Möglichkeiten, die Daten des Arrays und damit den Inhalt der Picker View zu ändern. Er kann neue Einträge hinzufügen und vorhandene Einträge ändern oder löschen. Außerdem kann er an den Anfang oder das Ende der Liste springen.

Eine Picker View kann mehrere voneinander unabhängige Walzen enthalten, die die Daten aus unterschiedlichen Arrays darstellen. Diese Walzen werden intern *Komponenten* genannt. Sie sind nummeriert, beginnend beim Index 0. In diesem Projekt wird allerdings nur mit einer Walze gearbeitet, also mit der Komponente 0.

Abbildung 11.30 Projekt »PPicker«

Erstellen Sie eine neue SINGLE VIEW APPLICATION. Neben der Picker View gibt es noch fünf Buttons für die verschiedenen Aktionen, ein Textfeld zur Eingabe eines neuen oder geänderten Eintrags und ein Label zur Ausgabe des aktuell gewählten Eintrags.

11.7.1 Deklaration der Klasse »ViewController«

Zunächst der Code:

```
#import <UIKit/UIKit.h>
@interface ViewController : UIViewController      // ❶
    <UIPickerViewDataSource, UIPickerViewDelegate>
{
    NSMutableArray *landArray;                     // ❷
    IBOutlet UITextField *textFeld;                // ❸
    IBOutlet UIPickerView *textPicker;
    IBOutlet UILabel *ausgabeLabel;
}
```

```
-(IBAction)zumAnfang:(id)sender;                    // ❹
-(IBAction)zumEnde:(id)sender;
-(void)setzen:(int)zeile;

-(IBAction)tastaturAus:(id)sender;                  // ❺
-(IBAction)neuEintrag:(id)sender;
-(IBAction)aendernEintrag:(id)sender;
-(IBAction)loeschenEintrag:(id)sender;

@end
```

Listing 11.17 Projekt »PPicker«, Datei »ViewController.h«

Zur Erläuterung:

- Zu ❶: Eine Picker View benötigt ein Objekt, das ein Array enthält und als Datenquelle registriert wird. Außerdem wird ein Objekt benötigt, das auf Ereignisse an der Picker View reagiert und als Delegate registriert wird. Die Klassen dieser Objekte müssen sich an die Protokolle `UIPickerViewDataSource` beziehungsweise `UIPickerViewDelegate` halten. In diesem Projekt wird dazu in beiden Fällen die `ViewController`-Klasse verwendet.
- In ❷ wird das veränderliche Array für die Ländernamen als Datenquelle für die Picker View eingeführt.
- Ab ❸ folgen ein `UIPickerView`-Objekt als Repräsentant der Picker View, ein `UITextField`-Objekt für das Eingabetextfeld und ein `UILabel`-Objekt für das Ausgabelabel.
- Die beiden Button-Methoden zum Wechsel an den Anfang beziehungsweise an das Ende der Liste sehen Sie ab ❹. Beide benötigen die Hilfsmethode `setzen:`.
- Ab ❺ folgen die drei Methoden zum Hinzufügen, Ändern und Löschen von Einträgen und eine Hilfsmethode zum Ausschalten der Tastatur nach der Benutzung.

11.7.2 Picker und Array initialisieren

Es folgt der erste Teil der Implementation der `ViewController`-Klasse, in dem der Picker und das Array initialisiert werden:

```
#import "ViewController.h"
@implementation ViewController

- (void)viewDidLoad
```

```
{
    [super viewDidLoad];

    [textPicker setDataSource:self];     // ❶
    [textPicker setDelegate:self];       // ❷
    landArray = [[NSMutableArray alloc] // ❸
        initWithObjects:@"Belgien",
        @"Schweiz", @"Ungarn", @"Spanien",
        @"Irland", @"Polen", nil];
}
```

Listing 11.18 Projekt »PPicker«, Datei »ViewController.m«, Teil 1

Zur Erläuterung:

- Zu Beginn des Programms wird in ❶ und ❷ dieses Objekt (`self`) als Datenquelle beziehungsweise Delegate der Picker View festgelegt – mit Hilfe der Methoden `setDataSource:` und `setDelegate:`. Daher müssen in dieser Klasse zwei Methoden des Protokolls `UIPickerViewDataSource` implementiert werden. Diese können optional durch weitere Methoden dieses Protokolls und des `UIPickerViewDelegate`-Protokolls ergänzt werden.
- In ❸ wird das `NSMutableArray`-Objekt mit den Namen einiger Länder gefüllt. Die Beispielliste mit den Namen der kalifornischen Städte, die Sie nach dem Einfügen der Picker View in das App-Fenster sehen, verschwindet nach dem Start von selbst.

11.7.3 Pflichtmethoden der Datenquelle

Es folgt der zweite Teil der Implementation der `ViewController`-Klasse mit Pflichtmethoden für die Picker-Datenquelle;

```
-(NSInteger)numberOfComponentsInPickerView:
    (UIPickerView *)pickerView           // ❹
{
    return 1;
}

-(NSInteger)pickerView:                  // ❺
    (UIPickerView *)pickerView
    numberOfRowsInComponent:
    (NSInteger)component
```

```
{
    return [landArray count];
}
```

Listing 11.19 Projekt »PPicker«, Datei »ViewController.m«, Teil 2

Zur Erläuterung:

- In ❹ und ❺ sehen Sie die beiden Pflichtmethoden des Protokolls `UIPickerViewDataSource`. Sie werden intern von der Picker View zur Festlegung ihrer Größe aufgerufen.
- Die erste Methode `numberOfComponentsInPickerView:` bestimmt und liefert die Anzahl der Komponenten (der Walzen) der übergebenen Picker View.
- Die zweite Methode `pickerView:numberOfRowsInComponent:` liefert die Anzahl der Einträge in einer Komponente der übergebenen Picker View. Diese Zahl entspricht der Größe des betreffenden Arrays.

11.7.4 Methoden für Delegate

Es folgt der dritte Teil der Implementation der `ViewController`-Klasse mit Methoden für den Picker-Delegate:

```
-(NSString *)pickerView:                    // ❻
    (UIPickerView *)pickerView
    titleForRow:(NSInteger)row
    forComponent:(NSInteger)component
{
    return [landArray objectAtIndex:row];
}

-(void)pickerView:                          // ❼
    (UIPickerView *)pickerView
    didSelectRow:(NSInteger)row
    inComponent:(NSInteger)component
{
    [ausgabeLabel setText:
        [landArray objectAtIndex:row]];
}
```

Listing 11.20 Projekt »PPicker«, Datei »ViewController.m«, Teil 3

Zur Erläuterung:

- In ❻ und ❼ sehen Sie zwei optionale Methoden des Protokolls `UIPickerViewDelegate`.
- Die erste Methode `pickerView:titleForRow:forComponent:` liefert den Eintrag aus dem Array für die Darstellung in der angegebenen Zeile der Picker View.
- Das Ereignis »Benutzer wählt Eintrag in der Picker View aus« startet die zweite Methode `pickerView:didSelectRow:inComponent:`. In diesem Projekt wird dann das Ausgabelabel mit dem betreffenden Array-Eintrag gefüllt.

11.7.5 Bewegen im Picker

Es folgt der vierte Teil der Implementation der `ViewController`-Klasse, in dem ein Eintrag per Programmcode ausgewählt wird:

```
-(IBAction)zumAnfang:(id)sender              // ❽
{
    [self setzen:0];
}

-(IBAction)zumEnde:(id)sender                // ❾
{
    int zeile = [landArray count] - 1;
    [self setzen:zeile];
}

-(void)setzen:(int)zeile                     // ❿
{
    if([landArray count] < 1) return;
    [textPicker selectRow:zeile
        inComponent:0 animated:YES];
    [ausgabeLabel setText:[landArray
        objectAtIndex:zeile]];
}
```

Listing 11.21 Projekt »PPicker«, Datei »ViewController.m«, Teil 4

Zur Erläuterung:

- In den beiden Button-Methoden ab ❽ und ❾ wird die Hilfsmethode `setzen:` aufgerufen. Dabei wird die Nummer des ersten Eintrags beziehungsweise des letzten Eintrags übergeben.

- In der Methode `setzen:` ab ❿ wird zunächst geprüft, ob das Array und damit die Picker View leer ist. Ist das Array nicht leer, wird der Array-Eintrag mit der übergebenen Nummer mit Hilfe der Methode `selectRow:inComponent:animated:` ausgewählt. Im letzten Parameter legen Sie fest, ob der Wechsel zu diesem Eintrag als Sprung oder als animiertes Rollen der Walze stattfinden soll.
- Im Ausgabelabel wird zusätzlich der zugehörige Array-Eintrag ausgegeben, da die Methode `selectRow:...` nicht das Ereignis `pickerView:titleForRow:forComponent:` auslöst.

11.7.6 Neuen Eintrag hinzufügen

Es folgt der fünfte Teil der Implementation der `ViewController`-Klasse, in dem ein Eintrag für Picker und Array hinzugefügt wird:


```
-(IBAction)tastaturAus:(id)sender         // ⓫
{
    [textFeld resignFirstResponder];
}

-(IBAction)neuEintrag:(id)sender          // ⓬
{
    if ([[textFeld text] isEqualToString:@""])
        return;
    int zeile;
    if([landArray count] < 1)             // ⓭
        zeile = 0;
    else
        zeile = [textPicker
            selectedRowInComponent:0];
    [landArray insertObject:              // ⓮
        [textFeld text] atIndex:zeile];
    [textFeld setText:@""];
    [textPicker reloadComponent:0];       // ⓯
}
```

Listing 11.22 Projekt »PPicker«, Datei »ViewController.m«, Teil 5

Zur Erläuterung:

- Sobald der Benutzer das Textfeld auswählt, um einen neuen Eintrag hinzuzufügen oder einen vorhandenen Eintrag zu ändern, wird die Tastatur eingeblendet. Diese verdeckt die Buttons im unteren Teil des App-Fensters. Daher wird sie innerhalb der Methode `tastaturAus:` in ⓫ mit Hilfe der Methode `resignFirstResponder:` wieder ausgeblendet. Diese Methode wird durch das Betätigen der [↵]-Taste auf der Tastatur ausgelöst und durch das Ereignis DID END ON EXIT des Textfelds weitergeleitet.
- Zu ⓬: Nach einer Eingabe im Textfeld kann der Benutzer den Textfeldinhalt dem Array und damit der Picker View hinzufügen. Zunächst wird geprüft, ob etwas im Textfeld steht.
- Ist dies der Fall, wird in ⓭ die Nummer der Zeile bestimmt, in der der neue Eintrag stehen soll. Bei einer leeren Picker View ist dies die erste Zeile, ansonsten die Zeile des aktuell markierten Eintrags. Dies können Sie mit Hilfe der Methode `selectedRow:inComponent:` bestimmen.
- In ⓮ wird der Eintrag an der genannten Stelle in der Picker View eingefügt, und zwar mit Hilfe der Methode `insertObject:atIndex:`. Das Textfeld wird gelöscht, damit der Eintrag nicht versehentlich noch einmal eingefügt wird.
- Die Methode `reloadComponent:` in ⓯ erneuert die Darstellung der angegebenen Komponente der Picker View. Dadurch wird die Änderung, die zunächst nur im Array vorgenommen wurde, sichtbar.

11.7.7 Eintrag ändern

Es folgt der sechste Teil der Implementation der `ViewController`-Klasse, in dem ein Eintrag in Array und Picker geändert wird:

```
-(IBAction)aendernEintrag:(id)sender      // ⓰
{
    if ([[textFeld text] isEqualToString:@""])
        return;
    if([landArray count] < 1) return;     // ⓱
    int zeile = [textPicker
        selectedRowInComponent:0];
    [landArray                            // ⓲
        replaceObjectAtIndex:zeile
        withObject:[textFeld text]];
```

```
    [textFeld setText:@""];
    [textPicker reloadComponent:0];
}
```

Listing 11.23 Projekt »PPicker«, Datei »ViewController.m«, Teil 6

Zur Erläuterung:

- In der Methode zum Ändern eines Eintrags in ⓰ wird zunächst geprüft, ob die Picker View oder das Textfeld leer ist, siehe ⓱. Ist beides nicht der Fall, wird die Nummer des aktuell markierten Eintrags ermittelt.
- Die Methode `replaceObjectAtIndex:withObject:` in ⓲ ersetzt den betreffenden Array-Eintrag durch den Textfeldinhalt. Anschließend wird das Textfeld gelöscht, und die Darstellung der Picker View wird aktualisiert.

11.7.8 Eintrag löschen

Es folgt der siebte Teil der Implementation der `ViewController`-Klasse, in dem ein Eintrag in Picker und Array gelöscht wird:

```
-(IBAction)loeschenEintrag:(id)sender      // ⓳
{
    if([landArray count] < 1) return;
    int zeile = [textPicker
        selectedRowInComponent:0];
    [landArray                             // ⓴
        removeObjectAtIndex:zeile];
    [textPicker reloadComponent:0];
}
...
@end
```

Listing 11.24 Projekt »PPicker«, Datei »ViewController.m«, Teil 7

Zur Erläuterung:

- Auch in der Methode zum Löschen eines Eintrags in ⓳ muss zunächst geprüft werden, ob die Picker View leer ist. Ist dies nicht der Fall, wird wiederum die Nummer des aktuell markierten Eintrags ermittelt.
- Dieser Eintrag wird mit Hilfe der Methode `removeObjectAtIndex:` in ⓴ gelöscht. Die Darstellung wird aktualisiert.

11.7.9 Verbindungen erzeugen

Markieren Sie im Bereich DOCUMENT OUTLINE den FILE'S OWNER. Im CONNECTIONS INSPECTOR stellen Sie die Verbindungen ein wie in Abbildung 11.31. Ihr Projekt ist fertig und kann gestartet werden.

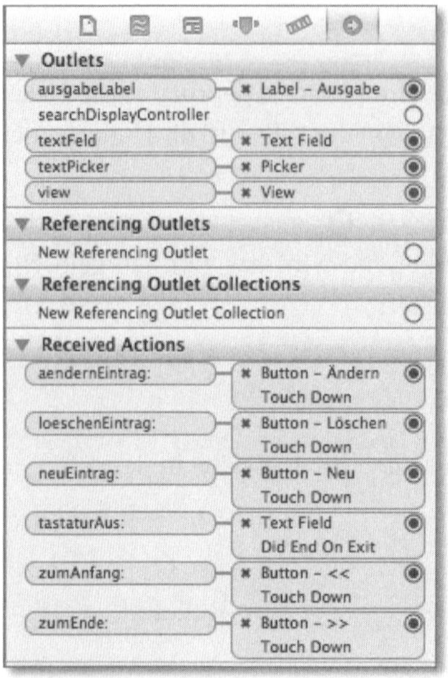

Abbildung 11.31 »File's Owner«, »Connections Inspector«

11.8 Animationen

Objekte, deren Klasse von der Klasse `UIView` abgeleitet ist, können animiert werden. Dies betrifft zum Beispiel Steuerelemente.

Eine Animation läuft wie folgt ab: Bei einem Objekt wird der Wert einer bestimmten Eigenschaft schrittweise bis zu einem anderen Wert geändert. Jeder Zwischenschritt ist sichtbar, so dass der Eindruck eines Films entsteht. Bei der animierten Eigenschaft kann es sich um die Position handeln, dann bewegt sich das Element. Es kann sich aber auch um die Eigenschaft der Opazität (= Undurchsichtigkeit) handeln, dann wird das Objekt langsam sichtbar oder unsichtbar, je nach Richtung der Wertänderung.

Zur Durchführung der Animationen wird die Methode `animateWithDuration:` verwendet, die als Parameter einen Block benötigt, in dem die Änderungen der einzelnen Eigenschaftswerte angegeben werden. Der Aufbau von Blöcken wurde in Abschnitt 5.8

beschrieben. Die Animationen laufen asynchron ab, es können also gleichzeitig mehrere Aktionen erfolgen. Zum Beispiel können Sie eine Animation starten, während eine andere noch läuft. Im nachfolgenden Projekt *PAnimation* sollen einige Möglichkeiten gezeigt werden.

11.8.1 Projekt erzeugen

Erstellen Sie dazu eine neue SINGLE VIEW APPLICATION mit den nachfolgend beschriebenen Elementen. Sie sehen unten in Abbildung 11.32 ein schwarzes, quadratisches `UIView`-Objekt. Mit Hilfe der Buttons werden einige Eigenschaften geändert. Der Button ZURÜCK führt wieder zum Startzustand. In den drei Labels werden zur Orientierung einige jeweils aktuelle Eigenschaftswerte des `UIView`-Objekts ausgegeben.

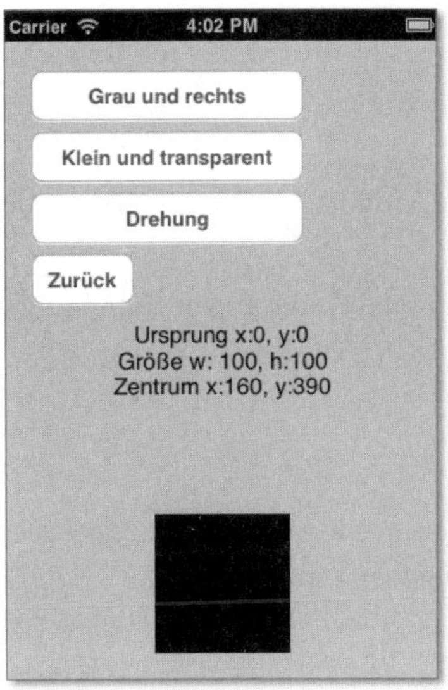

Abbildung 11.32 Projekt »PAnimation«

11.8.2 Deklaration der Klasse »ViewController«

Zunächst der Code:

```
#import <UIKit/UIKit.h>
@interface ViewController : UIViewController
{
    IBOutlet UIView *meinView;
    IBOutlet UILabel *ausUrsprung;
```

```
    IBOutlet UILabel *ausGroesse;
    IBOutlet UILabel *ausZentrum;
}

-(void)ausgabe;
-(IBAction)grauUndRechts:(id)sender;
-(IBAction)kleinUndTransparent:(id)sender;
-(IBAction)drehung:(id)sender;
-(IBAction)zurueck:(id)sender;

@end
```

Listing 11.25 Projekt »PAnimation«, Datei »ViewController.h«

Zur Erläuterung:

- Die `UIView` und die drei Ausgabelabels werden durch die entsprechenden *Outlets* repräsentiert.
- Es folgt die Methode `ausgabe:`, die zu Beginn der App und nach jeder Änderung aufgerufen wird.
- Die vier Button-Methoden führen zu den verschiedenen Änderungen beziehungsweise wieder zum Startzustand.

11.8.3 Geometrische Daten ausgeben

Es folgt der erste Teil der Implementation der `ViewController`-Klasse, in dem einige geometrische Daten vor und nach den Animationen ausgegeben werden:

```
#import "ViewController.h"
@implementation ViewController

-(void)ausgabe
{
    [ausUrsprung setText:[NSString          // ❶
        stringWithFormat:
        @"Ursprung x:%.f, y:%.f",
        meinView.bounds.origin.x,
        meinView.bounds.origin.y]];
    [ausGroesse setText:[NSString           // ❷
        stringWithFormat:
        @"Größe w: %.f, h:%.f",
```

```
        meinView.bounds.size.width,
        meinView.bounds.size.height]];
    [ausZentrum setText:[NSString        // ❸
        stringWithFormat:
        @"Zentrum x:%.f, y:%.f",
        meinView.center.x,
        meinView.center.y]];
}
```

Listing 11.26 Projekt »PAnimation«, Datei »ViewController.m«, Teil 1

Zur Erläuterung:

- In Abbildung 11.32 werden verschiedene `float`-Werte von Eigenschaften des `UIView`-Objekts gezeigt, die für das Verständnis der durchgeführten Animationen nützlich sind.
- In ❶ wird dargestellt, wo sich der Ursprung des Koordinatensystems befindet, auf das sich die Position des umgebenden Rechtecks des `UIView`-Objekts bezieht. Auf dieses Rechteck wird über die Eigenschaft `bounds` zugegriffen. Es handelt sich dabei um eine `CGRect`-Variable. Die Komponente `origin` mit den Unterkomponenten `x` und `y` verweist auf den Punkt 0 / 0. Dieser Punkt liegt in der oberen linken Ecke des App-Fensters.
- Die Komponente `size` der `CGRect`-Variablen in ❷ gibt über ihre Unterkomponenten `width` und `height` die Größe des `UIView`-Objekts wieder. Dieser Wert wird bei einer Größenanimation geändert.
- In ❸ wird mit Hilfe der `CGPoint`-Variablen `center` die Position des `UIView`-Zentrums angezeigt. Dieser Wert wird bei einer Bewegung, also einer Positionsanimation, geändert.

11.8.4 Animation von Farbe und Position

Es folgt der zweite Teil der Implementation der `ViewController`-Klasse, in dem Farbe und Position des `UIView`-Objekts animiert verändert werden:

```
-(IBAction)grauUndRechts:(id)sender
{
    void(^grau)(void) = ^              // ❹
    {
        [meinView setBackgroundColor:
            [UIColor darkGrayColor]];
```

```
        [meinView setCenter:
            CGPointMake(210, 390)];
    };

    [UIView animateWithDuration:2     // ❺
        animations:grau];
    [self ausgabe];
}
```

Listing 11.27 Projekt »PAnimation«, Datei »ViewController.m«, Teil 2

Zur Erläuterung:

- In ❹ wird zunächst ein Block ohne Parameter und ohne Rückgabewert definiert. Zum Aufbau von Blöcken verweise ich auf Abschnitt 5.8. Mit Hilfe der zugehörigen Setter-Methoden werden neue Werte für die beiden Eigenschaften `backgroundColor` und `center` zugewiesen. Die Farbe wird mit einer Klassenmethode der Klasse `UIColor` erzeugt. Die Funktion `CGPointMake()` erzeugt eine neue `CGPoint`-Variable mit den neuen Positionswerten, bezogen auf das Zentrum des Objekts.
- Die Methode `animateWithDuration:animations:` in ❺ führt eine Animation in der genannten Zeit durch. Die Zeit wird in einer `NSTimeInterval`-Variablen angegeben. Dabei handelt es sich um einen `double`-Wert in Sekunden. Der Parameter `animations` verweist auf den zuvor definierten Block.
- Die neuen Eigenschaftswerte werden zur Information ausgegeben – unmittelbar nach Beginn der Animation.

11.8.5 Animation von Größe und Transparenz

Der dritte Teil der Implementation der `ViewController`-Klasse, in dem Größe und Transparenz des `UIView`-Objekts animiert geändert werden:

```
-(IBAction)kleinUndTransparent:(id)sender
{
    void(^klein)(void) = ^              // ❻
    {
        [meinView setBounds:
            CGRectMake(0, 0, 50, 50)];
        [meinView setAlpha:0.2];
    };
```

```
    [UIView animateWithDuration:2      // ❼
        animations:klein];
    [self ausgabe];
}
```

Listing 11.28 Projekt »PAnimation«, Datei »ViewController.m«, Teil 3

Zur Erläuterung:

- Innerhalb des Blocks in ❻ werden neue Werte für die beiden Eigenschaften `bounds` und `alpha` zugewiesen. Die Funktion `CGRectMake()` erzeugt eine neue `CGRect`-Variable mit den unveränderten Ursprungskoordinaten und den neuen Größenwerten. Die Eigenschaft `alpha` bekommt den Wert 0.2 für »fast durchsichtig«. Dieser `float`-Wert kann sich zwischen 1.0 (= undurchsichtig) und 0.0 (= durchsichtig) bewegen.
- In ❼ wird die Animation gestartet und wiederum innerhalb von zwei Sekunden durchgeführt.

11.8.6 Rotations-Animation

Es folgt der vierte Teil der Implementation der `ViewController`-Klasse, in dem das UIView-Objekt animiert gedreht wird:

```
-(IBAction)drehung:(id)sender
{
    void(^rotation)(void) = ^          // ❽
    {
        [meinView setTransform:
            CGAffineTransformMakeRotation
            (45 * M_PI / 180)];
    };

    [UIView animateWithDuration:2      // ❾
        animations:rotation];
    [self ausgabe];
}
```

Listing 11.29 Projekt »PAnimation«, Datei »ViewController.m«, Teil 4

Zur Erläuterung:

- Die Rotation wird in ❽ durch eine Änderung des Wertes der Eigenschaft `transform` bewirkt. Ihr wird eine Variable der Struktur `CGAffineTransform` zugewiesen. Diese Variable kann Daten über verschiedene Transformationen enthalten: über eine Skalierung (= Größenänderung), über eine Translation (= Positionsänderung) oder über eine Rotation (= Drehung).

- Die Funktion `CGAffineTransformMakeRotation()` erzeugt eine Variable für eine Rotation. Dabei muss ein Endwinkel (hier 45 Grad) angegeben werden, bis zu dem die Rotation erfolgt. Der Winkel muss für die Funktion von Gradmaß in Bogenmaß umgerechnet werden. Die Drehung erfolgt um das Zentrum des Objekts.
- In ❾ wird die Animation gestartet und innerhalb von zwei Sekunden durchgeführt.

11.8.7 Zurück zum Startzustand

Der fünfte und letzte Teil der Implementation der `ViewController`-Klasse, in dem alle Eigenschaften des `UIView`-Objekts wieder ihre Startwerte bekommen:

```
-(IBAction)zurueck:(id)sender
{
    void(^zurueck)(void) = ^          // ❿
    {
        [meinView setBackgroundColor:
            [UIColor blackColor]];
        [meinView setCenter:
            CGPointMake(160, 390)];
        [meinView setBounds:
            CGRectMake(0, 0, 100, 100)];
        [meinView setAlpha:1.0];
        [meinView setTransform:
            CGAffineTransformMakeRotation(0)];
    };

    [UIView animateWithDuration:2     // ⓫
        animations:zurueck];
    [self ausgabe];
}

- (void)viewDidLoad
{
    [super viewDidLoad];
    [self ausgabe];                   // ⓬
}
...
@end
```

Listing 11.30 Projekt »PAnimation«, Datei »ViewController.m«, Teil 5

Nach der animierten Rückkehr zum Startzustand werden die Werte in ⓫ ausgegeben. Eine erstmalige Ausgabe erfolgt nach dem Laden des App-Fensters in ⓬.

11.8.8 Verbindungen erzeugen

Markieren Sie im Bereich DOCUMENT OUTLINE den FILE'S OWNER. Im CONNECTIONS INSPECTOR stellen Sie die Verbindungen ein wie in Abbildung 11.33. Ihr Projekt ist fertig und kann gestartet werden.

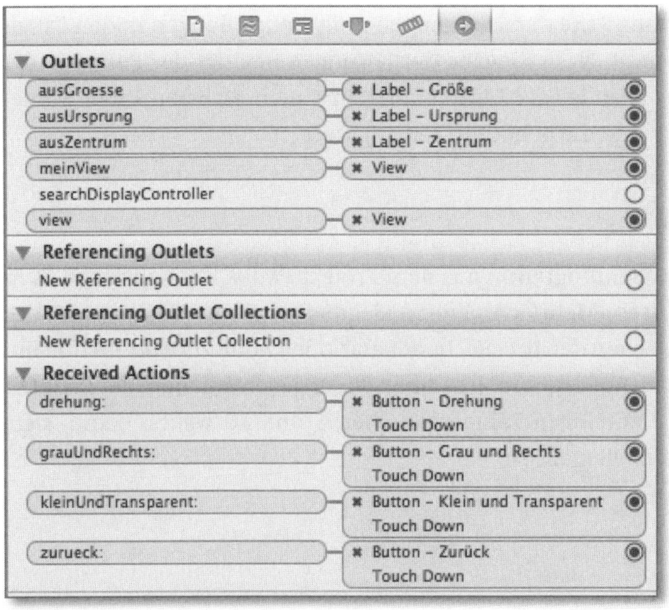

Abbildung 11.33 »File's Owner«, »Connections Inspector«

Die Methoden `beginAnimations:` und `commitAnimations:` zur Durchführung von Animationen sind veraltet. Stattdessen soll die Blockmethode `animateWithDuration:animations:` verwendet werden.

In der Klasse `UIView` gibt es zwei weitere Blockmethoden mit den Namen `animateWithDuration`.... Dabei können noch folgende Parameter genutzt werden:

- `delay`: eine Zeitverzögerung vor dem Start der Animation
- `options`: eine Maske mit einer Reihe von Animationsoptionen
- `completion`: ein Block, dessen Inhalte nach der Animation durchgeführt werden

11.9 Übungen

Es folgen zwei iPhone-Versionen des Kopfrechenprogramms. Diese haben den gleichen Aufbau wie die beiden GUI-Versionen.

11.9.1 Eingabe und Auswertung

Erstellen Sie im Projekt *PKopf* eine App für das iPhone mit fünf Labels für die Aufgabenstellungen und fünf Textfeldern für die Eingaben des Benutzers sowie zwei Buttons. Nach Betätigung des Buttons START erscheinen die Aufgabenstellungen in den Labels, und die Zeitmessung beginnt. Nach Eingabe der Lösungen betätigt der Benutzer den Button AUSWERTEN. Dies beendet die Zeitmessung. In einem sechsten Label werden anschließend das Ergebnis und die benötigte Zeit angezeigt.

11.9.2 Mit Einstellungen

Verändern Sie das Kopfrechenprogramm aus dem Projekt *PKopf*. Zusätzlich soll es im Projekt *PKopfEinstellungen* ein Mehrfachsegment (Segmented Control) geben, mit dessen Hilfe der Benutzer zwischen den drei Rechenoperationen *Addition*, *Subtraktion* und *Multiplikation* wählen kann. Außerdem soll es einen Slider geben, mit dem der Benutzer den Maximalwert für die zufälligen Zahlen zwischen 5 und 30 wählen kann, siehe Abschnitt 11.5, »Einige Steuerelemente«.

Kapitel 12

Apps für iPhone und iPad – für Fortgeschrittene

Einige Schlagworte, über die Sie in diesem Kapitel mehr erfahren, sind: Alternative App-Typen, Core Location, Map Kit, Zugang zum Internet und das Testen auf einem realen iPhone.

Nach der SINGLE VIEW APPLICATION lernen Sie in diesem Abschnitt auch die MASTER-DETAIL APPLICATION und die TABBED APPLICATION kennen. Sie werden mit geografischen Daten und Karten arbeiten. Web View und Mail Composer ermöglichen den Zugang zum Internet. Der letzte Test jeder App nach dem iOS-Simulator sollte auf einem realen Gerät erfolgen.

12.1 »Master-Detail Application«

Xcode bietet noch weitere Templates als Projektvorlagen innerhalb des Bereichs IOS • APPLICATION. In diesem Abschnitt soll das Template für eine MASTER-DETAIL APPLICATION erläutert werden, siehe Abbildung 12.1. In früheren Versionen von Xcode wurde dafür der Begriff NAVIGATION-BASED APPLICATION genutzt.

Wie bei der SINGLE VIEW APPLICATION steht uns nach Erzeugung eines Projekts, das auf dieser Vorlage basiert, sofort eine lauffähige Muster-App zur Verfügung. Darin sind schon viele Elemente codiert und miteinander verbunden. Dies nimmt uns bei der Gestaltung einer eigenen MASTER-DETAIL APPLICATION eine ganze Menge Arbeit ab.

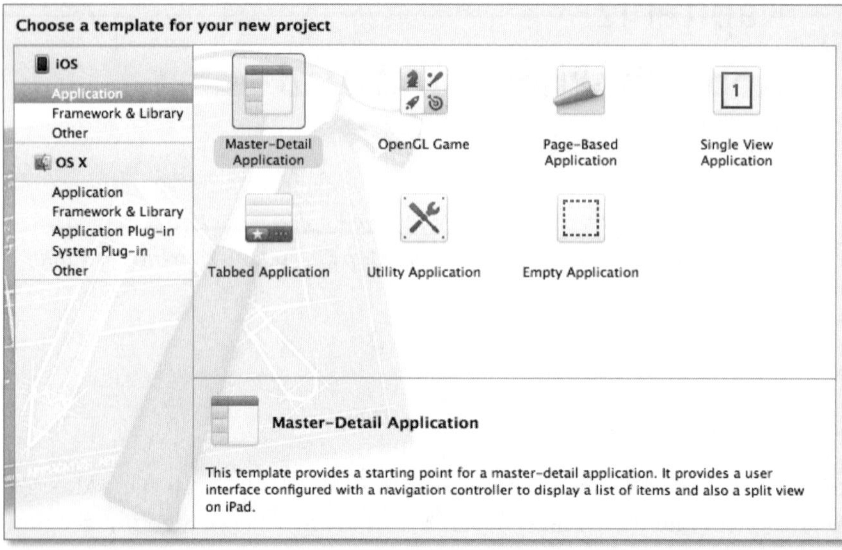

Abbildung 12.1 »Master-Detail Application«

12.1.1 Die Muster-App

Zum besseren Verständnis wird zunächst die Muster-App vorgestellt. Erstellen Sie eine neue MASTER-DETAIL APPLICATION mit dem Namen *PMasterDetail*. Es wird ein Master-Controller mit einem `Table View`-Objekt und ein Detail-Controller mit einem allgemeinen `UIView`-Objekt erzeugt, siehe Abbildung 12.2. Aus der Master View heraus kann die Detail View aufgerufen werden.

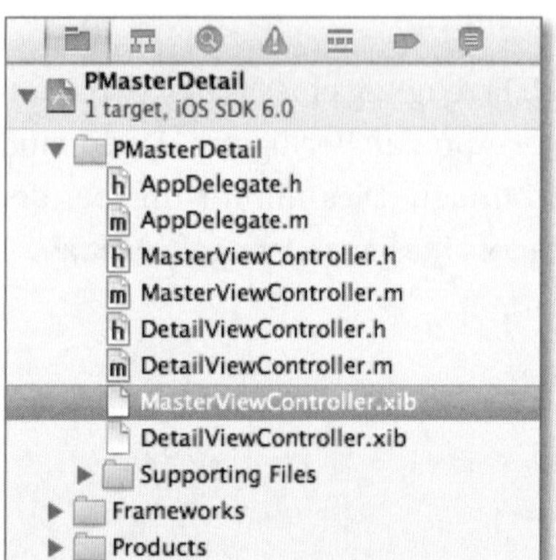

Abbildung 12.2 »Project Navigator« mit zwei View Controllern

Nach dem Start der App erscheint in einem `Table View`-Objekt eine leere Tabelle für die Mastereinträge, siehe Abbildung 12.3. Mit Hilfe der Taste + kann der Benutzer Einträge hinzufügen.

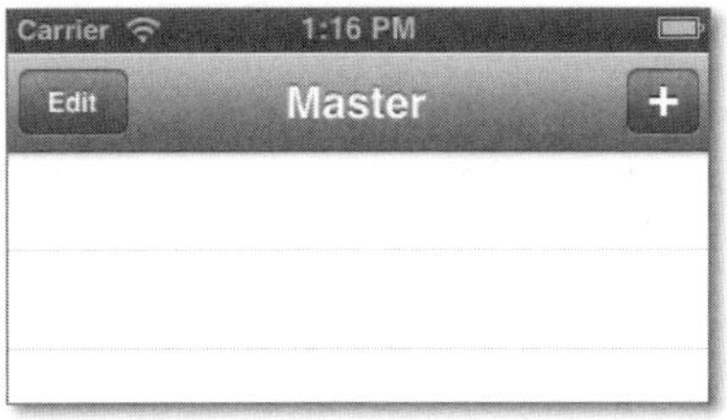

Abbildung 12.3 Master View, nach Start der App

Bei den Einträgen handelt es sich in der Muster-App um Timestamps, also Einträge mit aktuellem Datum und aktueller Uhrzeit, siehe Abbildung 12.4.

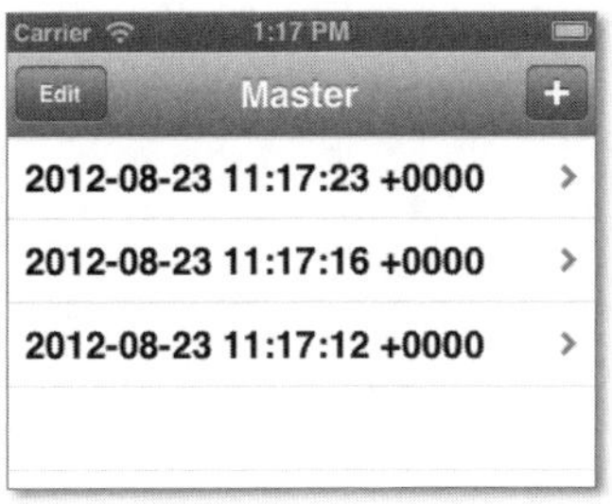

Abbildung 12.4 Master View mit einigen Einträgen

Von jeder Zeile der Tabelle aus kommt der Benutzer über den Pfeil rechts auf die Detail View, in der weitere Informationen zu dem betreffenden Mastereintrag stehen. In diesem Fall ist es nur ein Label mit dem jeweiligen Timestamp, siehe Abbildung 12.5.

Abbildung 12.5 Detail View

Über den entsprechenden Button gelangt der Benutzer zurück zur Master View. Nach Betätigen des Buttons Edit gelangt er dort in den Editiermodus, siehe Abbildung 12.6:

- Der Button Edit wird zum Button Done.
- Neben jedem Eintrag erscheint links ein Button mit dem üblichen Einbahnstraßenschild zum Entfernen von Elementen.
- Nach dem Betätigen dieses Buttons erscheint rechts jeweils ein Delete-Button, um diesen Eintrag zu löschen.
- Nach Betätigung des Buttons Done verschwinden die Entfernen-Buttons wieder.

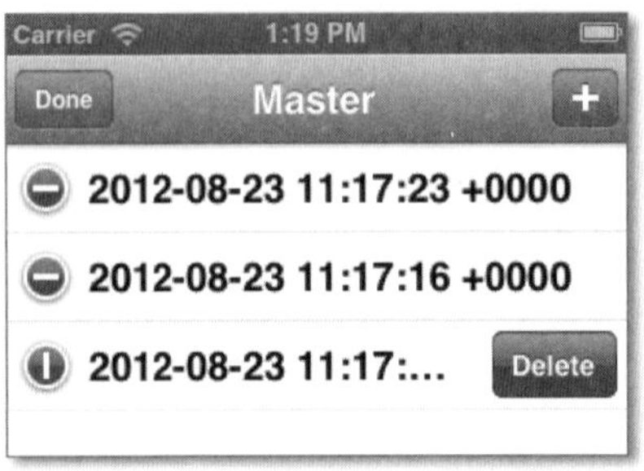

Abbildung 12.6 Master View, im Editiermodus

12.1.2 Die eigene Master-Detail-App

Basierend auf dem vorgefertigten Projekt wird nun eine eigene Master-Detail-App erzeugt. Diese soll zur Verwaltung von Personendaten dienen. Zunächst folgt eine Beschreibung des Ablaufs in der fertigen App:

- Nach dem Start der App erscheint das `Table View`-Objekt als Master View mit einer Liste von Nachnamen als Einträge, siehe Abbildung 12.7.
- Über den Pfeil rechts gelangt der Benutzer auf die Detail View, in der weitere Informationen zum betreffenden Mastereintrag stehen, siehe Abbildung 12.8. Die einzelnen Textfelder sind editierbar. Die Betätigung der ↵-Taste der eingeblendeten Tastatur lässt die Tastatur wieder verschwinden.
- Der geänderte Datensatz kann über den entsprechenden Button innerhalb der App gespeichert werden. Anschließend ist wieder die Master View zu sehen. Falls der Benutzer den Button Alle Personen betätigt, wird der Datensatz verlassen, ohne zu speichern.

Abbildung 12.7 Eigene Master View: alle Personen mit Nachnamen

Abbildung 12.8 Eigene Detail View: Daten einer Person ändern

12.1.3 Die Klasse für das Model

Im Projekt gibt es eine zusätzliche Klasse `Person`, auf der die Details der einzelnen Einträge beruhen. Diese eigene Klasse, das Model für das MVC-Prinzip, fügen Sie zunächst hinzu, wie Sie dies in Kapitel 6, »Eigene Klassen – Grundlagen«, gemacht haben. Es folgt die Deklaration der Klasse `Person`:

```
#import <Foundation/Foundation.h>
@interface Person : NSObject
{
    NSString *name;
    NSString *vorname;
    int personalnummer;
    float gehalt;
    NSString *geburtstag;
}
```

```
@property (copy) NSString *name;
@property (copy) NSString *vorname;
@property int personalnummer;
@property float gehalt;
@property (copy) NSString *geburtstag;

-(id)initMitName:(NSString *)neuName
    vorname:(NSString *)neuVorname
    personalnummer:(int)neuPersonalnummer
    gehalt:(float)neuGehalt
    geburtstag:(NSString *)neuGeburtstag;

@end
```

Listing 12.1 Projekt »PMasterDetail«, Datei »Person.h«

Zur Erläuterung:

- Ein Objekt der Klasse `Person` verfügt über fünf Eigenschaften. Drei davon sind `NSString`-Objekte, außerdem gibt es noch eine `int`- und eine `float`-Variable. Zu jeder Eigenschaft wird eine Property hinzugefügt.
- Hinzugefügt wurde ebenfalls eine Initialisierungsmethode, der beim Aufruf die Werte für die fünf Eigenschaften übergeben werden können.

Es folgt die Implementation der Klasse `Person`:

```
#import "Person.h"
@implementation Person

@synthesize name;
@synthesize vorname;
@synthesize personalnummer;
@synthesize gehalt;
@synthesize geburtstag;

-(id)initMitName:(NSString *)neuName
    vorname:(NSString *)neuVorname
    personalnummer:(int)neuPersonalnummer
    gehalt:(float)neuGehalt
    geburtstag:(NSString *)neuGeburtstag
{
```

```
    self = [super init];
    if(self)
    {
        name = [neuName copy];
        vorname = [neuVorname copy];
        personalnummer = neuPersonalnummer;
        gehalt = neuGehalt;
        geburtstag = [neuGeburtstag copy];
    }
    return self;
}
@end
```

Listing 12.2 Projekt »PMasterDetail«, Datei »Person.m«

Zur Erläuterung:

- Nach dem Erzeugen der Accessoren folgt die Initialisierungsmethode, in der die fünf übergebenen Werte übernommen werden.

12.1.4 Master-View-Controller ändern

Sowohl bei den Inhalten der beiden `Controller`-Klassen als auch bei ihrer Verbindung untereinander ist schon vieles vorgefertigt und kann übernommen werden. Für dieses Projekt muss natürlich noch einiges hinzugefügt und manches geändert werden.

Das `MasterViewController`-Objekt ist bereits Datenquelle und Delegate für das `Table View`-Objekt, wie Sie es auch schon in Abschnitt 10.2, »Steuerelement ›Table View‹«, kennengelernt haben. Den Zusammenhang sehen Sie, wenn Sie sich zum `Table View`-Objekt den CONNECTIONS INSPECTOR anzeigen lassen, siehe Abbildung 12.9.

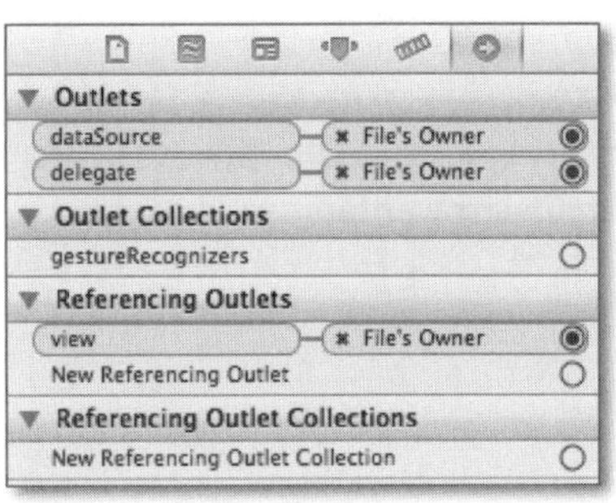

Abbildung 12.9 Table View, »Connections Inspector«

Es folgt die Deklaration der Klasse MasterViewController:

```
#import <UIKit/UIKit.h>
#import "Person.h"
@class DetailViewController;

@interface MasterViewController:
    UITableViewController
{
    NSMutableArray *personenArray;
    DetailViewController *personViewController;
}

@property DetailViewController
    *personViewController;
@end
```

Listing 12.3 Projekt »PMasterDetail«, Datei »MasterViewController.h«

Zur Erläuterung:

- Die vollständig definierte eigene Datenklasse Person wird hier mit Hilfe der import-Anweisung bekannt gemacht. Das Gleiche gilt für den Namen der View-Klasse DetailViewController mit Hilfe der @class-Anweisung. Dies ermöglicht das Anlegen der Eigenschaft personViewController von der bis dahin noch unbekannten Klasse.
- Die Klasse MasterViewController erbt von der Klasse UITableViewController. Sie enthält als Eigenschaften ein NSMutableArray-Objekt für die Personendaten und das bereits erwähnte DetailViewController-Objekt inklusive Property als Zugriffsmöglichkeit auf die Detail View.

12.1.5 Initialisierung von Model und View

Es folgt der erste Teil der Implementation der MasterViewController-Klasse, in dem sowohl die View als auch die Daten für das Model initialisiert werden:

```
#import "MasterViewController.h"
#import "DetailViewController.h"
@implementation MasterViewController
@synthesize personViewController;
```

```
- (id)initWithNibName:                    // ❶
    (NSString *)nibNameOrNil
    bundle:(NSBundle *)nibBundleOrNil
{
    self = [super initWithNibName:        // ❷
        nibNameOrNil bundle:nibBundleOrNil];
    if (self)                             // ❸
        [self setTitle:@"Alle Personen"];
    return self;
}
```

Listing 12.4 Projekt »PMasterDetail«, Datei »MasterViewController.m«, Teil 1

Zur Erläuterung:

- Die Methode `initWithNibName:bundle:` in ❶ dient zur Initialisierung der `MasterViewController`-Klasse mit der zugehörigen *nib-* bzw. *xib*-Datei.
- In ❷ wird die Initialisierungsmethode der übergeordneten Klasse `UITableViewController` inklusive *nib*-Datei aufgerufen.
- In ❸ wird der Titel der Master View gesetzt.

Der zweite Teil der Implementation der `MasterViewController`-Klasse:

```
- (void)viewDidLoad
{
    [super viewDidLoad];                  // ❹

    personenArray =                       // ❺
        [[NSMutableArray alloc] init];

    [personenArray addObject:[[Person alloc]
        initMitName:@"Maier" vorname:@"Hans"
        personalnummer:6714 gehalt:3500.0
        geburtstag:@"15.03.1962"]];
    [personenArray addObject:[[Person alloc]
        initMitName:@"Schmitz" vorname:@"Peter"
        personalnummer:81343 gehalt:3750.0
        geburtstag:@"12.04.1958"]];
    [personenArray addObject:[[Person alloc]
        initMitName:@"Mertens" vorname:@"Julia"
```

```
        personalnummer:2297 gehalt:3621.5
        geburtstag:@"30.12.1959"]];

    [self setPersonViewController:           // ❻
        [[DetailViewController alloc]
        initWithNibName:@"DetailViewController"
        bundle:nil]];
}
```

Listing 12.5 Projekt »PMasterDetail«, Datei »MasterViewController.m«, Teil 2

Zur Erläuterung:

- In der Methode `viewDidLoad:` wird in ❹ die gleichnamige Methode der übergeordneten Klasse `UITableViewController` aufgerufen.
- Ab ❺ wird die erste Eigenschaft der `MasterViewController`-Klasse, das `NSMutableArray`-Objekt für die Personendaten, erzeugt und mit `Person`-Objekten gefüllt. Dabei wird die Initialisierungsmethode der Klasse `Person` verwendet.
- In ❻ wird die zweite Eigenschaft der `MasterViewController`-Klasse, das `DetailViewController`-Objekt, erzeugt. Auch dieses wird mit Hilfe der Methode `initWithNibName:bundle:` und dem Namen der zugehörigen `Controller`-Klasse initialisiert.

12.1.6 Pflichtmethoden der Datenquelle

Es folgt der dritte Teil der Implementation der `MasterViewController`-Klasse mit den Pflichtmethoden für die Datenquelle der Table View:

```
- (NSInteger)numberOfSectionsInTableView:
    (UITableView *)tableView                 // ❼
{
    return 1;
}

- (NSInteger)tableView:                      // ❽
    (UITableView *) tableView
    numberOfRowsInSection:(NSInteger)section
{
    return [personenArray count];
}
```

Listing 12.6 Projekt »PMasterDetail«, Datei »MasterViewController.m«, Teil 3

Zur Erläuterung:

- Die beiden Methoden `numberOfSectionsInTableView:` und `tableView:numberOfRowsInSection:` folgen in ❼ und ❽. Sie sind für eine Klasse verpflichtend, die das `UITableViewDataSource`-Protokoll umsetzt. Wie wir in Abbildung 12.9 gesehen haben, stellt diese `MasterViewController`-Klasse die Datenquelle dar.
- Einen vergleichbaren Zusammenhang haben wir bereits in Abschnitt 10.2, »Steuerelement ›Table View‹«, kennengelernt. Die beiden Methoden liefern die Anzahl der Sektionen (= Spalten) der Tabelle und die Anzahl der Zeilen in einer bestimmten Sektion. Diese Anzahl entspricht der Anzahl der Array-Elemente.

Der vierte Teil der Implementation der `MasterViewController`-Klasse:

```
- (UITableViewCell *)tableView:              // ❾
    (UITableView *) tableView
    cellForRowAtIndexPath:
    (NSIndexPath *)indexPath
{
    static NSString                          // ❿
        *CellIdentifier = @"Cell";

    UITableViewCell *cell = [tableView       // ⓫
        dequeueReusableCellWithIdentifier:
        CellIdentifier];
    if (cell == nil)                         // ⓬
    {
        cell = [[UITableViewCell alloc]      // ⓭
            initWithStyle:UITableViewCellStyleDefault
            reuseIdentifier:CellIdentifier];

        [cell setAccessoryType:              // ⓮
            UITableViewCellAccessoryDisclosureIndicator];
    }

    Person *person = [personenArray          // ⓯
        objectAtIndex:[indexPath row]];
    [[cell textLabel]                        // ⓰
        setText:[person name]];

    return cell;                             // ⓱
}
```

Listing 12.7 Projekt »PMasterDetail«, Datei »MasterViewController.m«, Teil 4

Zur Erläuterung:

- Die Methode `tableView:cellForRowAtIndexPath:` in ❾ ist auch für eine Klasse verpflichtend, die das `UITableViewDataSource`-Protokoll umsetzt. Sie liefert ein `UITableViewCell`-Objekt. Eine solche Tabellenzelle wird hier erzeugt und mit dem Nachnamen einer Person als Inhalt für die Master View gefüllt.
- In ❿ wird ein eindeutiger Identifikator für eine Zelle erzeugt.
- Aus Gründen der Speicherplatzersparnis wird in ⓫ versucht, einen Verweis auf ein bereits im Cache vorhandenes, nicht mehr genutztes `UITableViewCell`-Objekt zu ermitteln. Dies geschieht mit Hilfe der Methode `dequeueReusableCellWithIdentifier:`.
- Falls dies nicht gelingt (siehe ⓬) wird in ⓭ ein neues `UITableViewCell`-Objekt erzeugt und intialisiert – mit Hilfe der Methode `initWithStyle:reuseIdentifier:`. In ⓮ wird mit Hilfe der Methode `setAccessoryType:` der Pfeil nach rechts als Standard-Zugriffssymbol für die Zelle zugewiesen.
- Nachdem nun eine (neue oder »gebrauchte«) Zelle zur Verfügung steht, wird in ⓯ ein Verweis auf das `Person`-Objekt erzeugt, das in der betreffenden Tabellenzelle stehen soll. Die Aufschrift der Zelle wird in ⓰ mit dem Nachnamen der Person gefüllt.
- Als Letztes wird das `UITableViewCell`-Objekt zurückgeliefert.

12.1.7 Weitere Methode der Datenquelle

Es folgt der fünfte und letzte Teil der Implementation der `MasterViewController`-Klasse mit einer weiteren Methode für die Datenquelle der Table View:

```
- (void)tableView:(UITableView *)tableView
    didSelectRowAtIndexPath:
    (NSIndexPath *)indexPath              // ⓲
{
    [[self personViewController]          // ⓳
        setPerson:[personenArray
        objectAtIndex:[indexPath row]]];

    [[self navigationController]          // ⓴
        pushViewController:
        [self personViewController] animated:YES];
}
...
@end
```

Listing 12.8 Projekt »PMasterDetail«, Datei »MasterViewController.m«, Teil 5

Zur Erläuterung:

- Die Methode `tableView:didSelectRowAtIndexPath:` in ⓲ ist ebenfalls in ähnlicher Form aus Abschnitt 10.2, »Steuerelement ›Table View‹«, bekannt. Sie wird aufgerufen, wenn der Benutzer eine Zelle auswählt. In der Detail View sollen dann die Daten zu der Person in der ausgewählten Zelle dargestellt werden.
- Die Klasse des Detail-View-Controllers hat, wie wir weiter unten sehen werden, eine Eigenschaft `person`. Diese Eigenschaft erhält in ⓳ einen Verweis auf die ausgewählte Person.
- In ⓴ wird zunächst mit Hilfe der Methode `navigationController:` der Navigations-Controller des Master-View-Controllers ermittelt. Dieser ist ein Objekt der Klasse `UINavigationController` – zur Navigation innerhalb von hierarchisch aufgebauten Apps. Für diesen wird dann die Methode `pushViewController:animated:` aufgerufen. Dieser Aufruf bringt eine andere View in den Vordergrund. Hier ist dies der Detail-View-Controller mit den Daten der ausgewählten Person.

12.1.8 Detail-View-Controller ändern

Es folgt die Deklaration der `DetailViewController`-Klasse:

```
#import <UIKit/UIKit.h>
#import "Person.h"
@interface DetailViewController : UIViewController
{
    Person *person;                    // ❶

    IBOutlet UITextField *nameFeld;
    IBOutlet UITextField *vornameFeld;
    IBOutlet UITextField *personalnummerFeld;
    IBOutlet UITextField *gehaltFeld;
    IBOutlet UITextField *geburtstagFeld;
}

-(IBAction)tastaturAus:(id)sender;      // ❷
-(IBAction)speichern:(id)sender;

@property Person *person;
@end
```

Listing 12.9 Projekt »PMasterDetail«, Datei »DetailViewController.h«

Zur Erläuterung:

- Die eigene Datenklasse `Person` wird hier mit Hilfe der `import`-Anweisung bekannt gemacht. Ein `Person`-Objekt wird in ❶ als Eigenschaft inklusive Property innerhalb dieser Klasse eingeführt.
- Die Textfelder zur Änderung der Personendaten werden über `UITextField`-Objekte repräsentiert.
- Zu ❷: Bei Betätigung der [↵]-Taste der zu jedem Textfeld eingeblendeten Tastatur wird diese wieder ausgeschaltet. Der Button SPEICHERN ruft die entsprechende Methode auf.

12.1.9 Initialisierung von Model und View

Es folgt der erste Teil der Implementation der `DetailViewController`-Klasse, in dem sowohl die View als auch die Daten für das Model initialisiert werden:

```
#import "DetailViewController.h"
@implementation DetailViewController
@synthesize person;

- (id)initWithNibName:(NSString *)          // ❶
    nibNameOrNil bundle:(NSBundle *)
    nibBundleOrNil
{
    self = [super initWithNibName:           // ❷
        nibNameOrNil bundle:nibBundleOrNil];
    if (self)
        [self setTitle:@"Eine Person"];
    return self;
}
```

Listing 12.10 Projekt »PMasterDetail«, Datei »DetailViewController.m«, Teil 1

Zur Erläuterung:

- Die Abläufe starten wie in der `MasterViewController`-Klasse: In ❶ steht die Methode `initWithNibName:bundle:` zur Initialisierung der `DetailViewController`-Klasse mit der zugehörigen *nib*- bzw. *xib*-Datei. In ❷ wird die gleiche Methode der übergeordneten Klasse `UIViewController` aufgerufen. Außerdem wird der Titel der Detail View gesetzt.

Der zweite Teil der Implementation der `DetailViewController`-Klasse:

```
- (void)viewDidLoad                          // ❸
{
    [super viewDidLoad];
}

-(void)viewWillAppear:(BOOL)animated         // ❹
{
    [nameFeld setText:[person name]];
    [vornameFeld setText:[person vorname]];
    [personalnummerFeld setText:[NSString
        stringWithFormat:@"%i",
        [person personalnummer]]];
    [gehaltFeld setText:[NSString
        stringWithFormat:@"%.2f",
        [person gehalt]]];
    [geburtstagFeld setText:
        [person geburtstag]];
}
```

Listing 12.11 Projekt »PMasterDetail«, Datei »DetailViewController.m«, Teil 2

Zur Erläuterung:

- In ❸ sehen Sie die Methode `viewDidLoad:`. Sie wird insgesamt einmal aufgerufen – nach dem ersten Laden der View.
- Die Methode `viewWillAppear:` in ❹ wird dagegen jedes Mal aufgerufen, wenn von der Master View mit Hilfe der Methode `pushViewController:animated:` auf die Detail View gewechselt wird. Hier werden die Textfelder mit den Daten der Person gefüllt, die in der Methode `tableRow:didSelectRowAtIndexPath:` des Master-View-Controllers ausgewählt wurde.

12.1.10 Model-Daten ändern

Es folgt der dritte und letzte Teil der Implementation der `DetailViewController`-Klasse, in dem die Model-Daten beim Wechsel von der Detail View zur Master View geändert werden:

```
-(IBAction)tastaturAus:(id)sender          // ❺
{
    [nameFeld resignFirstResponder];
    [vornameFeld resignFirstResponder];
    [personalnummerFeld resignFirstResponder];
    [gehaltFeld resignFirstResponder];
    [geburtstagFeld resignFirstResponder];
}

-(IBAction)speichern:(id)sender            // ❻
{
    [person setName:[nameFeld text]];
    [person setVorname:[vornameFeld text]];
    [person setPersonalnummer:
        [[personalnummerFeld text] intValue]];
    [person setGehalt:
        [[gehaltFeld text] floatValue]];
    [person setGeburtstag:
        [geburtstagFeld text]];

    [[self navigationController]           // ❼
        popViewControllerAnimated:YES];
}
...
@end
```

Listing 12.12 Projekt »PMasterDetail«, Datei »DetailViewController.m«, Teil 3

Zur Erläuterung:

- Die Methode `tastaturAus:` in ❺ ist mit dem Ereignis DID END ON EXIT aller fünf Textfelder verbunden. Sie sorgt für das Ausblenden der Tastatur nach Betätigung der [↵]-Taste.
- Der Button SPEICHERN ruft die gleichnamige Methode in ❻ auf. Darin werden die Daten des Array-Elements geändert, das gerade angezeigt wird.
- Die Methode `popViewControllerAnimated:` in ❼ stellt das Gegenstück zur Methode `pushViewController:animated:` dar. Sie holt die Detail View wieder vom Stapel der angezeigten Views. Das heißt, die Detail View wird ausgeblendet und die darunterliegende Master View erscheint wieder.

12.1.11 Verbindungen erzeugen

Markieren Sie im Bereich DOCUMENT OUTLINE den FILE'S OWNER der Detail View. Im CONNECTIONS INSPECTOR stellen Sie die Verbindungen ein wie in Abbildung 12.10. Bezüglich der Master View mussten keine zusätzlichen Verbindungen geschaffen werden. Die bereits vorgefertigten Verbindungen wurden in Abbildung 12.9 gezeigt. Ihr Projekt ist fertig und kann gestartet werden.

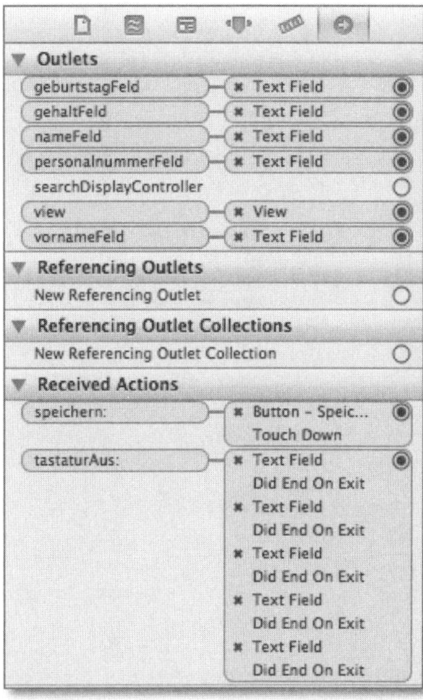

Abbildung 12.10 Detail View, »File's Owner«, »Connections Inspector«

12.2 »Tabbed Application«

Eine weitere Möglichkeit, eine App mit mehreren Ansichten zu gestalten, bietet das Template TABBED APPLICATION aus dem Bereich IOS • APPLICATION, siehe Abbildung 12.11.

Es wird eine App mit einer *Tab Bar* am unteren Ende erzeugt, siehe Abbildung 12.12. Über diese Tab Bar kann der Benutzer zwischen mehreren Views hin und her schalten. Zu jeder View gibt es einen eigenen Controller, so dass die Ansichten völlig unabhängig voneinander gestaltet werden können.

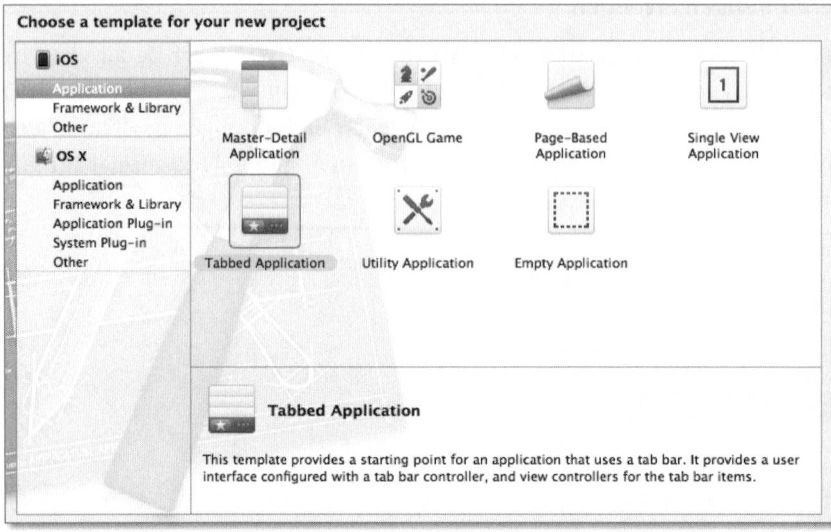

Abbildung 12.11 »Tabbed Application«

Abbildung 12.12 Tab Bar am unteren Ende des App-Fensters

In Abbildung 12.12 sehen Sie drei Tabs. Standardmäßig enthält das Template zunächst nur zwei Tabs. Es ist aber leicht möglich, weitere Tabs hinzuzufügen. Nachfolgend wird das erweiterte Projekt beschrieben.

12.2.1 Dritte View erzeugen

Erzeugen Sie eine neue TABBED APP mit dem Namen *PTabbed*. Fügen Sie eine weitere Objective-C-Klasse mit dem Namen `DritteViewController` aus dem Bereich IOS • COCOA TOUCH hinzu.

Dabei wählen Sie im Dialogfeld CHOOSE OPTIONS FOR YOUR NEW FILE für den dritten Controller im Feld SUBCLASS OF den Eintrag UIVIEWCONTROLLER und markieren WITH XIB FOR USER INTERFACE, damit auch die View erzeugt wird, siehe Abbildung 12.13.

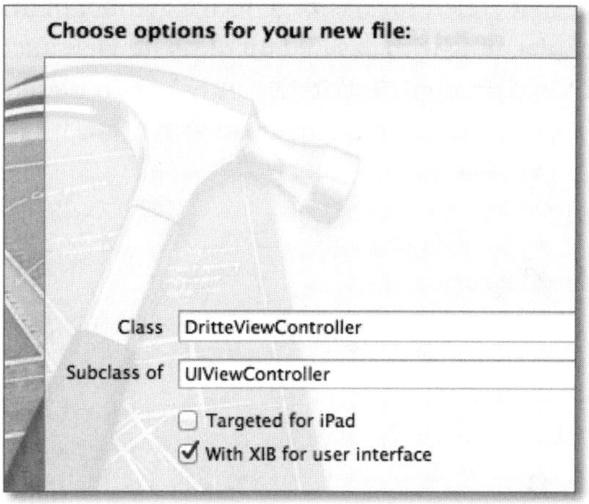

Abbildung 12.13 Dritter View Controller für den dritten Tab

Anschließend sieht der PROJECT NAVIGATOR aus wie in Abbildung 12.14. Es gibt die beiden vorgefertigten View Controller mit den Namen FIRSTVIEWCONTROLLER und SECONDVIEWCONTROLLER, jeweils mit *xib*-Datei. Zusätzlich haben Sie soeben den View Controller mit dem Namen DRITTEVIEWCONTROLLER erzeugt. 12

Abbildung 12.14 »Project Navigator« mit drei View Controllern

Zu den beiden ersten Views gibt es *png*-Bilddateien für das zugehörige Symbol in der Tab Bar, jeweils in zwei Größen. Zur Vereinfachung wird das Bild für die erste View auch für die dritte View verwendet. Die drei Views in den *xib*-Dateien enthalten in diesem Beispielprojekt jeweils nur am unteren Rand ein Label mit dem Text ERSTE VIEW beziehungsweise ZWEITE VIEW oder DRITTE VIEW.

12.2.2 Deklaration der »AppDelegate«-Klasse

Die Steuerung der Tabs wird in der `AppDelegate`-Klasse vorgenommen. Es folgt die geänderte Deklaration dieser Klasse:

```
#import <UIKit/UIKit.h>
@interface AppDelegate :                // ❶
    UIResponder <UIApplicationDelegate,
    UITabBarControllerDelegate>

@property (strong, nonatomic)           // ❷
    UIWindow *window;
@property (strong, nonatomic)
    UITabBarController *tbc;
@end
```

Listing 12.13 Projekt »PTabbed«, Datei »AppDelegate.h«

Zur Erläuterung:

- Das Projekt wurde mit Hilfe des Templates TABBED APPLICATION erzeugt. Daher sollte die `AppDelegate`-Klasse auch das Protokoll `UITabBarControllerDelegate` beachten, siehe ❶. Dieses enthält optionale Methoden zur Behandlung von Ereignissen bezüglich der Tabs.
- Zu ❷: Als Eigenschaft gibt es jetzt neben dem `UIWindow`-Objekt auch ein `UITabBarController`-Objekt zur Steuerung der Tabs und der verschiedenen Views. Bei einer SINGLE VIEW APPLICATION gibt es hier stattdessen ein `ViewController`-Objekt – zur Steuerung der einzigen View.

12.2.3 Initialisierung der View Controller

Es folgt der erste Teil der geänderten Implementation der `AppDelegate`-Klasse mit der Initialisierung der drei View Controller:

```
#import "AppDelegate.h"
#import "FirstViewController.h"              // ❶
#import "SecondViewController.h"
#import "DritteViewController.h"
@implementation AppDelegate

@synthesize window;
@synthesize tbc;

- (BOOL)application:(UIApplication *)          // ❷
    application didFinishLaunchingWithOptions:
    (NSDictionary *)launchOptions
{
    [self setWindow:[[UIWindow alloc]
        initWithFrame:[[UIScreen mainScreen]
        bounds]]];

    UIViewController *vc1 =                    // ❸
        [[FirstViewController alloc]
        initWithNibName:@"FirstViewController"
        bundle:nil];
    UIViewController *vc2 =
        [[SecondViewController alloc]
        initWithNibName:@"SecondViewController"
        bundle:nil];
    UIViewController *vc3 =
        [[DritteViewController alloc]
        initWithNibName:@"DritteViewController"
        bundle:nil];

    [self setTbc:                              // ❹
        [[UITabBarController alloc] init]];
    [[self tbc] setViewControllers:            // ❺
        [NSArray arrayWithObjects:
        vc1, vc2, vc3, nil]];
    [[self tbc] setDelegate:self];             // ❻

    [[self window]                             // ❼
        setRootViewController:[self tbc]];
    [[self window] makeKeyAndVisible];
```

12

```
    return YES;
}
```

Listing 12.14 Projekt »PTabbed«, Datei »AppDelegate.m«, Teil 1

Zur Erläuterung:

- Ab ❶ werden die Klassen der drei View Controller bekannt gemacht.
- Die Methode `application:didFinishLaunchingWithOptions:` in ❷ wird nach dem Start der App aufgerufen.
- Nach Erzeugung und Initialisierung des App-Fensters werden in ❸ die drei verschiedenen View-Controller-Objekte erzeugt und initialisiert – mit Hinweis auf die jeweilige View-Controller-Klasse.
- In ❹ wird ein `UITabBarController`-Objekt erzeugt. Ein Verweis auf dieses Objekt wird der zugehörigen Eigenschaft des `AppDelegate`-Objekts zugewiesen.
- Die Eigenschaft `viewControllers` des `UITabBarController`-Objekts enthält ein `NSArray`-Objekt, siehe ❺. Darin stehen die Verweise auf die drei verschiedenen View-Controller-Objekte.
- In ❻ wird das `AppDelegate`-Objekt zum Delegate des `UITabBarController`-Objekts erklärt. Daher gehören die optionalen Methoden zur Behandlung von Ereignissen bezüglich der Tabs in diese `AppDelegate`-Klasse.
- In ❼ wird das `UITabBarController`-Objekt zum `rootViewController` des App-Fensters. Es übernimmt somit die Steuerung des App-Fensters durch die Tabs. Bei einer SINGLE VIEW APPLICATION wird hier stattdessen das `ViewController`-Objekt zum `rootViewController`.
- Anschließend wird das App-Fenster mit Hilfe der Methode `makeKeyAndVisible:` aktiviert und sichtbar.

12.2.4 Wechsel des View Controllers

Es folgt der zweite und letzte Teil der Implementation der `AppDelegate`-Klasse mit der Reaktion auf den Wechsel des View Controllers:

```
-(void)tabBarController:                           // ❽
    (UITabBarController *)tabBarController
    didSelectViewController:
    (UIViewController *)viewController
{
    NSString *alt = [viewController title];
```

```
    NSString *neu = [NSString stringWithFormat:
        @"%@ %@", alt, @" (aktiv)"];
    [viewController setTitle:neu];
}

@end
```

Listing 12.15 Projekt »PTabbed«, Datei »AppDelegate.m«, Teil 2

Zur Erläuterung:

- Die Methode `tabBarController:didSelectViewController:` in ❽ ist eine der optionalen Methoden des Protokolls `UITabBarControllerDelegate`. Sie wird aufgerufen, sobald einer der verschiedenen View Controller ausgewählt wurde.
- Hier wird (nur zum Zweck der Demonstration) der Titel des soeben ausgewählten View Controllers geändert.

12.2.5 Die Klasse eines View Controllers

Es folgt die Deklaration der Klasse `FirstViewController`, stellvertretend für alle drei View Controller:

```
#import <UIKit/UIKit.h>
@interface FirstViewController : UIViewController
@end
```

Listing 12.16 Projekt »PTabbed«, Datei »FirstViewController.h«

Alle drei View Controller werden von der Klasse `UIViewController` abgeleitet. Es folgt die Implementation der Klasse `FirstViewController`, ebenso stellvertretend für alle drei View Controller:

```
#import "FirstViewController.h"
@implementation FirstViewController

- (id)initWithNibName:(NSString *)        // ❶
    nibNameOrNil bundle:(NSBundle *)
    nibBundleOrNil
{
    self = [super initWithNibName:
        nibNameOrNil bundle:nibBundleOrNil];
    if (self)
    {
```

```
        [self setTitle:@"Erster"];       // ❷
        [[self tabBarItem] setImage:     // ❸
           [UIImage imageNamed:@"first"]];
    }
    return self;
}
...
@end
```

Listing 12.17 Projekt »PTabbed«, Datei »FirstViewController.m«

Zur Erläuterung:

- Die Methode `initWithNibName:bundle:` in ❶ initialisiert das `FirstViewController`-Objekt und das zugehörige übergeordnete Objekt.
- Der in ❷ gesetzte Titel erscheint in der Tab Bar.
- In ❸ wird zunächst mit Hilfe der Methode `tabBarItem:` der aktuelle Eintrag in der Tab Bar des `FirstViewController`-Objekts als `UITabBarItem`-Objekt ermittelt. Die im Projekt enthaltene *png*-Bilddatei wird der Eigenschaft `image` dieses Objekts zugewiesen.

Es werden keine weiteren Verbindungen benötigt. Das Projekt ist fertig und kann gestartet werden.

12.3 Geografische Daten mit Core Location

Sie können mit Hilfe des *Core Location*-Frameworks auf geografische Daten zugreifen, die das iPhone empfangen kann. Einem Xcode-Projekt, das eine solche App erzeugt, muss das Framework zunächst hinzugefügt werden. Der Vorgang des Hinzufügens eines Frameworks wurde bereits unter anderem in Abschnitt 11.8, »Animationen«, für das *QuartzCore*-Framework beschrieben.

Im nachfolgenden Projekt *PLocation* werden die geografischen Daten von Bonn angezeigt, siehe Abbildung 12.15. Sie lauten: 7,1178 Grad (= 7°7'4" Grad) östlicher Länge und 50,7206 Grad (= 50°43'14") nördlicher Breite.

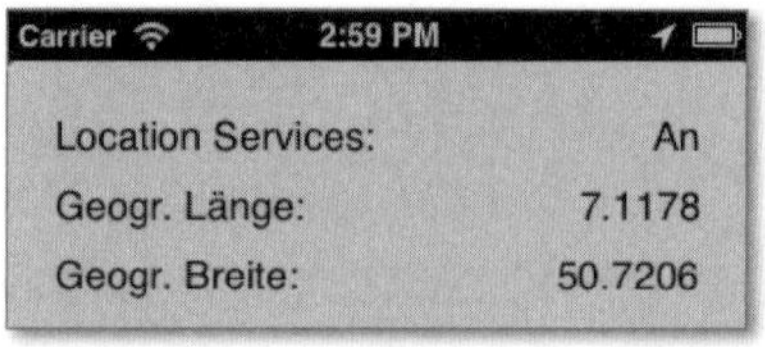

Abbildung 12.15 Projekt »PLocation«, geografische Daten von Bonn

12.3.1 Projekt erzeugen

Erzeugen Sie eine neue Single View Application mit dem Namen *PLocation*. Im App-Fenster werden insgesamt sechs Labels gezeigt. Es folgt die Deklaration der Klasse `ViewController`:

```
#import <UIKit/UIKit.h>
#import <CoreLocation/CoreLocation.h>  // ❶
@interface ViewController :            // ❷
    UIViewController
    <CLLocationManagerDelegate>
{
    CLLocationManager *locManager;     // ❸

    IBOutlet UILabel *locAnAus;        // ❹
    IBOutlet UILabel *laenge;
    IBOutlet UILabel *breite;
}

@property CLLocationManager *locManager;
@end
```

Listing 12.18 Projekt »PLocation«, Datei »ViewController.h«

Zur Erläuterung:

- In ❶ wird das *Core Location*-Framework über die Headerdatei verfügbar gemacht.
- In ❷ wird das `ViewController`-Objekt dazu verpflichtet, die Methoden des `CLLocationManagerDelegate`-Protokolls umzusetzen. Geografische Ereignisse, wie zum Beispiel eine Ortsveränderung, senden Informationen an das Delegate-Objekt, damit darauf reagiert werden kann.
- Ein `CLLocationManager`-Objekt wird in ❸ zur Eigenschaft der `ViewController`-Klasse, inklusive Property. Es wird benötigt, um geografische Daten zu erfassen.
- Die drei Labels in ❹ dienen zur Ausgabe der erfassten geografischen Daten.

12.3.2 Datenerfassung initialisieren

Es folgt der erste Teil der Implementation der `ViewController`-Klasse, in dem die Erfassung der geografischen Daten initialisiert wird:

```
#import "ViewController.h"
@implementation ViewController
@synthesize locManager;
```

```
- (void)viewDidLoad
{
    [super viewDidLoad];
    [self setLocManager:                    // ❶
        [[CLLocationManager alloc] init]];
    [[self locManager]                      // ❷
        setDelegate:self];
    [[self locManager]                      // ❸
        setDistanceFilter:100.0f];
    [[self locManager]                      // ❹
        setDesiredAccuracy:
        kCLLocationAccuracyHundredMeters];
    [[self locManager]                      // ❺
        startUpdatingLocation];
}
```

Listing 12.19 Projekt »PLocation«, Datei »ViewController.m«, Teil 1

Zur Erläuterung:

- In der Methode `viewDidLoad:` wird in ❶ ein `CLLocationManager`-Objekt erzeugt. Das `ViewController`-Objekt wird in ❷ zum Delegate für die geografischen Ereignisse. Daher muss die `ViewController`-Klasse das Protokoll `CLLocationManagerDelegate` beachten.
- Die Eigenschaft `distanceFilter` erhält in ❸ einen `double`-Wert. Dieser gibt die Distanz in Metern an, die sich das iPhone bewegen muss, damit ein neues Update-Ereignis erfolgt, das neue geografische Daten liefert, die mit Hilfe der zugehörigen Methode weiterverarbeitet werden können.
- Die Eigenschaft `desiredAccuracy` in ❹ bestimmt die gewünschte Genauigkeit der erfassten geografischen Daten. Es stehen verschiedene Konstanten zur Auswahl, für eine Genauigkeit zwischen zehn Metern und drei Kilometern.
- Bezüglich der beiden Eigenschaften gilt: Je häufiger und je genauer die Daten erfasst werden, desto mehr Speicherplatz und Geräteleistung werden benötigt. Wählen Sie hier also nur die für Ihre App notwendigen Werte.
- Die Methode `startUpdatingLocation:` in ❺ startet die eigentliche Datenerfassung und führt zur Erzeugung von Update-Ereignissen. Wenn Sie keine neuen Daten mehr benötigen, können Sie die Datenerfassung mit Hilfe der Methode `stopUpdatingLocation:` beenden, auch aus Gründen der Energieersparnis.

12.3.3 Daten erfassen

Es folgt der zweite Teil der Implementation der `ViewController`-Klasse:

```
-(void)locationManager:                    // ❻
    (CLLocationManager *)manager
    didUpdateLocations:(NSArray *)locations
{
    if([CLLocationManager                  // ❼
            locationServicesEnabled])
        [locAnAus setText:@"An"];
    else
    {
        [locAnAus setText:@"Aus"];
        return;
    }

    CLLocation *neu = [locations           // ❽
        objectAtIndex:[locations count] - 1];

    [laenge setText:[NSString              // ❾
        stringWithFormat:@"%.3f",
        [neu coordinate].longitude]];
    [breite setText:[NSString
        stringWithFormat:@"%.3f",
        [neu coordinate].latitude]];
}
...
@end
```

Listing 12.20 Projekt »PLocation«, Datei »ViewController.m«, Teil 2

Zur Erläuterung:

- Die Methode `locationManager:didUpdateLocations:` in ❻ wird bei jedem Update der geografischen Daten aufgerufen. Sie stammt aus dem Protokoll `CLLocationManager-Delegate`.
- Sie können mit der Methode `locationServicesEnabled:` in ❼ jederzeit ermitteln, ob der Benutzer des iPhones die Erfassung von geografischen Daten in den Systemeinstellungen erlaubt hat. Falls nicht, wird er gefragt, ob er sie erlauben möchte.
- Im `NSArray`-Objekt `locations`, das an diese `Update`-Methode übergeben wird, stehen ein oder mehrere `CLLocation`-Objekte mit geografischen Daten. Die Reihenfolge im

Array entspricht dem zeitlichen Eintreffen der Daten. In ❽ wird das letzte Array-Element ermittelt, in dem immer die neueste Information steht.

▸ Zu ❾: Die Eigenschaft `coordinate` eines `CLLocation`-Objekts ist eine Variable der Struktur `CLLocationCoordinate2D`. Diese enthält die beiden `double`-Komponenten `longitude` und `latitude` für die geografische Länge und Breite.

12.3.4 Verbindungen erzeugen

Lassen Sie sich im Bereich Document Outline zum File's Owner den Connections Inspector anzeigen, und stellen Sie die Verbindungen ein wie in Abbildung 12.16. Ihr Projekt ist fertig und kann gestartet werden.

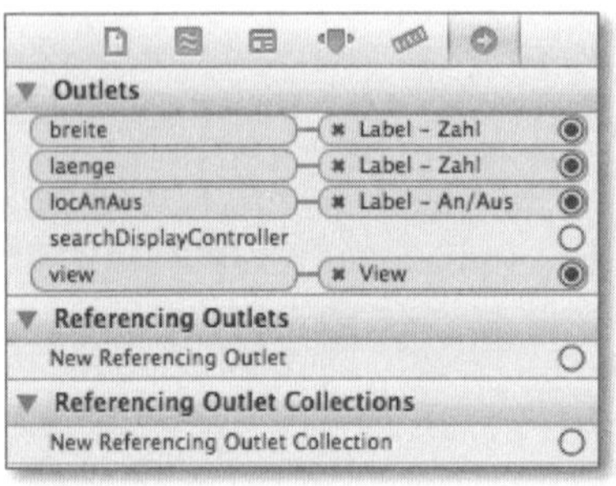

Abbildung 12.16 »File's Owner«, »Connections Inspector«

12.3.5 Datenerfassung erlauben

Beim ersten Aufruf wird der Benutzer gefragt, ob er die Erfassung geografischer Daten erlaubt, siehe Abbildung 12.17. Falls er dies gestattet, wird er bezüglich dieser App nicht mehr gefragt.

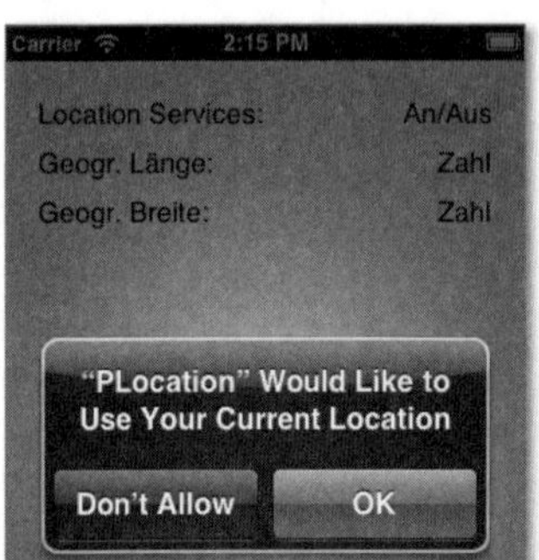

Abbildung 12.17 Erfassung geografischer Daten für diese App erlauben

Die Einstellung für die allgemeine Erlaubnis und die Erlaubnis bezüglich dieses Programms finden Sie in den SYSTEMEINSTELLUNGEN (über SETTINGS • PRIVACY • LOCATION) des simulierten iPhones, siehe Abbildung 12.18.

Abbildung 12.18 Erfassung geografischer Daten allgemein erlauben

Sie können auch den Menüpunkt INHALTE UND EINSTELLUNGEN ZURÜCKSETZEN im Menü IOS-SIMULATOR des iOS-Simulators aufrufen. Dann werden alle Einstellungen, die Sie für den iOS-Simulator vorgenommen haben, wieder zurückgesetzt, inklusive der oben genannten Erlaubnisse. Es werden dann auch alle bisher getesteten Programme von Ihrem simulierten iPhone gelöscht. Diese können natürlich jederzeit wieder von Xcode aus aufgerufen werden.

12.3.6 Simulierte Daten berechnen

Beim ersten Mal werden Ihnen die geografischen Daten der Apple-Zentrale in Kalifornien angezeigt. Dies können Sie ändern, und zwar über das Menü DEBUG • ORT • EIGENER ORT des iOS-Simulators. Hier können Sie zum Beispiel für den simulierten Standort die eingangs genannten Daten von Bonn einstellen, siehe Abbildung 12.19.

Meist werden geografische Daten in Grad, Bogenminuten (bm) und Bogensekunden (bs) angegeben, zum Beispiel 50°43'14" für den Breitengrad von Bonn. Die Nachkommastellen für eine dezimale Eingabe lassen sich wie folgt errechnen: (bm * 60 + bs) / 3600. Für dieses Beispiel ergibt sich: (43 * 60 + 14) / 3600 = ca. 0,7206. Sie geben also 50,7206 ein.

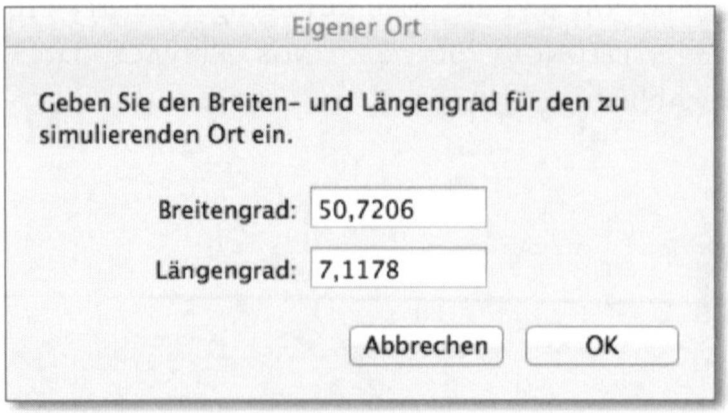

Abbildung 12.19 Simulierte geografische Daten des Standorts

Umgekehrt lassen sich aus den Nachkommazahlen (nk) die Bogenminuten und -sekunden wie folgt errechnen: Hilfswert x = nk * 60, bm = ganzzahliger Anteil von x, bs = (Nachkommastellen von x) * 60. Für das oben genannte Beispiel ergibt sich mit nk = 0,7206: x = nk * 60 = 43,236, bm = 43, bs = 0,236 * 60 = ca. 14, also wieder 50°43'14", siehe oben.

12.4 Steuerelement »Map View« und das Map Kit

Sie können mit Hilfe des `Map View`-Steuerelements, Elementen aus dem *Map Kit*-Framework und dem *Core Location*-Framework die Karte einer bestimmten Region der Erde auf dem iPhone anzeigen lassen. Zentrum und Größe der angezeigten Region können frei festgelegt werden. Die beiden genannten Frameworks müssen dem betreffenden Xcode-Projekt zunächst hinzugefügt werden.

Wenn man keine besondere Voreinstellung getroffen hat, wird auf der Karte zunächst Nordamerika angezeigt – wie im nachfolgenden Projekt *PMap*, siehe Abbildung 12.20.

Zur Map View wurden in diesem Projekt *PMap* noch einige Elemente hinzugefügt. In den beiden Textfeldern oben rechts sehen Sie die geografischen Daten des Kartenzentrums. Das Label zeigt die Größe der angezeigten Region in Grad Länge und Grad Breite. Die Buttons BONN und KOBLENZ führen unmittelbar zur Anzeige der betreffenden Städte, siehe zum Beispiel Abbildung 12.21 mit der Stadt Bonn. Der blaue Punkt kennzeichnet den simulierten Standort des Benutzers, der wie im vorherigen Projekt in Bonn liegt.

Abbildung 12.20 »Map View«-Steuerelement, Startregion

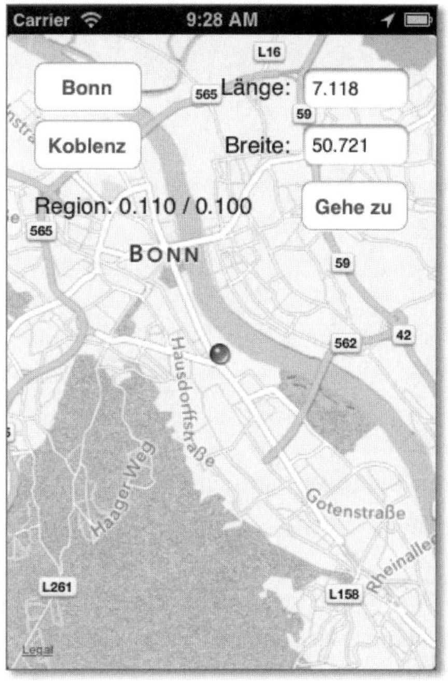

Abbildung 12.21 »Map View«-Steuerelement, Bonn

12

Der Benutzer kann beliebige geografische Daten in den beiden Textfeldern eingeben. Der Button GEHE ZU führt dann zur Anzeige des Orts, der sich an diesen Daten befindet. Durch das Verschieben der Karte mit der Maus beziehungsweise durch die entsprechende Bewegung auf dem iPhone wird die Karte verschoben, und es werden die geografischen Daten in den Textfeldern aktualisiert.

Die Betätigung der Taste [Alt] blendet im iOS-Simulator zwei graue Punkte ein, wie in Abbildung 12.22 zu sehen ist. Das Ziehen eines dieser Punkte mit der Maus zoomt die Anzeige, vergrößert oder verkleinert also die Region. Dies entspricht der bekannten Zoom-Bewegung mit zwei Fingern auf dem iPhone. Dabei wird die Anzeige im Label aktualisiert.

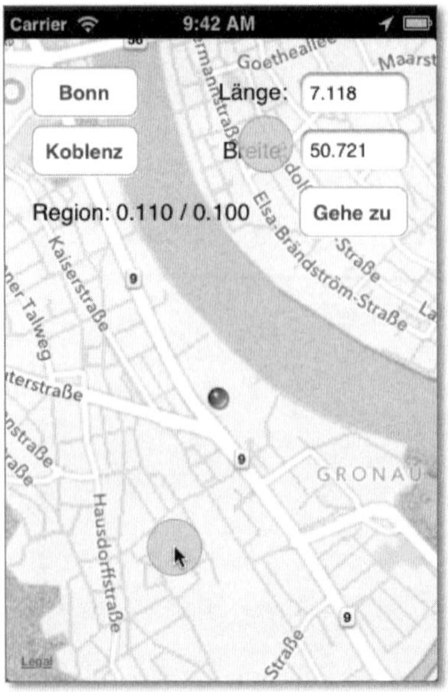

Abbildung 12.22 Zoomen im iOS-Simulator

12.4.1 Projekt erzeugen

Erzeugen Sie eine neue SINGLE VIEW APPLICATION mit dem Namen *PMap*. Fügen Sie ein Map View-Steuerelement aus der OBJECT LIBRARY im App-Fenster ein. Markieren Sie zu diesem Objekt im ATTRIBUTES INSPECTOR das Feld SHOWS USER LOCATION im Bereich BEHAVIOR, siehe auch Abbildung 12.23. Dies führt zur Anzeige des oben genannten blauen Punkts. Der Wert SCALE TO FILL für die Eigenschaft Mode legt fest, dass sich das Map View-Steuerelement über die ganze Anzeige erstreckt.

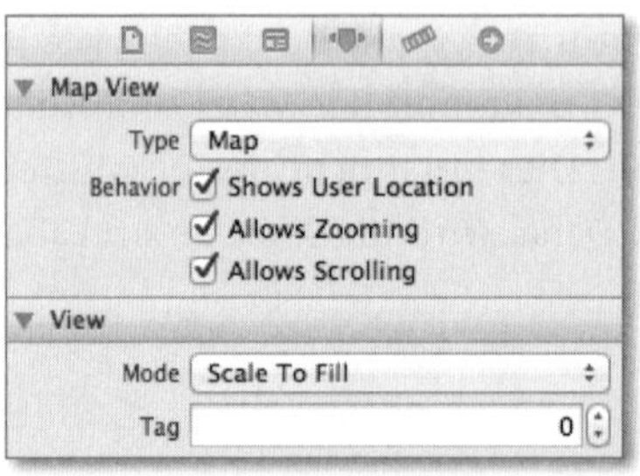

Abbildung 12.23 »Map View«, »Attributes Inspector«

Fügen Sie die gezeigten beziehungsweise erläuterten Elemente im App-Fenster ein, und legen Sie sie auf das Map View-Steuerelement.

12.4.2 Deklaration der Klasse »ViewController«

Es folgt der Code:

```
#import <UIKit/UIKit.h>
#import <MapKit/MapKit.h>                  // ❶
@interface ViewController :                // ❷
    UIViewController <MKMapViewDelegate>
{
    IBOutlet MKMapView *meineMap;          // ❸
    IBOutlet UITextField *laenge;          // ❹
    IBOutlet UITextField *breite;
    IBOutlet UILabel *meineRegion;
}

-(IBAction)geheZuOrt:(id)sender;           // ❺
-(IBAction)returnLaenge:(id)sender;
-(IBAction)returnBreite:(id)sender;

@property MKMapView *meineMap;
@end
```

Listing 12.21 Projekt »PMap«, Datei »ViewController.h«

Zur Erläuterung:

- In ❶ wird das *MapKit*-Framework über die Headerdateien verfügbar gemacht. Dies ist für das *Core Location*-Framework hier nicht notwendig, da in diesem Projekt kein `CoreLocationManager`-Objekt zum Sammeln von geografischen Daten benötigt wird, sondern nur die Klasse `CoreLocation` zur Festlegung eines geografischen Orts.
- Zu ❷: Die `ViewController`-Klasse muss das `MKMapViewDelegate`-Protokoll beachten, falls Ereignisse auf der Karte zu einer Reaktion führen sollen. Dies kann zum Beispiel das Verschieben der Karte oder das Zoomen der Karte sein.
- Das `Map View`-Steuerelement wird durch das `MKMapView`-Objekt in ❸ repräsentiert, inklusive Property. Die beiden Textfelder für die Ein- und Ausgabe der geografischen Daten und das Label für die Ausgabe der Größe der Region werden durch `UITextField`-Objekte und ein `UILabel`-Objekt ab ❹ repräsentiert.
- Ab ❺ sehen Sie die gemeinsame Methode für alle drei Buttons sowie die beiden Methoden zur Benutzerführung durch die Eingabetextfelder.

12.4.3 Tastatur ausblenden

Es folgt der erste Teil der Implementation der Klasse `ViewController`:

```
#import "ViewController.h"
@implementation ViewController
@synthesize meineMap;

-(IBAction)returnLaenge:(id)sender        // ❶
{
    [laenge resignFirstResponder];
}

-(IBAction)returnBreite:(id)sender        // ❷
{
    [breite resignFirstResponder];
}
```

Listing 12.22 Projekt »PMap«, Datei »ViewController.m«, Teil 1

Zur Erläuterung:

- In den beiden Methoden `returnLaenge:` und `returnBreite:` in ❶ und ❷ wird auf das Betätigen der [↵]-Taste der eingeblendeten Tastatur zu den beiden Textfeldern reagiert. Die Tastatur wird jeweils ausgeblendet.

12.4.4 Ort wechseln

Es folgt der zweite Teil der Implementation der Klasse `ViewController`, in dem zu einem ausgewählten Ort gewechselt wird:

```
-(IBAction)geheZuOrt:(id)sender             // ❸
{
    [laenge resignFirstResponder];          // ❹
    [breite resignFirstResponder];

    CLLocation *neuerOrt;                   // ❺
    if([[[sender titleLabel] text]          // ❻
            isEqualToString:@"Bonn"])
        neuerOrt = [[CLLocation alloc]
            initWithLatitude:50.721
            longitude:7.118];
    else if([[[sender titleLabel] text]     // ❼
             isEqualToString:@"Koblenz"])
```

```
        neuerOrt = [[CLLocation alloc]
            initWithLatitude:50.362
            longitude:7.597];
    else                                // ❽
        neuerOrt = [[CLLocation alloc]
            initWithLatitude:[[breite text]
            floatValue]
            longitude:[[laenge text]
            floatValue]];

    MKCoordinateRegion neueRegion =     // ❾
        MKCoordinateRegionMake(
        [neuerOrt coordinate],
        MKCoordinateSpanMake(0.1f, 0.1f));
    [[self meineMap] setRegion:         // ❿
        neueRegion animated:YES];
}
```

Listing 12.23 Projekt »PMap«, Datei »ViewController.m«, Teil 2

Zur Erläuterung:

- Die Methode `geheZuOrt:` in ❸ wird von allen drei Buttons gestartet.
- Zunächst wird in ❹ zur Sicherheit die Tastatur ausgeblendet.
- In ❺ wird ein Verweis auf ein `CLLocation`-Objekt erzeugt. Dieses Objekt wird zur Festlegung des Kartenzentrums benötigt.
- Es folgt eine Verzweigung. Dabei wird die Aufschrift des startenden Buttons untersucht. Falls es sich um den Button BONN handelt, wird in ❻ mit Hilfe der Methode `initWithLatitude:longitude:` ein `CLLocation`-Objekt mit den geografischen Daten von Bonn erzeugt. Dies sind auch die Daten des aktuellen Standorts, daher der blaue Punkt in Abbildung 12.21.
- Entsprechend wird in ❼ beziehungsweise ❽ ein `CLLocation`-Objekt mit den geografischen Daten von Koblenz beziehungsweise den eingegebenen Daten aus den Textfeldern erstellt.
- In ❾ wird eine Variable der Struktur `MKCoordinateRegion` erzeugt. Diese enthält die Daten der angezeigten Region. Die erzeugende Funktion `MKCoordinateRegionMake()` benötigt eine Variable der Struktur `CLLocationCoordinate2D` für die Koordinaten des Zentrums. Diese wird mit Hilfe der Eigenschaft `coordinate` des `CLLocation`-Objekts geliefert.
- Außerdem verwendet die Funktion eine Variable der Struktur `MKCoordinateSpan` für die Größe der Region. Diese wird mit Hilfe der Funktion `MKCoordinateSpanMake()`

erzeugt. Diese wiederum benötigt die Angaben der geografischen Breite und Länge, jeweils in Grad.

- Die Methode `setRegion:animated:` des `MKMapView`-Objekts legt in ❿ die angezeigte Region der Karte auf die soeben ermittelte Region fest. Der `BOOL`-sche Parameter `animated` bestimmt darüber, ob die Veränderung des Zentrums und der Regionsgröße langsam und animiert oder durch einen schnellen Sprung erfolgt.

12.4.5 Region wurde geändert

Es folgt der dritte und letzte Teil der Implementation der Klasse `ViewController` mit der Reaktion auf eine Änderung der Region:

```
- (void)mapView:(MKMapView *)mapView                // ⓫
    regionDidChangeAnimated:(BOOL)animated
{
    [breite setText:[NSString                       // ⓬
        stringWithFormat:@"%.3f", [mapView
        centerCoordinate].latitude]];
    [laenge setText:[NSString
        stringWithFormat:@"%.3f", [mapView
        centerCoordinate].longitude]];
    [meineRegion setText:[NSString                  // ⓭
        stringWithFormat:@"Region: %.3f / %.3f",
        [mapView region].span.longitudeDelta,
        [mapView region].span.latitudeDelta]];
}

- (void)viewDidLoad                                 // ⓮
{
    [super viewDidLoad];
    [[self meineMap] setDelegate:self];
}
...
@end
```

Listing 12.24 Projekt »PMap«, Datei »ViewController.m«, Teil 3

Zur Erläuterung:

- Die optionale Methode `regionDidChangeAnimated:` des Protokolls `MKMapViewDelegate` in ⓫ reagiert auf eine Änderung der Karte – entweder durch Verschieben oder durch Zoomen. Dabei kann es sich um eine Veränderung durch das Programm oder durch den Benutzer handeln. Auch das Starten der App bewirkt eine Änderung der Karte, daher sind die Daten in den Textfeldern bereits unmittelbar nach dem Start zu sehen.

- In den beiden Textfeldern werden die geografische Breite und Länge des Kartenzentrums angezeigt. Diese werden in ⓬ über die Eigenschaft `centerCoordinate` des `MKMapView`-Objekts geliefert. Diese Variable der Struktur `CLLocationCoordinate2D` hat die Komponenten `latitude` und `longitude`.
- Die Größe der Region wird in ⓭ über die Eigenschaft `region` des `MKMapView`-Objekts geliefert. Diese Variable der Struktur `MKCoordinateRegion` hat die Komponente `span`. Die Variable der Struktur `MKCoordinateSpan` hat wiederum die Unterkomponenten `latitudeDelta` und `longitudeDelta` für die Größe der angezeigten Region in Breiten- und Längengraden.
- In der Methode `viewDidLoad:` in ⓮ wird dieses `ViewController`-Objekt zum Delegate für die Kartenereignisse bestimmt. Die `ViewController`-Klasse muss also das Protokoll `MKMapViewDelegate` beachten.

12.4.6 Verbindungen erzeugen

Lassen Sie sich im Bereich Document Outline zum File's Owner den Connections Inspector anzeigen, und stellen Sie die Verbindungen ein wie in Abbildung 12.24. Ihr Projekt ist fertig und kann gestartet werden.

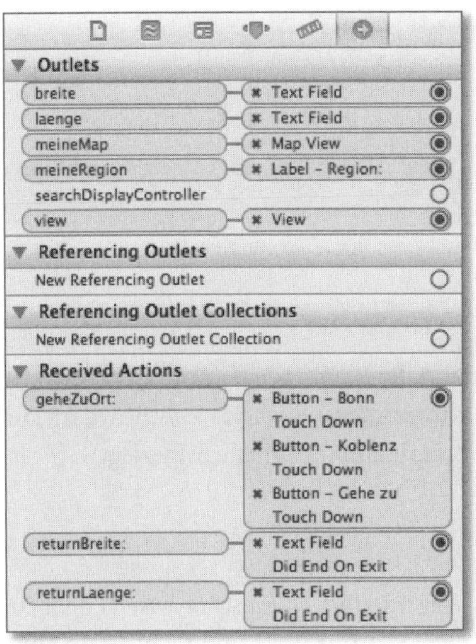

Abbildung 12.24 »File's Owner«, »Connections Inspector«

12.5 Steuerelement »Web View«

Ein Web View-Steuerelement dient zur Anzeige eines Browsers. Sie haben die Möglichkeit, bestimmte Adressen anzusteuern, sich rückwärts und vorwärts in der Browser-Historie zu bewegen und auf Ereignisse des Browsers zu reagieren. Im nachfolgenden Projekt *PBrowser* werden einige dieser Möglichkeiten gezeigt. Die Buttons zur Rückwärts- und Vorwärtsbewegung sind zunächst ausgeblendet, siehe Abbildung 12.25.

Abbildung 12.25 Projekt »PBrowser«, Startzustand

Sie werden erst eingeblendet, wenn entsprechende Einträge in der Historie existieren, siehe Abbildung 12.26.

Abbildung 12.26 Projekt »PBrowser« mit Historie

Beim Wechsel zu bestimmten Internetseiten kann die Nachfrage kommen, ob der aktuelle Standort des Benutzers als geografische Information verwendet werden darf. Auf der Seite werden dann unter Umständen standortabhängige Inhalte angezeigt.

12.5.1 Projekt erzeugen

Erzeugen Sie eine neue Single View Application mit dem Namen *PBrowser*. Fügen Sie ein Web View-Steuerelement, ein Textfeld und zwei Buttons links und rechts vom Textfeld im App-Fenster ein.

Es folgt die Deklaration der Klasse ViewController:

```
#import <UIKit/UIKit.h>
@interface ViewController :
    UIViewController <UIWebViewDelegate>
{
    IBOutlet UIWebView *browserView;
    IBOutlet UITextField *adresse;
    IBOutlet UIButton *rueckwaerts;
    IBOutlet UIButton *vorwaerts;
}

-(IBAction)geheRueckwaerts;
-(IBAction)geheVorwaerts;
-(IBAction)geheZuAdresse;

@end
```


Listing 12.25 Projekt »PBrowser«, Datei »ViewController.h«

Zur Erläuterung:

- Die ViewController-Klasse muss das UIWebViewDelegate-Protokoll beachten, falls Ereignisse im Browser zu einer Reaktion führen sollen. Das wesentliche Ereignis ist das Beenden des Ladevorgangs für eine Internetseite. In diesem Projekt wird dann der Inhalt der Historie geprüft.
- Das Web View-Steuerelement und das Textfeld werden durch ein UIWebView-Objekt und ein UITextField-Objekt repräsentiert. Bei diesem Projekt benötigen auch die Buttons jeweils ein *Outlet*, damit sie sichtbar beziehungsweise unsichtbar gemacht werden können.
- Das Betätigen der (nur zeitweise sichtbaren) Buttons rechts und links führt zu den Methoden geheRueckwaerts: und geheVorwaerts:. Das Betätigen der [↵]-Taste auf der Tastatur, die zum Textfeld eingeblendet wird, leitet zur Methode geheZuAdresse:.

12.5.2 Implementation der Klasse »ViewController«

Zunächst der Code:

```
#import "ViewController.h"
@implementation ViewController
```

```
-(IBAction)geheRueckwaerts          // ❶
{
    [browserView goBack];
}

-(IBAction)geheVorwaerts            // ❷
{
    [browserView goForward];
}

-(IBAction)geheZuAdresse            // ❸
{
    [adresse resignFirstResponder];
    NSURL *url = [[NSURL alloc]
        initWithString:[adresse text]];
    NSURLRequest *request =
        [[NSURLRequest alloc]
        initWithURL:url];
    [browserView loadRequest:request];
}

- (void) webViewDidFinishLoad:      // ❹
    (UIWebView *)webView
{
    [adresse resignFirstResponder];
    [rueckwaerts setHidden:
        ![browserView canGoBack]];
    [vorwaerts setHidden:
        ![browserView canGoForward]];
    [adresse setText:[[[browserView
        request] URL] absoluteString]];
}

- (void)viewDidLoad                 // ❺
{
    [super viewDidLoad];
    [browserView setDelegate:self];
    [rueckwaerts setHidden:YES];
    [vorwaerts setHidden:YES];
```

```
}
...
@end
```

Listing 12.26 Projekt »PBrowser«, Datei »ViewController.m«

Zur Erläuterung:

- In den Methoden `geheRueckwaerts:` und `geheVorwaerts:` in ❶ und ❷ werden die entsprechenden Methoden des `UIWebView`-Objekts aufgerufen: `goBack:` und `goForward:`.
- Zu Beginn der Methode `geheZuAdresse:` in ❸ wird die Tastatur ausgeblendet, nachdem der Benutzer die [↵]-Taste gedrückt hat. Es wird mit Hilfe der Methode `initWithString:` ein `NSURL`-Objekt initialisiert – mit der im Textfeld eingetragenen Adresse. Mit dem `NSURL`-Objekt und der Methode `initWithURL:` wird wiederum ein `NSURLRequest`-Objekt erzeugt. Dieses dient als Parameter der Methode `loadRequest:` für das `UIWebView`-Objekt. Diese Methode lädt die eingetragene Internetseite.
- Die Methode `webViewDidFinishLoad:` in ❹ wird durch das Beenden des Ladevorgangs gestartet. In diesem Moment kann geprüft werden, ob sich der Benutzer rückwärts und/oder vorwärts durch die Historie bewegen kann. Die Methoden `canGoBack:` und `canGoForward:` liefern einen `BOOL`-schen Wert, mit dessen Hilfe die Eigenschaft `hidden` der Buttons gesteuert wird. Es wird der logische Operator `!` zur Umkehrung des Wahrheitswertes verwendet.
- Damit nach dem Betätigen eines der beiden Buttons auch die dann aktuelle Adresse im Textfeld steht, wird die Adresse über die entsprechenden Eigenschaften des `UIWebView`-Objekts, des `NSURLRequest`-Objekts sowie des `NSURL`-Objekts ermittelt.
- In der Methode `viewDidLoad:` in ❺ wird zunächst zur Sicherheit die Tastatur ausgeblendet. Anschließend wird das `ViewController`-Objekt als Delegate des `UIWebView`-Objekts festgelegt, damit die Ereignisse im Browser in Methoden dieser Klasse ausgewertet werden können.
- Die beiden Buttons werden nach dem App-Start mit Hilfe der Eigenschaft `hidden` ausgeblendet. Diese Einstellung kann man natürlich auch im Attributes Inspector vornehmen.

12.5.3 Verbindungen erzeugen

Lassen Sie sich im Bereich Document Outline zum File's Owner den Connections Inspector anzeigen, und stellen Sie die Verbindungen ein wie in Abbildung 12.27. Ihr Projekt ist fertig und kann gestartet werden.

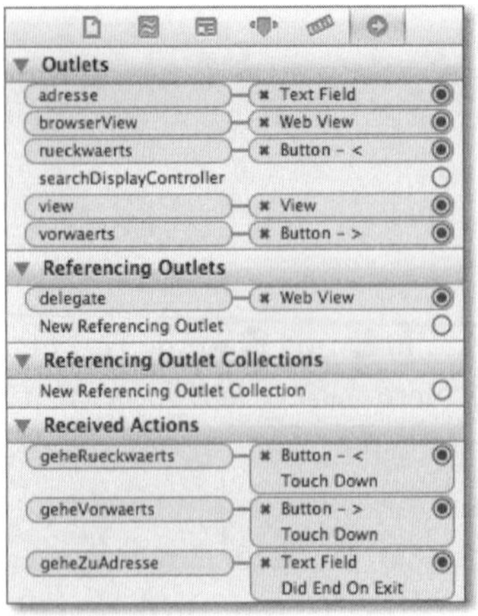

Abbildung 12.27 »File's Owner«, »Connections Inspector«

12.6 Mail senden

Die Klasse `MFMailComposeViewController` gibt den Benutzern Ihrer App die Möglichkeit, eine Mail aus Ihrer App heraus zu entwerfen und zu senden. Zur Benutzung müssen Sie das *MessageUI*-Framework einbinden.

Innerhalb Ihrer App muss zuvor geprüft werden, ob das betreffende Gerät Mails senden kann. Falls ja, wird dem Benutzer die Möglichkeit gegeben, eine Mail im Ordner POSTAUSGANG oder im Ordner ENTWÜRFE zu speichern. Das Versenden findet statt, sobald das Gerät dazu in der Lage ist, also zum Beispiel nach dem erfolgreichen Zugang zu einem Netzwerk.

Im Projekt *PMail* wird eine Möglichkeit zur Benutzung gezeigt, siehe Abbildung 12.28.

Abbildung 12.28 Projekt »PMail«, Entwurf einer Mail

Der Benutzer kann Empfänger, Betreff und Nachricht in zwei Textfeldern und einem `Text View`-Steuerelement eingeben. Nach Betätigen des Buttons Zur Mail wird mit Hilfe des MFMailComposeViewControllers ein Mail-Programm eingeblendet. Die Felder sind bereits mit den Inhalten aus der eigenen App gefüllt, siehe Abbildung 12.29.

Abbildung 12.29 Mail-Programm

Nach Betätigen des Buttons Send oder des Buttons Cancel wird die View wieder beendet. Falls der Benutzer den Button Cancel betätigt hat, kann er entscheiden, ob die Mail im Ordner Entwürfe gespeichert oder verworfen wird. Mit Hilfe des `MFMailComposeViewControllerDelegate`-Protokolls können seine Entscheidung und das Ergebnis der Aktion ermittelt werden.

12.6.1 Projekt erzeugen

Erzeugen Sie eine neue Single View Application mit dem Namen *PMail*. Fügen Sie einen Button, vier Labels, zwei Textfelder und ein `Text View`-Steuerelement ein, wie in Abbildung 12.28 zu sehen.

Es folgt die Deklaration der Klasse `ViewController`:

```
#import <UIKit/UIKit.h>
#import <MessageUI/MessageUI.h>
@interface ViewController : UIViewController
    <MFMailComposeViewControllerDelegate>
{
    IBOutlet UITextField *empfaenger;
```

```
    IBOutlet UITextField *betreff;
    IBOutlet UITextView *nachricht;
    IBOutlet UILabel *ergebnisLabel;
}

-(IBAction)tastaturAus:(id)sender;
-(IBAction)zurMailView:(id)sender;

@property UILabel *ergebnisLabel;
@end
```

Listing 12.27 Projekt »PMail«, Datei »ViewController.h«

Zur Erläuterung:

- Das *MessageUI*-Framework wird über die Headerdateien verfügbar gemacht. Die `ViewController`-Klasse muss das `MFMailComposeViewControllerDelegate`-Protokoll beachten, damit die Entscheidung und das Ergebnis der Mail-Aktion festgestellt werden können.
- Die *Outlets* repräsentieren die Ein- und Ausgabeelemente der App. Der Button ZUR MAIL startet die Methode zur Anzeige einer Mail View.

12.6.2 Mail View vorbereiten

Es folgt der erste Teil der Implementation der Klasse `ViewController`, in dem die Mail View vorbereitet und aufgerufen wird:

```
#import "ViewController.h"
@implementation ViewController
@synthesize ergebnisLabel;

-(IBAction)tastaturAus:(id)sender
{
    [sender resignFirstResponder];
}

-(IBAction)zurMailView:(id)sender
{
    if([MFMailComposeViewController            // ❶
        canSendMail])
    {
```

```
        MFMailComposeViewController
            *mailVC =                     // ❷
            [[MFMailComposeViewController
            alloc] init];
        [mailVC setToRecipients:          // ❸
            [NSArray arrayWithObject:
            [empfaenger text]]];
        [mailVC setSubject:               // ❹
            [betreff text]];
        [mailVC setMessageBody:           // ❺
            [nachricht text] isHTML:NO];

        [mailVC                           // ❻
            setMailComposeDelegate:self];
        [self presentViewController:      // ❼
            mailVC animated:YES
            completion:nil];
    }
    else
        [ergebnisLabel setText:           // ❽
            @"Keine E-Mails möglich"];
}
```

Listing 12.28 Projekt »PMail«, Datei »ViewController.m«, Teil 1

Zur Erläuterung:

- Die Methode `tastaturAus:` sorgt für das Ausblenden der Tastatur.
- In der Methode `zurMailView:` in ❶ wird mit Hilfe der Klassenmethode `canSendMail:` zunächst geprüft, ob das betreffende Gerät mailen kann. Falls nicht, wird in ❽ eine entsprechende Nachricht ausgegeben.
- Falls das Gerät mailen kann, wird in ❷ ein `MFMailComposeViewController`-Objekt erzeugt. Die Methode `setToRecipients:` in ❸ besetzt ein `NSArray`-Element mit dem oder den Empfängern, hier aus dem ersten Textfeld. Die Methode `setSubject:` in ❹ erwartet ein `NSString`-Objekt mit dem Betreff-Text, hier aus dem zweiten Textfeld.
- Die Methode `setMessageBody:` in ❺ erwartet ein `NSString`-Objekt mit dem Text der Nachricht, hier aus dem `Text View`-Steuerelement. Der Mail View kann außerdem mitgeteilt werden, ob es sich bei der Nachricht um reinen Text oder HTML-Text handelt.

- Der Aufruf der Methode `setMailComposeDelegate:` in ❻ mit `self` sorgt dafür, dass dieses `ViewController`-Objekt Informationen über die Entscheidung des Benutzers und das Ergebnis der Aktion erhalten kann.
- Die Methode `presentViewController:animated:completion:` in ❼ blendet eine Mail View ein. Im Parameter `completion` kann ein Block angegeben werden, dessen Code nach Erscheinen der Mail View abläuft.

12.6.3 Mail View auswerten

Es folgt der zweite Teil der Implementation der Klasse `ViewController`, in dem die Mail View ausgewertet wird:

```
-(void)mailComposeController:              // ❾
    (MFMailComposeViewController *)controller
    didFinishWithResult:(MFMailComposeResult)
    result error:(NSError *)error
{
    if(result == MFMailComposeResultSent)
        [ergebnisLabel setText:@"Gesendet"];
    else if(result == MFMailComposeResultSaved)
        [ergebnisLabel setText:@"Gespeichert"];
    else if(result == MFMailComposeResultCancelled)
        [ergebnisLabel setText:@"Abgebrochen"];
    else if(result == MFMailComposeResultFailed)
        [ergebnisLabel setText:@"Fehler aufgetreten"];

    [controller                            // ❿
        dismissViewControllerAnimated:YES
        completion:nil];

    [empfaenger setText:@""];              // ⓫
    [betreff setText:@""];
    [nachricht setText:@""];
    [empfaenger becomeFirstResponder];
}

- (void)viewDidLoad                        // ⓬
{
    [super viewDidLoad];
    [nachricht setText:@""];
```

```
    [empfaenger becomeFirstResponder];
}
...
@end
```

Listing 12.29 Projekt »PMail«, Datei »ViewController.m«, Teil 2

Zur Erläuterung:

- Sie können mit Hilfe der Methode `mailComposeController:didFinishWithResult:error:` in ❾ Informationen über die Aktion des Benutzers in der Mail View erhalten. Es gibt vier Möglichkeiten. Diese entsprechen den Konstanten aus der Enumeration `MFMailComposeResult` und ermöglichen eine Auswertung innerhalb einer Verzweigung.
- In ❿ wird die View ausgeblendet – mit Hilfe der Methode `dismissViewControllerAnimated:completion:`. Anschließend finden ab ⓫ noch einige Aufräumarbeiten statt.
- In der Methode `viewDidLoad:` ab ⓬ wird unter anderem das `Text View`-Steuerelement geleert, das nach dem Einfügen aus der OBJECT LIBRARY einen Beispieltext enthält.

12

12.6.4 Verbindungen erzeugen

Lassen Sie sich im Bereich DOCUMENT OUTLINE zum FILE'S OWNER den CONNECTIONS INSPECTOR anzeigen, und stellen Sie die Verbindungen ein wie in Abbildung 12.30. Ihr Projekt ist fertig und kann gestartet werden.

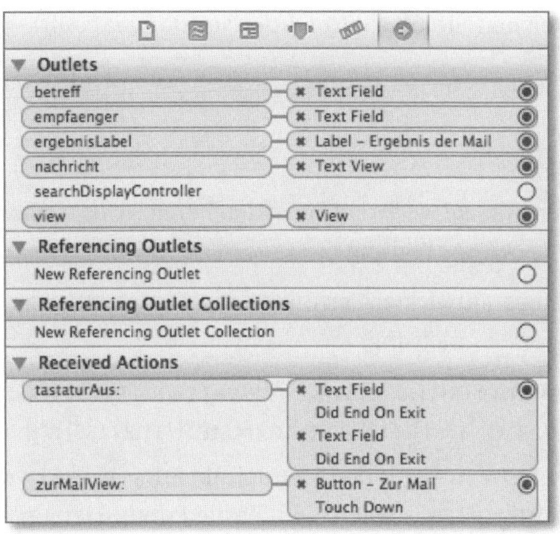

Abbildung 12.30 »File's Owner«, »Connections Inspector«

12.7 Apps auf dem eigenen iPhone testen

Nach dem Entwickeln Ihrer Apps und dem Testen im iOS-Simulator folgt nun der nächste Schritt: das Testen Ihrer Apps auf einem realem iPhone. Anschließend können Sie Ihre Apps im App Store anbieten.

12.7.1 Entwickler-Lizenz erwerben

Zum realen Testen und zum Vertrieb im App Store benötigen Sie eine Entwickler-Lizenz von Apple. Dazu ist eine Registrierung im *iOS Developer Program* für 99 US$ beziehungsweise 80 € pro Jahr notwendig. Erläuterungen finden Sie unter *https://developer.apple.com/programs/ios*, siehe auch Abbildung 12.31.

Abbildung 12.31 Anmeldung zum »iOS Developer Program«

Nach dem Ausfüllen der Anmeldeunterlagen müssen Sie gegebenenfalls einige Wochen auf die Bestätigung und die Rechnung per Mail warten. Anschließend haben Sie Zugang zum *iOS Provisioning Portal*. Dies erreichen Sie über *https://developer.apple.com/ios/manage/overview/index.action*.

12.7.2 Entwickler-Zertifikat anfordern

Nach der Anmeldung im *iOS Provisioning Portal* wechseln Sie in den Bereich CERTIFICATES, dort auf den Reiter DEVELOPMENT, siehe Abbildung 12.32.

Betätigen Sie dort zur Anforderung eines Entwickler-Zertifikats den Button REQUEST CERTIFICATE. Es erscheint die nachfolgende Anleitung:

- Rufen Sie auf Ihrem Mac das Programm SCHLÜSSELBUNDVERWALTUNG (KEYCHAIN ACCESS) unter PROGRAMME (APPLICATIONS) • DIENSTPROGRAMME (UTILITIES) auf.
- Rufen Sie im Menü SCHLÜSSELBUNDVERWALTUNG den Menüpunkt EINSTELLUNGEN auf. Wechseln Sie auf den Reiter ZERTIFIKATE. Stellen Sie hier die Popup-Elemente OCSP und CRL jeweils auf AUS.

Abbildung 12.32 Entwickler-Zertifikat anfordern

- Rufen Sie im Menü SCHLÜSSELBUNDVERWALTUNG den Menüpunkt ZERTIFIKATSASSISTENT • ZERTIFIKAT EINER ZERTIFIZIERUNGSINSTANZ ANFORDERN auf.
- Geben Sie dort Ihre E-Mail-Adresse und Ihren Namen an. Wählen Sie die Option AUF DER FESTPLATTE SICHERN. Setzen Sie keine Markierung bei EIGENE SCHLÜSSELPAARINFORMATIONEN FESTLEGEN.
- Nach Betätigung des Buttons FORTFAHREN können Sie den vorgeschlagenen Namen für die CSR-Datei mit der Zertifikatsanfrage und den Ort beibehalten. Die CSR-Datei wird am gewählten Ort auf Ihrem Mac erzeugt.

Kehren Sie zurück zum geöffneten *iOS Provisioning Portal*, siehe Abbildung 12.32. Betätigen Sie den Button DATEI AUSWÄHLEN unter der Anleitung. Wählen Sie die soeben erzeugte CSR-Datei aus, und senden Sie sie mit Hilfe des Buttons SUBMIT ab. In der Tabelle der Zertifikate erscheint ein Eintrag mit dem Status PENDING ISSUANCE.

Nach wenigen Minuten ändert sich dieser Eintrag in den Status ISSUED. Laden Sie das fertige Entwickler-Zertifikat über den Button DOWNLOAD herunter. Führen Sie einen Doppelklick auf dem Entwickler-Zertifikat aus. Es öffnet sich das Programm *Schlüsselbundverwaltung*. Ihr Entwickler-Zertifikat liegt nun im Bereich SCHLÜSSELBUNDE • ANMELDUNG vor. Es hat eine Gültigkeit von einem Jahr.

12.7.3 Eigenes iPhone nutzen

Als Nächstes müssen Sie Ihr iPhone registrieren. Rufen Sie dazu in Xcode das Menü WINDOW • ORGANIZER auf. Wählen Sie die Seite DEVICES. Verbinden Sie das iPhone mit einem geeigneten Kabel mit Ihrem Mac. Es erscheint ein weiterer Eintrag links im Bereich DEVICES.

Markieren Sie diesen Eintrag. Rechts erscheinen Daten zum iPhone. Betätigen Sie den Button USE FOR DEVELOPMENT. Zur weiteren automatisierten Registrierung werden Sie aufgefordert, Name und Passwort für das *iOS Provisioning Portal* einzugeben. Xcode lädt noch weitere Dateien, passend zur iOS-Version des iPhones. Am Ende zeigt ein grüner Punkt die erfolgreiche Registrierung des iPhones an, siehe Abbildung 12.33.

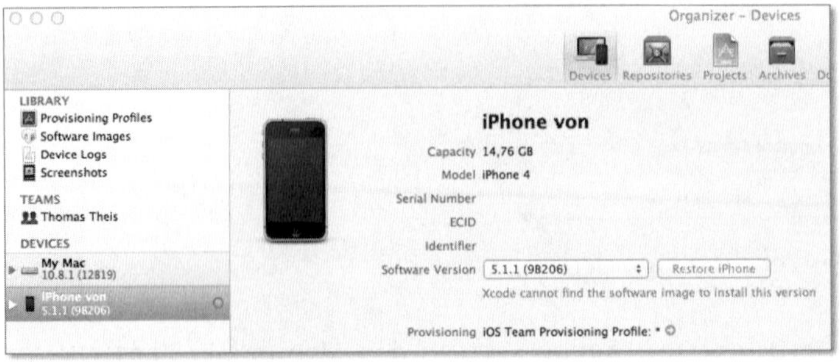

Abbildung 12.33 Registriertes iPhone

Laden Sie eines Ihrer Projekte. Sie können nun vor dem Start im Feld SCHEMA oben links in der Symbolleiste von Xcode das iPhone auswählen. Die App wird im iPhone gestartet und kann dort getestet werden.

Sie finden das soeben registrierte iPhone nun auch im *iOS Provisioning Portal* im Bereich DEVICES. Bis zu 100 Geräte können registriert werden.

Der Autor

Thomas Theis ist Dipl.-Ing. Technische Informatik und arbeitet als Berater und Trainer mit dem Schwerpunkt Programmierung. Seit vielen Jahren unterrichtet er Studenten und Auszubildende und weiß daher um die vielen Stolperfallen, mit denen Einsteiger konfrontiert werden. Zudem arbeitet er als Ausbilder und Prüfer für Fachinformatiker, Fachbereich Anwendungsentwicklung, und ist Mitglied des Prüfungsausschusses der IHK Aachen.

Thomas Theis ist Autor mehrerer erfolgreicher Bücher, darunter »Einstieg in PHP und MySQL« und »Einstieg in Python«, die ebenfalls bei Galileo Press erschienen sind.

Index

A

D

E

F

G

H

I

J

K

N

O

P

Q

R

S

T

U

V

W

X

Y

Z

Christian Ullenboom
Java
ist auch eine Insel
Das umfassende Handbuch
Aktuell zu Java 7
Programmieren mit der Java Platform, Standard Edition 7
Java von A bis Z: Einführung, Praxis, Referenz
Von Klassen und Objekten zu Datenstrukturen und Algorithmen
10., aktualisierte und überarbeitete Auflage
Galileo Computing